ET VOUS?

Gilbert A. Jarvis   **Thérèse M. Bonin**
Diane W. Birckbichler

HOLT, RINEHART AND WINSTON, INC.

AUSTIN   NEW YORK   SAN DIEGO   CHICAGO   TORONTO   MONTREAL

Acknowledgments

For permission to reprint copyrighted material, grateful acknowledgment is made to the following sources:

PREMIER CHAPITRE: p. 32; *l'Office de tourisme de Paris:* Adapted from logo, "Paris...J'adore!" **p. 41;** *Council for the Development of French in Louisiana:* Illustration, "On est fier de parler français, conseil pour le développement du français en Louisiane," from *CODOFIL.*

DEUXIÈME CHAPITRE: p. 80; *Promotion et Spectacles d'Europe I:* Advertisement, "Europe 1, de grands moments, à chaque instant."

TROISIÈME CHAPITRE: p. 110; *Bayard Presse:* Advertisement, "Corrigez vos maths sur minitel...," from *Phosphore,* no. 76, May 1987, Copyright © 1987 by Bayard Presse. **p. 119;** *Casino:* From advertisement, "Géant Casino Montpellier Anniversaire."

GAZETTE N° 1: p. 132; *Jean Michel Costes:* Chart, "Combien d'années vivrez-vous au XXIᵉ siècle?" from *Tendance au vieillissement de la population française* by D. Waltisperger and J. M. Costes. *Sarl Graffiti:* From advertisement, "Si vous aimez le rock...abonnez-vous à Graffiti," in *Graffiti. Pourquoi Pas?:* Adapted from "Sommaire" in *Pourquoi Pas?,* no. 3533, August 13, 1986. **p. 133;** *Scoop:* From "Samedi," in *Télé 7 Jours,* no. 1409, May 30–June 5, 1987. Copyright © 1987 by Télé 7 Jours. *Promotion et Spectacles d'Europe I:* Advertisement, "Europe 1 Concours Astronaute" from *Paris Match,* no. 1982. **p. 134;** *Yamaha Musique France:* "Guitares Electriques..." from *Rock & Folk,* no. 190, p. 33, November 1982. **p. 135;** *VEEWEYDE S.P.A.:* From "Offrez-nous un toit" in *Pourquoi Pas?,* no. 3545 and no. 3519.

QUATRIÈME CHAPITRE: p. 150; *Casino:* From advertisement, "Supermarché Casino." **p. 151;** *Bibliothèque Inter-universitaire de Montpellier:* "Carte de Lecteur."

CINQUIÈME CHAPITRE: p. 188; *Heudebert s.a.:* Adapted from advertisement, "Heudebert, vivre tous les jours mieux." **p. 193;** *Concerto Media:* "Rafraîchissant, le jus d'orange 'Continent' à base de concentré" from advertisement, "Hypermarchés Continent." **p. 203;** *Le Chateaubriand:* Advertisement, "Le Chateaubriand."

SIXIÈME CHAPITRE: p. 210; *Fédération Nationale du Sport Universitaire:* Logo, "FNSU: Fédération Nationale du Sport Universitaire." **p. 230;** *Michelin:* Adapted from "Plan de Paris" in *Paris Atlas,* no. 12., pp. 4–5, October 1987. Copyright © 1987 by Michelin. **p. 233;** *Vélo Magazine:* Front cover from *Vélo,* no. 232, May 1988. Copyright © 1988 by Vélo Magazine. **p. 239;** *Les Club de Hockey Les Nordiques:* Logo, "Nordiques de Québec."

Table of Contents

Interludes culturels

Consultants

We would like to thank the teachers and administrators who reviewed the manuscript. Their enthusiastic reception of the materials was very encouraging, and their suggestions for improvements were most helpful. We are very pleased to acknowledge the important contributions of the consultants whose names appear below.

Betty Clough
Lanier High School
Austin, Texas

Joseph N. Harris
Poudre School District R-1
Fort Collins, Colorado

Susan Crowe
Garnet Valley Jr./Sr. High School
Concordville, Pennsylvania

Gina Jordan
Slauson Intermediate School
Ann Arbor, Michigan

Michel Dassonville
University of Texas
Austin, Texas

Judy Lubbers
Plano Senior High School
Plano, Texas

Yamilé Dewailly
Brussels
Belgium

Judy Nebergall
East High School
Waterloo, Iowa

Sheryl Ann Diehl
Chestnut Ridge Senior High School
New Paris, Pennsylvania

Sharon B. Rapp
Conway High School
Conway, Arkansas

Yolande Duncan
Oak Park High School
Oak Park, Michigan

Kathy White
Grimsley High School
Greensboro, North Carolina

Art Credits

Janet Brooks: pp. 22, 24, 308

Holly Cooper: pp. 368, 397

John Dolly: pp. 22, 24, 152

Michael Faison: pp. 395, 442, 444

Paul Harvey: p. 406

John Jones: pp. 294, 305

Debby Keyser: p. 404

Tracy Ann Kimmons: p. 225

Mike Krone: pp. 411, 412, 416, 417

Joan Rivers: pp. 9, 10, 20, 29, 31, 33, 35, 36, 50, 54, 66, 71, 72, 73, 82, 84, 89, 91, 99, 101, 102, 103, 106, 109, 114, 115, 118, 159, 160, 179, 182, 190, 196, 197, 209, 212, 217, 225, 229, 231, 285, 300, 324, 335, 339, 365, 366, 380, 393, 395, 401, 419, 425, 426, 429, 440

Steve Schindler: pp. 9, 14, 29, 31, 32, 33, 35, 36, 40, 43, 56, 58, 77, 79, 81,88, 91, 107, 112, 115, 120, 125, 145, 162, 182, 195, 201, 204, 218, 222, 223, 224, 285, 286, 287, 292, 324, 331, 332, 343, 344, 348, 377, 383, 384, 386, 387, 396, 400, 406, 427, 428, 436, 437, 456

Pascale Vial: pp. 9, 10, 12, 15, 16, 34, 47, 49, 51, 63, 64, 67, 70, 72, 75, 113, 114, 124, 126, 128, 129, 141, 142, 147, 149, 155, 156, 157, 163, 166, 167, 169, 174, 175, 176, 177, 178, 183, 184, 192, 200, 210, 211, 212, 213, 234, 235, 236, 296, 301, 306, 310, 311, 314, 319, 320, 321, 330, 336, 339, 341, 361, 362, 363, 372, 373, 376, 381, 394, 398, 402, 403, 410, 418, 446, 448, 453

Photo Credits

Abbreviations used: (t)top; (c)center; (b)bottom; (l)left; (r)right; (i)inset.

Table of contents: Page iv(t), Four By Five; iv(tc), HRW Photo by Russell Dian; iv(bc), Stuart Cohen; iv(b), Edward C. Cohen/Shostal Associates; v(t), HRW Photo by Russell Dian; v(c), v(b), Robert Fried; vi(t), B. Annebicque/Sygma; vi(tc), Carl Purcell/Words and Pictures; vi(bc), Chito/ANA/Viesti Associates; vi(b), HRW Photo by Russell Dian; vii(t), Spencer Grant/The Picture Cube; vii(b), Owen Franken/Stock Boston.

Chapitre Préliminaire: Page xii(tl), L. Y. Loirat/Photo Researchers; xii(tr), Frank Siteman/The Picture Cube; xii(b), Four By Five; 1, Gerald Cubitt; 2(t), 2(bl), HRW Photo by Russell Dian; 2(br), 3(t), HRW Photo by Alan Oddie/PhotoEdit; 3(b), 4(t), HRW Photo by Russell Dian; 4(b), Janeart Ltd./The Image Bank; 5(tl), 5(tr), HRW Photo by Russell Dian; 5(b), Spencer Grant/The Picture Cube; 6(1,2,4,5,6), HRW Photo by Lance Shriner; 6(3), HRW Photo by Russell Dian; 7, Ellis Herwig/The Picture Cube; 8, Stuart Cohen; 17(t), 17(b), 18(tr), HRW Photo by Russell Dian; 18(cl), Mark Antman/The Image Bank; 18(cr), 18(b), Joe Viesti; 19, Hildegard Adler.

Chapitre 1: Page 26(tl), Tony Freeman; 26(tr), Mike Mazzaschi/Stock Boston; 26(b), HRW Photo by Russell Dian; 27, Chris Brown/Stock Boston; 28, HRW Photo by Alan Oddie/PhotoEdit; 37(tl), HRW Photo by Russell Dian; 37(tr), HRW Photo by Larry Kolvoord; 37(bl), David Phillips; 37(br), HRW Photo by Helena Kolda; 39, Ellis Herwig/The Picture Cube; 42, Mark Antman/The Image Works; 44(t), 44(b), HRW Photo by Russell Dian; 45, Stuart Cohen; 47(l), HRW Photo by Russell Dian; 47(r), Beryl Goldberg; 55, Melchior Di Giacomo/The Image Bank; 57, Beryl Goldberg.

Chapitre 2: Page 60(t), Dennis Hallinan/FPG; 60(bl), Beryl Goldberg; 60(r), Spencer Grant/The Picture Cube; 61, Stuart Cohen; 62, HRW Photo by PhotoEdit; 65(t), HRW Photo by Russel Dian; 65(l), Spencer Grant/The Picture Cube; 65(r), Jean-Pierre Leloir; 69(tl), Robert Fried; 69(tr), Peter Menzel/Stock Boston; 69(b), Stuart Cohen; 74(tl), Bruno Maso/PhotoEdit; 74(tr), Jean-Pierre Leloir; 74(br), R. Jumonville/The Stockhouse; 80, Tony Freeman/PhotoEdit; 83(t), 83(b), HRW Photo by Eric Beggs; 86, HRW Photo by Russell Dian; 87, IPA/The Image Works; 90, Mark Antman/The Image Works.

Getting Started

This chapter introduces you to the study of French. In it, you will find opportunities to

- greet people and introduce yourself, using French names
- tell what you like and dislike
- spell words, using the French alphabet
- count from 0 to 20
- understand and use common classroom expressions
- use strategies that will make learning French easier
- become aware of the French-speaking world and of the value of learning French

GETTING ACQUAINTED

Meeting Your Teacher and Other Adults

To Say Hello to an Adult

Bonjour, Monsieur.
Good morning.

Bonjour, Madame. *Good afternoon.*

Bonsoir, Mademoiselle. *Good evening.*

Monsieur is used to address all men, **Madame** to address married women, and **Mademoiselle** to address single women. **Monsieur, Madame,** and **Mademoiselle** can be abbreviated **M., Mme,** and **Mlle** when they precede a name.

A. Bonjour. It is your first day of class in an intensive French program in Quebec, Canada. Look at your class schedule and tell how you greet your new teacher as you enter each class.

MODÈLE   10:00–11:00   Biologie   M. Lebrun
Bonjour, Monsieur.

heure	cours	professeur
1. 9:00–10:00	Géographie	Mme Morel
2. 11:00–12:00	Grammaire	Mlle Laval
3. 1:00–2:00	Prononciation	Mme Aubin
4. 2:00–3:00	Histoire	M. Cauvin
5. 7:00–8:00	Conversation	Mme Dubé
6. 8:00–9:00	Culture	M. Degagne

To Introduce Yourself and Ask an Adult's Name

— Je m'appelle Marie Fleury. Et vous, comment vous appelez-vous?
— Je m'appelle Simon Dufour.
— Enchantée, Monsieur.
— Enchanté, Madame.

My name is Marie Fleury. And you? What's your name?
My name is Simon Dufour.
Pleased to meet you.
Happy to meet you.

Note that a woman says **Enchantée,** but the reply for a man is **Enchanté.** They are pronounced the same.

A. Enchanté. Greet your teacher and introduce yourself. Ask his or her name. When you hear it, respond politely. Use the dialogue you just read as a model.

What to Say After Meeting an Adult

After saying hello, people usually ask each other how they are feeling or how things are going. Here are some expressions you will want to know.

— Comment allez-vous, Madame?
— Très bien, merci. Et vous?
— Bien, merci.

How are you?
Very well, thanks. And you?
Fine, thank you.

A. Comment allez-vous? Look back at the activity **Bonjour** on page 3. Greet your teachers in the intensive language program again, but this time, also ask how they are. Another student will respond as each teacher would.

Meeting Your Classmates and Other Young People

To Say Hello to a Young Person

— Salut, Marcel. *Hi, Marcel.*
— Salut, Claire. *Hi, Claire.*

To Introduce Yourself and Ask a Young Person's Name

— Je m'appelle Françoise. Et toi, comment t'appelles-tu?   *My name is Françoise. And you? What's your name?*
— Je m'appelle Jean-Paul.   *My name is Jean-Paul.*

A. Salut! Say hello to other students in your class, tell them your name, and ask theirs. When other students introduce themselves, respond politely and give them your name.

EXEMPLE   — **Salut. Je m'appelle Vincent. Et toi, comment t'appelles-tu?**
            — **Je m'appelle Yvette.**

What to Say After Meeting a Young Person

Here are some expressions you can use to ask young people how they are or how things are going.

— Salut, Marc. Comment vas-tu?   *Hi, Marc. How are you?*
— Comme ci comme ça.   *So-so.*

— Salut, Jérôme. Ça va?   *Hi, Jerome. How's it going?*
— Oui, ça va. Et toi?   *Fine. And you?*
— Pas mal, merci.   *Not bad, thanks.*

A. Ça va?   Greet your classmates, and ask how they are. Alternate using **Ça va?** and **Comment vas-tu?**

Saying Good-bye

— Au revoir, Jacqueline.   *Good-bye, Jacqueline.*
— À demain, André.   *See you tomorrow, André.*

A. Au revoir.   You are at a party with your classmates and are ready to leave. Say good-bye to the four students sitting closest to you.

French Names

When you begin to ask French speakers their names, you will find that a number of the names will be new to you. Learn to recognize the following French names when you hear them. You may also want to choose one to use in class or find one that is equivalent or similar to your own.

Noms masculins

Alain	Jean
Alexandre	Jean-Claude
André	Jean-Luc
Antoine	Jean-Marc
Armand	Jean-Marie
Bernard	Jean-Paul
Bertrand	Jérôme
Bruno	Joseph
Charles	Julien
Christian	Laurent
Christophe	Louis
Claude	Luc
Daniel	Marc
David	Marcel
Denis	Mathieu
Didier	Maurice
Dominique	Michel
Édouard	Nicolas
Émile	Olivier
Éric	Patrick
Étienne	Paul
François	Philippe
Frédéric	Pierre
Gabriel	Raymond
Georges	René
Gérard	Richard
Gilbert	Robert
Gilles	Roger
Grégoire	Serge
Guillaume	Thierry
Guy	Thomas
Henri	Vincent
Jacques	Yves

Noms féminins

Adrienne	Julie
Agnès	Laure
Alice	Liliane
Andrée	Lucette
Anne	Madeleine
Annick	Marguerite
Annie	Marianne
Ariane	Marie
Brigitte	Marie-Christine
Camille	Marie-Claire
Caroline	Marie-France
Catherine	Marthe
Cécile	Martine
Chantal	Micheline
Christiane	Michelle
Christine	Mireille
Claire	Monique
Claude	Nadine
Claudine	Nathalie
Colette	Nicole
Danielle	Odette
Denise	Paulette
Diane	Pauline
Dominique	Renée
Élise	Sabine
Émilie	Simone
Fabienne	Solange
Françoise	Sophie
Geneviève	Suzanne
Gisèle	Sylvie
Hélène	Thérèse
Isabelle	Valérie
Jacqueline	Véronique
Janine	Yvette
Jeanne	Yvonne

Notice that some boys' names and girls' names are identical or very similar. For example, **Dominique** and **Claude** are used for both boys and girls. Some boys' names and girls' names are pronounced the same, but have different endings: **André–Andrée, Daniel–Danielle, Michel–Michelle**. With other names, however, the difference between the boy's name and the girl's name can easily be heard: **Denis–Denise, François–Françoise, Jean–Jeanne**. Double names, such as **Jean-Louis** or **Marie-France**, are very common in French.

A. **Comment t'appelles-tu?**   Imagine that you are a French student. Choose a French name, and use it to introduce yourself to your neighbor. Be sure to ask your neighbor's name too!

Activités

A. **Bonjour et Au revoir.**   You are spending your vacation in Paris. When these things are said to you, how will you respond?

EXEMPLE   — Comment allez-vous?
— **Très bien, merci.**

1. Salut!
2. Comment t'appelles-tu?
3. Ça va?
4. Je m'appelle Jean Lesage. Et vous?
5. Bonsoir.
6. Au revoir.
7. Comment vas-tu?
8. À demain.

B. **Comment ça va?**   Practice greeting others and asking how they are. First greet other students in your class. Then greet your teacher.

EXEMPLE   — **Salut! Comment ça va?**

— **Ça va. Et toi?**

— **Ça va bien, merci.**

— **Bonjour, Monsieur. Comment allez-vous?**

— **Très bien, merci. Et vous?**

— **Comme ci comme ça.**

C. En vacances. You meet some people while on vacation in Nice. What would you say to them in the following situations?

> EXEMPLE   at breakfast in the hotel
> **Bonjour, Madame (Monsieur, Mademoiselle).**
>
> after a movie in the evening
> **À demain.**

1. at the beach in the morning
2. when you want to ask someone's name
3. when you want to know how a new friend is doing
4. saying good-bye to someone after dinner
5. at a gift shop in the afternoon
6. at dinner in the evening
7. upon leaving the group after a night tour of Monaco
8. as you end a telephone conversation with a friend you will see tomorrow

D. Une famille canadienne. While in Quebec for your intensive French course, a new friend invites you home to meet his family. How do you greet each person?

> MODÈLE   his uncle, M. Dufresne   his sister, Anne
> **Bonjour, Monsieur.**   **Salut, Anne.**
> **Comment allez-vous?**   **Ça va?**

1. your friend, Daniel
2. his mother, Mme Lacoste
3. his father, M. Lacoste
4. his cousin, Mlle Dufresne
5. his sister, Thérèse
6. his brother, Pierre
7. his grandmother, Mme Gilbert
8. his grandfather, M. Gilbert

E. Dialogues. You are attending summer school in Aix-en-Provence.
W Write two short dialogues, the first between you and your French roommate and the second between you and your teacher. Greet these people, ask their name and how they are, then say good-bye. Practice your dialogues with another student.

— Salut!
—

Talking About What You Like

A. Vous aimez...? People all over the world like to talk about their likes and dislikes. Say whether or not you like the following.

J'aime...

Je n'aime pas... ally *I do not like.*

le football

la télévision (la télé)

le tennis

la musique classique

le football américain

les devoirs

le volley-ball

le rock

le ski nautique

le ski

B. J'aime... Introduce yourself to the class, and tell the other students something you like.

> EXEMPLE **Salut. Je m'appelle Julie et j'aime la musique classique.**

C. Je n'aime pas... Introduce yourself to another student, and tell that student something you do not like.

> EXEMPLE **Bonjour. Je m'appelle Pierre. Je n'aime pas le tennis.**

Communicating in French

The Alphabet and Special Marks

The same alphabet is used in French and in English. Learning to say the letters of the French alphabet can help you learn to pronounce French words.

a	a	j	ji	s	esse
b	bé	k	ka	t	té
c	cé	l	elle	u	u
d	dé	m	emme	v	vé
e	e	n	enne	w	double vé
f	effe	o	o	x	iks
g	gé	p	pé	y	i grec
h	hache	q	ku	z	zède
i	i	r	erre		

There are three accent marks in French. These are the **accent aigu** (ʹ) as in the word **bébé**, the **accent grave** (ˋ) as in the word **chère**, and the **accent circonflexe** (ˆ) as in the word **fête**. The **accent aigu** appears only over the letter **e**, but the **accent grave** and the **accent circonflexe** may appear over other vowels as well. Be very careful to learn these accent marks as you learn new vocabulary because, in a sense, **e, é, è,** and **ê** are four different letters.

In addition to these three accents, there is a mark called a **cédille**, which sometimes occurs under a **c**, as in the word **français**. The letter **ç** (**c cédille**) is always pronounced like an *s*. There is also a mark called a **tréma** (¨), which is placed over some vowels, as in the word **naïf**.

All of these accent marks are an important part of French spelling, and as you will learn, they are often a clue to the pronunciation of French words.

Activités

A. **Chez l'oculiste.** While on vacation in France, you must go to the eye doctor to replace your lost glasses. How would you read the letters on the doctor's chart?

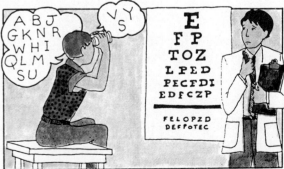

B. L'appel. These names are on the class roll. Spell them aloud.

Denis	Jean	Jeanne	Guillaume
Françoise	Jérôme	Laurent	Serge
Thérèse	Paul	Marianne	Nadine
Renée	Robert	Yvette	Véronique

C. Les noms. You will hear several names spelled out for you. As you listen, write each letter you hear, and identify the name.

MODÈLE 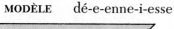   dé-e-enne-i-esse

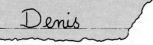

D. Un visa. You are applying for a visa. Spell your first and last name and the name of the town and the state in which you were born.

Numbers 0–20

Numbers will also be useful to you in class and elsewhere. Practice counting from 0 to 20.

0	zéro	5	cinq	10	dix	15	quinze	20	vingt
1	un	6	six	11	onze	16	seize		
2	deux	7	sept	12	douze	17	dix-sept		
3	trois	8	huit	13	treize	18	dix-huit		
4	quatre	9	neuf	14	quatorze	19	dix-neuf		

A. À l'aéroport. Tell from what gate (**porte**) the following flights will be leaving.

MODÈLE   Paris
la porte numéro douze

Destination	Porte
Paris	12
Montréal	3
Dakar	7
Bruxelles	15
Nice	11
Genève	9
La Nouvelle-Orléans	6
Port-au-Prince	14

B. Associations. People associate different numbers with certain objects. What numbers do you associate with the following things?

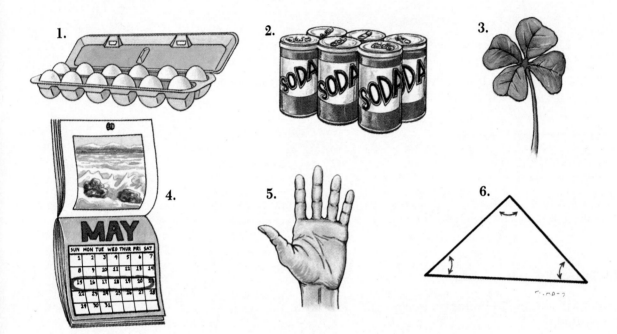

1.
2.
3.
4.
5.
6.

C. À la page... Your teacher will sometimes use numbers to indicate the page you should turn to. Listen to the following page numbers, and write the number you hear.

MODÈLE   À la page 12

D. Écrivez les numéros. When you write receipts or checks, you need to write numbers in words. Write the following numbers on a sheet of paper.

MODÈLE   13
          treize

1. 2   3. 19   5. 16   7. 7   9. 8
2. 11   4. 4   6. 14   8. 15   10. 3

Useful Classroom Expressions

The more you practice French, the better you will be able to communicate. Routine classroom expressions can be used immediately in French.

Learn to understand the following expressions your teacher will use often.
Le professeur dit *(The teacher says)*:

1.	Écoutez!	*Listen!*
2.	Répétez, s'il vous plaît.	*Repeat, please.*
3.	Répondez.	*Answer.*
4.	Ouvrez vos livres.	*Open your books.*
5.	Fermez vos livres.	*Close your books.*
6.	Allez au tableau, s'il vous plaît.	*Go to the chalkboard, please.*
7.	Est-ce que vous comprenez?	*Do you understand?*
8.	Prenez une feuille de papier et un crayon, s'il vous plaît.	*Take out a sheet of paper and a pencil, please.*
9.	Prenez vos devoirs.	*Take out your homework.*
10.	Levez-vous, s'il vous plaît.	*Please stand up.*
11.	Asseyez-vous, s'il vous plaît.	*Please sit down.*
12.	Étudiez la leçon.	*Study the lesson.*

Learn to say the following useful expressions.
Les élèves disent *(The students say)*:

1.	Oui, Madame (Mademoiselle).	*Yes.*
2.	Non, Monsieur.	*No.*
3.	Je ne sais pas.	*I don't know.*
4.	Répétez la question, s'il vous plaît.	*Repeat the question, please.*
5.	Comment?	*What?*
6.	Comment dit-on...?	*How do you say...?*
7.	Que veut dire...?	*What does...mean?*
8.	Je ne comprends pas.	*I don't understand.*
9.	Quelle est la réponse?	*What is the answer?*
10.	Merci.	*Thank you.*
11.	De rien.	*You're welcome.*

Activités

A. Oui ou Non? Mr. Chauvin is giving instructions to the new students in his French class. Listen to what he says, and look at what they do in the pictures. If they are correctly following his instructions, say **oui**; if not, say **non**.

1.
2.
3.
4.
5.
6.
7.
8.

B. Identification. Look again at the pictures, and listen to Mr. Chauvin's commands. On a sheet of paper, write the number of the picture in which the students are following each command.

MODÈLE   Levez-vous, s'il vous plaît.

C. Que disent les élèves? What do you say at school in these situations? Choose the appropriate expression from the list below.

Oui, Madame (Monsieur, Mademoiselle).   Comment dit-on...?
Je ne sais pas.   De rien.
Répétez la question, s'il vous plaît.   Que veut dire...?
Non, Madame (Mademoiselle, Monsieur).   Je ne comprends pas.
Quelle est la réponse?   Comment?

1. You do not know the answer to the question the teacher asked you.
2. You want to know what the expression **déjà vu** means in French.
3. Your teacher asks you if you have finished your homework.
4. Your teacher asks you if you want to take a test.
5. You need to have a question repeated.
6. You did not understand what your teacher just said.
7. You want to know how to say *apple* in French.
8. Two classmates give different answers, and you want to know which one is right.

LEARNING FRENCH

Tips for Success

A new language is different from other subjects. In fact, you may need to find some new ways to learn. Here are some suggestions to help you study and practice French.

1. **Study daily.** Practice French whenever you can—with classmates, friends, and family. Memorizing new words and grammar rules can help, but the best thing you can do is to use French to communicate by speaking with people in French, by reading and listening to French, and by trying to write your ideas in French.

2. **Do not be afraid to make mistakes.** Making mistakes is a normal part of learning to use a language. In fact, we often make mistakes in our native language, especially when we are tired or not paying attention. If you make a mistake and a native speaker understands you, then you have successfully communicated a message. This does not mean that you should not try to learn from the mistakes you make. Your mistakes can help you and your teacher identify areas that you need to work on and can give you insights into how the language works.

3. **Build on what you already know.** Learning a language involves building on words and grammar already learned. Learning to use the material in Chapter 2 requires knowing Chapter 1. The words and sentence patterns learned during the first days of French will continue to be important every day.

4. **Take your best guess.** Sometimes you will see or hear a word or phrase you do not understand. Think about what word you believe should be used in that situation, and then guess the meaning. At other times you will be unsure about how to say something. Go ahead and try! You may be right, and you will certainly learn faster.

Using Your Knowledge of English

As you study French, you will notice that it has many similarities to English. What you already know will help you learn more easily.

For example, how many of the following French words can you already recognize? Words like these, which are similar or identical in French and English, are called cognates. Guess the meaning of these cognates.

chocolat   littérature   banane   train   fatigué   table

Look at the photo and caption that follow. You will notice several similarities between French and English—the alphabet, the word order, and cognates. Try to guess the English translation of the caption.

Georges adore les blue-jeans et les tee-shirts.

You probably guessed that **et** means *and* because you expect blue jeans and T–shirts to be linked together like this. Your natural tendency to read past **les** was correct, because **les** does not have an English equivalent here.

Try to figure out the meaning of the next caption.

Jean déteste les serpents.

Here you see the need to be flexible in order to understand another language. The subject-verb-object word order is just like English. You also recognize **déteste** as similar to *detest* and **serpents** as *serpents*. But an English speaker would probably use different words in expressing the same meaning: *John hates snakes.* Thus, rigid word-by-word translation, though it may help you to understand, does not always give you the words you would use in English. Be flexible. Think of other ways to express the meaning.

Not all French words and sentence patterns will be familiar to you. New words and new grammar must be learned. In the caption to this photo, for instance, you can probably guess the correct meaning of **regarde**, but not that **pendant** means *during*. Also notice the two types of accent marks. Do you remember what they are called? Keep in mind that accent marks are very important in French. Sometimes, adding or deleting an accent mark can change the meaning of a word entirely.

Agnès regarde la télévision pendant le dîner.

Activité

A. **Est-ce que vous comprenez?**   The following Canadian students are looking for French-speaking pen pals. Look at the description of each student, and tell the leisure activities (**loisirs**) that each one enjoys.

1. Suzanne Lavallée, 16 ans
   423, rue d'Alençon
   Charlesbourg, Québec
   G1H 3W5
   Désire correspondre avec jeunes de 15 ou 16 ans. Photo si possible.
   Loisirs: musique, correspondance, cinéma, animaux.

2. Marc Légaré, 15 ans
   239, bd des Étudiants
   Lorretteville, Québec
   G2A 1N7
   Voudrais correspondre avec jeunes de 15 ou 16 ans.
   Loisirs: tennis, badminton, base-ball, cyclisme.

3. Paul Albert, 13 ans
   271, place Diamond
   Mont Saint-Hilaire, Québec
   J3H 2Y7
   Désire correspondre avec jeunes de 12 ou 13 ans. Photo si possible.
   Loisirs: ski, camping, excursions, animaux.

4. Michel Gingras, 14 ans
   318, rue Raymond
   R.R. 3
   Bellefeuille, Québec
   J0R 1A0
   Désire correspondre avec filles de 14 à 15 ans. Photo si possible.
   Loisirs: jeux vidéo, musique, piano, flûte, poésie, promenades.

5. Josette Monast, 14 ans
   2143, rue Barré
   Chambly, Québec
   J3L 2V3
   Désire correspondre avec jeunes francophones âgés de 13 à 16 ans,
   de tous pays.
   Loisirs: base-ball, musique, danse, cinéma, promenades.

6. Dominique Forget, 17 ans
   3811, rue Woodbury
   Montréal, Québec
   H3T 1S6
   Aimerais correspondre avec jeunes de 15 à 19 ans. Photo si possible.
   Loisirs: ski nautique, ski alpin, musique pop.

French Sounds

Listen to your teacher read the captions to the photos on page 17. You
will hear sounds that may be different from what you expect. Some of the
sounds in French are different from sounds in English. At first, these new
sounds may seem strange, but as you use them, they will become very
familiar, and you will become accustomed to pronouncing them. Even if
your pronunciation of French sounds is not perfect, keep practicing. Listen to your teacher read the captions to the photos again, then repeat
them. Try to imitate what you hear.

A. **C'est du français?** Listen to these words that exist in both French
   and English. If a word is said in English, say **anglais**. If it is pronounced in French, say **français**. Then repeat the words in French.

Richard	document	invitation
Paris	religion	avenue
New York	rose	surface

WHY STUDY FRENCH?

There are many reasons for studying French. What are yours? Here are some possible reasons. On a sheet of paper, rank them in order of importance for you. Add your own if you wish.

For | **Knowing French Can**

business — be the key to a rewarding career as American businesses increasingly recognize the importance of French in their international dealings.

culture — open doors to the appreciation of art, music, literature, and culture in the French-speaking world, an important part of our Western civilization.

travel — enable you to travel with greater ease and enjoyment.

college — increase your potential to do well in your studies.

communication — enable you to communicate with the French-speaking people of many countries.

The Francophone World

One reason to choose French as your second language is its importance in the world at large. Look at the following statements, and tell whether each is true or false. Guess on your own before you look at the answers.

1. French is spoken in over 30 countries around the world.
2. French is spoken in some regions of the United States.
3. French is one of the official languages of the United Nations.
4. Paris is one of the largest cities in the world.
5. French is important for international commerce.
6. The United States has a common boundary with a French-speaking nation.
7. The people in many African nations speak French.

Activité

A. **Le monde francophone**.   Look at the maps of France and the French-speaking world on pages 22–24, and answer these questions.

1. On what continents are there no French-speaking countries?
2. In which European countries would you hear French spoken?
3. If you could visit three French-speaking countries, which ones would you choose? Why?
4. Look at the map of France. Which French regions or cities have you heard of?
5. What is the capital of France?
6. On which islands in the Caribbean do people speak French? On which islands in the Pacific?
7. You are in France, and you want to go to the coast. What bodies of water can you choose from?
8. What country would you be in if you crossed the Pyrenees Mountains? If you crossed the Alps? If you crossed "La Manche"?

1. True. 2. True. 3. True. 4. True. 5. True. 6. True. The U.S. shares a common boundary with Canada, where French, as well as English, is an official language. 7. True.

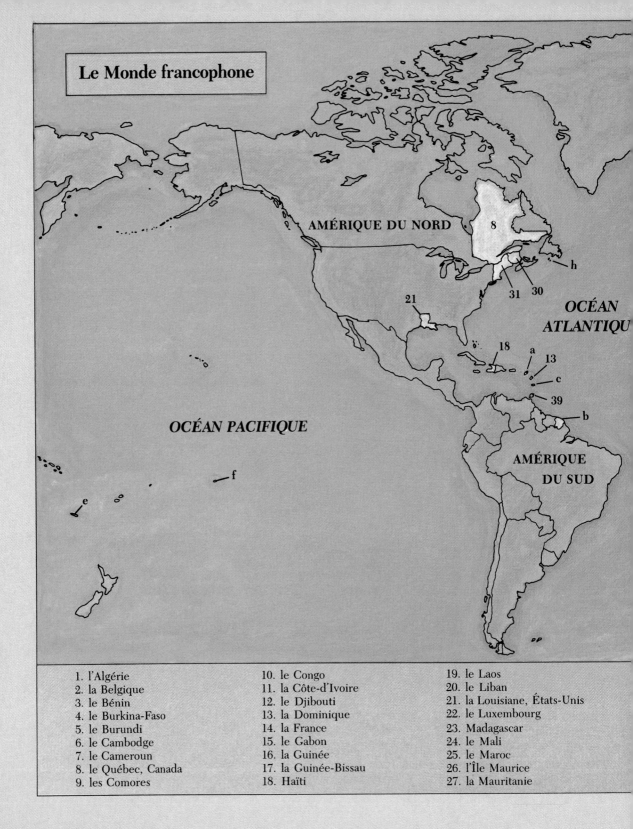

Le Monde francophone

AMÉRIQUE DU NORD

8

h

31 30

OCÉAN
ATLANTIQU

21

18   a   13
          c
          39
             b

OCÉAN PACIFIQUE

AMÉRIQUE
DU SUD

f

e

1. l'Algérie
2. la Belgique
3. le Bénin
4. le Burkina-Faso
5. le Burundi
6. le Cambodge
7. le Cameroun
8. le Québec, Canada
9. les Comores

10. le Congo
11. la Côte-d'Ivoire
12. le Djibouti
13. la Dominique
14. la France
15. le Gabon
16. la Guinée
17. la Guinée-Bissau
18. Haïti

19. le Laos
20. le Liban
21. la Louisiane, États-Unis
22. le Luxembourg
23. Madagascar
24. le Mali
25. le Maroc
26. l'Île Maurice
27. la Mauritanie

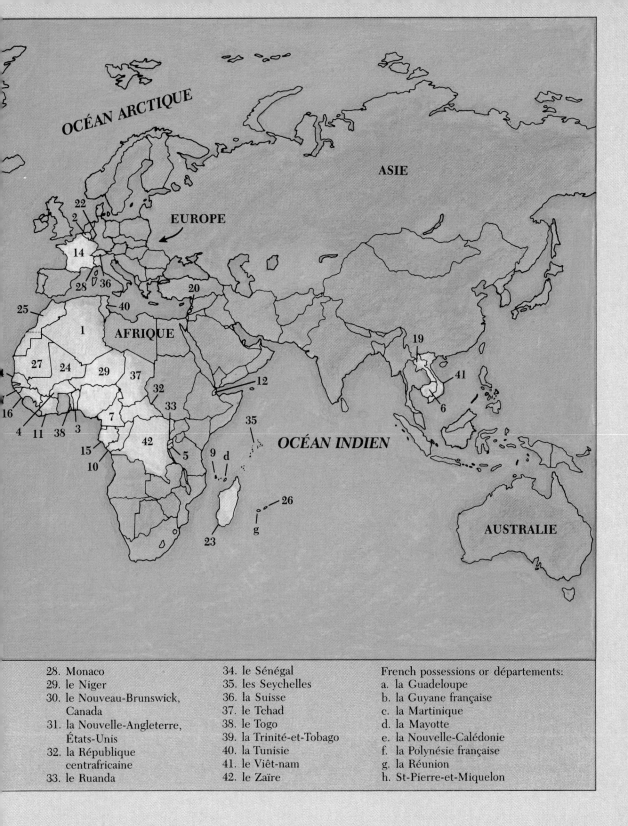

OCÉAN ARCTIQUE

ASIE

EUROPE

AFRIQUE

OCÉAN INDIEN

AUSTRALIE

28. Monaco
29. le Niger
30. le Nouveau-Brunswick,
Canada
31. la Nouvelle-Angleterre,
États-Unis
32. la République
centrafricaine
33. le Ruanda

34. le Sénégal
35. les Seychelles
36. la Suisse
37. le Tchad
38. le Togo
39. la Trinité-et-Tobago
40. la Tunisie
41. le Viêt-nam
42. le Zaïre

French possessions or départements:
a. la Guadeloupe
b. la Guyane française
c. la Martinique
d. la Mayotte
e. la Nouvelle-Calédonie
f. la Polynésie française
g. la Réunion
h. St-Pierre-et-Miquelon

La France

Monuments et sites historiques
- ◊ Vestiges celtes
- ▲ Les grandes cathédrales
- △ Abbayes
- ☐ Châteaux
- ■ Villes fortifiées
- ▬ Les ruines et édifices romains

MER DU NORD

ANGLETERRE

PAYS-BAS

⊛ Amsterdam

BELGIQUE

⊛ Bruxelles

ALLEMAGNE

Londres ✷

LA MANCHE

Lille •

LES ARDENNES

LUXEMBOURG

⊛ Luxembourg

Rhin

▲ Amiens

Le Havre •

Rouen •

Reims ▲

Meuse

Moselle

Strasbourg ▲

N
O — E
S

Brest •

St-Malo •

△ Mont-Saint-Michel

Seine

Versailles ☐

Paris ⊛✷

Fontainebleau ☐

Chaumont ☐

LES VOSGES

Rennes •

Chartres ▲

Vézelay ▲

Saône

Carnac •

Blois ☐
Chambord ☐
Amboise ☐
Chinon ☐ ☐
Azay-Le-Rideau
Chenonceaux

Loire

Autun ▲

LE JURA

SUISSE

Berne ⊛

OCÉAN ATLANTIQUE

Nantes •

Cluny △

Pérouges ■

Genève •

Mt-Blanc
(4,811 m.)

FRANCE

Lyon •

Grenoble •

LES
ALPES

ITALIE

FRANCE

ITALY

Corse

Ajaccio •

GOLFE DE GASCOGNE

Bordeaux •

Garonne

LE
MASSIF
CENTRAL

Rhône

Vaison-La-Romaine ▬

Pont du Gard ▬

Orange ▬

Nice •

MONACO

Biarritz •

Toulouse •

Nîmes ■ ▬

Arles ▬

Marseille •

Pau •

Montpellier •

Aigues-Mortes

Toulon •

ESPAGNE

LES
PYRÉNÉES

Carcassonne ■

0   100 Miles
0   100 Kilomètres

ANDORRE

MER MÉDITERRANÉE

VOCABULARY

NOUNS REFERRING TO ACTIVITIES

les devoirs (*m*) homework
le football soccer
le football américain football
la musique (classique) (classical) music
le rock rock music
le ski skiing
le ski nautique water skiing
la télévision (la télé) television (TV)
le tennis tennis
le volley-ball volleyball

NUMBERS

zéro zero
un one
deux two
trois three
quatre four
cinq five
six six
sept seven
huit eight
neuf nine
dix ten
onze eleven
douze twelve
treize thirteen
quatorze fourteen
quinze fifteen
seize sixteen
dix-sept seventeen
dix-huit eighteen
dix-neuf nineteen
vingt twenty

COMMON GREETINGS

Bonjour. Hello. Good morning. Good afternoon.
Bonsoir. Good evening.
Ça va? How's it going?
Comment allez-vous? How are you? (*formal*)
Comment ça va? How are things?
Comment t'appelles-tu? What's your name? (*informal*)
Comment vas-tu? How are you? (*informal*)
Comment vous appelez-vous? What's your name? (*formal*)
Et toi? And you? (*informal*)
Et vous? And you? (*formal*)
Salut. Hi.

COMMON RESPONSES

À demain. See you tomorrow.
Au revoir. Good-bye.
Bien, merci. Well, thanks.
Ça va. Fine.
Ça va bien. Fine.
Comme ci comme ça. So-so.
De rien. You're welcome.
Enchanté(e) (*m/f*) Pleased to meet you.
Je m'appelle... My name is...
Merci. Thank you.
Pas mal. Not bad.
Très bien. Very well.

USEFUL CLASSROOM EXPRESSIONS

À la page... On page...
Allez au tableau. Go to the chalkboard.
Asseyez-vous. Sit down.
Comment? What?
Comment dit-on...? How do you say...?
Écoutez. Listen.
Est-ce que vous comprenez? Do you understand?
Étudiez la leçon. Study the lesson.
Fermez vos livres. Close your books.
Je ne comprends pas. I don't understand.
Je ne sais pas. I don't know.
Levez-vous. Stand up.
Ouvrez vos livres. Open your books.
Prenez une feuille de papier et un crayon. Take out a sheet of paper and a pencil.
Prenez vos devoirs. Take out your homework.
Quelle est la réponse? What is the answer?
Que veut dire...? What does... mean?
Répétez. Repeat.
Répétez la question. Repeat the question.
Répondez. Answer.

OTHER EXPRESSIONS

J'aime... I like...
Je n'aime pas... I don't like...
Madame Mrs.
Mademoiselle Miss
Monsieur Mr., sir
non no
oui yes
s'il vous plaît please

Getting to Know Others

In this chapter, you will get acquainted with someone and talk about your courses in school. You will also learn about the following functions and structures.

Functions	Structures
• expressing likes and dislikes	• the definite articles **le, la, l', les**
• discussing everyday activities	• **-er** verbs and subject pronouns
• telling how often you do things	• the adverbs **rarement, souvent, quelquefois, tout le temps, toujours**
• disagreeing or expressing a negative idea	• the negatives **ne…pas** and **ne…jamais**

*I*NTRODUCTION

Le français en contexte

Salut!

It is the first day of class at Lycée Henri IV in Toulouse. Serge Martin has taken a seat next to Isabelle Leclerc, a new student in his English class.

SERGE	Salut!
ISABELLE	Salut! Ça va?
SERGE	Oui, ça va. Je m'appelle Serge Martin. Et toi?
ISABELLE	Je m'appelle Isabelle Leclerc.
SERGE	Tu <u>es</u> <u>nouvelle</u>?
ISABELLE	Oui. Toi <u>aussi</u>, tu es <u>nouveau</u>?
SERGE	Non, <u>pas moi</u>. Tu aimes <u>l'anglais</u>?
ISABELLE	Non. J'aime <u>les langues</u> <u>en général</u>, <u>mais</u> je n'aime pas <u>beaucoup</u> l'anglais. Je <u>trouve</u> <u>ça</u> <u>difficile</u>.
SERGE	Ah oui? J'aime beaucoup l'anglais. Je trouve ça <u>facile</u>.

are / new (*f*)
too / new (*m*)
not me / English
languages / in general / but
a lot, very much / find / that / difficult
easy

Compréhension

Based on **Salut!,** who might make the following statements—Serge, Isabelle, or both?

1. Tu es nouvelle?
2. Je trouve l'anglais difficile.
3. Je n'aime pas beaucoup l'anglais.
4. Tu aimes l'anglais?
5. J'aime beaucoup l'anglais.
6. Je trouve l'anglais facile.

Les mots et la vie

Here are some courses you may be taking. Though some of their names look very much like English, they sound different in French.

Les cours

la musique

l'histoire (*f*)

les mathématiques
(les maths) (*f*)

les langues (*f*)

l'espagnol (*m*)

l'anglais (*m*)

le français

l'éducation physique (*f*)

les sciences (*f*)

le basket

la gymnastique

la chimie

la biologie

A. **Les cours.** You will hear a list of words, some of which are school subjects. Number a sheet of paper from 1 to 15. If a word you hear is a school subject, write **oui**. If not, write **non**.

MODÈLE   l'anglais

bonjour

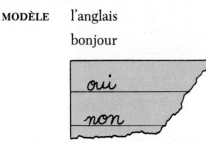

B. **Les classifications.** Because of a computer error, some of the school subjects have been classified incorrectly in the school handbook. Look at the classifications. Then, say the name of the classification and the subject that correctly represents it.

MODÈLE   les langues: l'espagnol, l'histoire
les langues: l'espagnol

1. l'éducation physique: la chimie, le basket
2. les langues: le français, la biologie
3. les sciences: l'histoire, la chimie
4. la musique: la musique classique, les mathématiques
5. les langues: la gymnastique, l'espagnol
6. les sciences: l'anglais, la biologie

C. **L'horaire d'Henri.** Henri likes history, languages, and music, but he dislikes math, the sciences, and sports. Look at the subjects below, and make two lists—one of the courses he would consider taking and the other of the courses he would not.

l'anglais	les maths	l'histoire
la chimie	la musique	l'espagnol
le français	la biologie	l'éducation physique

MODÈLE

Oui	_Non_
l'anglais	la chimie

Communication

A. Je trouve ça...   Tell whether you find these courses difficult or easy.

> EXEMPLE   l'anglais
> **Je trouve ça difficile.**
> **(Je trouve ça facile.)**

1. la chimie
2. les maths
3. la musique
4. l'histoire
5. le français
6. l'éducation physique
7. les langues en général
8. les sciences en général

B. Vous aimez ça?   How do you feel about the subjects pictured below? Tell whether or not you like each of them.

> EXEMPLE   **J'aime beaucoup les maths.**
> **(Je n'aime pas beaucoup les maths.)**

C. Présentations.   Introduce yourself to another student. Then tell your partner one school subject you really like and one you do not like very much. Ask your partner's opinion about the subjects too.

> EXEMPLE   **Bonjour. Je m'appelle Jean. J'adore les maths, mais je n'aime pas beaucoup l'histoire. Et toi?**

EXPLORATION 1

Function: *Expressing likes and dislikes*
Structure: *The definite articles*

Présentation

When talking about likes and dislikes in English, we can say simply *I like music* or *I love weekends*. In French we must use a form of the definite article.

J'aime la biologie.	*I like biology.*
J'adore le sport.	*I love sports.*
Je déteste les examens.	*I hate exams.*

A. In French all nouns—even names of things—are either masculine or feminine. The definite article that precedes a noun must match the gender (masculine or feminine) and number (singular or plural) of the noun. Most nouns form their plural by adding **-s**. This **-s** is usually silent. Here are the forms of the definite article.

	Singular	Plural
Before masculine nouns	le professeur	les professeurs
Before feminine nouns	la classe	les classes
*Before **any** noun beginning with a vowel sound*	l'école	les écoles

B. As in English, no article is required with people's names or with the names of most cities.

J'aime beaucoup Nicole.	*I like Nicole very much.*
J'adore Paris.	*I love Paris.*

C. The definite article is always used when we talk about things in general, such as what we like or dislike or what we prefer. Here are the names of some things you may want to talk about.

le cinéma

les voitures (*f*) de sport

les motos (*f*)

les animaux (*m*)

l'argent (*m*)

la radio

les examens (*m*)

le sport

les disques (*m*)

l'école (*f*)

les vacances (*f*)

les week-ends (*m*)

le professeur

la classe

les élèves (*m/f*)

D. To express degrees of liking or disliking, we can use the following expressions:

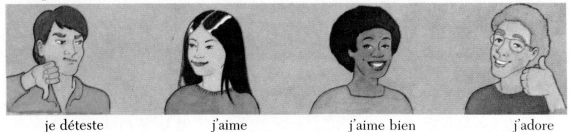

| je déteste | j'aime | j'aime bien | j'adore |

E. To agree with someone else's preference, begin your sentence with **Moi aussi** (*Me too*). To disagree, use **Pas moi** (*Not me*).

— J'aime bien le sport.
— Moi aussi. J'adore le sport.
   (Pas moi. Je déteste le sport.)

Préparation

A. Écoutez!   Listen as Daniel talks about his likes and dislikes. Number a sheet of paper from 1 to 10. If Daniel refers to one thing, put **S** for *singular* beside the appropriate number. If he talks about more than one thing, put a **P** for *plural*. Listen to the definite article for your clue.

MODÈLE   J'aime le sport.
                Je n'aime pas les examens.

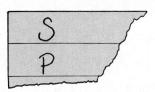

B. Moi aussi! Pas moi!   Joseph, Chantal, and Robert are talking about their interests. Chantal always agrees with Joseph, but Robert never does. What do Joseph, Chantal, and Robert say?

MODÈLE   JOSEPH   J'aime bien les maths.
           CHANTAL   **Moi aussi! J'aime bien les maths.**
           ROBERT   **Pas moi! Je déteste les maths.**

1. J'aime les sciences.
2. J'aime l'éducation physique.
3. J'aime les motos.
4. J'aime les week-ends.
5. J'aime l'école.
6. J'aime les disques.
7. J'aime les vacances.
8. J'aime le cinéma.
9. J'aime les animaux.
10. J'aime les voitures de sport.

C. J'adore... Colette is talking about her favorite things. What does she say?

     MODÈLE   vacances
                 J'adore les vacances.

1. musique
2. biologie
3. voitures de sport
4. tennis
5. cinéma
6. histoire
7. école
8. français
9. basket
10. motos

D. Opinions et préférences. David is talking about some of the things he likes and dislikes. What does he say?

     MODÈLE

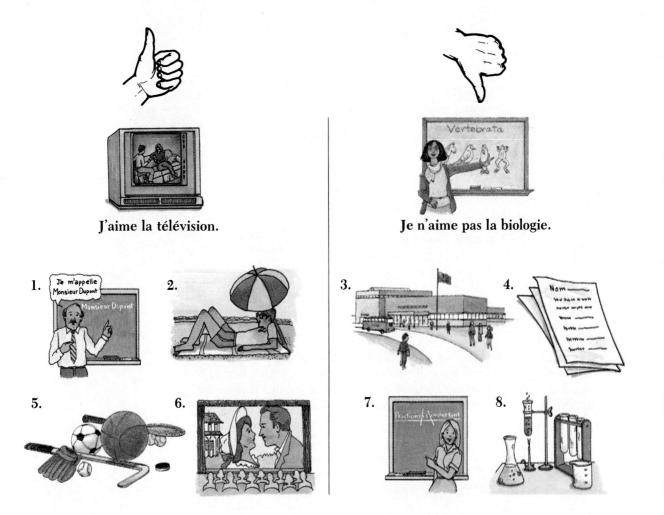

J'aime la télévision.   Je n'aime pas la biologie.

Communication

A. Et toi? How do you feel about these things? Write a sentence telling **W** how you feel about each one.

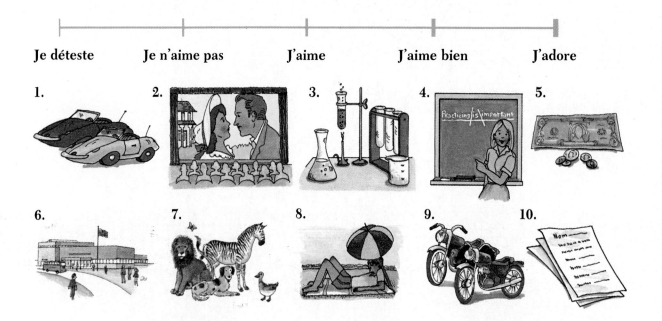

Je déteste   Je n'aime pas   J'aime   J'aime bien   J'adore

B. Préférences. Tell a classmate several things you like, then ask whether he or she likes them too.

EXEMPLE — J'aime la biologie. Et toi?
— Pas moi! Je déteste la biologie.
(Moi aussi! J'aime la biologie.)

musique cinéma sciences
TENNIS ? FOOTBALL
WEEK-ENDS examens
voitures de sport ?
ANIMAUX VACANCES ?
? motos ÉCOLE argent

C. Programme d'échange. You are filling out an application for a student **W** exchange program to France. To be sure you are well matched with your French host family, you include a list of some of your likes and dislikes. Write 6 sentences, indicating some things you like and some you dislike.

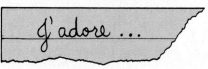

J'adore . . .

Interlude
CULTUREL

Although French students who live in large cities often go to schools far from their neighborhoods, there are usually no school buses. Students must provide their own transportation. They often take public transportation or ride their mopeds. Students who live in rural areas can sometimes take a school bus or reside at the school.

Compare the following photos of French **lycées** and American high schools. What kinds of transportation do you see? How are the school buildings different? Are the students dressed the same? How do students carry their books? What other differences do you notice?

EXPLORATION 2

Function: *Discussing everyday activities*
Structure: *-er verbs and subject pronouns*

Présentation

You have already learned how to name things you like and dislike. To tell what people do, or like to do, we need verbs and subject pronouns such as *he, she, it,* and *they.*

Using Verbs

A. When we look up a verb in a dictionary, we look up the infinitive. In French most infinitives end in **-er**, for example, **aimer** (*to like*) and **parler** (*to speak*). The stem of these verbs consists of the infinitive minus the ending **-er** (**aimer** → **aim-, parler** → **parl-**). To use a verb in French, we must add to the stem the ending that corresponds to the subject of the verb. The following table shows the subject pronouns and the corresponding written endings for the conjugation of **-er** verbs.

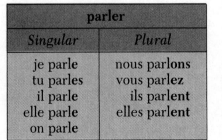

	parler		
	Singular	*Plural*	
I speak	je parle	nous parlons	*we speak*
you speak	tu parles	vous parlez	*you speak*
he or *it (m) speaks*	il parle	ils parlent	*they (m) speak*
she or *it (f) speaks*	elle parle	elles parlent	*they (f) speak*
one speaks	on parle		

In English we can say *I speak, I am speaking,* or *I do speak.* In French we use **je parle** for all three meanings.

B. To change a statement into a question that is answered yes or no, just raise the pitch of your voice at the end of your sentence.

— Tu parles français?   *Do you speak French?*
— Oui, je parle français.   *Yes, I speak French.*

C. In French, as in English, infinitives can often be used after a conjugated verb.

J'aime parler français.   *I like to speak French.*

D. Here are some common **-er** verbs you might use to talk about what you do.

adorer *to like*	manger* *to eat*
aimer *to love*	nager* *to swim*
danser *to hate*	parler *to speak, to talk*
détester *to dance*	regarder *to look at, to watch*
écouter *to listen to*	travailler *to work*
étudier *to study*	

Using Pronouns

A. **Je** changes to **j'** directly before a vowel or vowel sound.

Je déteste les examens.   **J'**aime bien l'école.

---

*With verbs that end in **-ger**, like **manger** and **nager**, the **nous** form has an **e** before the **-ons** ending:
je mange, tu manges, il / elle / on mange, vous mangez, ils / elles mangent, but **nous mangeons.**

B. There are two ways to say *you* in French. **Tu** is the informal, or "familiar," form used with a person you know well (a family member or close friend, a child, and among classmates). **Vous** is the formal, or polite, form used with a person you do not know well, especially an older person. **Vous** is also used whenever you are talking to two or more persons.

C. The verb forms used with **il, elle, ils,** and **elles** are often pronounced the same. When the following word begins with a vowel, the **s** of **ils** and **elles** is pronounced like a **z**, and can indicate if the subject is singular or plural. Otherwise, the context of the sentence must be your guide.

Il aime le sport.

Elle aime les voitures de sport.

Ils aiment les motos.

Elles adorent les sciences.

D. Ils is also used to refer to a mixed group of males and females.

Ils détestent les spectateurs.

E. On is a personal pronoun that can mean *people, one,* or *they.* It is also often used to say *we.*

When talking about Paris, for example, you might say:

On parle français.   *One speaks French.*
                       They (People) speak French.

When talking about your French class, you might say:

On parle français.   *We speak French.*

ON EST FIER DE PARLER FRANÇAIS.

CONSEIL POUR LE DÉVELOPPEMENT DU FRANÇAIS EN LOUISIANE

Préparation

A. Conversation au café. Vincent is talking about some of his friends. Number a sheet of paper from 1 to 9, and listen to what he says. If Vincent is talking about only one person, write **S** for *singular*. If he is talking about more than one, write **P** for *plural*. Write **?** if you cannot tell from the sentence you hear.

MODÈLE   Elles écoutent la radio.
          Elles dansent bien.

B. La famille Grillot. The Grillot family and some friends are spending an evening at home. Tell what each person is doing by using the correct form of the verb.

MODÈLE   Jean-Claude ===== (écouter) la radio.
          Jean-Claude _écoute_ la radio.

1. Monique ===== (étudier).
2. Monsieur et Madame Grillot ===== (regarder) la télévision.
3. Valérie ===== (travailler).
4. Henri et Alain ===== (parler) anglais.
5. Paul ===== (manger).
6. Paul et Valérie ===== (danser).

C. Tu ou Vous?   Yvette is getting better acquainted with her English teacher, M. Fournier, and with another student, Daniel. What does she ask them? Remember to raise the pitch of your voice at the end of the sentence to ask a question.

> MODÈLE   (à Daniel) parler espagnol aussi
> **Tu parles espagnol aussi?**
>
> (à M. Fournier) parler français aussi
> **Vous parlez français aussi?**

1. (à Daniel) étudier les maths
2. (à Daniel) regarder beaucoup la télévision
3. (à M. Fournier) regarder la télévision aussi
4. (à M. Fournier) aimer le cinéma
5. (à M. Fournier) travailler beaucoup
6. (à Daniel) danser bien
7. (à M. Fournier) parler espagnol

D. Christine et Annick.   Christine asks her new friend Annick about her daily routine. Annick does everything that Christine asks about. What does Christine ask, and how does Annick answer?

> MODÈLE   danser beaucoup
> — **Tu danses beaucoup?**
> — **Oui, je danse beaucoup.**

1. écouter la radio
2. travailler beaucoup
3. regarder la télévision
4. étudier beaucoup
5. parler anglais

E. Les élèves.   Marc, an exchange student, is asking two of his friends, Louis and Diane, about their activities. Play the roles of Marc and his friends.

> MODÈLE   étudier l'anglais
> — **Vous étudiez l'anglais?**
> — **Oui, nous étudions l'anglais.**

1. regarder beaucoup la télévision
2. étudier l'histoire
3. travailler beaucoup
4. écouter la radio
5. danser
6. nager

F. Occupations. Describe what the people are doing in the following illustrations.

1. Marie-Claire et moi, nous...

2. Les Régnier...

3. Madame Claudel...

4. Il...

5. Jean-Luc et Gérard...

6. Georges et Danielle...

G. Activités variées. Several students are talking about what they like to do. Write what they say.

> MODÈLE Richard / aimer danser
> **Richard aime danser.**

1. je / aimer danser
2. nous / aimer étudier
3. tu / aimer travailler
4. Isabelle / aimer écouter la radio
5. Marianne et Pierre / aimer écouter la radio
6. Colette et Françoise / aimer regarder la télévision
7. les professeurs / aimer parler
8. Véronique et Claire / aimer étudier

Communication

A. Activités. Using the verbs provided, make a list of at least five
W activities you do often. Then share the list with your classmates.

> EXEMPLE **J'écoute la radio.**

parler   nager

travailler   danser

écouter la radio   étudier

regarder la télévision

B. Interview. Using the list you prepared in Activity A, tell another
student what you do, and ask if he or she does the same thing. Keep
track of what your partner says. When you have finished, report to
the class the activities that you and your partner both do.

> EXEMPLE — **J'écoute la radio. Et toi?**
>   — **Moi aussi! J'écoute la radio.**

C. Les élèves américains. A French-speaking student has asked you to
describe some typical activities that American students like to do.
What do you say?

> EXEMPLE **Nous aimons regarder la télévision.**

D. Et le professeur? Using the example as a guide, ask your teacher
W about his or her interests. Make a note of the things he or she does
and likes, then write a short paragraph about your teacher. The question mark (?) indicates that you should add a question of your own.

> EXEMPLE aimer la musique
>   **Vous aimez la musique?**

1. travailler beaucoup
2. écouter la radio
3. regarder la télévision
4. aimer le sport
5. danser bien
6. aimer le football américain
7. ?

Interlude CULTUREL

The attitudes and preferences of French teenagers are generally similar to those of American teenagers, but there are important differences. Can you guess their attitudes and preferences on these topics?

1. The percentage of French teenagers who are *very* interested in politics is
   a. 40%.
   b. 4%.
   c. 75%.

2. French teenagers spend the most money on
   a. going out.
   b. buying clothes.
   c. buying records and tapes.

3. French high-school students would most likely discuss their problems with
   a. their teachers.
   b. their friends.
   c. their parents.

4. The biggest complaint French teenagers have about their parents is that
   a. they're too strict.
   b. they're too old-fashioned.
   c. it's hard to discuss problems with them.

5. Which three of the following social problems do French teenagers rank as most important?
   a. world hunger   d. unemployment
   b. pollution   e. drugs
   c. racism   f. the arms race

1. b; 2. a; 3. b; 4. c; 5. a, c, d

Source: Welcomme, Geneviève, and Claire Willerval, *Juniorscopie* (Larousse, 1986).

EXPLORATION 3

Function: *Telling how often you do things*
Structure: *Adverbs*

Présentation

A. Often we want to say more than a simple affirmative statement. To do this we can use adverbs such as *often*, *always*, or *sometimes* to qualify what we say. You have already learned to use **beaucoup** (*a lot*) and **bien** (*well*). Here are other useful adverbs.

rarement *rarely*	toujours *always*
quelquefois *sometimes*	tout le temps *all the time*
souvent *often*	

B. Adverbs usually come after the conjugated verb.

Nous travaillons **beaucoup**.   Chantal regarde **souvent** la télé.
Claude étudie **rarement**.   J'écoute **quelquefois** la radio.

Il étudie rarement.   Elle étudie quelquefois.

Il étudie souvent.   Elle étudie tout le temps.

Préparation

A. Souvent ou Pas souvent? Patrick is talking about what he and his friends do. Copy the chart below on a sheet of paper. For each of the 10 sentences you hear, indicate how often they do something by writing the number of the sentence in the correct column.

rarely	sometimes	often	always	all the time

B. Souvent ou Rarement? André has a reputation for often doing what he likes and for rarely doing what he dislikes. How often does he do the following?

MODÈLE   **Il étudie souvent.**
          Il parle rarement anglais.

1. étudier
3. parler français
5. écouter la radio
7. nager

2. parler anglais
4. danser
6. travailler
8. regarder la télévision

C. C'est logique! Generally, when people like an activity, they do it more often. Using the words in parentheses as a guide, tell how often these people do what they are talking about.

> MODÈLE   Henri déteste parler anglais. (rarement)
> **Il parle rarement anglais.**

1. J'aime bien parler espagnol. (souvent)
2. Yvette aime écouter la radio. (quelquefois)
3. Jérôme et Anne aiment bien danser. (souvent)
4. Nous détestons regarder la télévision. (rarement)
5. Annick et Renée adorent étudier. (tout le temps)
6. J'aime regarder la télévision. (quelquefois)
7. Philippe adore parler français. (toujours)
8. J'aime bien nager. (souvent)

Communication

A. Rarement ou Tout le temps? Using the scale below, tell how often you do these activities during the week.

| rarement | quelquefois | souvent | tout le temps |

> EXEMPLE   regarder la télévision
> **Je regarde souvent la télévision.**

1. étudier
2. danser
3. nager
4. travailler
5. écouter le professeur
6. écouter la radio
7. regarder la télévision
8. parler français

B. Interview. Using your answers for Activity A, tell a classmate about your activities, and ask about his or hers.

> EXEMPLE   — **Je nage souvent. Et toi?**
> — **Moi aussi! Je nage souvent.**
> **(Pas moi! Je nage rarement.)**

C. Camarade de classe. Write a short paragraph about a classmate based on the interview in Activity B.

Anne écoute souvent la radio. Elle...

CULTUREL

Gestures are an important part of communication in all cultures, and each culture has its own particular gestures with their own specific meanings. Can you match these French gestures with the meanings below?

- **a.** It's perfect!
- **b.** What a bore!
- **c.** You're out of your mind!
- **d.** You've got to be kidding!
- **e.** So-so.

1.

2.

3.

4.

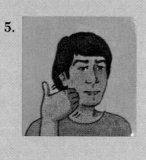

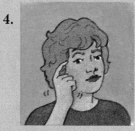

5.

Answers: 1. d 2. a 3. e 4. c 5. b

EXPLORATION 4

Function: *Disagreeing or expressing a negative idea*
Structure: *The negatives ne...pas and ne...jamais*

Présentation

A. Disagreeing or expressing a negative idea is an important part of communication. In English we usually use words like *not, don't,* or *doesn't* to make a negative statement. In French two words are used to make a sentence negative: **ne** and **pas**. **Ne** precedes the conjugated verb, and **pas** follows it.

Affirmative	*Negative*
Je danse bien.	Je **ne** danse **pas** bien.
Il parle français.	Il **ne** parle **pas** français.
Vous travaillez.	Vous **ne** travaillez **pas**.

B. When the verb begins with a vowel sound, the **e** of **ne** is dropped and is replaced by an apostrophe.

Marie-Chantal **n'**étudie **pas**.   *Marie-Chantal is **not** studying.*

Je **n'**écoute **pas** souvent la radio.   *I **don't** often listen to the radio.*

Jean **n'**aime **pas** regarder la télévision.   *Jean **doesn't** like to watch television.*

C. To communicate the idea of *never,* use **ne...jamais** instead of **ne...pas**.

Anne **ne** travaille **jamais**.   *Anne **never** works.*

Nous **n'**écoutons **jamais** la radio.   *We **never** listen to the radio.*

Préparation

A. **Jacques.** Listen to the statements Jacques makes about himself. Number a sheet of paper from 1 to 10. If his statement is affirmative, write **oui**. If it is negative, write **non**.

MODÈLE Je n'aime pas les examens.

non

B. **Au lycée.** Here are some scenes from Sophie's first day at school. Answer the question by each picture.

1. Sophie aime l'anglais?

2. Les élèves écoutent la radio?

3. Sophie et Marie regardent le professeur?

4. Sophie parle?

5. Les élèves travaillent?

6. Sophie regarde la télévision?

C. **Rendez-vous.** Hélène is trying to convince Émilie to join her brother, Gilles, and her at the café. Émilie is not interested and insists she has nothing in common with Gilles. What does Émilie say?

MODÈLE HÉLÈNE Gilles aime danser.
ÉMILIE **Pas moi. Je n'aime pas danser.**

HÉLÈNE Gilles n'étudie jamais.
ÉMILIE **Moi, j'étudie tout le temps.**

1. Gilles aime bien le football.
2. Gilles parle anglais.
3. Gilles n'écoute jamais la radio.
4. Gilles n'aime pas nager.
5. Gilles n'aime pas étudier.
6. Gilles regarde souvent la télévision.

D. Jean-Marie. Listen to this description of Jean-Marie, and write the missing words on a sheet of paper.

Jean-Marie __1__ l'école et il adore __2__. Il __3__ l'anglais, mais il __4__ l'espagnol. Il étudie la chimie aussi, mais __5__ les sciences. Il __6__ la télévision et il __7__ la radio.

Communication

A. Différences. Imagine that a friend has asked you the following questions about yourself and people you know. Respond using an adverb or a negative expression.

EXEMPLE — Tu étudies souvent?
— **Oui, j'étudie souvent.**
(**Non, je n'étudie pas souvent. J'étudie rarement.**)

1. Tu danses bien?
2. Tu aimes l'école?
3. Tu étudies la biologie?
4. Tu travailles beaucoup?
5. Tu aimes parler français?
6. Tu aimes les voitures de sport?
7. Les élèves aiment les examens?
8. Tu regardes souvent la télévision?
9. Tu écoutes rarement le professeur?
10. Le professeur parle toujours français?

B. Réactions. How well do you know your classmates? Ask another student in your class several questions about his or her interests. Your partner will then reply using an adverb in the answer. Be ready to report your partner's interests to the class.

EXEMPLE — **David, tu regardes quelquefois la télévision?**
— **Oui, je regarde souvent la télévision.**
(**Non, je ne regarde jamais la télévision.**)

C. Préférences et habitudes. Using the vocabulary you have learned so far, write two things you do not like to do, two things you do not do often, and one thing you never do.

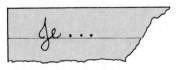

Je . . .

D. Jeu. With the class divided into two teams, members of one team will make statements about things they do not do or do not like to do. The other team must listen without taking notes and then recall as many of the statements as possible.

PERSPECTIVES

Lecture

Cher Robert

In a letter, Serge Martin introduces himself to his American pen pal, who is just beginning to learn French.

Cher Robert,   Toulouse, le 28 septembre

Salut. Je m'appelle Serge Martin. J'habite à Toulouse. J'étudie l'anglais, mais je ne parle pas bien. Les élèves et moi, nous étudions aussi les maths, les sciences, l'histoire, la géographie et le français. Nous travaillons beaucoup. J'adore l'éducation physique et le sport, mais je n'aime pas beaucoup l'école en général.

Ici les jeunes aiment bien la musique américaine, surtout le rock, et nous écoutons souvent la radio. Pendant le week-end je ne regarde pas souvent la télévision, mais j'adore regarder les films américains.

À bientôt,
Serge Martin

Vocabulaire à noter

à in	**habiter** to live
à bientôt so long	**ici** here
cher dear	**les jeunes** young people
le film movie	**pendant** during
la géographie geography	**surtout** especially

Compréhension

Based on **Cher Robert**, respond to each statement about Serge with either **vrai** (*true*) or **faux** (*false*). Correct each false statement.

1. Serge habite à Paris.
2. Serge n'étudie pas l'anglais.
3. Il étudie la géographie.
4. Serge n'aime pas beaucoup le rock.
5. Les jeunes écoutent rarement la radio.
6. Serge regarde souvent la télévision.
7. Serge aime les films américains.

Communication

A. Serge Martin. Imagine that you received the letter from Serge on page 53. What could you tell another student about him?

    EXEMPLE   **Il étudie l'anglais.**

B. Ma lettre. What would you write to a French-speaking pen pal? Use Serge's letter as a guide to write a letter describing yourself, your likes and dislikes, what you study in school, some of your activities, and how often you do them. Then tell another student or the class some of the things you wrote in your letter.

    EXEMPLE

> *J'étudie le français, l'anglais et...*

C. Oui ou Non? Try to remember what other students in your class have said about their likes and dislikes and their activities. Then make five statements about different people in your class. The rest of the class will correct you if you are wrong.

    EXEMPLE
    — **Suzanne adore les voitures de sport.**
    — **Mais non! Elle déteste les voitures de sport. Elle aime les motos.**

D. Détective. Look at this picture of Janine's room. What are some of her interests and activities? Write five sentences describing Janine based on what you can see in her room.

    EXEMPLE   **Elle aime bien la musique.**

E. Salut!   Listen to a dialogue between two students, and complete these statements.

1. Suzanne adore ═══ .
2. Paul ═══ l'école.
3. Suzanne aime le sport, surtout ═══ .
4. ═══ n'étudie pas pendant le week-end.
5. Le week-end, Paul et Jacques regardent ═══ .
6. Suzanne écoute ═══ la radio.

Prononciation

Even familiar names sound a bit different in French. Listen to the differences as each name below is said first in English and then in French.

Robert   Jacqueline   Henri   Vincent   Catherine   Hélène

Now listen again to the French pronunciation of the names, and repeat each one after you hear it. In French the stress is always on the last syllable. The pattern of putting stress only on the last part of a word also applies to phrases and sentences. Only the end of a sentence or phrase receives stress in French.

In French most final consonants, such as the **t** in **Robert,** are silent. Many final consonants are pronounced only in **liaison,** that is, only when they are followed by a word that begins with a vowel sound. In **Et vous?,** the symbol ‿ will occasionally be used to indicate **liaison**. The way the **liaison** is pronounced will be indicated by a small letter under the symbol. These symbols are a guide to pronunciation. They are not part of the written word. Repeat the following words.

les langues / les‿examens   vous parlez / vous‿étudiez   nous détestons / nous‿aimons
                     z   z   z

Two of the names you heard begin with a consonant that is always silent in French. **Henri, Hélène,** and all other French words that begin with **h** are pronounced as though they begin with a vowel.

Listen to the following sentences and repeat them, paying careful attention to the stress and to the final consonants.

1. Je m'appelle Henri.
2. J'aime beaucoup les langues.
3. Les élèves aiment bien les langues.
4. Ils adorent le français.
5. Moi, j'étudie le français et l'anglais.
6. J'aime bien l'école, mais je n'aime pas les examens.

I NTÉGRATION

Here is an opportunity to test yourself to see what you can do. If you have trouble with any of these items, study the topic and practice the activities again, or ask your teacher for help.

Écoutez bien

A. Quelle est la réponse logique? Listen to the questions Véronique asks Thomas about some of their classmates. Number a sheet of paper from 1 to 8. For each question you hear, choose the logical response, and write the appropriate letter.

a. Non, je n'écoute pas souvent la radio.
b. Oui, il aime beaucoup le cinéma.
c. Oui, nous aimons beaucoup la musique.
d. Non, Paul n'aime pas beaucoup la télévision.
e. Oui, nous adorons danser.

f. Oui, il étudie beaucoup.
g. Oui, elles aiment beaucoup le français.
h. Non, ils détestent les examens.

B. La curiosité. Julie Aubin is very curious about her older brothers' activities and often asks her mother what they are doing. Look at the pictures below, and answer Julie's questions as her mother would. If the answer is yes, write **oui**. If not, write **non**.

1.

2.

3.

4.

5.

6.

Lisez un peu

A. En vacances. Camp counselors are trying to match roommates who will get along well. Read the following descriptions, and pair up the most compatible roommates.

Je m'appelle Jean. J'aime beaucoup le cinéma et j'adore les films américains. J'aime bien l'anglais. J'aime Dickens, Twain et Steinbeck. J'aime beaucoup la musique.

Je m'appelle Richard. J'aime beaucoup l'art et la littérature. Le week-end, j'aime visiter les expositions d'art. J'aime bien l'art classique, mais je préfère l'art moderne.

Je m'appelle Laurent. J'aime la musique pop et les discothèques. Ça va à l'école, mais je n'étudie pas beaucoup. J'aime la pizza, les hamburgers et les spaghetti.

Je m'appelle Marc. J'étudie l'art. J'adore Picasso et Matisse. J'aime aussi la philosophie et j'adore parler de philosophie. J'aime la méditation et le calme.

Je m'appelle Philippe. J'aime beaucoup l'école. J'étudie la biologie, l'anglais, le français, les mathématiques et l'histoire. J'adore la littérature americaine. Le week-end, j'écoute la radio. Je préfère le jazz. Je déteste regarder la télévision, mais j'adore le cinéma.

Je m'appelle Henri. Je déteste étudier et j'adore les week-ends. Je n'étudie jamais le week-end et j'étudie rarement en général. Je déteste les sciences et les maths. Je préfère l'éducation physique. J'aime beaucoup écouter la radio et j'adore danser. Je danse très bien.

Écrivez

A. L'ami idéal. Everyone has a different idea of what constitutes the ideal friend. Write five sentences telling what your good friend (real or imaginary) likes and dislikes. Include some activities you both like to do.

EXEMPLE

Elle aime la musique...

B. Des problèmes. You were doing your French homework on your home computer when the computer cut some of your sentences in half. Put them back together before you hand them in, being careful to match the subjects with the correct verb forms.

1. Anne et moi, nous
2. Et vous? Vous
3. J'
4. Le professeur
5. Maman et Papa
6. Tu

a. n'aime pas le rock.
b. aiment écouter la radio et danser.
c. écoutez souvent la radio aussi?
d. aime bien le rock.
e. danses souvent aussi?
f. écoutons souvent la radio.

C. Les préférences. Tell how you and a friend feel about the following things. Use the verbs **aimer, adorer,** and **détester** in your sentences. Use **nous** if you have the same tastes. If you have different opinions, use **je** and your friend's name.

EXEMPLE   **Nous aimons le cinéma.**
   (J'aime le cinéma, mais Marie déteste le cinéma.)

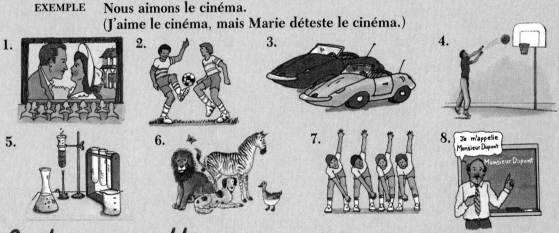

Parlons ensemble

You may find yourself in the following situations when visiting a French-speaking region. Imagine the conversation that might take place, and act it out with another student. Switch roles if appropriate.

Situations

A. Un cadeau d'anniversaire. It is your French friend's birthday, and you want to buy a book as a present. You must find out what subjects or activities interest your friend and what he or she likes and dislikes. Ask your friend questions to help you choose an appropriate book.

B. Une soirée. You have made a new French friend at a party. Find out what your friend does on the weekend and during the week. Also find out about his or her likes and dislikes.

VOCABULAIRE

NOUNS RELATED TO SCHOOL
l' **anglais** (*m*) English
la **biologie** biology
la **chimie** chemistry
la **classe** class
le **cours** course
l' **école** (*f*) school
l' **éducation physique** (*f*)
    physical education
l' **élève** (*m/f*) student
l' **espagnol** (*m*) Spanish
l' **examen** (*m*) test, examination
le **français** French
la **géographie** geography
l' **histoire** (*f*) history
les **jeunes** (*m/f*) young people
la **langue** language
les **mathématiques** (les **maths**) (*f*)
    mathematics (math)
le **professeur** male or female
    teacher
les **sciences** (*f*) science

OTHER NOUNS
l' **animal** (*m*), (*pl.* les **animaux**)
    animal
l' **argent** (*m*) money
le **basket** basketball
le **cinéma** movies, movie theater
le **disque** record
le **film** movie, film
la **gymnastique** gymnastics

la **moto** motorcycle
la **radio** radio
le **sport** sports
les **vacances** (*f*) vacation
la **voiture (de sport)** (sports) car
le **week-end** weekend

ADJECTIVES
cher (*m*), **chère** (*f*) dear
difficile difficult
facile easy
nouveau (*m*), **nouvelle** (*f*) new

VERBS
adorer to love, to really like
aimer to like, to love
aimer bien to like a lot, to like
danser to dance
détester to hate, to dislike
écouter to listen
étudier to study
habiter to live
manger to eat
nager to swim
parler to speak, to talk
regarder to look at, to watch
travailler to work
trouver to find

ADVERBS
aussi also
beaucoup a lot

bien well
ici here
ne...jamais never
ne...pas not
quelquefois sometimes
rarement rarely
souvent often
surtout especially
toujours always
tout le temps all the time
très very

OTHER WORDS AND EXPRESSIONS
à to, in, at
à bientôt so long
ça that, it
en général in general
et and
faux false
mais but
Maman Mom
moi aussi me too
Papa Dad
pas moi not me
pendant during
vrai true

Note: For the subject pronouns, see
Exploration 2.

Chapitre 2

Getting Information

In this chapter, you will talk about music and ask for information. You will also learn about the following functions and structures.

Functions

- asking questions
- identifying objects

- describing people and things
- counting and asking how much and how many

Structures

- **est-ce que** and **n'est-ce pas?**
- **Qu'est-ce que c'est?** and the indefinite articles **un, une, des**
- the verb **être** and adjectives
- the numbers from 20 to 100 and related vocabulary

Le français en contexte

À Paris

Brigitte Prévost et Michelle Dufour parlent <u>dans</u> <u>un magasin de disques</u> à Paris, la FNAC-Forum des Halles.

in / a record store

BRIGITTE	<u>Qu'est-ce que</u> tu écoutes?	What
MICHELLE	Un disque <u>de</u> Jacques Brel.	by
BRIGITTE	<u>Qui est-ce?</u>	Who is that?
MICHELLE	<u>C'est</u> un <u>chanteur</u> <u>des années soixante</u>.	It's / singer (*m*) / from the sixties
BRIGITTE	Moi je préfère* les chanteurs modernes, <u>comme</u> Bruce Springsteen <u>ou</u> Elsa.	like or
MICHELLE	Moi aussi, j'aime bien les <u>chansons</u> modernes. Le disque est <u>pour</u> Papa et Maman. Ils adorent Jacques Brel.	songs (*f*) for
<u>LE VENDEUR</u>	Vous <u>cherchez</u> <u>quelque chose?</u>	The salesclerk (*m*) / are looking for / something
MICHELLE	Oui, Monsieur. <u>Combien</u> <u>coûte</u> le disque de Jacques Brel?	How much / costs
LE VENDEUR	<u>Cinquante</u> francs, Mademoiselle.	Fifty
MICHELLE	C'est <u>cher</u>! Mais <u>voilà</u> les cinquante francs.	expensive / here are
LE VENDEUR	Merci, Mademoiselle.	

* **Préférer** is a regular **-er** verb except that in writing, the second accent changes to an **accent grave** in all singular forms and in the **ils / elles** form: **je préfère, tu préfères, il / elle / on préfère, ils / elles préfèrent,** but **nous préférons, vous préférez.**

Compréhension

Based on **À Paris,** are the following statements **vrai** (*true*) or **faux** (*false*)?

1. Michelle écoute la radio.
2. Elle écoute un disque d'Elsa.
3. Brigitte préfère les chanteurs modernes.
4. Le disque de Jacques Brel est pour Brigitte.
5. Le disque coûte cinq francs.

Les mots et la vie

Here are some words and expressions that relate to entertainment and that are useful in other contexts as well.

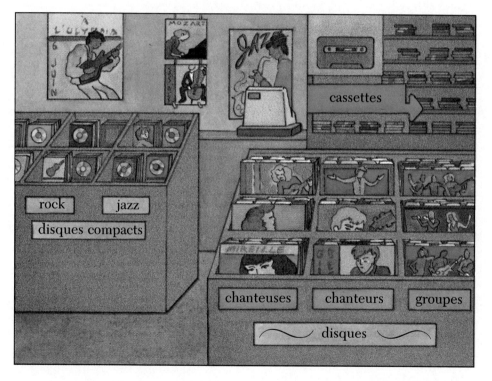

la cassette	*cassette*	le groupe	*band, group*
le chanteur	*male singer*	le jazz	*jazz*
la chanteuse	*female singer*	la musique classique	*classical music*
le disque	*record*		
le disque compact	*compact disc*	le rock	*rock music*

Here is some related vocabulary you may find useful.

acheter*	*to buy*
la caisse	*cash register*
la chaîne stéréo	*stereo system*
le concert	*concert*
le magnétophone	*tape player / recorder*

L **A. Dans un magasin de disques.** For each picture below, you will hear two statements. Number a sheet of paper from 1 to 6. If the first statement you hear accurately describes the picture, write **a**. If the second statement is correct, write **b**.

MODÈLE **a.** Elle écoute un disque.
b. Elle achète un disque.

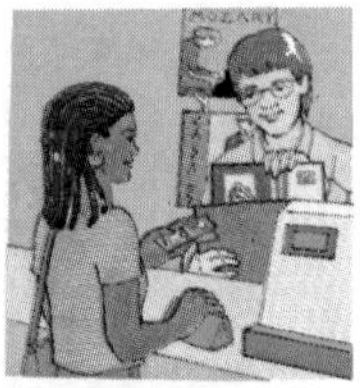

1\.

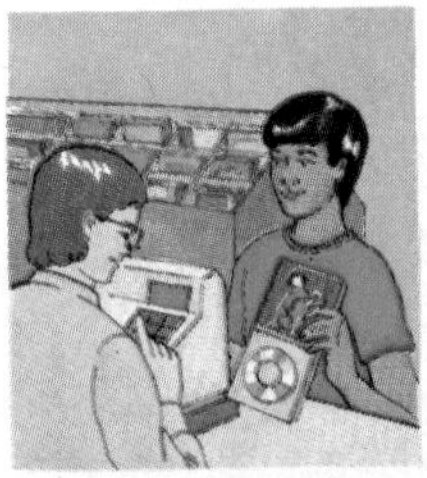

2\.

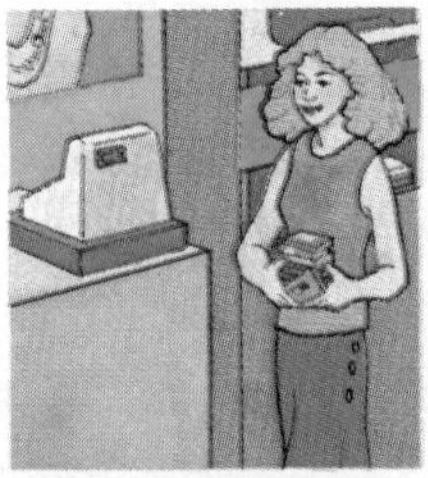

3\.

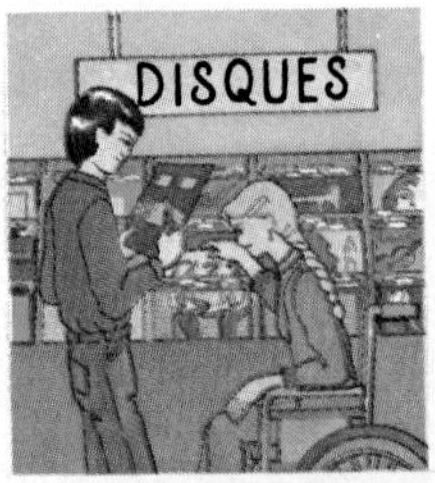

4\.

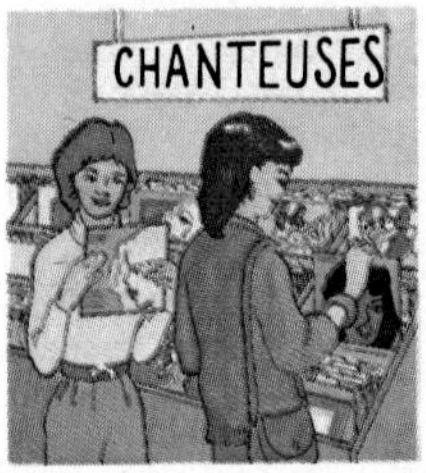

5\.

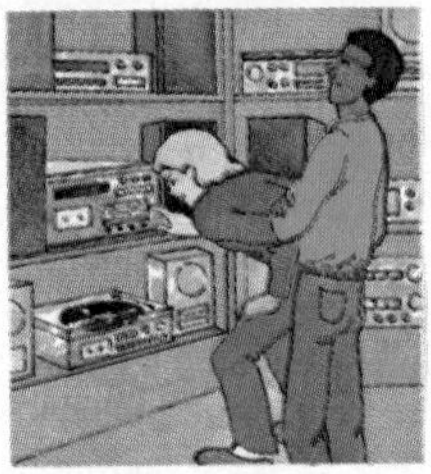

6\.

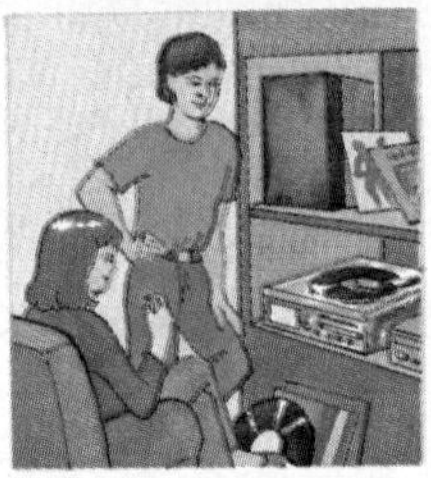

W **B. Préférences musicales.** What are the musical preferences of the people in each of the pictures in Activity A? Using the choices below, write what you think their preferences are.

MODÈLE disques / cassettes
Elle préfère les disques.

1. disques compacts / cassettes
2. disques / cassettes
3. disques / cassettes
4. chanteurs / chanteuses
5. chaînes stéréo / radio
6. disques / disques compacts

* **Acheter** is a regular **-er** verb except that in writing, an **accent grave** must be added in all singular forms and in the **ils / elles** form: **j'achète, tu achètes, il / elle / on achète, ils / elles achètent,** but **nous achetons, vous achetez.**

Communication

A. Qu'est-ce que vous préférez?   Answer the questions in this survey about the kinds of music and entertainment you like. Then compare your answers to the answers given by your classmates. Do you agree or disagree with the majority?

Qu'est-ce que vous préférez?

- les concerts ou les disques?
- les disques ou les cassettes?
- le rock, le jazz ou la musique classique?
- écouter la radio ou regarder la télévision?
- les chanteurs comme Bruce Springsteen ou comme Willie Nelson?
- les chanteuses comme Janet Jackson ou comme Linda Ronstadt?
- les groupes comme U2 ou les groupes comme les Beach Boys?

B. Maman et Papa préfèrent...   Are you aware of the preferences of
W those around you? Using the questions below as a guide, write a paragraph about the musical preferences of your mother, your father, or another adult acquaintance. Later, check with the person to see if you were right.

> EXEMPLE   Does he / she listen to the radio often?
> **Il (Elle) écoute souvent la radio.**

1. Does he / she like to listen to the stereo or to the radio?
2. Does he / she prefer records, cassettes, or compact discs?
3. Does he / she prefer classical music, jazz, or rock?
4. Does he / she generally prefer male or female vocalists?
5. Does he / she like music from the sixties such as the Beatles?
6. Does he / she like groups such as... (your favorite group)?

EXPLORATION 1

Function: *Asking questions*
Structure: *est-ce que and n'est-ce pas?*

Présentation

When we want to get information, we usually ask questions. You have already seen that you can ask a question simply by raising the pitch of your voice at the end of the sentence.

A. Another common way to ask a yes-or-no question is to use the expression **est-ce que** before a statement.

Statement	Question
Guy cherche un disque.	**Est-ce que** Guy cherche un disque? *Is Guy looking for a record?*
Michelle aime la chanson.	**Est-ce que** Michelle aime la chanson? *Does Michelle like the song?*

When the word following **est-ce que** begins with a vowel or vowel sound, **est-ce que** contracts to **est-ce qu'**.

Est-ce qu'elle aime le rock?

Est-ce qu'Henri préfère le jazz?

B. **Est-ce que** can be combined with question words like **où** (*where*) or **pourquoi** (*why*) to ask for information. **Parce que** (*because*) is often used to answer a question that begins with **pourquoi**.

— **Où est-ce que** vous habitez? *Where do you live?*
— J'habite à Toulouse. *I live in Toulouse.*

— **Pourquoi est-ce que** tu aimes la musique classique? *Why do you like classical music?*
— **Parce que** je trouve ça formidable. *Because I think it's great.*

C. If you think you already know the answer to a yes-or-no question but you want to ask just to be sure, you can form your question by adding **n'est-ce pas?** to the end of a statement. This is equivalent to the tag questions we use in English.

Tu étudies le français, **n'est-ce pas?**
*You're studying French, **aren't you?***

Marc ne parle pas anglais, **n'est-ce pas?**
*Marc doesn't speak English, **does he?***

Préparation

A. C'est une question?   Astrid and Patrick are talking about musical preferences. Number a sheet of paper from 1 to 8. Listen to their conversation one sentence at a time. If you hear a *statement*, write **S** next to the corresponding number. If you hear a *question*, write **Q**.

> MODÈLE   Est-ce que tu écoutes la radio?

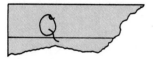

B. Répétez, s'il vous plaît.   Some friends are talking in a record store, but the music is so loud they have to repeat their questions. What do they say?

> MODÈLE   Tu aimes la musique?
> **Est-ce que tu aimes la musique?**

1. Vous écoutez un disque?
2. Tu préfères la musique moderne?
3. André aime les chanteuses comme Elsa?
4. Il cherche un disque compact de Jacques Brel?
5. C'est un chanteur américain?
6. Christine préfère les cassettes ou les disques?

C. Curiosité.   Claudine is curious about Gérard and Anne, who are new students in her class. What does she ask another student about them?

> MODÈLE   aimer la musique (Gérard)
> **Est-ce qu'il aime la musique?**
>
> étudier l'espagnol (Anne)
> **Est-ce qu'elle étudie l'espagnol?**

1. habiter ici (Gérard)
2. aimer le rock (Anne)
3. aimer danser (Gérard)
4. écouter souvent la radio (Anne)
5. travailler beaucoup (Gérard)
6. étudier l'anglais (Anne)

D. Où? Suzanne wants to know where the following people live. What does she ask?

>MODÈLE Nathalie
>**Où est-ce qu'elle habite?**

1. Serge et Colette
2. tu
3. Monsieur et Madame Roussin
4. Madame Jaquin
5. vous
6. le professeur

Communication

A. Interview. Using the suggestions below, write a list of questions to ask a partner. Then take notes as you interview each other. Be prepared to report back to the class about your partner's taste in music.

>EXEMPLE étudier la musique
>**Est-ce que tu étudies la musique?**

1. aimer la musique
2. préférer la musique classique ou le rock
3. aimer danser
4. écouter souvent la radio
5. préférer les concerts ou les disques
6. préférer les cassettes ou les disques

B. Et les Français? You have just met an exchange student from France and want to find out about the interests of French teenagers. What questions do you ask?

>EXEMPLE Ask if they study English.
>**Est-ce qu'ils étudient l'anglais?**

Ask if they
1. like rock music.
2. prefer rock or classical music.
3. watch television often.
4. like to listen to the radio.
5. like to dance.
6. like jazz.

C. Préférences semblables. Make five questions with **est-ce que** and **n'est-ce pas?** about people and things you like, and find out whether a classmate likes them too. Then answer five of your classmate's questions. Keep track of the yes and no responses, and score one point for each yes answer. See whether or not you have similar preferences, and report your findings.

>EXEMPLE — **Est-ce que tu aimes bien danser?**
>— **Non, je n'aime pas beaucoup danser.**
>
>— **Tu aimes Eddie Murphy, n'est-ce pas?**
>— **Oui, j'aime bien Eddie Murphy.**

Préférences semblables. (8–10)
Préférences assez semblables. (4–7)
Préférences différentes. (0–3)

CULTUREL

French teenagers enjoy music as much as American teens do. Many own stereos, tape decks, and compact disc players. They go to concerts and watch music videos at home. As in the United States, there is a wide variety of music to choose from. Rank the following types of music according to how often you listen to each type.

folk music   classical music   rock
reggae and / or salsa   jazz   pop music

French teenagers ranked their preferences in this order: *rock, reggae and / or salsa, classical music, folk, jazz, and pop music. What similarities or differences do you see when you compare your preferences to those of French teenagers? Are you surprised that reggae and salsa are so popular in France? African and Caribbean music are both important influences in France. French young people are also very familiar with British and American songs, and it is not unusual for a song in English to become **un tube** (*a hit*).

*Source: Welcomme, Geneviève, and Claire Willerval, *Juniorscopie* (Larousse, 1986).

EXPLORATION 2

Function: *Identifying objects*
Structure: *Qu'est-ce que c'est?* *and the indefinite articles*

Présentation

A. When we see something new, or do not know the word for something, we may ask, *What is it?* or *What's this?* In French the question is **Qu'est-ce que c'est?** If we ask only about one object, the question may be answered by **c'est** followed by the indefinite article **un** or **une** and a noun. **Un** is used with a masculine singular noun and **une** with a feminine singular noun. **Un** and **une** mean *a* (or *an*) in English.

— **Qu'est-ce que c'est?**
— C'est **un** disque?
   Non, c'est **une** affiche!

B. If we ask about several objects (*What are these? What are those?*), the question is also **Qu'est-ce que c'est?** But to answer, we use **ce sont** followed by the indefinite article **des** and a plural noun. **Des** is often the equivalent of *some* in English.

— **Qu'est-ce que c'est?**
— Ce sont **des** disques?
   Non, ce sont
      des affiches!

In English we may omit the word *some*. We can say, for example, *These are records*. In French, however, **des** may not be omitted, and we must say **Ce sont des disques.**

	Singular	Plural
Masculine	C'est un disque. t Ce n'est pas un livre. z	Ce sont **des** disques. Ce ne sont pas **des** livres.
Feminine	C'est une affiche. t Ce n'est pas une cassette. z	Ce sont **des** affiches. Ce ne sont pas **des** cassettes.

une salle de classe

*The plural of nouns ending in **-eau,** such as **bureau** and **tableau,** is formed by adding an **-x,** not an **-s: le bureau → les bureaux, le tableau → les tableaux.**

Préparation

A. Dans la salle de classe. Madame Gautier is making a list of the things she will need in her classroom when school starts. Number a sheet of paper from 1 to 10, then listen to her list. Write the indefinite article for each item.

MODÈLE ___un___ livre

1. ═══ tableau
2. ═══ chaise
3. ═══ stylo
4. ═══ cahiers
5. ═══ bureaux
6. ═══ effaceur
7. ═══ table
8. ═══ crayons
9. ═══ examens
10. ═══ affiche

B. Mon anniversaire! Gisèle's younger brother is trying to guess what Gisèle bought him for his birthday. What do they say?

MODÈLE livre
— **C'est un livre?**
— **Non, ce n'est pas un livre.**

affiches
— **Ce sont des affiches?**
— **Non, ce ne sont pas des affiches.**

1. disque
2. livres
3. stylo
4. magnétophone
5. affiches
6. cassettes

C. Qu'est-ce que c'est? Name the common classroom items below.

MODÈLE   — Qu'est-ce que c'est?   — Qu'est-ce que c'est?
          — **Ce sont des examens.**   — **C'est un livre.**

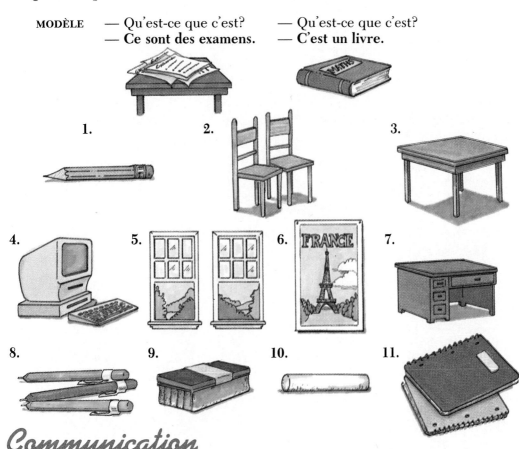

1.   2.   3.

4.   5.   6.   7.

8.   9.   10.   11.

Communication

A. Vrai ou Faux? One student will walk around the classroom, point to an object, and give a correct or an incorrect name for it. If he or she gives the correct word, say **vrai**; if not, say **faux**.

B. Petit jeu. Make a sketch of an object whose French name you know. Show your sketch to the class, and ask **Qu'est-ce que c'est?** Another student will answer the question.

EXEMPLE   — **Qu'est-ce que c'est?**
           — **C'est un crayon.**

C. C'est un... One student will ask **Qu'est-ce que c'est?** about six
W classroom objects. The other students should write all six answers in order. Begin each answer with **C'est** or **Ce sont**.

EXEMPLE   Qu'est-ce que c'est?

C'est une craie.

CULTUREL

Make a list of all the French singers you have ever heard of. Is it a short list? Don't worry, you're not alone. French singers are not well known in the United States. And yet, the French music scene is lively and exciting, and many French singers are enormously popular.

Among the performers mentioned in **Et vous?** is Johnny Hallyday. In the early 1960s, a young French singer named Jean-Philippe Smet changed his name to Johnny Hallyday (a change that shows the influence of American rock and roll) and began a remarkable career. For 20 years Johnny Hallyday has changed with the times, and he remains one of the best-known figures in French rock music. Another performer mentioned in **Et vous?** is Jacques Brel. Born in Belgium, Brel was a singer and songwriter of extraordinary talent. In his songs, complex and playful lyrics are set to generally simple tunes for a powerful effect. One of the most exciting French performers today is Jean-Michel Jarre, whose electronic music and laser light shows have attracted huge audiences in the cities of Paris and Lyon in France and in Houston, Texas!

EXPLORATION 3

Function: *Describing people and things*
Structure: *The verb être and adjectives*

Présentation

A. One of the most common ways to describe people or things is to use the verb **être** (*to be*) with an adjective. Unlike the **-er** verbs you have studied, **être** does not follow a regular pattern. Here are the forms of this irregular verb.

	Verb	*Adjective*
Je	**suis**	sincère.
Tu	**es**	sincère.
Il / Elle / On	**est**	sincère.
Nous	**sommes**	sincères.
Vous	**êtes**	sincère(s).
Ils / Elles	**sont**	sincères.

B. **Sincère** is an example of a large group of French adjectives that end in **-e**. These adjectives add an **-s** when they describe a plural noun or pronoun, but they do not change to match the gender of the noun. Look at the box above to see how **sincère** and similar adjectives are used in a sentence.

Est-ce qu'ils sont sincères?

Some useful adjectives like **sincère** appear below.

sympathique *nice, friendly*	formidable *great, fantastic*
agréable *agreeable, nice, pleasant*	irrésistible *irresistible*
désagréable *disagreeable, unpleasant*	optimiste *optimistic*
égoïste *selfish*	pessimiste *pessimistic*
bête *stupid, silly*	pauvre *poor*
stupide *stupid*	riche *rich*
facile *easy*	sévère *strict*
difficile *difficult, hard to please*	modeste *modest*
dynamique *active*	jeune *young*
timide *timid, shy*	célèbre *famous*
enthousiaste *enthusiastic*	triste *sad*

C. The adverbs **très** (*very*), **trop** (*too*), and **assez** (*rather, fairly*) can be used to qualify a description. Note that **ne...pas assez** means *not enough*.

Elle est **très** sympathique.	*She is **very** friendly.*
Il est **trop** modeste.	*He is **too** modest.*
Je **ne** suis **pas assez** optimiste.	*I am **not** optimistic **enough**.*

D. Use **c'est** when you want to identify something or someone. Use **il est** or **elle est** when you want to describe something or someone.

C'est une cassette de Jacques Brel.	*It's a cassette by Jacques Brel.*
Elle est fantastique.	*It's fantastic.*
C'est Mireille.	*It's Mireille.*
Elle est sympathique.	*She's friendly.*

The same distinction is made between **ce sont** and **ils / elles sont**.

Ce sont les professeurs.	***They're** the teachers.*
Ils sont formidables.	***They're** great.*

C'est Xavier.
Il est pessimiste.

C'est Céline.
Elle est optimiste.

Préparation

A. Positif ou Négatif? Listen to how Colette describes some class-mates, and decide whether she is being complimentary or not. If her comment is positive, give the thumbs-up sign. If it is negative, give the thumbs-down sign.

B. Identification. You will hear six descriptions. Write the numbers 1 through 6 on a sheet of paper, and, next to each number, write the letter of the picture that corresponds to each description.

a.

b.

c.

d.

e.

f.

C. Nous ne sommes pas modestes! Several students are feeling quite pleased with themselves. What do they say? (If the adjective is not complimentary, make the statement negative.)

> MODÈLE   je / modeste
> **Je suis modeste.**
>
> je / stupide
> **Je ne suis pas stupide.**

1. nous / dynamiques
2. tu / désagréable
3. Hélène / formidable
4. Pierre et Alice / enthousiastes
5. vous / pessimistes
6. je / bête
7. Marie-Claire / irrésistible
8. Yvette et Nathalie / sympathiques

D. Mais non!   Michel disagrees with Brigitte's opinions about school life and some classmates. What does he say?

> MODÈLE — Les professeurs sont sévères.
> — **Mais non, ils ne sont pas sévères.**

1. Les cours sont difficiles.
2. Les examens sont faciles.
3. Les élèves sont bêtes.
4. Les professeurs sont désagréables.
5. Je suis bête.
6. Les jeunes sont pessimistes.
7. Éric est égoïste.
8. Marie est sympathique.
9. Luc est modeste.
10. Alain et Robert sont dynamiques.

Communication

A. Comment tu trouves l'école?   Using words from each column and the verb **être**, write six questions to ask a classmate about your school. Form your questions with **n'est-ce pas?**

> EXEMPLE **Les professeurs sont trop sévères, n'est-ce pas?**

l'école		jeune
les cours		sévère
le français	très	sympathique
l'histoire	trop	difficile
les professeurs	assez	agréable
les élèves	ne...pas assez	optimiste
les examens		dynamique
le professeur de français		facile
		égoïste
		bête

B. Ils sont célèbres.   Think of five famous people you know about, such as movie stars, musicians, and politicians. Write two sentences to describe each one. Use the verb **être** plus an adjective in each sentence.

> EXEMPLE

Bill Cosby est formidable.
Il n'est pas jeune.

C. Descriptions. Describe the people in the following pictures by completing each sentence with the correct form of **être** and a suitable adjective.

EXEMPLE

Robert Lerocher **est célèbre.**

1. Antoine...

2. Nous...

3. Monsieur Dossin...

4. Les Dupont...

5. Philippe...

6. Henri...

D. L'école. Tell whether you agree or disagree with the following statements about school life. If you agree, say **Oui** and repeat the sentence. If you disagree, say **Mais non!** and state your opinion.

EXEMPLE Le français est très difficile.
Oui. Le français est très difficile.
(Mais non! Le français est très facile.)

1. Les examens sont trop faciles.
2. Le professeur est très sévère.
3. Les langues sont faciles.
4. Les élèves sont jeunes.
5. L'école est formidable.
6. Les élèves sont très modestes.
7. Les professeurs sont sympathiques.
8. Les maths sont assez faciles.

Interlude
CULTUREL

Have you listened to the radio today? Do you rely on the radio to keep up with the latest record releases or for news and information about cultural events? In France the radio is as important a feature of everyday life as in the United States. See if you can answer these questions.

1. What percentage of French teenagers listen to the radio every day?
   a. 15%
   b. 35%
   c. 65%
2. On the average, French people listen to the radio
   a. 15.8 hours per week.
   b. 10.2 hours per week.
   c. 3.5 hours per week.
3. The longest-running radio show in France is
   a. a variety show.
   b. a classical music program.
   c. a game show.
4. What is France's most famous radio transmitter?
   a. the Alps
   b. the Eiffel Tower
   c. the Paris subway

Now look at the answers at the bottom of the page to see if you were right. Do you think the answer to 1 and 2 would be similar for people in the United States?

Source: Frémy, Dominique, and Michèle Frémy, *Quid* (Laffont, 1986).

ANSWERS: 1.c 2.a 3.c 4.b

EXPLORATION 4

Function: *Counting and asking how much and how many*
Structure: *The numbers from 20 to 100 and related vocabulary*

Présentation

A. You already know the numbers from 0 to 20. With just five new words, you will be able to count to 100. These are the number words **trente** (*thirty*), **quarante** (*forty*), **cinquante** (*fifty*), **soixante** (*sixty*), and **cent** (*one hundred*). The numbers from 20 to 100 are combinations of these words and ones you already know.

B. The numbers 20 through 59 follow a pattern similar to English. In the numbers 21, 31, etc., the form **un** is used with masculine nouns and **une** is used with feminine nouns.

20	vingt	30	trente	40	quarante
21	vingt et un(e)	31	trente et un(e)	41	quarante et un(e)
22	vingt-deux	32	trente-deux	42	quarante-deux
23	vingt-trois	33	trente-trois	43	quarante-trois
24	vingt-quatre	34	trente-quatre	44	quarante-quatre
25	vingt-cinq	35	trente-cinq	45	quarante-cinq
26	vingt-six	36	trente-six	46	quarante-six
27	vingt-sept	37	trente-sept	47	quarante-sept
28	vingt-huit	38	trente-huit	48	quarante-huit
29	vingt-neuf	39	trente-neuf	49	quarante-neuf

50	cinquante
51	cinquante et un(e)
52	cinquante-deux
53	cinquante-trois
54	cinquante-quatre
55	cinquante-cinq
56	cinquante-six
57	cinquante-sept
58	cinquante-huit
59	cinquante-neuf

$$1.87\left(\sqrt{9\pi}\right)^2 = \text{?}$$

C. The numbers from 60 through 79 are based on the number **soixante** (*sixty*).

60	soixante	70	soixante-dix
61	soixante et un(e)	71	soixante et onze
62	soixante-deux	72	soixante-douze
63	soixante-trois	73	soixante-treize
64	soixante-quatre	74	soixante-quatorze
65	soixante-cinq	75	soixante-quinze
66	soixante-six	76	soixante-seize
67	soixante-sept	77	soixante-dix-sept
68	soixante-huit	78	soixante-dix-huit
69	soixante-neuf	79	soixante-dix-neuf

D. The number *eighty* in French is **quatre-vingts**. The numbers from 80 through 99 are based on **quatre-vingts**. In writing, the **-s** drops from **vingt** when another number follows, as in **quatre-vingt-deux**. The word for 100 is **cent.**

80	quatre-vingts	90	quatre-vingt-dix
81	quatre-vingt-un(e)	91	quatre-vingt-onze
82	quatre-vingt-deux	92	quatre-vingt-douze
83	quatre-vingt-trois	93	quatre-vingt-treize
84	quatre-vingt-quatre	94	quatre-vingt-quatorze
85	quatre-vingt-cinq	95	quatre-vingt-quinze
86	quatre-vingt-six	96	quatre-vingt-seize
87	quatre-vingt-sept	97	quatre-vingt-dix-sept
88	quatre-vingt-huit	98	quatre-vingt-dix-huit
89	quatre-vingt-neuf	99	quatre-vingt-dix-neuf
		100	cent

E. **Combien** is used to ask a price and also to state math problems. The word for *equals* is **font**. The words **et** or **plus** are used for *and* or *plus*, and **moins** is used for *minus*.

$2 + 2 = ?$	$5 - 2 = ?$
Combien font deux et deux? Combien font deux plus deux?	Combien font cinq moins deux?
$2 + 2 = 4$	$5 - 2 = 3$
Deux et deux font quatre. Deux plus deux font quatre.	Cinq moins deux font trois.

F. The French **franc** is divided into 100 **centimes**. When a price is written, the French use a comma to separate **francs** and **centimes**. Generally, when prices are read, the word **centimes** is left off, so **12,50 F** would be read as **douze francs cinquante**.

Préparation

A. **Des années...** All of Richard's friends have different musical tastes. Which decade's music do they prefer?

> MODÈLE   Louis: 1950s
> **Il préfère la musique des années cinquante.**

1. Martine: 1960s
2. Jules et Gilles: 1920s
3. Yvonne: 1930s
5. Henri: 1940s
6. Charles: 1970s
7. Catherine et Vincent: 1980s

B. **Je suis riche!** Solange is bidding at an auction. She always bids one franc higher than the last bidder. What does she say?

> MODÈLE   — Dix francs!
> — **Onze francs!**

1. Treize francs!
2. Vingt-sept francs!
3. Trente et un francs!
4. Soixante-douze francs!
5. Quarante-quatre francs!
6. Cinquante-deux francs!
7. Soixante-deux francs!
8. Quatre-vingt-trois francs!
9. Trente-neuf francs!
10. Quatre-vingt-treize francs!

C. C'est combien? Listen as Sabine inquires about the prices of several items she would like to buy. Write down the price the salesclerk tells her.

> MODÈLE — Combien coûte le disque de Diana Ross?
> — Cinquante francs soixante, Mademoiselle.

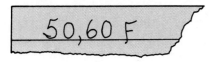

50,60 F

D. Dans un magasin. Sylvie is traveling in France and asks a salesclerk the price of several items. With a partner, play the roles of Sylvie and the salesclerk.

> MODÈLE — **Combien coûte le livre de maths?**
> — **Soixante-deux francs, Mademoiselle.**

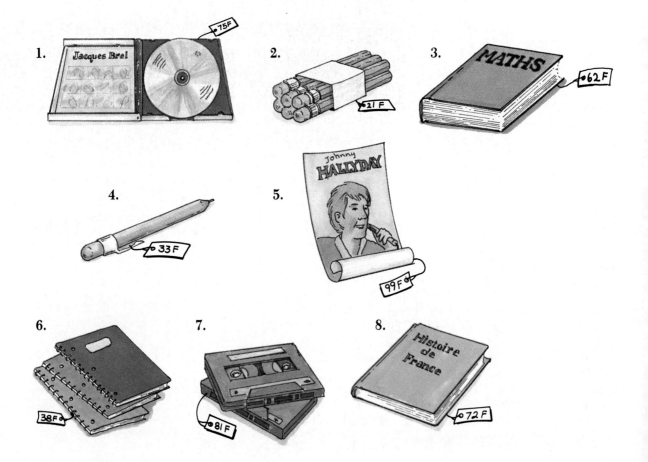

1. Jacques Brel — 75F
2. — 21 F
3. MATHS — 62 F
4. — 33 F
5. Johnny HALLYDAY — 99 F
6. 38 F
7. 81 F
8. Histoire de France — 72 F

Communication

A. C'est vous le professeur. Write three math problems on a sheet of paper. Be sure to include both addition and subtraction. Read the problems to a classmate, who will solve them.

EXEMPLE — Combien font douze et quinze?
— Douze et quinze font vingt-sept.

B. Des chèques. French checks look very much like ours, with the
W amount first written in numerals, then in words. But instead of writing the **centimes** as a fraction as we do with cents, the French write the amount of **centimes** in words too. Write the following amounts in words as they would appear on a check.

EXEMPLE 12,50 F
douze francs cinquante centimes

1. 13,40 F   4. 77,50 F   7. 90,45 F
2. 81,25 F   5. 58,30 F   8. 19,20 F
3. 35,60 F   6. 62,15 F   9. 21,35 F

BPF _____ 12,50 _____

CRÉDIT URBAIN

Payez contre ce chèque _douze francs cinquante centimes_
_____ somme en toutes lettres

à l'ordre de _Jean-Michel Montreville_

Versailles, le _21 juin_ 19_89_

Payable à _____
Versailles
17, rue St - Denis
Vincennes 78000

chèque numéro 87-512•110644-4805

C. Numéro de téléphone. Telephone numbers in France have eight digits, and most French speakers divide their telephone number into two-digit units. Write your name on a sheet of paper, and make up a French telephone number. Your teacher or a classmate will collect the papers and read the telephone numbers. When you hear your number, raise your hand.

EXEMPLE 47-23-62-19
quarante-sept, vingt-trois, soixante-deux, dix-neuf

PERSPECTIVES

Lecture

Interview avec un chanteur

Un reporter parle avec Robert Dupré, un jeune chanteur.

LE REPORTER	Où est-ce que vous chantez maintenant?
ROBERT DUPRÉ	Dans un club à Strasbourg.
LE REPORTER	Vous espérez chanter à Paris un jour?
ROBERT DUPRÉ	Bien sûr. Tout le monde désire chanter à Paris.
LE REPORTER	Vous chantez avec un groupe, n'est-ce pas?
ROBERT DUPRÉ	Oui, nous sommes trois: Sophie, Bertrand et moi. Sophie compose la musique. C'est aussi une chanteuse formidable. Quand elle chante, elle est irrésistible.
LE REPORTER	Vous espérez être célèbre un jour?
ROBERT DUPRÉ	Oui, je suis optimiste.

Vocabulaire à noter

avec	with	**le jour**	day
bien sûr	of course	**maintenant**	now
chanter	to sing	**où**	where
désirer	to want	**quand**	when
espérer*	to hope	**tout le monde**	everyone

*__Espérer__ is conjugated like **préférer**: j'espère, tu espères, il / elle / on espère, nous espérons, vous espérez, ils / elles espèrent.

Compréhension

Based on **Interview avec un chanteur,** answer the following questions about Robert and his group.

1. Où est-ce que Robert chante?
2. Où est-ce qu'il espère chanter un jour?
3. Robert chante avec un groupe, n'est-ce pas?
4. Est-ce que Robert compose la musique?
5. Est-ce que Robert espère être célèbre un jour?

Communication

A. Portrait d'un chanteur. Using **Interview avec un chanteur** as a
W guide, write a short paragraph describing Robert Dupré and his group.

> EXEMPLE **C'est un chanteur dynamique. Il travaille dans...**

B. Vous êtes journaliste. Write eight questions you could use to inter-
W view the lead singer of your favorite group. Then complete the interview by writing the lead singer's answers.

> EXEMPLE VOUS **Où est-ce que vous
> travaillez maintenant?**

C. Interview. Interview another student or a group
of students, using the cues below.

> EXEMPLE aimer chanter
> **Est-ce que tu aimes chanter?**
> **(Est-ce que vous aimez chanter?)**

1. préférer écouter la radio ou des disques
2. aimer la musique classique
3. préférer le rock ou la musique classique
4. désirer être célèbre
5. désirer chanter avec un groupe
6. acheter souvent des disques ou des cassettes

D. Les parents de Michelle. Michelle is describing her parents to
W Brigitte. Complete her description based on what you hear.

Maman et Papa sont __1__ et __2__ dynamiques. Ils __3__ beaucoup.
Ils __4__ riches, mais ils ne sont pas __5__. __6__ Papa est pessimiste,
mais Maman est toujours __7__. Elle aime beaucoup danser et elle
adore la musique __8__. Papa préfère la musique __9__.

Jacques cherche un disque. Jacques is in a record store looking for a song he has heard on the radio. Listen to his conversation with the salesclerk, then complete the sentences below with the best answer.

1. Jacques cherche
   a. une chanson de rock.
   b. une chanson de jazz.
   c. une affiche.

2. Le groupe chante
   a. en anglais.
   b. en français.
   c. en anglais et en français.

3. Jacques préfère
   a. les disques.
   b. les cassettes.
   c. les disques compacts.

4. Le disque compact coûte
   a. 93 francs.
   b. 85 francs.
   c. 72 francs.

5. Jacques
   a. achète un disque compact.
   b. achète une cassette.
   c. n'achète pas de disque ou de cassette.

Prononciation

In French the letter **i** is pronounced much like the vowel sound in the English word *tea.* As with other French vowels, the sound is clipped off at the end and is shorter than in English. Be careful not to prolong the sound. Keep it crisp and clear. The letter **y** is sometimes pronounced the same as the letter **i.** Practice this sound by repeating the following words.

   ici   six   Sylvie   aussi   difficile   formidable

The French pronunciation of the letter **u,** as in the word **tu,** has no real equivalent in English. To pronounce a French **u,** keep your tongue in the same place as for the French **i,** but round your lips very tightly so that there is only a very small opening. Repeat the following words to practice the French **u.**

   tu   Julie   musique   stupide   une   étudier

The sound of the French **i** is represented in most dictionaries by the pronunciation symbol /i/, and the sound of the French **u** is represented by the symbol /y/. The following words and phrases contain both the sound /i/ and the sound /y/. Listen and repeat each one carefully.

   tu es riche   une affiche   tu es timide

Now repeat the following sentences.

1. Julie habite ici.
2. Elle étudie la musique classique.
3. Elle étudie la chimie aussi.
4. Julie étudie souvent avec Yvette.
5. Elles désirent étudier à Paris.

_I_ NTÉGRATION

Here is an opportunity to test yourself to see what you can do. If you have trouble with any of these items, study the topic again and practice the activities, or ask your teacher for help.

Écoutez bien

A. J'aime la musique. Listen to this short description of Alice Morelle. Then tell whether the following statements are **vrai** (_true_) or **faux** (_false_). If a statement is false, correct it to make it true.

1. Alice est dans une salle de classe.
2. Alice est très enthousiaste pour la musique.
3. Elle préfère la musique classique.
4. Elle aime bien l'école.
5. Alice adore le sport.

B. C'est combien? You are putting prices on items at a flea market. Number a sheet of paper from 1 to 6. As you hear how much an item costs, write its letter and price next to the appropriate number.

MODÈLE   Le livre coûte vingt-cinq francs.
          e. 25 F

a.

b.

c.

d.

e.

f.

g.

Lisez un peu

A. Vive la France. Paul, a young American exchange student, is writing home to a friend in his French class, giving some observations about France. As you read, try to find some differences between American students and French students. Then answer the questions that follow the letter.

Cher Roger,

Bonjour, tout le monde. Comment allez-vous? Ici ça va très bien. La France est formidable! J'aime bien l'école, mais les cours ne sont pas faciles. Dix cours, c'est beaucoup, n'est-ce pas? J'étudie tout le temps!

En général, les jeunes ici et les jeunes en Amérique ne sont pas très différents. À l'école en France, la musique et le sport ne sont pas très importants, mais les jeunes adorent les concerts et les disques. Ils aiment regarder les compétitions sportives à la télévision—le ski et le football sont très populaires. (Le football américain n'existe pas.) En France on aime aussi le cinéma et la télévision. Les chanteurs et les acteurs américains sont très populaires, et nous regardons souvent des films américains à la télé. Les jeunes ici aiment les voitures de sport et les vacances, mais l'argent est toujours un problème. Les étudiants travaillent rarement parce qu'ils étudient beaucoup—les devoirs sont très difficiles!

Comment ça va à l'école? Qu'est-ce que le club de français prépare maintenant? Est-ce que vous regardez des films français? Est-ce que vous désirez des cassettes ou des disques français?

Meilleures amitiés à tout le monde,
Paul

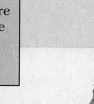

1. According to Paul, how do American and French teenagers differ?
2. What do American and French teenagers have in common?
3. What are two differences between a French **lycée** and an American high school?
4. Do you think most French students know more about American movies and music than American students do about French movies and music?
5. Why do few French students work after school?
6. What does Paul offer to get for his friends back home?

Écrivez

A. Qu'est-ce que c'est? Martine is visiting a friend who has just moved. Identify the items that Martine sees in her friend's new room.

MODÈLE   **Ce sont des livres.**

1.   2.   3.   4.

B. Qui est-ce? Viviane and Marie-Laure are playing "20 Questions." Viviane must guess who Marie-Laure is thinking of. Using the words provided below, write Viviane's questions.

EXEMPLE   être / jeune
Est-ce qu'elle est jeune?

1. être / célèbre
2. être / chanteuse
3. chanter / bien
4. chanter / chansons / modernes
5. habiter / à Paris
6. être / Mireille Mathieu

C. Décrivez-les. Look at the following pictures, and describe each of these people, using an adjective you have learned.

MODÈLE   **Il est égoïste.**

1.   2.   3.   4.

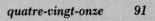

D. Au magasin de disques. Annette has run into her friend Sylvie, who is waiting in line to buy a record. Complete their conversation with the correct form of one of the following verbs.

espérer	être	coûter	acheter
étudier	préférer	aimer	chanter

ANNETTE   Qu'est-ce que tu __1__, Sylvie?
SYLVIE   Un disque de jazz.
ANNETTE   Moi, je __2__ le rock.
SYLVIE   Est-ce que tu __3__ la musique de Bruce Springsteen?
ANNETTE   Ah oui, il __4__ très bien.
LA VENDEUSE Oui, Mademoiselle?
SYLVIE   Combien __5__ le disque de Stéphane Grappelli, s'il vous plaît? Ce n'__6__ pas trop cher, j'__7__.
LA VENDEUSE Cinquante francs, Mademoiselle.
SYLVIE   Très bien. Voilà les cinquante francs.
LA VENDEUSE Merci, Mademoiselle. Au revoir.
SYLVIE   Au revoir. Annette, on __8__ les maths maintenant?

Parlons ensemble

Work with a partner or partners, and create dialogues based on situations you might encounter while visiting friends in a French-speaking city or country. Whenever appropriate, switch roles and practice a different part of your dialogue.

Situations

1. You are in a record store listening to a record by your favorite group. The clerk asks if he or she can help you and what you are listening to. Tell about your favorite group, then ask the price of the record.

2. You have two new neighbors who seem very different from each other. Your first impression is that one is very quiet and studious while the other is more outgoing. Create a conversation with each of your new neighbors. Try to determine if your first impression was accurate.

VOCABULAIRE

NOUNS REFERRING TO CLASSROOM ITEMS

l' **affiche** (*f*) poster
le **bureau** (*pl.* les bureaux)
   desk(s)
le **cahier** notebook
la **chaise** chair
la **craie** chalk, piece of chalk
le **crayon** pencil
l' **effaceur** (*m*) chalkboard eraser
la **fenêtre** window
le **livre** book
l' **ordinateur** (*m*) computer
la **porte** door
la **salle de classe** classroom
le **stylo** pen
la **table** table
le **tableau** (*pl.* les tableaux)
   chalkboard(s)

NOUNS RELATED TO MUSIC

la **cassette** cassette
la **chaîne stéréo** stereo
la **chanson** song
le **chanteur, la chanteuse** singer
le **club** club
le **concert** concert
le **disque compact** compact disc
le **groupe** band, group
le **jazz** jazz
le **magnétophone** tape player

OTHER NOUNS

la **caisse** cash register
le **centime** centime
le **franc** franc
le **jour** day
le **magasin** store
le **reporter** reporter
le **vendeur, la vendeuse**
   salesclerk

PREPOSITIONS

avec with
dans in
de of, by, from
pour for

MATHEMATICAL EXPRESSIONS

font equals
moins minus
plus plus

VERBS

acheter to buy
chanter to sing
chercher to look for
composer to compose
coûter to cost
désirer to want, to wish
espérer to hope
être to be
préférer to prefer

ADJECTIVES

agréable agreeable, nice,
   pleasant
bête dumb, silly
célèbre famous
cher (*m*), **chère** (*f*) expensive
désagréable disagreeable,
   unpleasant
difficile difficult, hard to please
dynamique active
égoïste selfish
enthousiaste enthusiastic
formidable great, fantastic
irrésistible irresistible
jeune young
moderne modern
modeste modest
optimiste optimistic
pauvre poor

pessimiste pessimistic
riche rich
sévère strict
sincère sincere
stupide stupid
sympathique nice, friendly
timide timid, shy
triste sad

QUESTION WORDS

combien how much
n'est-ce pas? isn't that so?
où where
pourquoi why
quand when
Qu'est-ce que...? What...?

OTHER WORDS AND EXPRESSIONS

assez rather
bien sûr of course
c'est it is, that is
ce sont they are, these are
comme like, such as
des some
des années soixante (vingt, etc.)
   from the sixties (twenties, etc.)
maintenant now
ne...pas assez not enough
ou or
parce que because
quelque chose something
Qu'est-ce que c'est? What's that?
Qui est-ce? Who is it?
tout le monde everybody
trop too
un (*m*), **une** (*f*) a, an, one
voilà there/here is, there/here
   are

Note: For the numbers 20–100, see
Exploration 4.

Having and Sharing

In this chapter, you will meet a French family. You will also learn about the following functions and structures.

Functions

- talking about what you have

- describing people and things

- talking about friends, relatives, and possessions

- indicating possession or relationship

Structures

- the verb **avoir**

- regular adjectives

- possessive adjectives (*my, your, his, her, its*)

- possessive adjectives (*our, your, their*) and **de** + noun

INTRODUCTION

Le français en contexte

Une Lettre de Marie-Claire

Marie-Claire is studying English in a French **lycée**. Her teacher has given each student the address of an American student with whom to correspond. Here is Marie-Claire's first letter.

secondary school

> Chère Vicky,
>
> Je m'appelle Marie-Claire Laforêt. J'ai un frère, Didier, et une soeur, Christelle. Nous habitons à Moret-sur-Loing, mais Didier habite à Paris. Il a un appartement dans le Quartier Latin. J'ai des parents formidables. Maman est professeur, et Papa travaille dans un bureau. J'ai une vie agréable. Pourtant j'ai aussi des problèmes de temps en temps, comme tout le monde.
>
> À l'école j'ai des amis* fantastiques. J'ai des professeurs assez intéressants, mais j'ai aussi des professeurs qui ne sont pas extraordinaires. C'est la vie, n'est-ce-pas?
>
> J'ai un chien vraiment adorable. Il s'appelle Kiki. J'ai aussi deux chats superbes. J'ai une guitare électrique, un vélo qui marche bien et un vélomoteur qui ne marche pas!
>
> Amitiés,
> Marie-Claire

I have / brother

sister

He has

the Latin Quarter

office / life / However

from time to time

friends (*m*)

dog / really / His name is

cats (*m*)

bike / that works

moped

Best regards

*The feminine form of **ami** is **amie**.

Compréhension

Based on the information in **Une Lettre de Marie-Claire**, indicate whether she would make the following statements. If she would, say **oui**, and repeat the statement. If a statement does not apply, say **non**, and correct it as Marie-Claire might.

> MODÈLE J'habite à Paris.
> **Non. J'habite à Moret-sur-Loing.**

1. J'ai deux frères et trois sœurs.
2. J'ai un frère qui habite à Paris.
3. J'ai des parents très sévères.
4. J'ai des amis fantastiques.
5. Je n'aime pas les animaux.
6. J'ai des problèmes de temps en temps.
7. J'ai des professeurs assez intéressants.
8. J'ai un vélomoteur qui marche bien.

Les mots et la vie

Qui est Marie-Claire?

To find out more about Marie-Claire Laforêt, look carefully at the photographs she included with her letter. They will show you some aspects of life in a small French town.

Voilà Moret-sur-Loing, la ville où Marie-Claire habite.

Voilà une rue typique de Moret-sur-Loing.

Voilà la maison et la famille de Marie-Claire.

Voilà le frère de Marie-Claire.

Violà les chats de Marie-Claire.

Voilà le père et la mère de Marie-Claire.

la famille	*family*	la rue	*street*
le père	*father*	la ville	*town, city*
la mère	*mother*	typique	*typical*
la maison	*house, home*		

A. Quel est le mot? You will hear groups of three words. In each case, one word does not fit the group. Write the letter corresponding to the word that does not belong.

MODÈLE   **a. rue**   **b.** frère   **c.** famille

B. La vie de Marie-Claire. Identify some of the people in Marie-Claire's life and some of the things that belong to her.

MODÈLE **Voilà le chien de Marie-Claire.**

1. 2. 3.

4. 5. 6. 7.

Communication

A. C'est ton anniversaire. It is your birthday, and your parents have asked you to choose between gifts. For each pair of gifts that you hear, write the one you prefer.

L

EXEMPLE un vélomoteur ou une moto?

une moto

B. Et vous? Using vocabulary you know, write six sentences about some of the things you have, or some of the people you know.

W

EXEMPLE

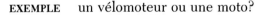
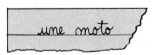

J'ai un vélo qui marche bien.
J'ai un ami sympathique.

EXPLORATION 1

Function: *Talking about what you have*
Structure: *The verb avoir*

Présentation

A. To indicate what you have, the verb **avoir** (*to have*) is used. Like **être**, it is an important irregular verb.

avoir	
j' ai	nous avons
tu as	vous avez
il / elle / on a	ils / elles ont

To indicate possession or relationship, **avoir** is usually followed by an article plus a noun.

Christiane et moi, nous avons **des amis sympathiques**.
Est-ce que vous avez **un magnétophone et des cassettes**?

B. When the verb **avoir** is in the negative, the indefinite article (**un, une, des**) becomes **de** or **d'**. Compare the following.

Affirmative	*Negative*
J'ai **une** voiture.	Je n'ai **pas de** voiture.
J'ai **un** ami.	Je n'ai **pas d'**ami.
J'ai **des** frères.	Je n'ai **pas de** frères.

C. **Avoir** is also used to express age. To ask a person's age, say **Quel âge as-tu?** or **Quel âge avez-vous?** When responding, use the word **ans** to indicate *years*.

— **Quel âge as-tu,** Monique?   *How old are you, Monique?*
— **J'ai** seize **ans.**   *I'm sixteen.*

D. The verb **avoir** is used in the expression **il y a,** which means *there is* or *there are.* The negative of **il y a** is **il n'y a pas.**

Dans la classe de français, **il y a** *In French class,* ***there are***
  vingt-cinq élèves.   *25 students.*
Il y a un bureau, mais **il n'y a** ***There is*** *a desk, but* ***there isn't***
  pas de magnétophone.   *any tape recorder.*

E. **Combien de** is used with **avoir** and **il y a** to ask *how much* or *how many.*

Combien d'argent est-ce que **vous avez?**
Combien de bureaux est-ce qu'**il y a** dans la salle de classe?

The following are some things you may have.

un poste de télévision
(une télé)

un poste de radio
(une radio)

un téléphone

une chambre

Préparation

A. **Une personne ou plus?**   Listen to Anne-Marie tell her parents about all the things their new neighbors have. If Anne-Marie is talking about only one neighbor, write *S* for *singular*. If she is talking about more than one neighbor, write *P* for *plural*.

MODÈLE   Il a une moto.   Ils ont un poste de radio.

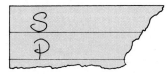

B. Une fête! Several friends are planning a party and are asking each other if they have certain items. What do they say?

MODÈLE   Tu __as__ une guitare?

1. Vous ===== une voiture?
2. François ===== des disques?
3. Nous ===== une guitare?
4. Tu ===== une chaîne stéréo?
5. Jérôme et Didier ===== un poste de radio?
6. Brigitte ===== des cassettes de rock?

C. La vie est difficile! Several students are complaining about the things they and their friends do not have. Tell what they say.

MODÈLE   tu / guitare   **Tu n'as pas de guitare.**

1. je / moto
2. les élèves / livres
3. tu / chaîne stéréo
4. nous / voiture
5. Madeleine / vélo
6. vous / magnétophone
7. je / vélomoteur
8. Gérard / disques

D. Quel désordre! Look carefully at the picture of Chantal's room. Then tell what is and what is not in her room.

MODÈLE   **Il y a des affiches.   Il n'y a pas de guitare.**

Communication

A. Moi, j'ai... Using vocabulary you know, make a list of five things you have and five things you do not have.

EXEMPLE

Moi, j'ai un vélo, mais je n'ai pas de vélomoteur.

B. Possessions. Ask a classmate if he or she has the following items. When your partner has answered, he or she will ask you the question.

EXEMPLE — **Est-ce que tu as un magnétophone?**
— **Oui, j'ai un magnétophone. Et toi, est-ce que tu as un magnétophone?**

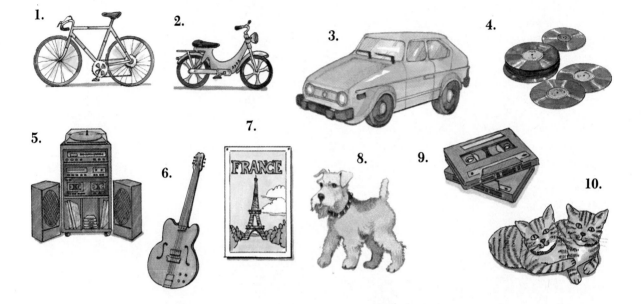

1.
2.
3.
4.
5.
6.
7.
8.
9.
10.

C. Jeu de mémoire. What is in your classroom? Point to an item and name it. Another student will repeat the name of that item, point to a new item, and add it to the list. See how long you can make the list.

EXEMPLE — **Il y a un tableau.**
— **Il y a un tableau et des affiches.**
— **Il y a un tableau, des affiches et...**

D. Interview. Use the following questions to interview another student. Be ready to answer them yourself when your partner interviews you.

1. Quel âge as-tu?
2. Combien de frères et de sœurs est-ce que tu as?
3. Où est-ce que tu habites?
4. Combien de cours est-ce que tu as?
5. Combien de langues est-ce que tu étudies?
6. Est-ce que tu as des professeurs intéressants?
7. Est-ce que tu aimes les animaux?
8. Est-ce que tu préfères les chats ou les chiens?

Interlude
CULTUREL

Visitors to France are often very surprised by the diversity they find. Each area of France has its own personality, which is expressed in the food, in the way people speak, and also in the architecture.

Traditional homes in the north of France, including the province of **Normandie,** often have gray walls and blue slate roofs, while the traditional architecture in the south, for example in **Provence,** calls for white or colored walls and red tile roofs. In the western province of **Bretagne,** one can still see old houses with thatched roofs. In **Alsace,** in the east, the oldest homes are timber framed and have steeply sloping roofs. In the **Alpes,** the chalet is the traditional house. Look at the following pictures of French houses. Can you tell in what part of France you are likely to see these homes?

EXPLORATION 2

Function: *Describing people and things*
Structure: *Regular adjectives*

Présentation

As you saw in **Chapitre 2,** adjectives are used to describe, or modify, nouns. You also saw that in French an adjective must agree in number (singular or plural) with the noun it modifies.

A. In French an adjective must also agree in gender (masculine or feminine) with the noun it modifies. Most adjectives in French have different masculine and feminine forms.

	Masculine	*Feminine*
Singular	Il est **content**.	Elle est **contente**.
Plural	Ils sont **contents**.	Elles sont **contentes**.

Most adjectives that end in a consonant make their feminine form by adding an **-e**. The consonant is silent in the masculine form, but it is pronounced in the feminine form.

Masculine	*Feminine*	
Il est américain.	Elle est américaine.	
français.	française.	
élégant.	élégante.	
excellent.	excellente.	
intelligent.	intelligente.	
patient.	patiente.	
impatient.	impatiente.	
parfait.	parfaite.	*perfect*
content.	contente.	*happy*
amusant.	amusante.	*fun, amusing*
embêtant.	embêtante.	*annoying*
méchant.	méchante.	*mean*

B. Adjectives that end in **-é** and **-i** also make their feminine form by adding an **-e**. However, the masculine and the feminine forms of these adjectives are pronounced the same.

Masculine	Feminine	
Il est poli.	Elle est polie.	*polite*
impoli.	impolie.	*impolite*
gâté.	gâtée.	*spoiled*
fatigué.	fatiguée.	*tired*
compliqué.	compliquée.	*complicated*
préféré.	préférée.	*favorite*

C. Adjectives ending in an unaccented **-e**, such as those you learned in **Chapitre 2,** have the same form with both masculine and feminine nouns. They change only to agree in number.

Alain est **sympathique**.
Nadine est **sympathique**.

Alain et Nadine sont **sympathiques**.

D. In French most adjectives follow the noun they modify.

un disque **français**   une maison **élégante**   des élèves **polis**

E. A few very common adjectives such as **petit** (*small*), **grand** (*large, big*), and **joli** (*pretty*) come before the noun they describe.

Masculine	Feminine
un **petit** magasin	une **petite** ville
un **grand** magasin	une **grande** ville
un **joli** magasin	une **jolie** ville

Grand usually means *tall* or *big* when used to describe a person or thing, and **petit** means *short* or *small*. However, note these special uses of **grand** and **petit**: **grande sœur** and **grand frère** mean *older sister* and *older brother*; **petite sœur** and **petit frère** mean *younger sister* and *younger brother*. **Un petit ami** is a *boyfriend*, and **une petite amie** is a *girlfriend*.

Préparation

A. Masculin ou Féminin?   Ariane is describing some of her friends who have names that can be used for either a girl or a boy like the English names *Chris* and *Pat*. Can you tell whether she is talking about a girl or a boy? Listen to each sentence. If the adjective you hear is *feminine*, write **F**. If it is *masculine*, write **M**.

MODÈLE   Claude est français.
Claude est française.

B. Comparaisons.   Several students are comparing two teachers, the annoying Monsieur Cassepieds and the gifted Madame Ladouée. For each statement about Monsieur Cassepieds, say the opposite about Madame Ladouée.

MODÈLE   Il n'est pas intéressant.
Elle est intéressante.

1. Il n'est pas intelligent.
2. Il n'est pas patient.
3. Il n'est pas élégant.
4. Il n'est pas amusant.
5. Il n'est pas très poli.
6. Il n'est pas content.

C. Rivalité.   Monique is bragging about herself, but her brother Jean-Luc is not to be outdone. Tell what Jean-Luc says.

MODÈLE   — Je suis intelligente.
— **Moi aussi, je suis intelligent.**

1. Je suis polie.
2. Je suis contente.
3. Je suis enthousiaste.
4. Je suis grande.
5. Je suis amusante.
6. Je suis élégante.
7. Je suis intéressante.
8. Je suis patiente.
9. Je suis sincère.
10. Je suis parfaite.

D. Toi et Moi. Vincent and Danielle are talking about some things they
have and some people they know. Using the cues provided, write
what Danielle says.

MODÈLE — J'ai une jolie voiture. (petit)
— **Moi, j'ai une petite voiture.**

1. J'ai des disques formidables. (intéressant)

2. J'ai une petite sœur. (grand)

3. J'ai des amis français. (américain)

4. J'ai une vie compliquée. (intéressant)

5. J'ai un vélo américain. (français)

6. J'ai une grande maison. (joli)

7. J'ai des professeurs sympathiques.

   (intelligent)

8. J'ai des amis amusants. (embêtant)

Communication

A. Comment sont-ils? Using the words below as a guide, write a short
paragraph describing someone you know. The question mark indicates that you may use any other adjectives you have learned.

EXEMPLE **J'ai un ami sympathique. Il a des parents**
formidables. Il a aussi deux sœurs qui sont...

un ami	américain
une amie	content
une famille	intelligent
des parents	timide
une mère	petit
un père	enthousiaste
un frère	grand
une sœur	amusant
des professeurs	sévère
	patient
	impatient
	poli
	français
	?

B. Est-ce que vous avez...?   Using at least five of the illustrations, describe what you or people you know have. Use one or more adjectives in each description.

EXEMPLE   **Robert a un vélomoteur français.**

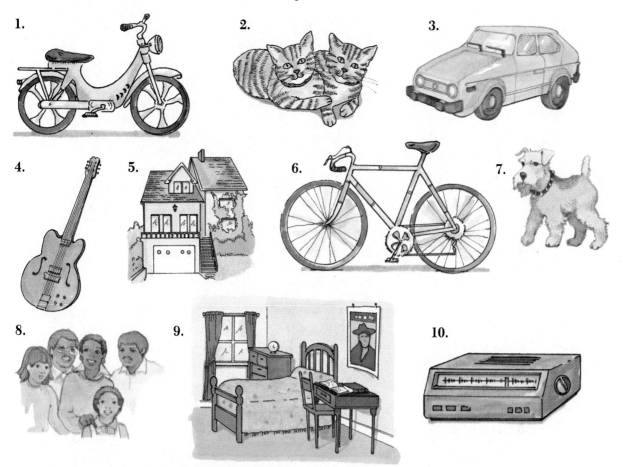

1.

2.

3.

4.

5.

6.

7.

8.

9.

10.

C. C'est une école formidable!   Using the suggestions below and adjectives you have learned, write a paragraph expressing your opinions about different aspects of school life. The question mark is an invitation to add items of your choice.

EXEMPLE   les examens
          Nous avons des examens difficiles. Nous n'avons pas de...

l'école
les élèves
les examens

les cours
les disques
les professeurs

les livres
les amis
le professeur de français
?

Would you like to send a written message to a friend many miles away and get an instant reply? Need help with your homework? Want to play the latest computer game? French teenagers can do this and much more, thanks to the **Minitel,** a computer service that is available through the French telephone system.

The telephone company will provide a **Minitel** terminal free of charge to any phone subscriber. The subscriber then pays a per-minute fee for most services. The **Minitel** hooks up directly to the telephone, which is used to gain access to the system. Instructions for the various services are then given on the screen.

The most popular services have been the telephone directory (for all of France from any **Minitel**), games and leisure activities, and electronic mail services. However, one can also use the **Minitel** to shop, to read a favorite magazine, to scan the help-wanted ads, to read descriptions of restaurants, to make airplane or hotel reservations, or even to take a personality test based on favorite colors. Which services would you use if you had a **Minitel**? Are there any services not listed that you think would be useful?

EXPLORATION 3

Function: *Talking about friends, relatives, and possessions*
Structure: *Possessive adjectives*

Présentation

A. You have already learned that **de** can be used to indicate possession: **la maison de Marie-Claire** means *Marie-Claire's house.* Another way to indicate possession is to use possessive adjectives like *my, your, his, her,* and *its.* The following table shows you what these words are in French.

	Singular		Plural
	Masculine	*Feminine*	
my	**mon** frère	**ma** sœur	**mes** frères **mes** sœurs
your	**ton** frère	**ta** sœur	**tes** frères **tes** sœurs
his, her, its	**son** frère	**sa** sœur	**ses** frères **ses** sœurs

To say *my,* use **mon, ma,** or **mes.** To say *your* to a person you know well, use **ton, ta,** or **tes.** As with other adjectives, the form depends on the gender and number of what you are describing. **Mon** and **ton** are used with masculine singular nouns; **ma** and **ta** are used with feminine singular nouns; **mes** and **tes** are used with plural nouns.

Voilà **mon** frère, **ma** sœur et **mes** parents.
*Here are **my** brother, **my** sister, and **my** parents.*

Voilà **ton** frère, **ta** sœur et **tes** parents.
*Here are **your** brother, **your** sister, and **your** parents.*

B. The same rule applies to **son**, **sa**, and **ses**, any of which can mean *his*, *her*, or *its*. The choice of **son**, **sa**, or **ses** depends on whether the word described is masculine, feminine, or plural. The adjective must agree with what is possessed, not with the possessor.

Pierre

C'est **sa** maison.
*That's **his** house.*

Sylvie

C'est **sa** maison.
*That's **her** house.*

Kifétou

C'est **sa** maison.
*That's **its** house.*

C. There is one exception to this pattern of agreement. **Mon, ton,** and **son** are used with all feminine singular nouns that begin with a vowel sound.

Sylvie a une affiche.
C'est **son** affiche.

Sylvie a une amie.
C'est **son** amie.

Préparation

A. Les photos de Michel. Michel is showing Alain pictures of his family and some things he likes. What does Michel say?

MODÈLE

Voilà mon vélo.

1.

2.

3.

4.

5.

6.

7.

8.

B. Questions. Alain then asks Michel about other people and things. Using the cues provided, give his questions.

MODÈLE   frère   livres
         C'est ton frère?   Ce sont tes livres?

1. téléphone   4. poste de radio   7. voiture
2. chaîne stéréo 5. professeur   8. chats
3. sœurs   6. frères   9. maison

C. Ma famille, mes amis et moi. Richard is describing his surroundings. You will hear three sentences for each picture below. Choose the sentence that describes the picture, and write the letter that corresponds to it on a sheet of paper.

MODÈLE
a. **Ma sœur écoute la radio.**
b. Mes frères écoutent la radio.
c. Mes sœurs écoutent la radio.

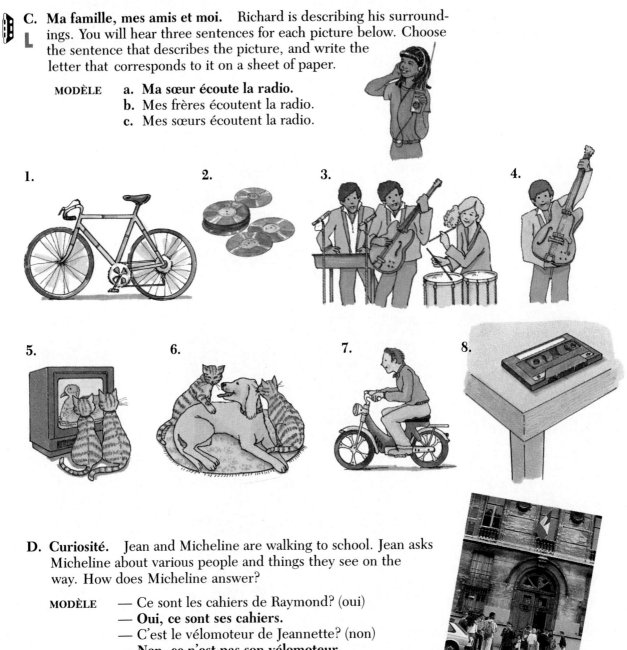

1.
2.
3.
4.
5.
6.
7.
8.

D. Curiosité. Jean and Micheline are walking to school. Jean asks Micheline about various people and things they see on the way. How does Micheline answer?

MODÈLE
— Ce sont les cahiers de Raymond? (oui)
— **Oui, ce sont ses cahiers.**
— C'est le vélomoteur de Jeannette? (non)
— **Non, ce n'est pas son vélomoteur.**

1. C'est le frère de Brigitte? (oui)
2. C'est le frère de Robert? (oui)
3. C'est la moto de Pierre? (non)
4. C'est la moto de Sylvie? (oui)
5. C'est l'ami de Paul? (non)
6. C'est l'ami de Sophie? (oui)
7. C'est le père de Marie-Claire? (non)
8. C'est la mère de Jean-Luc? (oui)
9. Ce sont les parents de Mimi? (non)
10. Ce sont les parents de Georges? (non)

Communication

A. Descriptions. Using words from each column, write 10 sentences
W describing some of the following people and things in your life. The
question mark is an invitation to add other words of your choice.

EXEMPLE   **Mon chien est embêtant.**

	maison / appartement		grand / petit
	amis		intéressant
	parents / famille		facile
	école		compliqué
	vie		sympathique
Mon	professeurs / cours	est	amusant
Ma	ville	sont	extraordinaire
Mes	voiture	n'est pas	intelligent
	sœur(s) / frère(s)	ne sont pas	embêtant
	chien / chat		fantastique
	chambre		méchant
	examens		difficile
	?		?

B. Comment est...? Work with a partner, and find out a little about
each other's daily lives. Ask questions based on the following drawings.
Your partner will answer the questions.

EXEMPLE   — **Comment est ta maison?**
           — **Ma maison est petite.**

1.

2.

3.

4.

5.

6.

7.

8.

C. Sa maison... Write a short paragraph based on the interview in
W Activity B, or describe one of your friends.

Interlude

CULTUREL

Do you have a pet? How about your neighbors? In France, as in the
United States, approximately one-half of all households have a pet of
some kind. Dogs are the most popular pets, followed by cats and birds.
However, the so-called French poodle (in French, **le caniche**) is far from
being the most popular breed of dog in France. German shepherds (**les
bergers allemands**) are much more numerous, as are collies (**les colleys**)
and spaniels (**les épagneuls**).

The problems and concerns associated with pets are the same in France
as in the United States, and attitudes toward pets are similar but not
identical. The French sometimes take their pets with them to places we
would never dream of. Do you see anything in the photographs below
that surprises you?

EXPLORATION 4

Function: *Indicating possession or relationship*
Structure: *Possessive adjectives and* ***de*** *+ noun*

Présentation

A. When we want to talk about what several people have, we use the possessive adjectives *our, your,* or *their*. The French equivalents of these adjectives are as follows.

	Singular		Plural
	Masculine	*Feminine*	
our	**notre** frère	**notre** sœur	**nos** frères **nos** sœurs
your	**votre** frère	**votre** sœur	**vos** frères **vos** sœurs
their	**leur** frère	**leur** sœur	**leurs** frères **leurs** sœurs

B. Just as we must decide between **tu** and **vous** to say *you* in French, we must also decide between **ton (ta, tes)** and **votre (vos)** to say *your*. With **tu,** use **ton, ta,** or **tes.** With **vous,** use **votre** or **vos.**

Denise, **ton** frère est très sympathique.
Annette et Pierre, **votre** sœur est très intelligente.
Monsieur Beauvois, **vos** élèves n'étudient pas beaucoup.

C. There is no difference between the masculine and feminine forms of the possessive adjectives **notre, votre,** and **leur.** The singular and plural forms, however, are different.

Notre mère travaille à Menton, et **notre** père travaille à Monaco.
  Nos parents ne travaillent pas le week-end.

Leur sœur habite à Paris, **leur** frère habite à Madrid et **leurs** parents
  habitent à Rome.

D. You have already seen that **de** can be used with someone's name to indicate possession: **la maison de Marie-Claire** (*Marie-Claire's house*) and **le vélomoteur d'Henri** (*Henri's moped*). When **de** is followed by the definite article **le** or **les** + a noun, **de** contracts with the article. There is no contraction with **la** and **l'**.

de + le = du	Voilà les livres **du** professeur.
de + la = de la	Voilà les livres **de la** sœur de Guy.
de + l' = de l'	Voilà les livres **de l'**élève.
de + les = des	Voilà les livres **des** élèves.

Préparation

A. Singulier ou Pluriel?   Sabine and Patrick are talking to their new neighbors about their pets. Listen carefully to each sentence. If they are talking about just one animal, write *S* on your paper. If they are talking about more than one pet, write *P*.

MODÈLE   Notre chat aime regarder la télévision.
Nos chats n'aiment pas regarder la télévision.

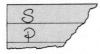

B. Des cousins désagréables. Jean-Marc's young cousins, Annick and Axel, are bragging about everything they have and criticizing Jean-Marc and his family. Using the suggestions below, tell what Annick and Axel say.

> MODÈLE   maison (grande / petite)
> **Notre maison est grande. Votre maison est petite.**

1. chien (intelligent / bête)
2. amis (polis / impolis)
3. cours (intéressants / embêtants)
4. école (grande / petite)
5. professeurs (patients / impatients)
6. vie (amusante / triste)

C. Ma famille. Sylvie is talking about what her favorite aunt and uncle have. Tell what she says.

> MODÈLE   Jérôme et Colette ont une jolie maison.
> **Leur maison est jolie.**

1. Jérôme et Colette ont un chien adorable.
2. Ils ont une grande voiture.
3. Ils ont des amis très sympathiques.
4. Ils ont une grande famille.
5. Ils ont des chats formidables.
6. Ils ont un petit magasin.

D. Après la pièce. The drama club has just finished a play. Several of the props were borrowed. Tell the drama coach who owns each prop.

> MODÈLE   guitare / le père de David
> **C'est la guitare du père de David.**

1. poste de télévision / les parents de Paulette
2. chaîne stéréo / la sœur d'Adrien
3. téléphone / les amis du professeur de français
4. livres / le professeur d'histoire
5. affiches / Dominique
6. poste de radio / la mère de Françoise
7. table / l'ami de Monique
8. disques / le père de Nathalie

Communication

A. Et en France, c'est comment?   Several students from a French **lycée** are going to visit your class. Using possessive adjectives, prepare at least one question to ask them about each of the topics below.

| les devoirs | la ville | les professeurs | les examens |
| l'école | les maisons | les magasins | les cours |

EXEMPLE

Est-ce que vos devoirs sont faciles?

B. Commentaires.   Based on the illustrations below, what comments can you make about the possessions of the people?

EXEMPLE   **Leur voiture ne marche pas!**

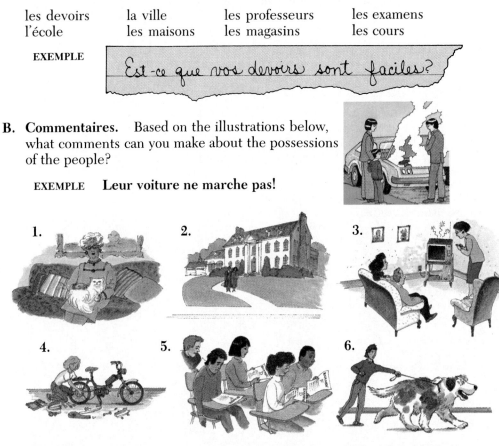

1. 2. 3.

4. 5. 6.

C. Préférences.   Do you know what those around you like and dislike? Using the words below, write eight sentences in which you guess about the preferences of people you know.

EXEMPLE   **Jacques Brel est le chanteur préféré du professeur.**
Barbra Streisand est la chanteuse préférée de mon père.

le chanteur		le professeur
la chanteuse		la classe
le disque		les jeunes
le groupe	préféré	mon père
le film	préférée	ma mère
la ville		mes amis
?		?

PERSPECTIVES

Lecture

L'Album de photos de Jacqueline Morel

Paris ★

FRANCE

Grenoble ●

Voilà mon père, ma mère et mes frères et sœurs.
Nous avons aussi un chien, mais il n'est pas sur la photo.

Là, ce sont mes grands-parents. Ils habitent à Grenoble. Ils sont encore assez jeunes. Ma grand-mère adore voyager*, mais mon grand-père préfère rester à la maison parce qu'il aime travailler dans son jardin.

La jeune femme ici sur la photo, c'est ma cousine Françoise. Elle est professeur d'anglais dans un lycée. Elle est mariée et elle a deux enfants—un garçon et une fille.

Et le jeune homme ici, c'est mon cousin Jean-Claude, le frère de Françoise. Il est très sympa et il a des amis amusants.

*** Voyager** is conjugated like **nager**. In the first person plural, an **e** is added before the ending: **nous voyageons**.

Voilà ma tante, mon oncle et leurs trois enfants. Leur fils Patrick a dix-huit ans. Leur fille Colette a dix-sept ans. Valérie a seulement dix ans. Elle a un petit chat qui est très gâté. J'aime bien mes cousins. Ils sont formidables!

Vocabulaire à noter

à la maison	at home	**là**	there, here
encore	still	**le lycée**	secondary school, high school
l' enfant (*m/f*)	child	**marié**	married
la femme	woman	**l' oncle** (*m*)	uncle
la fille	girl, daughter	**rester**	to stay
le fils	son	**seulement**	only
le garçon	boy	**sur**	on, in
l' homme (*m*)	man	**la tante**	aunt
le jardin	garden, yard	**voyager**	to travel

Compréhension

Answer the following questions based on **L'Album de photos de Jacqueline Morel**.

1. Est-ce que Jacqueline a des frères et des sœurs?
2. Est-ce qu'elle a un chien?
3. Est-ce que le chien est sur la photo?
4. Où est-ce que ses grands-parents habitent?
5. Est-ce que sa grand-mère aime rester à la maison?
6. Est-ce que sa cousine Françoise est professeur d'histoire?
7. Françoise a combien d'enfants?
8. Est-ce que l'oncle et la tante de Jacqueline ont des enfants?
9. Qui est Valérie?
10. Comment est le chat de Valérie?

Communication

A. Arbre généalogique.   Based on Jacqueline Morel's family tree, ask a classmate about three of Jacqueline's relatives. Your classmate will identify each person in several ways. Then switch roles.   EXEMPLE   — **Qui est Valérie?**
— **Valérie est la sœur de Patrick. C'est la cousine de Jacqueline.**

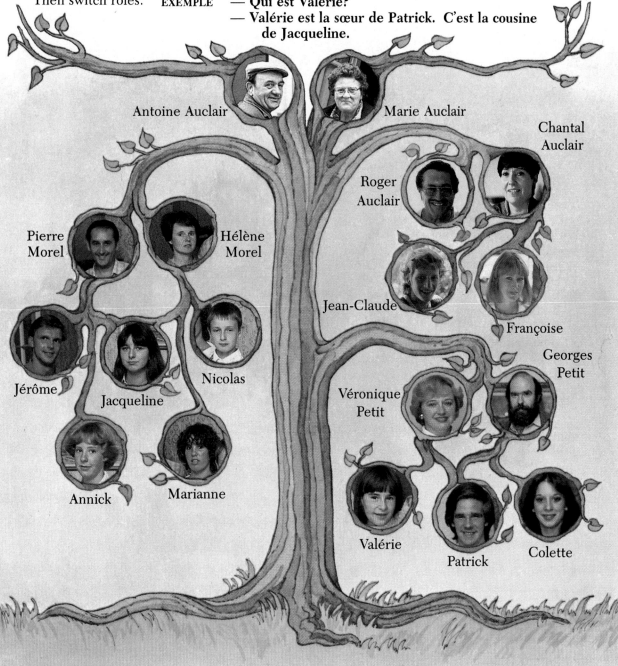

Antoine Auclair

Marie Auclair

Chantal Auclair

Roger Auclair

Pierre Morel

Hélène Morel

Jean-Claude

Françoise

Jérôme

Jacqueline

Nicolas

Georges Petit

Annick

Marianne

Véronique Petit

Valérie

Patrick

Colette

B. Ma famille. Look at Jaqueline Morel's family tree. Using it as a guide, describe your own or a fictitious family. Sketch a family tree, or use photos to illustrate your description.

> EXEMPLE **Voilà mon frère David. Il a treize ans et il est assez sympathique.**

C. Histoire d'un chat. When Caroline was using her **Minitel** one evening, she received an anonymous message. Listen to the message as Caroline reads it, and write the missing words on a sheet of paper.

Je m'appelle Félix. J'ai __1__ . J'habite dans un joli __2__ avec Monsieur et Madame Chataime. Monsieur Chataime est __3__ , mais il est __4__ . Madame Chataime est toujours __5__ avec moi. __6__ est très __7__ . Nous habitons dans __8__ , la rue du Général Félin à Paris. Paris est une très __9__ ! __10__ habitent aussi à Paris. J'ai dix-sept __11__ et dix-huit __12__ , mais ils n'habitent pas avec moi. Les Chataime ont aussi __13__ , mais il est __14__ et très __15__ . Moi, je suis un __16__ !

D. Lettre d'une amie française. A French friend, Yvette, asked you the following questions in her last letter. Write your answers to Yvette's questions.

1. Est-ce que tu habites dans un appartement ou dans une maison? Comment est ta maison ou ton appartement? Et ta chambre?
2. Est-ce que tu as des frères et des sœurs?
3. Comment est ta ville? Est-ce que c'est une grande ville?
4. Comment est ton école? Est-ce que les professeurs sont intéressants?
5. Est-ce que tes cours sont intéressants? Combien d'élèves est-ce qu'il y a dans ta classe de français?

E. L'album de famille de Robert. Robert is showing his family album to his new neighbor, Sophie. You cannot see the pictures, but if you listen carefully, you can tell who they are talking about. Listen to what they say, then answer the questions below.

1. Comment s'appelle la sœur du père de Robert?
   a. Christine   **b.** Monique
2. Tante Monique a combien d'enfants?
   a. deux   **b.** trois
3. Comment s'appellent les cousins de Robert?
   a. Christian et Jean-Marc   **b.** Il n'a pas de cousins.
4. La maison des cousins de Robert est dans la rue ▰▰▰.
   a. Brochand   **b.** Soustelle
5. Qui a une petite voiture de sport?
   a. le cousin de Robert   **b.** l'oncle de Robert

🎞 Prononciation

Many French words contain nasal vowels, that is, vowels that are pronounced with air going through the nose as well as through the mouth. There are three nasal vowel sounds in French.

The following words contain the sound /ɛ̃/ as in **quinze**. Notice that this sound can be spelled several ways. Listen, and repeat the following words.

un   bien   vingt   américain   sympathique   intelligent

The nasal sound in **un** is especially important because it indicates the gender of a noun like **ami**. Since the masculine form (**ami**) and the feminine form (**amie**) are pronounced the same, you must be careful to say **un ami** for a male friend and **une amie** for a female friend. Repeat the following pairs of words. Be careful to distinguish between **un** and **une**.

un ami—une amie   un élève—une élève   un enfant—une enfant

The following words and phrases contain the sound /ɔ̃/ as in the word **mon** or the verb ending **-ons**. Listen and repeat the following words.

ton   onze   maison   crayon   ils ont   ce sont   nous parlons

The third nasal sound is /ɑ̃/. This sound is found in **grand** and in the following words.

encore   anglais   enfant   trente   quarante   de temps en temps

Listen to the following sentences and repeat them, paying careful attention to the nasal vowels.

1. Mes grands-parents ont soixante-quinze ans.
2. Nous parlons souvent; ils sont intéressants.
3. Ma grand-mère chante avec ma tante et mon oncle américain.
4. Mes grands-parents ont quinze chats et cinq chiens.
5. J'aime bien mes grands-parents; leurs chiens sont amusants.

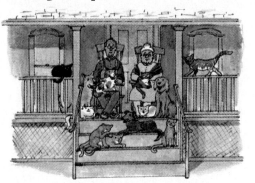

*I*NTÉGRATION

Here is an opportunity to test yourself to see what you can do. If you have trouble with any of these items, study the topic and practice the activities again, or ask your teacher for help.

Écoutez bien

A. Qui est-ce?   Anne-Marie is telling her friends about her relatives. Look at these pictures, and listen to some statements about them. Write the letter of the picture that most closely matches the statements you hear.

a.

b.

c.

d.

e.

f.

g.

h.

Lisez un peu

A. Études en Suisse. Before Jonathan goes to study in Switzerland for the summer, he sends a letter to his new Swiss roommate. Read his letter and answer the questions that follow.

Cher Marcel,

Je m'appelle Jonathan Meyers et j'ai dix-sept ans. Je suis élève au Lycée James Monroe. J'ai des amis formidables et j'aime bien mon lycée. Mes cours sont assez intéressants, et mes professeurs sont sympathiques. J'aime beaucoup mon cours de français et mon cours de chimie. Est-ce que tu aimes aussi la chimie?

J'aime la musique pop, la musique folklorique et le rock, mais je préfère le jazz. Mes chanteurs préférés sont les Strangers. Et toi, qui sont tes chanteurs préférés? À la maison, j'ai une chaîne stéréo excellente et j'écoute souvent mes disques. J'ai aussi des cassettes françaises.

Ma famille et moi, nous habitons rue Rochelle, dans une grande maison des années vingt. Ma mère travaille pour une compagnie française, et mon père est professeur de mathématiques dans un lycée. Mes parents sont encore jeunes et ils sont assez sympa.

Je suis très content parce que j'ai un nouveau vélomoteur. Mais ma vie n'est pas toujours parfaite. Ma petite sœur et mon petit frère sont quelquefois embêtants et ils aiment écouter mes disques quand je suis à l'école!

Amitiés,
Jonathan

1. Quel âge a Jonathan?
2. Comment sont ses cours?
3. Est-ce qu'il aime son cours de français?
4. Qui sont ses chanteurs préférés?
5. Comment est sa maison?
6. Est-ce qu'il a une voiture?
7. Comment sont ses parents?
8. Est-ce que ses parents travaillent? Où?

Écrivez

A. Interview. Annie, a French exchange student, is being interviewed by a student reporter. Fill in the blanks with the words listed. You will use some words more than once.

a	avez	ma	mère	ans
as	avons	tes	frère	quel
ai	chat	mon	parents	français
ont	chiens	merci	petite	américaine

LE JOURNALISTE   Annie, __1__ âge __2__ -tu?
ANNIE   J'ai seize __3__ .
LE JOURNALISTE   Et ta sœur?
ANNIE   __4__ sœur __5__ quinze ans.
LE JOURNALISTE   Est-ce que tu __6__ un __7__ aussi?
ANNIE   J'__8__ deux frères, Éric et André.
LE JOURNALISTE   Tes __9__ sont français?
ANNIE   __10__ père est __11__ , mais ma __12__ est __13__ .
LE JOURNALISTE   __14__ parents __15__ une voiture?
ANNIE   Oui, ils __16__ une __17__ voiture française.
LE JOURNALISTE   Est-ce que vous __18__ des animaux aussi?
ANNIE   Oui, nous __19__ un petit __20__ et deux __21__ adorables.
LE JOURNALISTE   __22__ et au revoir, Annie.
ANNIE   Au revoir, Paul.

B. Compliments. Using adjectives you have learned, write compliments to give to the following people.

EXEMPLE   à ton professeur de français
Vous êtes très sympathique, et votre cours est intéressant.

1. à un de tes amis
2. à une de tes amies
3. à tes parents
4. à ton frère ou à ta sœur
5. à ton professeur de mathématiques
6. à la mère d'une de tes amies
7. à tes cousins et à tes cousines
8. à la sœur d'une de tes amies

C. Mon chien. Write a short paragraph about some of the things listed below. Use adjectives to describe those things you have.

> EXEMPLE   a dog or a cat
> **J'ai un petit chien. Il est très gâté!**

1. friends
2. a dog or a cat
3. a brother or a sister
4. a radio or a stereo

5. a bedroom
6. a guitar
7. a moped, a car, or a bicycle
8. a house or an apartment

D. Voilà mon livre! A number of your classmates' possessions have gotten mixed up after a fire drill. Help straighten things out by filling in the words from the following list.

> MODÈLE   Ça, c'est le livre **de** Bruno.

> de   du   de l'   de la   des

Voilà le disque __1__ ami de Roger. Et voilà les photos __2__ amis de Christine. Ça, c'est l'argent __3__ club de musique, et voilà aussi le trombone __4__ Philippe. Voilà la guitare __5__ sœur de Paul, et ça c'est le saxophone __6__ frère de Nadine. Ah! Voilà mes notes __7__ interview avec Mme Martin!

Parlons ensemble

Work with a partner or partners, and create dialogues using the situations below. Whenever appropriate, switch roles and practice a different part of your dialogue.

Situations

A. C'est mon ami. You have invited a new friend to your house, and you really want your parents to like him or her. Prepare your parents for the introduction by saying as many positive things as you can about your friend. The students playing the role of your parents can help by asking questions about your friend and your friend's family.

B. Ma nouvelle famille. You have arrived in France, where you will spend a year as an exchange student. You are talking to a counselor who is helping you choose your host family. The counselor has suggested two families, the Morels (**les Morel**) and the Sorianos (**les Soriano**). Ask questions about these two families to find out which would be the better choice for you.

VOCABULAIRE

NOUNS REFERRING TO PEOPLE
- l' ami (*m*), l'amie (*f*)   friend
- le cousin, la cousine   cousin
- l' enfant (*m/f*)   child
- la famille   family
- la femme   woman
- la fille   girl, daughter
- le fils   son
- le frère   brother
- le garçon   boy
- la grand-mère   grandmother
- le grand-père   grandfather
- les grands-parents (*m*) grandparents
- l' homme (*m*)   man
- la mère   mother
- l' oncle (*m*)   uncle
- les parents (*m*)   parents
- le père   father
- la sœur   sister
- la tante   aunt

OTHER NOUNS
- l' an (*m*)   year
- l' appartement (*m*)   apartment, condominium
- le bureau (*pl.* les bureaux) office(s)
- la chambre   bedroom
- le chat   chat
- le chien   dog
- la guitare (**électrique**)   (electric) guitar
- le jardin   garden, yard
- la lettre   letter
- le lycée   French secondary school
- la maison   house
- la photo   photograph
- le poste de radio (la radio) radio
- le poste de télévision (la télé) television set
- le problème   problem
- la rue   street
- le téléphone   telephone
- le vélo   bicycle
- le vélomoteur   moped
- la vie   life
- la ville   city

ADVERBS
- de temps en temps   from time to time
- encore   still
- là   there, here
- seulement   only

VERBS
- avoir   to have
- marcher   to operate, to function
- rester   to stay
- voyager   to travel

ADJECTIVES
- adorable   adorable
- américain   American
- amusant   fun, amusing
- compliqué   complex, complicated
- content   happy
- élégant   elegant
- embêtant   annoying
- excellent   excellent
- extraordinaire   great, extraordinary
- fantastique   great, fantastic
- fatigué   tired
- français   French
- gâté   spoiled
- grand   big, tall
- impatient   impatient
- impoli   impolite
- intelligent   intelligent
- intéressant   interesting
- joli   pretty
- marié   married
- méchant   mean
- parfait   perfect
- patient   patient
- petit   small, little, short
- poli   polite
- préféré   favorite
- superbe   great, magnificent
- sympa (*invariable*)   nice
- typique   typical

OTHER WORDS AND EXPRESSIONS
- à la maison   at home
- Amitiés   Best regards
- avoir...ans   to be...years old
- combien de   how many, how much
- Il/Elle s'appelle...   His/Her name is....
- il n'y a pas   there isn't, there aren't
- il y a   there is, there are
- pourtant   however
- Quel âge avez-vous (as-tu)?   How old are you?
- qui   that, who
- sur   on, in
- vraiment   really

Note: For possessive adjectives, see Explorations 3 and 4.

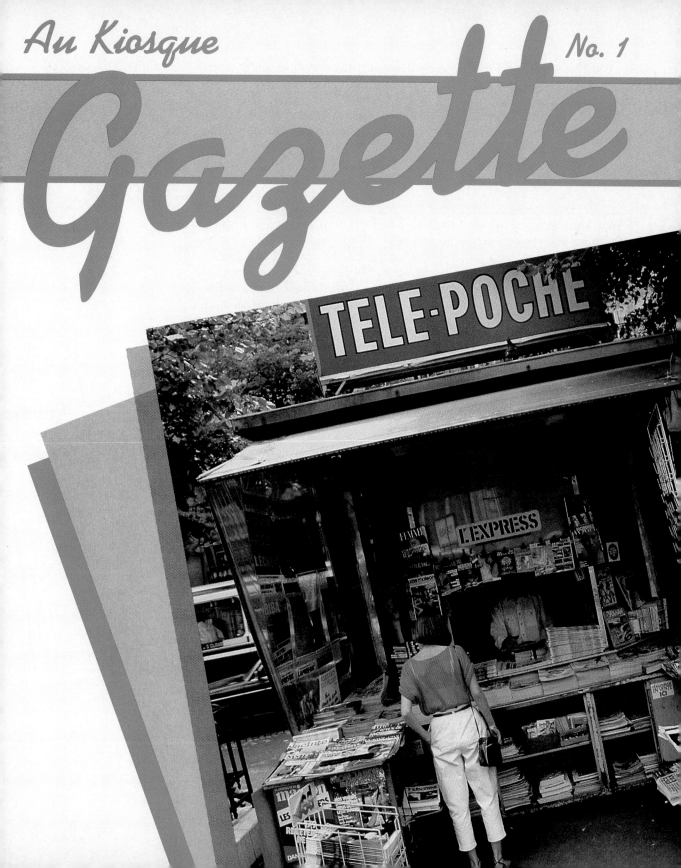

As you begin reading French, you will be surprised at your ability to get important information without knowing the meaning of every word. The reading strategies presented in this **Gazette** (using what you already know; making use of cognates; and skimming to get the gist) will help you become a more efficient reader and will make reading more enjoyable.

Use What You Already Know

Your knowledge of the world can be helpful when you read in French. Suppose you read an article about rugby. While you may not know the rules of the game, you probably do know something about ball games in general. As you read, you see images of fields, players, referees, and so on. You automatically connect your knowledge of ball games to the article on rugby, and are then able to make intelligent guesses about the meaning of French words you have never seen before.

LE ROCK
LA POP MUSIC
LES CONCERTS
LES CLIPS VIDEO
LE CINEMA

ABONNEZ-VOUS A

Graffiti

INDOCHINE

BON à découper ou à recopier. Je désire recevoir pendant 1 an (12 n°) GRAFFITI au prix de 150 Frs.
Service abonnements GRAFFITI
37, Bld DUBREUIL - 91400 ORSAY, Tél.: 64.46.04.24.

NOM .... PRENOM ....
N° .... RUE ....
CODE POSTAL .... VILLE ....
Je joins à l'ordre de GRAFFITI
☐ Un CCP   ☐ Un chèque   ☐ Un mandat postal

a.

Pourquoi Pas?

b.

Combien d'années vivrez-vous au XXIe siècle?
Espérance de vie en l'an 2000 en fonction de l'âge :

Âge en 2000	Espérance de vie	
	Hommes	Femmes
0	73.88	
1	73.40	83.37
5	69.47	82.87
10	64.53	78.93
15	59.58	73.97
20	54.77	69.00
25	50.02	64.07
30	45.24	59.16
35	40.46	54.24
40	35.75	49.35
45	31.23	44.50
50	26.99	39.72
55	23.00	35.03
60	19.22	30.41
65	15.75	25.88
70	12.57	21.47
75	9.83	17.23
80	7.57	13.33
85	5.84	9.91
90	4.61	7.17
		5.14

la Tendance au vieillissement de la population française.
D. Waltisperger et J.-M. Costas (S.E.S.I.)

c.

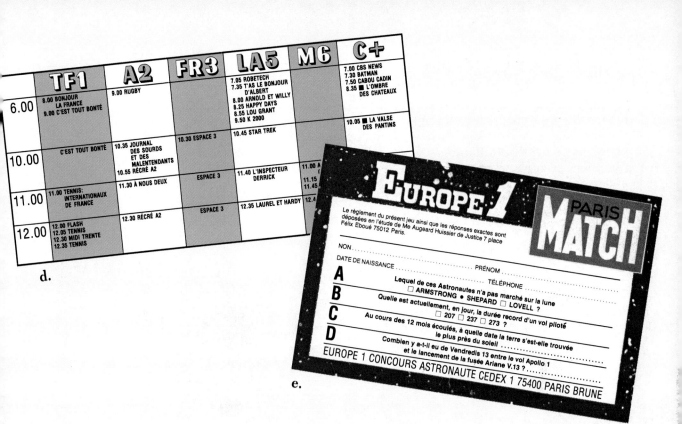

	TF1	A2	FR3	LA5	M6	C+
		9.00 RUGBY		7.05 ROBETECH 7.35 T'AS LE BONJOUR D'ALBERT 8.00 ARNOLD ET WILLY 8.25 HAPPY DAYS 8.55 LOU GRANT 9.50 K 2000		7.00 CBS NEWS 7.30 BATMAN 7.50 CABOU CADIN 8.35 ■ L'OMBRE DES CHATEAUX
6.00	8.00 BONJOUR LA FRANCE 9.00 C'EST TOUT BONTÉ					
						10.05 ■ LA VALSE DES PANTINS
10.00	C'EST TOUT BONTÉ	10.35 JOURNAL DES SOURDS ET DES MALENTENDANTS 10.55 RÉCRÉ A2	10.30 ESPACE 3	10.45 STAR TREK		
11.00	11.00 TENNIS: INTERNATIONAUX DE FRANCE	11.30 À NOUS DEUX	ESPACE 3	11.40 L'INSPECTEUR DERRICK	11.00 A 11.15 11.45	
12.00	12.00 FLASH 12.05 TENNIS 12.30 MIDI TRENTE 12.35 TENNIS	12.30 RÉCRÉ A2	ESPACE 3	12.35 LAUREL ET HARDY	12.4	

d.

EUROPE 1 — PARIS MATCH

Le règlement du présent jeu ainsi que les réponses exactes sont déposées en l'étude de Me Augeard Huissier de Justice 7 place Félix Eboué 75012 Paris.

NOM ....

DATE DE NAISSANCE .... PRÉNOM ....

TÉLÉPHONE ....

A Lequel de ces Astronautes n'a pas marché sur la lune
☐ ARMSTRONG • SHEPARD ☐ LOVELL ?

B Quelle est actuellement, en jour, la durée record d'un vol piloté
☐ 207 ☐ 237 ☐ 273 ?

C Au cours des 12 mois écoulés, à quelle date la terre s'est-elle trouvée
le plus près du soleil ....

D Combien y a-t-il eu de Vendredis 13 entre le vol Apollo 1
et le lancement de la fusée Ariane V.13 ? ....

EUROPE 1 CONCOURS ASTRONAUTE CEDEX 1 75400 PARIS BRUNE

e.

A. Magazines. Use your knowledge of magazines in general to make intelligent guesses about the preceding clippings from French magazines. For each description that follows, write the letter of the clipping it describes on a sheet of paper.

1. a contest entry form
2. a table of contents
3. a table of statistics
4. a television guide
5. an order form for a magazine subscription

B. Lecteurs et Lectrices. Look at the subscription form again. To whom do you think this magazine would appeal most? Write your answer on a sheet of paper.

1. sports fans
2. people interested in the music and entertainment world
3. young married couples with children
4. business professionals interested in financial issues

C. Magazines équivalents. Look at the table of contents and name a U.S. magazine that would carry articles like those in the Belgian magazine *Pourquoi Pas?* Choose one from the list below.

1. *Glamour*
2. *Newsweek*
3. *People*
4. *Sports Illustrated*

Look for Cognates

Cognates are words that look similar and have similar meanings in both French and English. Many such words are used in each chapter of your book: **introduction, exploration, communication, préparation, compréhension, exemple, modèle, perspectives**. Learn to take advantage of cognates.

A. Guitares électriques. Look at the advertisement to the right and jot down at least 10 cognates. Based on your list of cognates, complete the following statements by writing them on a sheet of paper.

1. The text is about
   a. sheet music for guitar players.
   b. electric guitars.
   c. lessons for electric-guitar players.

2. The text is most likely to attract people
   a. who play in a string quartet.
   b. who listen to classical guitar music.
   c. interested in the newest technology in guitars.

B. Quelles qualités? From your list of cognates, pick out those that refer to the visual appeal of the guitars, and write them on a sheet of paper. Next, choose from the list below other features that are highlighted in the text, and find the French term for them. Write them on a sheet of paper.

a. advanced technology
b. competitive prices
c. muted sound
d. proven success
e. durability
f. ease of playing
g. balance between artistic sense and modern technology

GUITARES ÉLECTRIQUES LES TEMPS MODERNES.

Dans le monde de la musique actuelle, les guitares électriques connaissent un succès incontestable. Les couleurs sont lumineuses, la technologie avancée, la ligne élégante, la sonorité chaude, le manche accessible dans toute la tessiture. C'est l'harmonie, l'équilibre, entre le sens artistique et la technologie moderne.

Skim to Get the Gist

When you look through a magazine, you probably skim the articles to see what they are about. Skimming an article for key words or cognates is a good way to find its main idea.

a. D'un caractère très particulier, je suis un Husky sibérien. **Ulysse** est mon nom. Comme il se doit, je suis un beau mâle de 3 ans et la compagnie d'un bon maître m'est indispensable. Alors pensez à moi.

b. Airdale, onze mois, magnifique et de grande classe, me voici: **Capsule** est mon nom. Une présence constante m'est indispensable mais je vous promets de vous adorer.

c. On m'a apporté un matin: plus moyen de s'occuper de moi, j'ai un carnet de vaccination, je suis tout jeune et je me prénomme **Pitou**. Tigré gris et noir, petit mâle de 6 mois. Je vous aimerai si vous le désirez.

A. Animaux. Skim over these texts that appeared in the section **Offrez-nous un toit** in the Belgian magazine *Pourquoi Pas?* Glide your forefinger from the left side of each line to the right and back. Each time you recognize a cognate or a word you know, write it on a piece of paper.

B. Description. Based on the skimming you did in Activity A, match each photo to the corresponding text. Then decide which of the following statements is true.

The descriptions of the animals serve to
a. locate lost animals.
b. sell guard dogs.
c. find homes for animals.
d. advertise gourmet pet food.

Combine all Your Reading Strategies

Use all the reading strategies practiced in this **Gazette** when you read the article below. You will be surprised at how much your comprehension improves when you apply the strategies you have learned.

- Use What You Already Know
- Look for Cognates
- Skim to Get the Gist

Johnny Hallyday à 45 ans
Le numéro 1 des 15–20 ans
Victoires de la musique et Grands Prix nationaux de la musique

A près de 45 ans, Johnny Hallyday est incontestablement une vedette. Récompensé d'une «victoire» de la musique comme meilleur interprète, il se voit également attribuer le *Grand Prix national des arts et lettres* dans la catégorie chanson. Ces deux récompenses consacrent une carrière de près de trente ans. Depuis son premier disque en 1960 (*T'aimer follement*), Johnny Hallyday, Jean-Philippe Smet de son vrai nom, est l'un des acteurs essentiels de l'introduction du rock américain en France. Il est rarement absent du hit-parade. En ce moment à la FNAC-Forum, au Forum des Halles à Paris, il y a une exposition de photos de Johnny prises par son ami et photographe personnel, Tony Frank, qui le suit depuis près de 30 ans de carrière.

A. La musique. To work with what you already know, look at the headlines and the photograph, and determine what kind of article this is. Choose your answer from the options below.

The article is
1. a critique of Wagner's opera, *Siegfried and Brunhilde*.
2. a report on the famous car racer Johnny and his victory in the Grand Prix.
3. about a famous French rock singer's concert at the Grand Prix.
4. a report about the lasting and successful career of a French rock singer.

B. Qu'est-ce que c'est?   Skim the text for cognates (there are more than 15!), and make a list. Now look at the French words below, and choose their correct meaning from the three choices offered. Use your list of cognates and the context to help you find the right answers.

1. une vedette
   a. a musical instrument
   b. a star
   c. a French car
2. meilleur interprète
   a. a pair of tights
   b. a millionaire
   c. the best singer
3. le Grand Prix national des arts et lettres
   a. a famous car race in France
   b. first prize for art and literature
   c. a grand prize for Parisian restaurants
4. récompensé
   a. fined a sum of money
   b. ransomed
   c. awarded a prize
5. son vrai nom
   a. his proper number
   b. his real name
   c. his pseudonym
6. une exposition
   a. an essay
   b. a novel
   c. an exhibit

C. Vrai ou Faux.   Read the story about Johnny Hallyday again. With the new information you get, and your list of cognates, decide which statements below are *true* and which are *false*. Number a sheet of paper from 1 to 10, and write **vrai** or **faux** after the corresponding numbers.

1. Johnny Hallyday is a British singer who made it big in France.
2. The Grand Prix automobile race was won by Hallyday.
3. Hallyday was almost 45 years old when he received two prestigious musical awards.
4. Hallyday's career spans almost 30 years.
5. During his long career, Hallyday's records have never reached the hit parade.
6. The **Grand Prix** in the article refers to art and literature awards in France.
7. Johnny Hallyday and his brother Jean-Philippe Smet helped introduce American rock music to France.
8. Hallyday's first record appeared in 1960.
9. Hallyday's most spectacular performance was at the FNAC-Forum.
10. Hallyday's personal photographer and friend, Tony Frank, presented an exhibit of photos at the FNAC.

D. C'est vrai comme ça.   Now select those statements from Activity C that you considered false, and rewrite them to make them true.

Making Plans

In this chapter, you will make plans for the weekend. You will also learn about the following functions and structures.

Functions

- talking about going places and future plans

- talking about where you are and where you are going

- telling when

- telling time

Structures

- **aller** and **aller** plus the infinitive

- the preposition à and verbs that take **à**

- days, months, dates

- expressions of time

INTRODUCTION

Le français en contexte

C'est le week-end!

Didier is talking to his friend Nicolas
about their plans for the weekend.

DIDIER	C'est <u>enfin</u> le week-end! Qu'est-ce qu'on <u>va</u> <u>faire</u> <u>aujourd'hui</u>? On regarde le <u>match</u> France-Italie à la télé, <u>ou bien</u> on écoute des disques?	at last / are going / to do / today game / or else
NICOLAS	Ah, <u>non alors!</u> On ne va pas <u>encore</u> rester à la maison! <u>Écoute</u>, j'ai une <u>idée</u>. On va faire un pique-nique. <u>Tu es d'accord?</u>	no! (*emphatic*) / again / Listen idea / Do you agree?
DIDIER	Oui, d'accord! Je téléphone à nos <u>copains</u>* et <u>j'apporte</u> ma guitare.	friends / I'll bring
NICOLAS	Mais qu'est-ce qu'on va manger? On va préparer des sandwichs?	
DIDIER	Je ne sais pas. Qu'est-ce qu'il y a dans le <u>frigo</u>?	*short for* **réfrigérateur**
NICOLAS	<u>Presque rien.</u>	Almost nothing.
DIDIER	<u>Alors</u>, on va <u>aller</u> à l'<u>épicerie</u> pour acheter quelque chose.	Then / to go / grocery store

Compréhension

Based on **C'est le week-end!**, tell whether the following statements are
vrai or **faux**.

1. Nicolas n'aime pas rester à la maison pendant le week-end.
2. Nicolas préfère faire un pique-nique.
3. Son ami Didier n'est pas d'accord.
4. Didier n'aime pas la musique.
5. Didier va téléphoner à leurs amis.
6. Il y a des sandwichs dans le frigo.

*The feminine form of **copain** is **copine**.

Les mots et la vie

When you plan a weekend outdoors, you can decide to go to several different places, eat different kinds of food, and do different things. These words will help you complete your plans.

Où est-ce qu'on va aller?

à la piscine

à la montagne

à la campagne

à la plage

Qu'est-ce qu'on va manger?

des sandwichs (*m*)

des fruits (*m*)

des grillades (*f*)

des hamburgers* (*m*)

Et qu'est-ce qu'on va faire?

inviter des amis

faire un barbecue

organiser un
match de volley-ball

faire un pique-nique

*The French **h** is never pronounced. In most cases, a preceding consonant is pronounced in **liaison** with words that begin with an **h**, and **le**, **la**, and **de** contract with them (**l'histoire**). However, a few words, including **hamburger**, begin with an **h aspiré**. This means that there is no **liaison** and no contraction of **le**, **la**, and **de**. Therefore, the singular of **les hamburgers** is **le hamburger**.

A. **C'est logique?**   Geneviève is telling what plans her friends have for the weekend. Listen to where they are going and what they are going to do. If their destination is logical for what they are planning, write **logique**. If not, write **pas logique**.

> MODÈLE   Charles va à la campagne.
> Il va faire un pique-nique.

B. **Qu'est-ce qu'ils vont faire?**   Alain has the flu and has to stay at home. He is thinking about what his classmates are going to do this weekend. Based on the illustrations below, tell what the following people are going to do over the weekend.

> MODÈLE   Jean-Jacques **va aller à la plage.**

| 1. Suzanne | 2. Christine | 3. Robert | 4. Gérard | 5. Isabelle |

Communication

A. **Pendant le week-end.**   You and your classmates will make suggestions for the weekend. As you hear each suggestion, let the class know how you feel about it by saying either **Ah, non alors!** or **D'accord!**

> EXEMPLE   — On va étudier?   — On va apporter une guitare
> — **Ah, non alors!**   et on va chanter?
>   — **D'accord!**

B. **Nous aussi, on va faire un pique-nique.**   You and some friends are planning a picnic. With another student or group of students, plan where you are going to go, what you are going to eat, and what you are going to do. Write your plans, and report them to the rest of the class.

> EXEMPLE   *On va aller à ...*

EXPLORATION 1

Function: *Talking about going places and future plans*
Structure: *aller and aller plus the infinitive*

Présentation

A. The verb **aller** is used in French much as we use its English equivalent, *to go*. **Aller** can be used both to indicate movement or travel to a place (**On va à la plage**) and to indicate future plans or intentions (**On va faire un pique-nique**). Like **être** and **avoir, aller** is an irregular verb. Here are its forms.

aller	
je **vais**	nous **allons**
tu **vas**	vous **allez**
il / elle / on **va**	ils / elles **vont**

— Est-ce que vous **allez** à la piscine?   *Are you **going** to the pool?*

— Non, nous n'**allons** pas à la piscine.   *No, we're not **going** to the pool.*

B. When used to express future plans or intentions, the conjugated form of **aller** is followed directly by an infinitive.

— Tu **vas faire** un pique-nique?   *Are you **going to have** a picnic?*
— Oui, on **va aller** à la plage.   *Yes, we're **going to go** to the beach.*

C. In a negative sentence indicating future plans, the **ne...pas** is placed around the conjugated form of **aller**.

— Tu vas organiser un match?
— Non, je **ne** vais **pas** organiser de match.

D. When the expression **il y a** is used to refer to the future, the form is **il va y avoir**.

Il va y avoir un concert demain.   *There is **going to be** a concert tomorrow.*

Here are some expressions of time that you will find useful when talking about future plans or intentions.

aujourd'hui	*today*	pendant les vacances	*during vacation*
demain	*tomorrow*	la semaine prochaine	*next week*
plus tard	*later*	le week-end prochain	*next weekend*
après l'école	*after school*	après-demain	*the day after tomorrow*
avant le cours	*before the class*		

Préparation

A. Maintenant ou Plus tard? Monsieur Marly is asking about the activities of family members. Copy the chart below. For each question you hear, if Monsieur Marly is asking about what someone is doing now, place a check mark under **maintenant**. If he is asking about what someone is going to do later, place a check mark under **plus tard**.

MODÈLE   Est-ce que Xavier étudie?
Est-ce que Xavier va étudier?

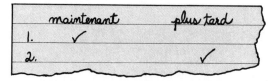

	maintenant	plus tard
1.	✓	
2.		✓

B. Qu'est-ce qu'on va faire? Pierre is asking what his friends are going to do this weekend. Give his questions.

MODÈLE   Liliane?
Qu'est-ce qu'elle va faire?

1. Lucette et Anne?
2. Paul?
3. Et toi?
4. Et vous?
5. Et nous?
6. Et moi?

C. Mes projets. Anne-Marie likes to keep her friends guessing about what she is planning to do. She answers **non** to all of their questions. Play the roles of Anne-Marie and her friends.

MODÈLE travailler demain
— **Tu vas travailler demain?**
— **Non, je ne vais pas travailler demain.**

1. aller à la piscine plus tard
2. rester à la maison après-demain
3. acheter des livres aujourd'hui
4. écouter la radio après l'école

5. faire un pique-nique le week-end prochain
6. inviter des amis le week-end prochain

D. Vive la liberté! Frédéric and Valérie are tired of studying and staying indoors. They plan to spend the weekend enjoying the outdoors. What do they say about the following activities?

MODÈLE aller à la piscine?
Oui, nous allons aller à la piscine.
regarder la télé?
Non, nous n'allons pas regarder la télé.

1. faire un barbecue?
2. aller à la montagne?
3. rester à la maison?
4. aller à la campagne?

5. organiser un pique-nique?
6. faire nos devoirs?
7. travailler dans le jardin?
8. nager avec nos amis?

E. Après l'école. What are these students going to do after school today? Write their plans.

MODÈLE **Jean va travailler.**

Jean

1. Je

2. Mes amis

3. Tu

4. Nous

5. Vous

6. Les filles

7. Nous

Communication

A. Projets. For each expression of time listed below, tell a partner about something you plan to do, and ask if he or she has similar plans. Use the following suggested activities or others you may think of.

EXEMPLE aujourd'hui
— **Aujourd'hui je vais étudier. Et toi?**
— **Non, je ne vais pas étudier aujourd'hui. Je vais aller
     à la campagne.**
   (Moi aussi, je vais étudier aujourd'hui.)

travailler	manger des hamburgers	acheter des livres
écouter des disques	regarder des photos	aller à la maison
aller à la plage	préparer des sandwichs	regarder la télé

1. aujourd'hui
2. demain
3. après-demain
4. après l'école
5. plus tard
6. pendant les vacances
7. la semaine prochaine
8. le week-end prochain

B. Demain. Using the vocabulary you know, choose one thing that you are going to do tomorrow. Other students will try to guess what you plan to do by asking you yes-or-no questions.

EXEMPLE — **Est-ce que tu vas aller à la bibliothèque?**
— **Non, je ne vais pas aller à la bibliothèque.**
— **Est-ce que tu vas regarder la télévision?**
— **Oui, je vais regarder la télévision.**

C. Votre avenir. What are you and your classmates going to be doing several years from now? Based on the cues below, write several questions you could use to interview a classmate about future plans.

Ask if your classmate will

1. stay in the city where he or she lives now?
2. live in a house or an apartment?
3. travel a lot?
4. have children?
5. be rich or famous?
6. work on the weekends?
7. go to the country during vacations?

CULTUREL

Régine, a French high school student, and Wade, an American student, both enjoy going on picnics with friends and family. But picnics mean different things to each of them. Look at the scenes below, and point out the similarities and differences you see between a French **pique-nique** and an American picnic.

EXPLORATION 2

Function: *Talking about where you are and where you are going*
Structure: *The preposition à and verbs that take à*

Présentation

A. You have seen that the preposition à can be used to indicate where you are or where you are going: **Ils restent à la maison. Je vais à l'école.** Just as the preposition **de** contracts with the definite articles **le** and **les**, à also contracts with **le** and **les**.

à + le = au	Je vais **au** cinéma.
à + la = à la	Je vais **à la** maison.
à + l' = à l'	Je vais **à l'**école.
à + les = aux	Je vais **aux** matchs de football.

Here is some useful vocabulary for talking about where you may want to go.

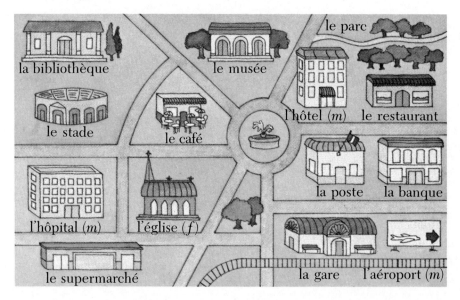

B. The preposition **à** is also used with many other verbs to indicate where people or things are going or where the action of a verb is directed. In this instance, the meaning of **à** is similar to *at, to,* or *in.* For example, **parler à** is *to speak to* someone and **être à** is *to be at* or *in* a place. Here are some other important verbs that use **à**.

> arriver à   *to arrive at* (*a place*)
> téléphoner à   *to telephone* (*someone*)
> donner à   *to give to* (*someone*)
> demander à   *to ask* (*someone*)

J'arrive **à** l'école avant mes amis.
Je vais téléphoner **à** mon amie après l'école.
Tu donnes tes devoirs **au** professeur?
Nous allons demander le disque **à la** vendeuse.

Préparation

A. Qu'est-ce qu'ils vont faire?   You will hear seven sentences telling what Denise and Guillaume like to do. After you hear each sentence, write the letter of the picture that corresponds to the sentence.

> MODÈLE   Denise et Guillaume vont à la piscine.
> **a**

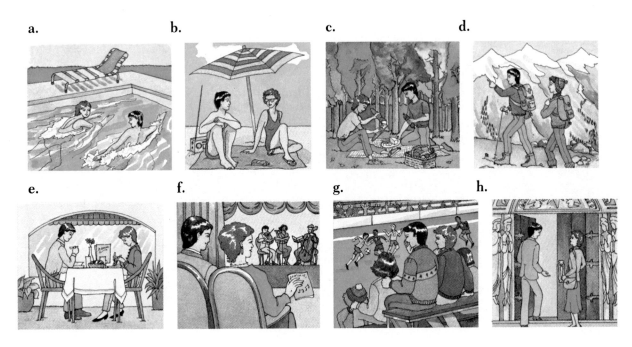

a.   b.   c.   d.

e.   f.   g.   h.

B. Où est-ce que tu vas?   Paul meets some friends while running errands and asks where each one is going. Give his questions.

> MODÈLE   la banque
> **Tu vas à la banque?**

1. le supermarché
2. la poste
3. le café
4. la gare
5. le restaurant
6. le cinéma
7. l'aéroport
8. le stade

C. Où est-ce qu'ils vont?   Based on some of the
W things Alain and his friends like, choose a word from the column on the right to tell where they are going. Write your answers.

> MODÈLE   Monika adore l'histoire.   musée
> **Elle va au musée.**

1. Alain aime les films français.
2. Éric et Victor aiment voyager.
3. Mireille adore le sport.
4. Cristelle adore la musique classique.
5. Patricia et Serge aiment bien manger.
6. Julien aime nager.
7. Richard aime bien les cours.
8. Sylvie et Claire aiment les pique-niques.

a. concert
b. piscine
c. école
d. cinéma
e. gare
f. campagne
g. stade
h. restaurant

D. Mon cours de maths.   Yvette is describing her math class.
W Complete what she says with the correct form of the verbs. Use each verb only once.

téléphoner   arriver   demander   donner   parler

En général, j'__1__ à mon cours de mathématiques avant mes amis mais après le professeur. Le prof n'est pas très content quand je __2__ à mes copains. Le professeur __3__ des devoirs très difficiles! À la maison, je __4__ la réponse aux problèmes trop difficiles à mon père ou à ma mère. Quand les problèmes sont trop difficiles pour mes parents, je __5__ à mon amie Lucie.

Communication

A. Quand?   Use the words and phrases below to find out when a classmate plans to go to the following places.

> EXEMPLE   cinéma / aujourd'hui
> — **Est-ce que tu vas aller au cinéma aujourd'hui?**
> — **Non, je vais aller au cinéma demain.**

1. plage / pendant les vacances
2. campagne / le week-end prochain
3. stade / demain
4. banque / aujourd'hui
5. poste / la semaine prochaine
6. café / après l'école
7. bibliothèque / après-demain
8. aéroport / demain

BIBLIOTHEQUE INTERUNIVERSITAIRE DE MONTPELLIER

CARTE DE LECTEUR

Cette carte donne accès à toutes les Sections de la Bibliothèque Interuniversitaire.

Sa perte doit être signalée sans délai à l'un des services de prêt.

Les détails du règlement de prêt sont affichés dans chaque section de la Bibliothèque.

B. Je vais souvent...   Tell a French friend about the places where you, your family, and your friends like to go and the things you do or don't do.

> EXEMPLE   **Je vais souvent au restaurant parce que j'adore manger!**

école	cinéma	campagne	matchs de football	bibliothèque
piscine	restaurant	montagne	concerts	supermarché

C. Questions.   Using the suggestions below, write six questions that
W you might ask another student.

> EXEMPLE   téléphoner souvent à tes grands-parents
> **Est-ce que tu téléphones souvent à tes grands-parents?**
> **(Quand est-ce que tu téléphones à tes grands-parents?)**

1. téléphoner souvent à tes amis (frères et sœurs, amis, grands-parents, ?)
2. aller à la plage (cinéma, restaurant, concerts, bibliothèque, piscine, magasin de disques, ?)
3. parler à tes parents (professeurs, copains, frères et sœurs, ?)
4. arriver à l'école en retard (cours de français, matchs de basket, concerts, ?)

Many people in France enjoy spending a vacation at the beach, in the mountains, or in the countryside. Try to match each photo with the description of these popular vacation spots.

a. **La Camargue,** a region of lagoons and marshy plains, is divided into ranches where wild horses can be found roaming among flocks of pink flamingos. This region, where bullfighting is a popular pastime, is the home of the French **gardian,** or *cowboy.*

b. **Le Mont-Saint-Michel** is a 13th-century abbey situated at the top of a rock island off the coast of northwestern France. A spectacular sight, it attracts thousands of tourists each year.

c. **Les Pyrénées** form a natural boundary between France and Spain. These rugged mountains offer many choices to hikers, climbers, and skiers.

1.

2.

3.

4.

5.

6.

d. **Nice,** sometimes called the "Queen of the Riviera," was founded by the Greeks in 350 B.C. It is today a resort whose most famous attraction is certainly the Promenade des Anglais, a beautiful avenue that runs along the shore.

e. **The Loire Valley,** often referred to as the "Garden of France," with its green slopes and fertile vineyards, is famous for the many Renaissance and medieval castles built along the Loire river for the French nobility.

f. **Chamonix,** the oldest and biggest of the French mountain resorts, was the site of the first winter Olympics in 1924. It is at the foot of Europe's highest peak, Mont Blanc, which is 4,807 meters (15,772 feet) in elevation.

EXPLORATION 3

Function: *Telling when*
Structure: *Days, months, dates*

Présentation

A. When we make plans, we often need to refer to specific days and dates. Here are the days of the week and the months of the year.

les jours de la semaine
lundi *Monday*
mardi *Tuesday*
mercredi *Wednesday*
jeudi *Thursday*
vendredi *Friday*
samedi *Saturday*
dimanche *Sunday*

les mois de l'année	
janvier	juillet
février	août
mars	septembre
avril	octobre
mai	novembre
juin	décembre

B. To ask and tell what day of the week it is, use one of the following.

— Quel jour est-ce aujourd'hui?   *What day is it today?*
— C'est lundi.   *It's Monday.*

— Quel jour sommes-nous?   *What day is it?*
— Nous sommes mardi.   *It's Tuesday.*

1. Days of the week are generally used without an article. To indicate, however, that an action recurs on the same day each week, the definite article **le** is used. Prepositions are never used with days of the week.

Dimanche nous allons faire un pique-nique.   ***On Sunday*** *we are going to have a picnic.*

Le dimanche Paul va à l'église.   ***On Sundays*** *Paul goes to church.*

2. To say that an action recurs every day, use **tous les jours**.

> Janine téléphone à sa copine **tous les jours**.
>
> *Janine calls her friend **every day**.*

C. To ask about dates, or to refer to dates, use the following expressions. Use **le premier (le 1ᵉʳ)** for the first of the month, and **le** plus the number for the other days.

> **Quelle* est la date** aujourd'hui?
> *What's the date today?*
> C'est **le 14 janvier**.
> *It's the fourteenth of January.*
> C'est **le 1ᵉʳ février**.
> *It's February first.*
> **En quel mois** vas-tu à Paris?
> *In what month are you going to Paris?*
> Je vais à Paris **en juillet**.
> *I'm going to Paris in July.*

D. Some special dates you may want to talk about are **l'anniversaire** (*m*) (*birthday*) and **la fête** (*holiday, saint's day*).

> — Quelle est la date de ton **anniversaire**?
> — C'est le 29 mai.
> — Le 29 mai? C'est aussi **la fête** des Mères!

Préparation

A. **Habitudes.** Monsieur et Madame Laroutine always follow a regular schedule. What do they do?

> MODÈLE lundi / concert
> **Le lundi ils vont au concert.**

1. lundi / supermarché
2. mardi / banque
3. mercredi / restaurant
4. jeudi / poste
5. vendredi / cinéma
6. samedi / campagne
7. dimanche / église

B. **Une semaine dans la vie de Jean-Louis.** Jean-Louis has a busy schedule this week. Tell where he will be going each day of the week.

> MODÈLE plage
> **Lundi il va aller à la plage.**

1. bibliothèque
2. poste
3. supermarché
4. stade
5. musée
6. église

* **Quel** (feminine **quelle**) is an adjective and must agree with the noun it modifies. Note the double l in the feminine form.

C. C'est quand ta fête?

In France many people celebrate their saint's day as well as their birthday. Use the calendar to tell in which month and on what day the following people celebrate their saint's day.

MODÈLE   Maurice
Sa fête est le 22 septembre.

JANVIER	FÉVRIER	MARS	AVRIL	MAI	JUIN
O 7 h 45 a 16 h 03	O 7 h 23 a 16 h 47	O 6 h 34 a 17 h 33	O 5 h 30 a 18 h 20	O 4 h 32 a 19 h 04	O 3 h 54 a 19 h 44
1 J JOUR DE L'AN	1 D S² Ella	1 D S. Aubin	1 M S. Hugues	1 V FÊTE du TRAVAIL	1 L S. Justin
2 V S. Basile	2 L Présentation	2 L S. Charles le B	2 J S² Sandrine	2 S S. Boris	2 M S² Blandine
3 S S² Geneviève	3 M S. Blaise	3 M Mardi-Gras	3 V S. Richard	3 D SS Phil., Jacq	3 M S. Kévin
4 D Épiphanie	4 M S² Véronique	4 M Cendres	4 S S. Isidore	4 L S. Sylvain	4 J S² Clotilde
5 L S. Edouard	5 J S² Agathe	5 J S. Olive	5 D S² Irène	5 M S² Judith	5 V S. Igor
6 M S. Mélaine	6 V S. Gaston	6 V S² Colette	6 L S. Marcellin	6 M S. Prudence	6 S S. Norbert
7 M S. Raymond	7 S S² Eugénie	7 S S² Félicité	7 M S. J-B. de la S.	7 J S² Gisèle	7 D PENTECÔTE
8 J S. Lucien	8 D S² Jacqueline	8 D Carême	8 M S² Julie	8 V S. Désiré	8 L S. Médard
9 V S. Alix	9 L S² Apolline	9 L S² Françoise R	9 J S. Gautier	9 S S. Pacôme	9 M S² Diane
10 S S. Guillaume	10 M S. Arnaud	10 M S. Vivien	10 V S. Fulbert	10 D Fête J.-d'Arc	10 M S. Landry
11 D S. Paulin	11 M N-D Lourdes	11 M S. Rosine	11 S S. Stanislas	11 L S. Estelle	11 J S. Barnabé
12 L S² Tatiana	12 J S. Félix	12 J S² Justine	12 D Rameaux	12 M S. Achille	12 V S. Guy
13 M S² Yvette	13 V S² Béatrice	13 V S. Rodrigue	13 L S² Ida	13 M S² Rolande	13 S S. Antoine de P.
14 M S² Nina	14 S S. Valentin	14 S S² Mathilde	14 M S. Maxime	14 J S. Matthias	14 D S. Élisée
15 J S. Rémi	15 D S. Claude	15 D S² Louise de M.	15 M S. Paterne	15 V S² Denise	15 L S² Germaine
16 V S. Marcel	16 L S² Julienne	16 L S² Bénédicte	16 J S. Benoit-J	16 S S. Honoré	16 M S. J.-F. Régis
17 S S² Roseline	17 M S. Alexis	17 M S. Patrice	17 V S. Anicet	17 D S. Pascal	17 M S. Hervé
18 D S² Prisca	18 M S² Bernadette	18 M S. Cyrille	18 S S. Parfait	18 L S. Éric	18 J S² Léonce
19 L S. Marius	19 J S. Gabin	19 J S. Joseph	19 D PÂQUES	19 M S. Yves	19 V S. Romuald
20 M S. Sébastien	20 V S² Aimée	20 V PRINTEMPS	20 L S² Odette	20 M S. Bernardin	20 S S. Silvère
21 M S² Agnès	21 S S. P. Damien	21 S S² Clémence	21 M S. Anselme	21 J S. Constantin	21 D Fête-Dieu ÉTÉ
22 J S. Vincent	22 D S² Isabelle	22 D S² Léa	22 M S. Alexandre	22 V S. Émile	22 L S. Alban
23 V S. Barnard	23 L S. Lazare	23 L S. Victorien	23 J S. Georges	23 S S. Didier	23 M S² Audrey
24 S Fr. de Sales	24 M S. Modeste	24 M S² Cath. de Su.	24 V S. Fidèle	24 D Donatien	24 M S. Jean-Bapt.
25 D Conv. S. Paul	25 M S. Roméo	25 M Annonciation	25 S S. Marc	25 L S² Sophie	25 J S. Prosper
26 L S² Paule	26 J S. Nestor	26 J S² Larissa	26 D Jour du Souv.	26 M S. Bérenger	26 V S. Anthelme
27 M S² Angèle	27 V S² Honorine	27 V S. Habib	27 L S² Zita	27 M S. Augustin	27 S S. Fernand
28 M S. Th. d'Aquin	28 S S. Romain	28 S S. Gontran	28 M S² Valérie	28 J ASCENSION	28 D S² Irénée
29 J S. Gildas	29 L S. Jean	29 D S² Gwladys	29 M S² Cath. de Si	29 V S. Aymard	29 L SS. Pierre, Paul
30 V S² Martine		30 L S. Amédée	30 J S. Robert	30 S S. Ferdinand	30 M S. Martial
31 S S² Marcelle		31 M S. Benjamin		31 D Fête des Mères	Fonderie CASLON Paris

JUILLET	AOÛT	SEPTEMBRE	OCTOBRE	NOVEMBRE	DÉCEMBRE
O 5 h 53 a 19 h 56	O 4 h 25 a 19 h 28	O 5 h 03 a 18 h 32	O 5 h 51 a 17 h 29	O 6 h 39 a 16 h 29	O 7 h 24 a 15 h bb
1 M S. Thierry	1 S S. Alphonse	1 M S. Gilles	1 J S² Th. de E.-J.	1 D TOUSSAINT	1 M S² Florence
2 J S. Martinien	2 D S. Julien-Ey	2 M S. Ingrid	2 V S. Léger	2 L Défunts	2 M S² Viviane
3 V S. Thomas	3 L S² Lydie	3 J S. Grégoire	3 S S. Fr.-d'Assise	3 M S. Hubert	3 J S. Xavier
4 S S. Florent	4 M S. J-M Vian	4 V S² Rosalie	4 D S. Fr.-d'Assise	4 M S. Charles	4 V S² Barbara
5 D S. Antoine-M	5 M S. Abel	5 S S² Raïssa	5 L S² Fleur	5 J S. Sylvie	5 S S. Gérald
6 L S² Mariette G	6 J Transfiguration	6 D S. Bertrand	6 M S. Bruno	6 V S. Bertille	6 D S. Nicolas
7 M S. Raoul	7 V S. Gaétan	7 L S² Reine	7 M S. Serge	7 S S. Carine	7 L S. Ambroise
8 M S. Thibaut	8 S S. Dominique	8 M Nativité N-D	8 J S² Pélagie	8 D S. Geoffroy	8 M Imm. Concept.
9 J S² Amandine	9 D S. Amour	9 M S. Alain	9 V S. Denis	9 L S. Théodore	9 M S. P.-Fourier
10 V S. Ulrich	10 L S. Laurent	10 J S² Inès	10 S S. Ghislain	10 M S. Léon	10 J S. Romaric
11 S S. Benoit	11 M S² Claire	11 V S² Adelphe	11 D S. Firmin	11 M ARMISTICE	11 V S. Daniel
12 D S. Olivier	12 M S² Clarisse	12 S S. Apollinaire	12 L S. Wilfried	12 J S. Christian	12 S S² Jeanne-F.C.
13 L SS. Henri, Joël	13 J S. Hippolyte	13 D S. Aimé	13 M S. Géraud	13 V S. Brice	13 D S² Lucie
14 M FÊTE NATIONALE	14 V S. Évrard	14 L La S²-Croix	14 M S² Juste	14 S S. Sidoine	14 L S² Odile
15 M S. Donald	15 S ASSOMPTION	15 M S. Roland	15 J S² Th. d'Avila	15 D S. Albert	15 M S² Ninon
16 J N-D. Mt Carm.	16 D S. Armel	16 M S² Édith	16 V S² Edwige	16 L S² Marguerite	16 M S² Alice
17 V S² Charlotte	17 L S. Hyacinthe	17 J S. Renaud	17 S S. Baudouin	17 M S² Élisabeth	17 J S. Gaël
18 S S. Frédéric	18 M S² Hélène	18 V S² Nadège	18 D S. Luc	18 M S² Aude	18 V S. Gatien
19 D S. Arsène	19 M S. Jean Eudes	19 S S² Émilie	19 L S. René	19 J S. Tanguy	19 S S. Urbain
20 L S² Marina	20 J S. Bernard	20 D S. Davy	20 M S² Adeline	20 V S. Edmond	20 D S. Abraham
21 M S. Victor	21 V S. Christophe	21 L S. Matthieu	21 M S² Céline	21 S Prés. de Marie	21 L HIVER
22 M S² Marie-Mad	22 S S. Fabrice	22 M S. Maurice	22 J S² Élodie	22 D S² Cécile	22 M S² Françoise-X.
23 J S² Brigitte	23 D S² Rose de L	23 M AUTOMNE	23 V S. Jean de C.	23 L S. Clément	23 M S. Armand
24 V S² Christine	24 L S. Barthélemy	24 J S² Thècle	24 S S. Florentin	24 M S² Flora	24 J S² Adèle
25 S S. Jacques	25 M S. Louis	25 V S. Hermann	25 D S. Crépin	25 M S² Catherine L	25 V NOËL
26 D SS. Anne, Joa	26 M S² Natacha	26 S SS. Côme, Dam	26 L S. Dimitri	26 J S² Delphine	26 S S. Étienne
27 L S² Nathalie	27 J S² Monique	27 D S. Vinc. de Paul	27 M S² Émeline	27 V S. Séverin	27 D S. Jean
28 M S. Samson	28 V S. Augustin	28 L S. Venceslas	28 M SS. Sim., Jude	28 S S. Jacq. de la M.	28 L SS. Innocents
29 M S² Marthe	29 S S² Sabine	29 M S. Michel	29 J S. Narcisse	29 D Avent	29 M S. David
30 J S² Juliette	30 D S. Fiacre	30 M S. Jérôme	30 V S. Bienvenue	30 L S. André	30 M S. Roger
31 V S. Ignace de L	31 L S. Aristide		31 S S. Quentin	Fonderie CASLON Paris	31 J S. Sylvestre

1. David
2. Didier
3. Roseline
4. Justin
5. Béatrice
6. Claire
7. Frédéric
8. Françoise
9. Émilie
10. Valérie
11. Bruno
12. Alice

D. Comment s'appellent-ils?

Éric is giving a list of the saint's days of the members of his family. For each saint's day that you hear, refer to the calendar in Activity C, and write the person's name.

MODÈLE   Ma fête est le 18 mai.

Éric

E. Et ton anniversaire, c'est quand? The French celebrate their birthdays in much the same way we do. Tell when these people have their birthdays.

MODÈLE   Michel 21/2
          L'anniversaire de Michel est le vingt et un février.

1. Thérèse 17/10   5. Antoinette 18/12
2. Gilbert 13/2   6. Serge 11/1
3. Régis 3/5   7. Laurent 5/4
4. Régine 1/8   8. Lynne 7/7

Communication

A. Visite d'un ami français. Imagine that a French exchange student is spending a week with you. Plan at least two activities for each day of the week. Write the day first, then what you are going to do.

lundi – On va aller au parc et on va...

B. Ton anniversaire. Ask yes-or-no questions to find out in as few tries as possible the birthday of another student, who will say **C'est avant** (*It's before*) or **C'est après** (*It's after*) as clues to help you.

EXEMPLE   — **Anne, ton anniversaire est en juillet?**
           — **Non, c'est avant.**
           — **C'est en avril?**
           — **Oui, c'est en avril!**
           — **C'est le dix avril?**
           — **Non, c'est après.**

C. Interview. Ask a partner the following questions. Your partner will then ask you the questions.

1. En quel mois est ton anniversaire? Quelle est la date de ton anniversaire?
2. Quel mois est-ce que tu préfères? Pourquoi?
3. Quel mois est-ce que tu n'aimes pas? Pourquoi?
4. En quels mois est-ce qu'on a des vacances?
5. Qu'est-ce que tu aimes faire en juillet et en août?
6. Est-ce que tu travailles tous les jours?
7. Est-ce que tu préfères le samedi ou le dimanche? Pourquoi?
8. Qu'est-ce que tu aimes faire le dimanche?

France is a predominantly Catholic country, and both religious and civil holidays are celebrated. Here are a few of the French holidays and the traditions associated with them.

Christmas and New Year's are both occasions for elaborate and delicious meals in France. Turkey is one of the traditional dishes served at Christmas, along with oysters and a special Yule log cake (**la bûche de Noël**). Many people go to a midnight service at church on Christmas Eve and then go home to open presents left under the Christmas tree by Santa Claus (**le Père Noël**). New Year's Eve is an occasion for partying with friends. However, the party often takes the form of a special dinner (**le réveillon**), which lasts through the night. New Year's Day (**le jour de l'an**) is a day for resting!

Mardi Gras is a joyous celebration which takes place the day before the beginning of Lent. On this day, people line the streets to watch colorful parades, the most famous of which is held in Nice.

April 1 is a day for jokes and pranks. A joke played on friends on this day is called **un poisson d'avril** (*an April fish*)!

Bastille Day is July 14. Bastille Day commemorates the taking of the Bastille, a prison in Paris, by the Revolutionaries in 1789. Throughout France, there are fireworks displays and outdoor dances. In Paris there is a parade down the Champs-Élysées, reviewed by the President of the French Republic.

Do these celebrations and traditions seem strange to you? Or do they resemble American customs and traditions? What are the similarities and differences?

EXPLORATION 4

Function: *Telling time*
Structure: *Expressions of time*

Présentation

A. To make plans, you will also need to know how to ask for or give the time of day. When you want to ask a French speaker what time it is, use one of these questions.

Quelle heure est-il?   *What time is it?*
Vous avez l'heure, s'il vous plaît?   *Do you have the time, please?*

These questions can be answered in the following ways.

1. On the hour

Il est une heure.   Il est quatre heures.   Il est midi.   Il est minuit.

2. On the quarter or half hour

Il est trois
heures et demie.   Il est sept
heures et quart.   Il est dix heures
moins le quart.

3. Minutes before or after the hour

Il est
neuf heures cinq.

Il est minuit
moins vingt.

Il est huit heures
moins vingt-cinq.

B. To ask or tell at what time an event occurs, the preposition **à** is used. The prepositions **de** (*from*) and **à** (*to*) are used in combination to indicate a specific duration of time.

— **À** quelle heure est-ce que vous allez au cinéma?
— On va au cinéma **à** huit heures moins le quart. Je vais être à la maison **de** cinq heures **à** sept heures et demie.

C. French does not use the abbreviations A.M. and P.M. Instead, when necessary, the expression **du matin** is used for the morning hours, **de l'après-midi** is used for the afternoon hours, and **du soir** is used for the evening or night hours. The word **heures** can be abbreviated **h** or **H: 3 h** or **3 H, 10 h 30** or **10 H 30.**

J'ai un examen à **8 h du matin.**	*I have an exam at **8:00 in the morning.***
Nous allons à la piscine à **2 h 30 de l'après-midi.**	*We're going to the swimming pool at **2:30 in the afternoon.***
Nous allons faire nos devoirs à **8 H du soir.**	*We're going to do our homework at **8:00 in the evening.***

D. Another way of distinguishing between A.M. and P.M. in France is the 24-hour clock: 1:00 P.M. is 13:00 in the 24-hour system, 2:00 P.M. is 14:00, and so on up to midnight, which is 24:00. The 24-hour system is always used in telling official time, such as in airplane schedules. It is often used in casual conversation as well.

Le concert commence à **19 h 30.** *The concert begins at **7:30 P.M.***

E. The definite article is used with **matin, après-midi,** and **soir** to say that something happens in the morning, in the afternoon, or in the evening.

Mon père ne travaille pas **le matin**.

My father doesn't work mornings.

Elle va à la plage **l'après-midi**.

She goes to the beach in the afternoon.

Je reste à la maison **le soir**.

I stay at home in the evening.

Here are some other useful words and expressions.

demain matin *tomorrow morning*	être en avance *to be early*
	être à l'heure *to be on time*
demain après-midi *tomorrow afternoon*	être en retard *to be late*
demain soir *tomorrow evening*	commencer* *to begin*
	quitter (la maison) *to leave (home)*
jeudi matin *Thursday morning*	rentrer (à la maison) *to return, to go back (home)*
samedi après-midi *Saturday afternoon*	avoir rendez-vous avec *to have an appointment with, to have a date with*
lundi soir *Monday evening*	

Préparation

A. Une longue journée.   Madame Boyer is telling her secretary what she will do tomorrow at different times of the day. Write when she is going to do the following things.

MODÈLE   À neuf heures et demie, je vais quitter la maison.

9 h 30

1. aller à la banque
2. arriver à la gare
3. être au restaurant
4. aller à la bibliothèque
5. rentrer à la maison
6. arriver à l'aéroport
7. être à Lille
8. arriver à l'Hôtel Normandie

B. Quelle heure est-il?   Jeannette Lefranc, a French disc jockey, works the 5 A.M. to 11 A.M. shift. At various intervals, she gives the time to her listeners. What would she say at each of these times?

MODÈLE   5 h 15   **Il est cinq heures et quart.**

1. 5 h 25	**3.** 6 h 40	**5.** 8 h 00	**7.** 9 h 45	**9.** 10 h 55
2. 6 h 15	**4.** 7 h 20	**6.** 9 h 30	**8.** 10 h 05	**10.** 11 h

---

*Commencer is a regular **-er** verb except that a cedilla is added to the **nous** form: **nous commençons.**

C. À quelle heure? What does Didier plan to do today? Tell where he will be going at the indicated times.

> MODÈLE **Il va aller à la plage à trois heures de l'après-midi.**
> 3 h 00

1. 9 h 10 2. 11 h 15 3. 11 h 45

4. 12 h 00 5. 1 h 00 6. 2 h 45 7. 8 h 20

D. Le train arrive. Jean-Luc is getting married this weekend, and several relatives are coming into town by train. Below are the times their trains are scheduled to arrive. Using **de l'après-midi** and **du soir,** tell at what time Jean-Luc's relatives are arriving.

> MODÈLE ma tante Babette / 13 h 15
> **Ma tante Babette arrive**
> **à 1 h 15 de l'après-midi.**

1. mes grands-parents / 21 h
2. mon oncle Jules / 16 h 45
3. ma tante Marie / 23 h 15
4. mes cousins / 13 h 20
5. ma cousine Simone / 15 h 05
6. ma tante Francine et mon oncle Paul / 20 h 30

E. Projets. Alain is writing a letter about his plans for the weekend. Finish his letter by writing the missing words you hear.

Samedi __1__ je vais regarder le match France-Italie à la télé avec Nicolas et Jeanne. __2__ nous allons __3__ un pique-nique et __4__ nous allons danser. __5__ je vais aller à __6__ avec ma famille. Alors __7__, après l'école, je __8__ étudier __9__ parce que j'ai un examen __10__ matin!

Communication

A. Votre emploi du temps. Using a chart like the one below, ask a partner questions to find out his or her weekly schedule at school. Fill in the chart as your partner answers. Then answer your partner's questions about your schedule.

EXEMPLE — **À quelle heure commence ton cours d'anglais?**
— **Mon cours d'anglais commence à huit heures et quart.**

heure	cours
8h 15	anglais
9h 15	

B. Une semaine typique. Tell how you spend your time during a typical week. Write at least six sentences, using the suggestions below or ideas of your own.

EXEMPLE **Le lundi j'arrive à l'école à huit heures.**

arriver à l'école   étudier à la bibliothèque
quitter l'école   commencer à étudier
aller au restaurant   aller au stade
regarder la télé   travailler
écouter la radio   rentrer à la maison
aller à la campagne   ?

C. Je suis très occupé! Friday is a holiday, so you have decided to do a lot of different things. Make a list of the things you want to do and when you will do them. Write a schedule that will allow you to get everything done, then tell a classmate what you plan to do. Use **le matin, l'après-midi,** and **le soir.**

EXEMPLE

Le matin je vais nager. Je vais aller à la piscine à neuf heures. Après...

PERSPECTIVES

Lecture

Le Temps libre

Comment passer son temps libre? C'est une question très importante, surtout si on travaille pendant la semaine. Est-ce que la réponse des Français est différente de la réponse des Américains?

La famille

Les Français aiment passer leur temps libre en famille. Le samedi soir ils vont quelquefois au restaurant ou au cinéma; le dimanche après-midi ils vont souvent à la campagne. Mais souvent aussi ils restent à la maison pour regarder un film à la télévision ou pour écouter des disques et oublier leur travail.

La télévision française ressemble à la télévision américaine, mais en France il n'y a presque pas de publicité à la télévision. Chaque Français qui a un poste de radio ou de télévision est obligé de payer une taxe spéciale. Voilà pourquoi il n'y a presque pas de publicité à la télévision française.

Les jeunes

Comment est-ce que vous passez votre temps quand vous n'êtes pas à l'école? Les jeunes Américains ont souvent un travail après l'école ou pendant le week-end (dans un restaurant ou dans un magasin, par exemple). En général, les jeunes Français ne travaillent pas. Souvent ils sont encore au lycée à cinq heures de l'après-midi. Après les cours, ils rentrent à la maison parce qu'ils ont deux ou trois heures de devoirs à faire. Il n'y a presque pas de clubs dans les lycées français, et les activités sportives sont limitées aux jours où les élèves ont l'après-midi libre (le mercredi et le samedi). Et quand ils n'ont pas de devoirs, comment est-ce qu'ils aiment passer leur temps libre? Les jeunes aiment bien aller au café avec leurs copains. On va au café pour parler ou pour regarder les gens. Dans les villes les jeunes vont souvent à la Maison des jeunes et de la culture (la MJC) où il y a des films et des activités artistiques et sportives (comme le théâtre, la poterie, la musique ou la danse). Et, bien sûr, il y a toujours la télé et le cinéma!

Vocabulaire à noter

chaque each	**passer** to spend
chez in the house of	**ressembler à** to resemble
être obligé de to have to	**si** if
les gens people	**le temps libre** free time
oublier to forget	**le travail** work

Compréhension

Based on **Le Temps libre,** indicate whether the following statements are **vrai** or **faux.** Correct the statements that are false.

1. Les Français aiment passer leur temps libre en famille.
2. Les Français restent rarement à la maison.
3. Les Français ne regardent jamais la télévision.
4. Il n'y a presque pas de publicité à la télévision française.
5. Chaque Français qui a un poste de télévision est obligé de payer une taxe spéciale.
6. En général les jeunes Français ont un travail après l'école.
7. Il n'y a presque pas de clubs dans les lycées.
8. Dans les villes il n'y a pas d'activités artistiques pour les jeunes.

Communication

A. Différences.   You have been assigned to interview a French-Canadian **W** exchange student for your school newspaper. Write eight questions you could ask to find out how people in Quebec (**les Québécois**) spend their free time. Use the question words **où, comment, quand,** and **pourquoi** in some of your questions.

EXAMPLE   **Quand est-ce que les Québécois ont des vacances?**

B. Et vous? Answer these questions about how you and your friends spend your free time.

1. Où est-ce que vous allez après l'école?
2. Est-ce que vous allez souvent à des concerts avec vos amis?
3. Quand est-ce que vous allez chez vos copains ou copines?
4. Est-ce que vous préférez regarder un film à la télévision ou au cinéma? Est-ce que vous regardez la télé tous les jours?
5. Comment est-ce que vous passez vos week-ends?
6. Est-ce que vous restez souvent à l'école après vos cours?
7. Quel est votre café ou votre restaurant préféré?

C. Quand ça? Listen to the conversation between Ariane and Jérémie, and answer the following questions.

1. Où est-ce que Jérémie invite Ariane après l'école?
2. Qu'est-ce qu'Ariane va faire après l'école?
3. Et demain, est-ce qu'elle est libre?
4. En général, où est-ce qu'Ariane va le samedi soir?
5. Quand est-ce qu'Ariane et Jérémie vont aller au cinéma?

Prononciation

The sound /a/ as in **Ça va?** is very easy to pronounce. Be sure always to pronounce it clearly and not to reduce it to a vague "uh" sound. This is especially important when pronouncing cognates such as the verbs **préparer** and **organiser**. Repeat the following words.

| stade | gare | ami | chat | classe | facile |

The sound /ɛ/ is similar to the vowel sound in *red*. Practice the /ɛ/ sound by repeating the following words. Notice the different ways in which this sound can be spelled.

| mère | père | sept | bête | faire | j'aime |

Now repeat the following sentences.

1. Mes parents ont quatre semaines de vacances.
2. Mon père préfère aller à la plage ou à la campagne.
3. Ma mère aime aller à Paris.
4. Mais les voyages coûtent cher, et nous n'avons pas d'argent.
5. Alors, nous allons faire des pique-niques dans le jardin.

INTÉGRATION

Here is an opportunity to test yourself to see what you can do. If you have trouble with any of these items, study the topic again and practice the activities, or ask your teacher for help.

Écoutez bien

A. Quelles questions! Listen to some questions Céline asks Bertrand. For each question you hear, write the letter of the best response.

1. **a.** C'est vendredi. **b.** Demain. **c.** En juin.
2. **a.** Alain et Valérie. **b.** J'adore le football. **c.** Demain.
3. **a.** Il a dix-huit ans. **b.** Il est dix heures. **c.** Stéphane Garcia.
4. **a.** À 10 h 30. **b.** Aujourd'hui. **c.** Au parc.
5. **a.** Non. **b.** Je vais à la plage. **c.** C'est le 16 mai.
6. **a.** Demain. **b.** Il est dix heures. **c.** Il a dix ans.

B. Le tour du monde. Jacques and Monika Demachy are attempting to sail around the world. Copy the chart below, and then listen to their radio messages about their locations. Fill in the chart with the time and date of their arrival in each of these places.

MODÈLE   Nous sommes le deux juin. Il est 6 heures du matin.
Nous quittons New York.

	New York	Rio	Abidjan	Réunion	Singapour	Manille	San Francisco
heure	6 h 00						
date	le 2 juin						

Lisez un peu

A. Les vacances. Everyone enjoys a vacation, and in this respect, many French people have much to enjoy. Find out why as you read this short description of vacations in France. After you have read the text several times, test your memory by completing the sentences that follow. Then refer back to the text to check your answers.

Les vacances sont très importantes pour les Français. En général les Français travaillent quarante-sept semaines chaque année et ils ont cinq semaines de vacances. Le mois d'août est le mois préféré pour les vacances. Les Français vont à la plage, à la montagne ou à la campagne, ou bien ils visitent l'Espagne, le Portugal ou l'Afrique du Nord. En juillet et en août, quand les touristes américains vont à Paris, il est quelquefois difficile de trouver des Français!

Les Français aiment aussi aller en vacances au mois de décembre et au mois de janvier. Le ski est très populaire en France. Les Français commencent à skier quand ils sont jeunes et ils continuent à aimer le ski toute leur vie. Pendant les vacances de Noël, les gens vont dans les stations de ski des Alpes et des Pyrénées. Les réservations d'hôtel sont recommandées!

1. En général les Français travaillent pendant ===== semaines et ils ont ===== semaines de vacances.
2. Le mois d'===== est le mois préféré pour les vacances.
3. Les Français vont souvent à =====, à la montagne ou à ===== .
4. En ===== et en ===== les touristes américains vont à Paris.
5. Les Français aiment aussi aller en vacances au mois de ===== et au mois de ===== .
6. Pendant les vacances de Noël, les gens ===== dans les stations de ski des Alpes et des Pyrénées.

Écrivez

A. Où est-ce qu'on va?   You made careful notes about the plans you and your friends have for the weekend, but the notes got all mixed up. Put the notes back in order. Tell where you and your friends are going to go. Then tell what you and they are going to do in each of those places. Make sure your sentences are logical!

> MODÈLE   Luc / le concert   écouter son groupe préféré
> **Luc va au concert. Il va écouter son groupe préféré.**

Je / la montagne	regarder un match de football
Simone et Marie / la bibliothèque	nager
Éric / la maison	acheter des fruits
Denis et Serge / le supermarché	faire un pique-nique
Margot / le stade	regarder un film
Astrid / le cinéma	étudier
Sandrine / la piscine	acheter des disques
Fabrice et moi / le magasin de disques	regarder la télévision

B. À quelle heure?   Solange et Christian have many things to do today. Look at the illustrations, and tell at what time they arrive at or leave the following places.

C. Le travail. Laurent has a part-time job and is paid 27 francs per hour. Supply the missing information on his time card, then calculate how much Laurent will earn this week.

les jours de la semaine	les heures de travail		les heures travaillées
lundi	de neuf heures à onze heures	=	deux heures
_____	de _____ à onze heures	=	trois heures
_____	de neuf heures à _____	=	une heure et demie
_____	de neuf heures et demie à ___	=	une heure
vendredi	de huit heures à _____	=	deux heures et demie

D. La semaine idéale. Design an ideal week for yourself. Does your weekend still include Saturday and Sunday, or do you prefer having one day off in midweek and just one day on the weekend? Do you still go to school in the morning and afternoon, or do you go in the afternoon and evening? Write a short paragraph, rearranging the week the way you want to have it. Tell what you do each day and what time of day you do it.

Parlons ensemble

Work with a partner or partners, and create dialogues using the situations below. Whenever appropriate, switch roles and practice a different part of your dialogue.

Situations

A. La fête d'un ami. You and a friend are planning to invite another friend to a restaurant for a birthday dinner. Decide which restaurant you are going to, what day and time you are going, and who will pay.

B. Bon week-end! On the way to school, a friend asks if you are going to watch TV this weekend. You prefer to do something outdoors. Tell your friend where you are going to go and what you plan to do. Your friend decides to join you, and together you plan the day and time. You also decide to call other friends to invite them.

VOCABULAIRE

NOUNS REFERRING TO PLACES
l' aéroport (*m*) airport
la banque bank
la bibliothèque library
le café cafe
la campagne country
l' église (*f*) church
l' épicerie (*f*) grocery store
la gare train station
l' hôpital (*m*) hospital
l' hôtel (*m*) hotel
la montagne mountain
le musée museum
le parc park
la piscine swimming pool
la plage beach
la poste post office
le restaurant restaurant
le stade stadium
le supermarché supermarket

NOUNS RELATED TO TIME
l' année (*f*) year
l' après-midi (*m*) afternoon
l' heure (*f*) time of day, hour, o'clock
le matin morning
midi (*m*) noon
minuit (*m*) midnight
le mois month
le quart quarter (*hour*)
la semaine week
le soir evening

OTHER NOUNS
l' anniversaire (*m*) birthday
le barbecue barbecue
le copain, la copine pal, friend
la fête holiday, saint's day
le frigo (le réfrigérateur) refrigerator

le fruit fruit
les gens (*m*) people
la grillade grilled meat
le hamburger hamburger
l' idée (*f*) idea
le match game, match
le pique-nique picnic
le sandwich sandwich
le temps time
le travail work

VERBS
aller to go
apporter (à) to bring
arriver (à) to arrive
avoir rendez-vous avec to have an appointment with, to have a date with
commencer to begin
demander (à) to ask
donner (à) to give
être d'accord to agree
être obligé de to have to
faire to do, to make
inviter to invite
organiser to organize
oublier to forget
passer to spend (*time*), to pass
préparer to prepare
quitter to leave
rentrer to return, to go home
ressembler (à) to resemble
téléphoner (à) to telephone

OTHER WORDS AND EXPRESSIONS RELATED TO TIME
à l'heure on time
après-demain day after tomorrow
aujourd'hui today
demain tomorrow

demi(e) half
en avance early
en retard late
plus tard later
premier first
Quel jour est-ce aujourd'hui? What day is today?
Quel jour sommes-nous? What day is today?
Quelle est la date...? What is the date...?
Quelle heure est-il? What time is it?
tous les jours every day

ADJECTIVES
chaque each
différent different
important important
libre free
prochain next
quel (*m*), **quelle** (*f*) which, what

PREPOSITIONS
après after
avant before
chez at the home of
en in
pour in order to

OTHER WORDS AND EXPRESSIONS
alors (Non alors!) so, then (No!)
encore again, still
enfin finally, at last
ou bien or else
par exemple for example
presque (presque rien) almost (almost nothing)
si if

Note: For the days of the week and the months of the year, see **Exploration 3**.

Favorite Foods

In this chapter, you will begin to discover French cuisine. You will also learn about the following functions and structures.

Functions	Structures
• talking about food	• the partitive articles **du, de la**, and **de l'**
• discussing things in general and in particular	• the partitive article versus the indefinite and definite articles
• talking about what we eat and drink	• the verb **boire** and spelling-change verbs like **essayer, payer, manger, commencer, acheter,** and **préférer**
• expressing needs and feelings	• the expressions **avoir besoin de, avoir envie de,** and other expressions with **avoir**

AUJOURD'HUI

PIZZA
CROQUES MONSIEUR
SAUMON FROID MAYONNAISE

CIVET DE SANGLIER
ÉPINARDS BRANCHES ÀLACRÈME

**CASSOULET
PAÊLLA
DEMAIN**

TRIPES CHAUDES MAISON
LAPIN EN GIBELOTTE
CRÊPES AU SUCRE

INTRODUCTION

Le français en contexte

Au Restaurant

ENTRÉE

Soupe à l'oignon
Escargots
Jambon fumé
Artichaut à la vinaigrette

PLAT PRINCIPAL

Poulet à la crème
Saumon sauce hollandaise
Côtelettes de porc grillées

LÉGUME

Carottes au beurre
Pommes frites
Petits pois au jambon

SALADE VERTE

FROMAGE
ou
DESSERT

Tarte aux fraises
Glace (au chocolat, à la vanille)

Service 15% Compris

Annick et Daniel <u>déjeunent</u> au restaurant.   *are having lunch*

ANNICK	Monsieur! Le menu, s'il vous plaît.	
LE GARÇON	<u>Voici</u>, Mademoiselle.	*The waiter / Here (it) is*
DANIEL	Merci, Monsieur.	
	***	
LE GARÇON	Vous êtes <u>prêts</u> à <u>commander</u>?	*ready / to order*
DANIEL	Oui, Monsieur. Annick, qu'est-ce que tu vas <u>prendre</u>?	*to take*
ANNICK	<u>Je voudrais</u> des <u>côtelettes de porc</u> et des carottes, s'il vous plaît. Et je vais <u>essayer</u> vos <u>escargots</u>, aussi.	*I would like / pork chops* *to try / snails*

DANIEL	Et pour moi, la <u>même</u> <u>chose</u>. J'adore les escargots.	same / thing
LE GARÇON	<u>Je regrette</u>, mais il <u>n'y a plus</u> d'escargots.	I'm sorry / no more
ANNICK	Alors, nous allons prendre des <u>artichauts</u>.	artichokes
LE GARÇON	Et comme <u>boisson</u>?	beverage
DANIEL	Une <u>bouteille d'eau minérale</u>.	bottle of mineral water
LE GARÇON	Très bien, Monsieur.	
	***	
LE GARÇON	Et comme dessert, qu'est-ce que vous allez prendre?	
	Notre <u>tarte aux fraises</u> est excellente.	strawberry pie
DANIEL	Deux tartes aux fraises, s'il vous plaît.	
	***	
ANNICK	Quel <u>repas</u>!	meal
DANIEL	Oui, les repas sont toujours excellents ici. Monsieur!	
	L'<u>addition</u>, s'il vous plaît!	check
LE GARÇON	Voici, Monsieur.	

Compréhension

Answer the following questions based on **Au Restaurant**.

1. Qui demande le menu?
2. Qui apporte le menu?
3. Qu'est-ce que Daniel et Annick commandent?
4. Quelle boisson est-ce qu'ils commandent?
5. Et comme dessert, qu'est-ce qu'ils vont prendre?
6. Qui demande l'addition?

Les mots et la vie

When you go to a restaurant, are you adventurous or cautious in making selections from the menu? Here are some important words dealing with food.

1. Les repas (*m*)

le petit déjeuner

le déjeuner

le dîner

Here are some foods you may like, and some you may not have tried yet.

2. Les entrées (*f*)

les escargots (*m*)   le jambon   la soupe à l'oignon

3. Le plat principal*

     le poulet rôti   le poisson grillé

*The plural of **principal** is **principaux**. Singular adjectives ending in **-al** usually form their plural by changing **-al** to **-aux**.

Les viandes (*f*)

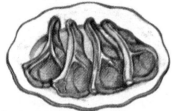

le porc   le bœuf   le bifteck
les côtelettes (*f*) de porc   le rôti de bœuf

4. Les légumes (*m*)

les pommes   les frites (*f*)   les haricots*   les petits pois (*m*)   les carottes (*f*)
de terre (*f*)   verts (*m*)

*Les haricots is pronounced without a liaison because of the h aspiré.

5. Les salades (*f*)

les tomates (*f*)
la salade de tomates

la salade
la salade verte

6. Les desserts (*m*)

les pâtisseries (*f*)

la tarte aux pommes

le gâteau

la glace
(à la vanille, au chocolat)

7. Les fruits (*m*)

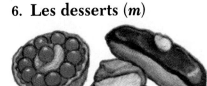

les pommes (*f*)

les fraises (*f*)

les poires (*f*)

les oranges (*f*)

les bananes (*f*)

8. Les boissons (*f*)

le lait

l'eau minérale (*f*)

le thé

le coca

le café

le café au lait

le chocolat chaud

le jus d'orange

le citron pressé

le vin

9. Et, bien sûr, il y a aussi...

les fromages (*m*)

le riz

le pain

les œufs (*m*)

les croissants (*m*)

le beurre

la confiture

le pain grillé

A. Quel repas est-ce?   It is mealtime again, and food is on your mind. Look at the illustrations below. For each description you hear, write **oui** if all the foods mentioned appear in the picture. Write **non** if some are missing.

1.

2.

3.

4.

5.

6.

B. Nicole va chez sa tante.   Nicole is going to visit her aunt for a week, and her aunt wants to know about her eating preferences. What does Nicole tell her?

MODÈLE   entrée / escargots
Comme entrée, je préfère les escargots.

1. fruit / bananes
2. viande / bifteck
3. boisson / eau minérale
4. légume / petits pois
5. dessert / glace au chocolat

C. Un végétarien. Jean-Marie is a vegetarian. What does he say about the following food items?

> MODÈLE   frites   bœuf
> **J'aime les frites.**   **Je n'aime pas le bœuf.**

1. bifteck   4. jambon   7. haricots verts
2. carottes   5. poulet   8. côtelettes de porc
3. fraises   6. oranges   9. pommes de terre

Communication

A. J'adore… / Je déteste…   What kinds of food do you like? Select from among the food items presented in **Les mots et la vie**, and mention a variety of foods. Then compare your tastes to those of a classmate.

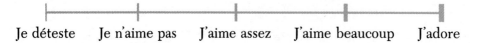

Je déteste   Je n'aime pas   J'aime assez   J'aime beaucoup   J'adore

> EXEMPLE   le poulet
> — **J'aime beaucoup le poulet.**
> — **Pas moi! Je déteste le poulet!**

B. Viandes et légumes.   Name a food category and one item from that category. A classmate will then repeat them and add another item from that category. See how long you can make the list.

> EXEMPLE   — **Les boissons: le lait**
> — **Les boissons: le lait et…**

C. Préférences.   Using the food categories below, write four questions W you could use to interview people about their food preferences. Then ask a classmate your questions.

> EXEMPLE   les viandes
> **Est-ce que tu aimes le bœuf?**
> **(Quelle est ta viande préférée?)**

1. les légumes
2. les boissons
3. les fruits
4. les desserts

EXPLORATION 1

Function: *Talking about food*
Structure: *The partitive articles*

Présentation

A. In both French and English, there are some nouns with which numbers are not generally used. We do not usually say, for example, *three butters,* or *six waters.* Instead, we often use the words *some* or *any.* In French the word used to express *some* or *any* is called the partitive article because it refers to part of a whole. The forms of the partitive article are as follows.

du pain	*Before a masculine noun*
de la viande	*Before a feminine noun*
de l'eau	*Before any noun beginning with a vowel sound*

B. The partitive article cannot be omitted in French as it sometimes is in English.

Paul va prendre **de la** tarte.
*Paul is going to have **some** pie.*
Paul is going to have pie.

Est-ce qu'il y a **du** fromage?
*Is there **any** cheese?*
Is there cheese?

C. Just like the indefinite article, the partitive article becomes **de** (or **d'** before a vowel sound) after all negative verbs except **être.**

Il n'y a pas **de** dessert.
*There isn't **any** dessert.*
Je ne mange jamais **de** viande.
I never eat meat.
Il n'y a plus **d'**eau minérale.
*There isn't **any** more mineral water.*

After **être,** the full partitive is used in both affirmative and negative sentences.

Ce n'est pas **du** thé, c'est **de l'**eau!
It isn't tea, it's water!

D. While the partitive is used to talk about a part of a whole, you will still use the indefinite articles **un, une,** and **des** to talk about whole items.

Céline achète **un** poulet.
Elle va manger **du** poulet ce soir.

Pascal achète **une** tarte.
Il va manger **de la** tarte ce soir.

Pascal mange **des** frites.

Préparation

A. Le petit déjeuner. Listen to the following statements about the breakfast you see in the picture. If a statement is accurate, write **vrai**; if not, write **faux**.

B. Au restaurant. Thomas is eating dinner in a new restaurant. How does he ask if they have the following items?

MODÈLE   le poulet
Vous avez du poulet?

1. la soupe à l'oignon
2. le poisson
3. le rôti de bœuf
4. les frites
5. la glace
6. les haricots verts
7. l'eau minérale
8. le fromage

C. Il n'y a pas grand-chose! While Karine makes a shopping list, she asks her brother Hugues what is left in the refrigerator. As it turns out, there are only fruits and vegetables left. What do Karine and Hugues say?

MODÈLE   oranges
— **Est-ce qu'il y a encore des oranges?**
— **Oui, il y a encore des oranges.**

poulet
— **Est-ce qu'il y a encore du poulet?**
— **Non, il n'y a plus de poulet.**

1. salade
2. lait
3. jambon
4. œufs
5. fromage
6. fraises
7. glace
8. carottes
9. pommes de terre

D. Qu'est-ce qu'ils vont prendre? Brigitte is at a restaurant with some
W friends. Look at the illustrations, and write what they are going to have.

MODÈLE   Brigitte...
Brigitte va prendre du fromage.

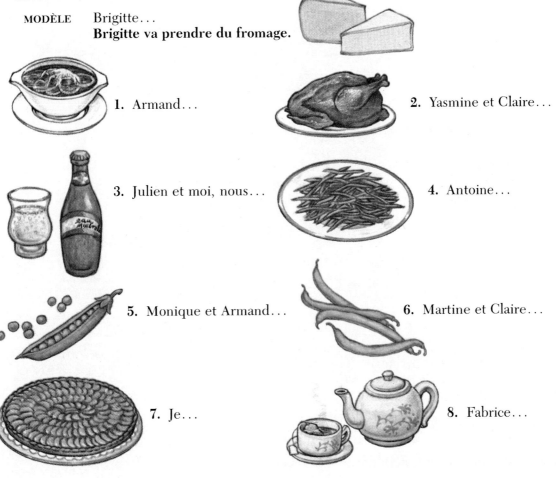

1. Armand...

2. Yasmine et Claire...

3. Julien et moi, nous...

4. Antoine...

5. Monique et Armand...

6. Martine et Claire...

7. Je...

8. Fabrice...

Communication

A. Souvent, Rarement ou Jamais? Find out from a partner how often he or she eats the foods pictured below. Then answer your partner's questions.

EXEMPLE — Est-ce que tu manges souvent du rôti?
— Oui, je mange souvent du rôti. Et toi?

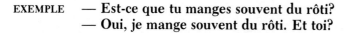

1.

2.

3.

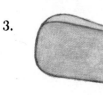

4.

5.

6.

8.

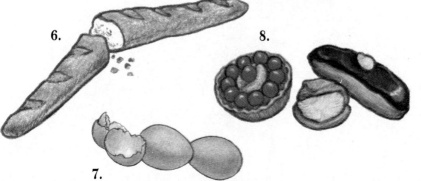

7.

B. Un restaurant français. Imagine you are eating your first meal in France. Call the waiter, and ask for a menu. Then, using the menu provided, order a complete meal.

C. On va bien manger! It is your turn to plan the breakfast, lunch, **W** and dinner menu for your family. Decide what you are going to serve, and then write what you are going to buy for each meal.

EXEMPLE **Pour le petit déjeuner je vais acheter...**

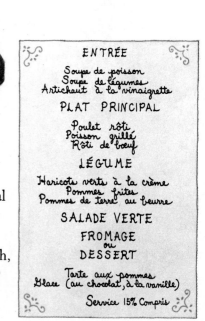

ENTRÉE
Soupe de poisson
Soupe de légumes
Artichaut à la vinaigrette

PLAT PRINCIPAL
Poulet rôti
Poisson grillé
Rôti de bœuf

LÉGUME
Haricots verts à la crème
Pommes frites
Pommes de terre au beurre

SALADE VERTE

FROMAGE
ou
DESSERT

Tarte aux pommes
Glace (au chocolat, à la vanille)

Service 15% Compris

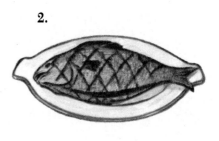

ET VOUS?

Interlude CULTUREL

In France, restaurants are numerous and vary widely, both in price and in the type of food served. One way to choose a restaurant is to stroll through a neighborhood, reading the menus. French law requires that menus be posted outside restaurants and that they show the prices, including tax and tip. Customers may choose each course separately (**commander à la carte**), or they may prefer to order a complete meal for a set price (**commander le menu à prix fixe**).

The **cafés** are a favorite spot to meet friends or to sit and watch the passersby. **Cafés** serve beverages of all kinds, including soft drinks, fruit juices, alcoholic beverages, and, of course, coffee. Some **cafés** serve light snacks as well, such as **des croque-monsieur,** grilled ham and cheese sandwiches.

Although French people tend to eat between meals less than Americans do, there are still plenty of places to get a snack. Besides **cafés,** one can often find street vendors selling **des crêpes** (*very thin rolled pancakes*), **des marrons** (*chestnuts*), or **des cornets de glace** (*ice-cream cones*). In the larger cities, one can even get American-style "fast food."

Look at these photographs, and tell what differences you find between French and American eating establishments.

EXPLORATION 2

Function: *Discussing things in general and in particular*
Structure: *The partitive article versus other articles*

Présentation

A. You have now seen how to use the partitive, indefinite, and definite articles. Contrast their uses in the following sentences.

Use the partitive article for: — *an unspecified amount* *of something*	Je voudrais **de l'eau.** *I'd like (**some**) water.*
Use the indefinite article for: — *a whole item* — *an unspecified number of items*	J'achète **une** tarte et **des** pommes. *I'm buying **a** pie and (**some**) apples.*
Use the definite article for: — *very general statements* — *very specific statements*	J'aime **le** poisson. *I like fish.* Je voudrais **le** poisson grillé. *I'd like **the** grilled fish.*

B. While the partitive and indefinite articles become **de (d')** after all negative verbs except **être**, the definite article does not change.

J'aime **le** porc.   Je mange souvent **du** porc.
Je n'aime pas **le** porc.   Je ne mange jamais **de** porc.

C. In English an article such as *some*, *the*, or *any* is not always required. In French, however, articles cannot be omitted.

J'aime **le** fromage.   *I like cheese.*
Je voudrais **du** fromage.   *I'd like (**some**) cheese.*

J'adore **les** fraises.   *I love strawberries.*
Nous n'avons pas **de** fraises.   *We don't have (**any**) strawberries.*

Préparation

A. Au supermarché. Sandrine is shopping with her father. She likes everything except meat and fish. How does she respond to her father's questions?

> MODÈLE — On achète du porc?
> — **Non, je n'aime pas le porc.**
>
> — On achète des fraises?
> — **Oui, j'adore les fraises!**

1. On achète du poisson?
2. On achète du fromage?
3. On achète de la confiture?
4. On achète du rôti de bœuf?
5. On achète des petits pois?
6. On achète des poires?
7. On achète du jambon?
8. On achète des œufs?

B. Le dîner chez Gérard. Camille has been invited to dinner at her friend Gérard's house. Gérard is trying to find out what she would like to eat. Give Camille's answers.

> MODÈLE — Tu aimes le poisson? (oui)
> — **Oui, je mange souvent du poisson.**
>
> — Tu aimes les artichauts? (non)
> — **Non, je ne mange jamais d'artichauts.**

1. Tu aimes la tarte aux fraises? (non)
2. Tu aimes le fromage? (oui)
3. Tu aimes le jambon? (non)
4. Tu aimes le poulet? (oui)
5. Tu aimes la soupe à l'oignon? (oui)
6. Tu aimes les pâtisseries? (non)

C. Au restaurant. It is late when Gabriel arrives at a neighborhood restaurant. Listen to his conversation with the waiter, and write the items that are still available.

> MODÈLE Il n'y a plus de soupe à l'oignon, mais il y a de la...

Il y a encore...

Communication

A. Qu'est-ce que tu préfères? Using the words and phrases provided, ask questions to find out about another student's food preferences.

> EXEMPLE   manger souvent / bifteck
> **Est-ce que tu manges souvent du bifteck?**
>
> préférer / croissants / pain grillé
> **Est-ce que tu préfères les croissants ou le pain grillé?**

1. aimer / haricots verts
2. manger souvent / pommes de terre
3. préférer / carottes / petits pois
4. manger quelquefois / poisson
5. préférer / pain français / pain américain
6. manger souvent / légumes
7. aimer / fromage
8. préférer / fruits / fromage
9. préférer / poulet / poisson
10. manger quelquefois / fromage français

B. Je voudrais… Imagine you are in a restaurant ordering a meal. With a classmate playing the role of the waiter or waitress, create a dialogue, using the suggestions below and the vocabulary you have learned. Then switch roles, and let your partner order a meal.

Nous avons…
Je regrette…
Il n'y a plus…
Est-ce qu'il y a…?
Qu'est-ce que vous avez comme…?
Qu'est-ce que vous désirez manger?

Il y a…
J'aime…
Je n'aime pas…
Je préfère…
Je voudrais…
Est-ce que vous aimez…?

C. Préférences et habitudes. Write a short paragraph about your food W preferences and eating habits. Indicate what you like and do not like to eat, and tell how often you eat various foods.

> EXEMPLE
>
> *J'aime beaucoup les fruits, et je mange souvent des…*

Interlude
CULTUREL

French cuisine enjoys great prestige in the United States and around the world. There are French restaurants in most large cities, and they are often among the most elegant and expensive. Many French words associated with food, such as **menu, cuisine,** and **chef,** have become part of the English language. Can you think of the English words that we have borrowed directly from French that correspond to the definitions below? Check your answers at the bottom of the page.

1. various snacks served as appetizers
2. the headwaiter in an elegant restaurant
3. mushrooms fried in a small amount of fat
4. a cold dessert made of layers of ice cream and syrup
5. to order from a menu that prices each item separately
6. a soup that is offered by a restaurant on a particular day

Although we share with the French many ideas about fine food, we do not share all French ideas about table manners. Would you be surprised if you saw people following these rules of etiquette in an elegant restaurant? How do these differ from American table manners?

1. Place your bread directly on the tablecloth, next to your plate.
2. After cutting a piece of meat, do not switch your fork to your right hand, but keep it in your left hand to eat.
3. Keep both hands on or above the table during the meal.
4. Never eat fruit or pizza with your hands. Always use a knife and fork.

Answers: 1. hors d'oeuvre 2. maître d' 3. sautéed mushrooms 4. a parfait 5. to order à la carte 6. soup du jour.

EXPLORATION 3

Function: *Talking about what we eat and drink*
Structure: *The verb* **boire** *and spelling-change verbs*

Présentation

A. To talk about the things we drink, we use the verb **boire** (*to drink*).

Boire is an irregular verb. Its forms are as follows.

boire	
je **bois**	nous **buvons**
tu **bois**	vous **buvez**
il / elle / on **boit**	ils / elles **boivent**

Alors, Hervé, tu bois ton lait?

B. Two other verbs that are useful in restaurants and stores are the verbs **essayer** (*to try*) and **payer** (*to pay for*). These verbs are conjugated like regular **-er** verbs except that there is a spelling change in all forms except the **nous** and **vous** forms.

payer	
je **paie**	nous **payons**
tu **paies**	vous **payez**
il / elle / on **paie**	ils / elles **paient**

essayer	
j' **essaie**	nous **essayons**
tu **essaies**	vous **essayez**
il / elle / on **essaie**	ils / elles **essaient**

Ils **paient** le garçon.   *They **are paying** the waiter.*
Nadine **paie** les boissons.   *Nadine **is paying for** the beverages.*
On **essaie** de parler français.   *We **try** to speak French.*

Notice that the verb **payer** means *to pay for* as well as *to pay*. When **essayer** is followed by an infinitive, **de** must be added.

C. As you have already seen, **préférer** and **acheter** also require a spelling change in all forms except the **nous** and **vous** forms. Refer to the verb charts in the back of the book for the conjugation of these spelling-change verbs.

Nous **préférons** les fruits, alors nous **achetons** des fraises.
Sylvie **préfère** la viande, alors elle **achète** du bœuf.

Espérer and **répéter** are conjugated like **préférer**.

D. Verbs like **manger** and **commencer** have a special **nous** form. Verbs that end in **-ger** add an **e** in the **nous** form to keep the soft *g* sound. Verbs that end in **-cer** change the **c** to **ç** to keep the soft *c* sound.

Nous mangeons souvent du poisson.
Nous commençons à préparer le dîner.

Préparation

A. C'est vendredi! Astrid and her friends are making plans for Friday evening in Montreal. Complete what they say with the correct form of the following verbs. Use each verb just once.

espérer	essayer	payer	boire
préférer	manger	acheter	commencer

GUY   À quelle heure est-ce que le film __1__ ?
ASTRID   À 7 h 30. Mais on va __2__ d'arriver en avance.
SABINE   Guy, est-ce que tu __3__ aller au cinéma avec nous ou avec ton copain Bruno?
ASTRID   J'__4__ que tu ne vas pas inviter Bruno!
GUY   Non, Bruno n'a pas d'argent. Quand on va au cinéma, on __5__ toujours quelque chose à manger, n'est-ce pas?
ASTRID   Oui, nous __6__ du popcorn.
SABINE   Et nous __7__ du coca.
GUY   Oui, et c'est cher! Qui __8__ ?

B. À chacun son goût. Planning the party is getting complicated! It seems that for each food and beverage mentioned, someone does not eat or drink it. Help make a list of what different people do not eat or drink.

MODÈLE

Moi, je...
Moi, je ne bois pas de café.

Serge...
Serge ne mange pas de jambon.

1. Annick et Claude, vous...

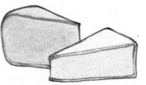

2. Jean-Luc et moi, nous...

3. Yvette et Janine...

4. Valérie et Benjamin, vous...

5. Laurent et moi, nous...

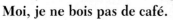

6. Nathalie et Isabelle...

C. Une lettre. Your friend has received a letter from her Parisian pen pal in which she talks about what she and others like to eat and drink. Listen to the letter, and add the missing words.

Au petit déjeuner, je __1__ du pain, du beurre et __2__ et je __3__ du café au lait. En général, les Français __4__ du café au lait ou __5__ le matin. Mon amie Annette est américaine et elle mange __6__ le matin. Nous ne __7__ jamais __8__ au petit déjeuner. À midi, Annette __9__ du thé glacé (*iced*). Est-ce que vous __10__ souvent du thé glacé aux États-Unis? En France, nous __11__ du thé chaud. Est-ce que tu __12__ du thé glacé aussi?

Communication

A. Une conversation. Use these suggestions to find out about a class-mate's eating habits. When you have finished, answer your partner's questions.

> EXEMPLE   What vegetables does your partner prefer?
> — **Quels légumes est-ce que tu préfères?**
> — **Je préfère les carottes, les petits pois, les haricots verts et les pommes de terre. Et toi?**

1. Does your partner try to have breakfast every day?
2. What does your partner drink at breakfast?
3. Where does your partner eat lunch, and what does he or she like to eat for lunch?
4. Which fruits does your partner prefer?
5. Does your partner often eat sandwiches?
6. What does your partner order when he or she goes to a restaurant?
7. Which desserts does your partner prefer?
8. Does your partner like to drink cola?

B. En réponse à ta lettre. Some French friends have written to you asking about the eating habits of Americans. Write the answers to their questions.

1. Est-ce que les Américains mangent souvent des hamburgers?
2. Et toi? Est-ce que tu manges souvent des hamburgers?
3. Quand un garçon et une fille vont au restaurant, qui paie l'addition?
4. Est-ce que les Américains boivent souvent du coca au déjeuner?
5. Qu'est-ce que tu préfères manger au petit déjeuner?
6. Le matin mes parents boivent du café au lait. Et tes parents, qu'est-ce qu'ils boivent?
7. Je bois souvent du chocolat chaud le soir. Et toi, qu'est-ce que tu bois le soir?
8. Est-ce que les Américains boivent quelquefois du vin français avec leurs repas?
9. J'essaie de manger des fruits et des légumes tous les jours. Et toi?
10. J'adore la tarte aux fraises. Et toi? Quel dessert est-ce que tu préfères?

You already know what a typical breakfast is like in France. If you travel in other French-speaking countries, however, you will find that there is a variety of regional foods from which to choose. Here are examples of breakfasts in other countries.

À la Martinique, on mange souvent des papayes et des bananes au petit déjeuner. De temps en temps on mange aussi du pain grillé avec de la confiture, comme en France.

Au Québec, le petit déjeuner ressemble beaucoup au petit déjeuner américain. En général, on mange des œufs au bacon ou des céréales. On boit du thé, du jus d'orange et du lait.

En Suisse, le petit déjeuner ressemble au petit déjeuner français. On mange des croissants ou du pain grillé avec du chocolat chaud. Le chocolat suisse est fantastique!

EXPLORATION 4

Function: *Expressing needs and feelings*
Structure: *Expressions with **avoir***

Présentation

A. To talk about feelings such as being hungry, thirsty, hot, or cold, the
verb **avoir** is used with a noun. Note the following expressions.

Simon a faim.
Simon is hungry.

Sabine a chaud.
Sabine is hot.

Nous avons froid.
We are cold.

Colette et Janine ont soif.	*Colette and Janine are thirsty.*
Julie et Philippe ont peur.	*Julie and Philippe are afraid.*
Mon frère a sommeil.	*My brother is sleepy.*

Note that these expressions are different from the equivalent English
expressions, which use the verb *to be* with an adjective.

B. To talk about needing or wanting something, the expressions **avoir
besoin de** (*to need*) and **avoir envie de** (*to want, to feel like*) are used.
These expressions can be followed by an infinitive or by a noun. The
partitive article is not used after these expressions.

Nous **avons besoin d**'argent.	*We **need** money.*
Ma sœur **a besoin d**'un cahier.	*My sister **needs** a notebook.*
Tu **as envie de** manger maintenant?	***Do** you **want** to eat now?*

Préparation

A. Logique ou Ridicule? People usually have good reasons for reacting the way they do. Listen to these sentences, and write **logique** if the reason you hear is *logical*, or **ridicule** if the reason is *ridiculous*.

MODÈLE   Ma sœur boit de l'eau parce qu'elle a soif.  *logique*

B. Au supermarché. Cécile is looking in the refrigerator as she is checking her shopping list. Based on what you see in the refrigerator, tell what Cécile needs to buy.

MODÈLE   carottes
Nous avons besoin de carottes.

beurre
Nous n'avons pas besoin de beurre.

1. lait
2. bananes
3. eau minérale
4. tomates
5. poulet
6. œufs
7. poires
8. pommes

C. Au café. Sarah is at a café with her family. Tell whether they are hungry or thirsty and what they are going to order.

MODÈLE   Marc / sandwich
Marc a faim. Il va prendre un sandwich.

1. Marcel / café
2. Sarah / citron pressé
3. Céline / croissants
4. Yves / eau minérale
5. Jérôme / glace à la vanille
6. Alice / tarte aux fraises

D. Réactions. Marcel is easily influenced by what he sees on television. How do these pictures make him feel?

MODÈLE   **J'ai sommeil.**

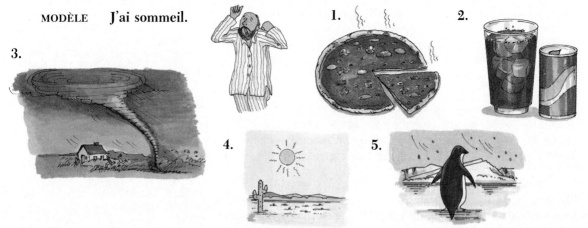

1.
2.
3.
4.
5.

Communication

A. J'ai besoin de... Read the following sentences, and decide what you need or want in these situations.

> EXEMPLE   You are very tired, and you need a break.
> **J'ai besoin d'une semaine de vacances.**

1. You want to make a sandwich. What ingredients do you need?
2. You have been studying, and now it is quite late at night.
3. You have just finished playing a game of tennis in 95-degree heat.
4. It is time for breakfast. What do you want to eat?
5. It is quite cold outside, and you feel chilly.
6. You have an exam tomorrow morning.

B. L'imagination. Look at the illustrations, and tell what feelings they
W evoke. Then tell what you do (or like to do) when you feel that way. Write your answers.

> EXEMPLE   **J'ai chaud. Quand j'ai chaud, j'ai envie de boire de l'eau.**

1.   2.   3.   4.

C. On continue? Yvonne and Céline have been studying for hours, and Céline is getting tired. As she tires, she finds more and more distractions. Give Céline's excuses, using **avoir** expressions.

> EXEMPLE   YVONNE   Alors, on va étudier nos leçons d'histoire?
> CÉLINE   **Moi, j'ai faim. J'ai envie de manger une pomme.**

YVONNE   Alors, on va étudier la leçon de maths?
CÉLINE   ═══
YVONNE   Tu es prête maintenant? On commence?
CÉLINE   ═══
YVONNE   Et la leçon de français? On commence?
CÉLINE   ═══
YVONNE   J'ai envie de regarder la leçon de chimie. Et toi?
CÉLINE   ═══
YVONNE   Céline, est-ce que tu as sommeil?

PERSPECTIVES

Lecture

Où acheter des provisions?

Quand les Américains ont besoin de pain, de lait ou de fruits, ils vont
au supermarché, où ils trouvent toutes sortes de produits—de la viande,
des légumes, des cahiers et même des vélos. Les Français aussi vont au
supermarché de temps en temps. Mais beaucoup de Français préfèrent
aller dans les petits magasins de leur quartier. Dans chaque magasin
on trouve seulement une catégorie de produit, et chaque magasin a un
nom différent. Comment s'appellent les petits magasins où Françoise et
sa famille achètent leurs provisions?

Nous achetons notre pain à la boulangerie de la rue Sully. Leur pain est
excellent. Nous préférons acheter nos gâteaux à la pâtisserie. On achète
aussi de la glace et des tartes à la pâtisserie. Quand nous avons besoin
de viande, mes parents vont à la boucherie de Monsieur Cazenave. Là ils

achètent du bœuf, du porc ou du poulet. Le soir nous mangeons souvent du jambon. Pour acheter du jambon et du pâté, on va à la charcuterie. Enfin, pour acheter du café, du sel, du poivre, de l'eau minérale, du sucre et des boîtes de conserve, on va à l'épicerie. Le samedi j'aime bien aller au marché avec Papa et Maman. Les fruits et les légumes sont magnifiques, les gens sont sympathiques et nous ne sommes pas pressés. C'est amusant!

Vocabulaire à noter

les boîtes (*f*) **de conserve** canned goods	**même** even
la boucherie butcher's shop	**le pâté** pâté
la boulangerie bakery	**la pâtisserie** pastry shop
la charcuterie pork butcher's shop, delicatessen	**le poivre** pepper
être pressé to be in a hurry	**les provisions** (*f*) groceries
	le quartier neighborhood
le marché open-air market	**le sel** salt
	le sucre sugar
	toutes sortes de all kinds of

Compréhension

Answer the following questions about **Où acheter des provisions?**

1. Où est-ce qu'on achète du pain?
2. Qu'est-ce qu'on achète à la boucherie?
3. Où est-ce qu'on va pour acheter du pâté et du jambon?
4. Qu'est-ce qu'on achète à l'épicerie?
5. Pourquoi est-ce que Françoise aime aller au marché?

Communication

A. Dans quel magasin? You are going shopping in Nice this Saturday morning, and you have made a grocery list. Write sentences telling which neighborhood stores you will go to and the products you will buy in each store.

EXEMPLE **Je vais à la boulangerie. Je vais acheter...**

du sel	du jambon	de la glace au chocolat
du bœuf	du sucre	du porc
une tarte aux fraises	du poulet	des boîtes de conserve
du pâté	du poivre	du pain
	de l'eau minérale	

B. On invite les copains. Using words you know, plan a dinner for some friends. Write your plans, using the following questions as a guide.

W

1. Qui est-ce que vous allez inviter?
2. Qu'est-ce que vous allez manger?
3. Qu'est-ce que vous allez boire?
4. Qu'est-ce que vous avez besoin d'acheter?
5. Où est-ce que vous allez pour acheter les provisions?
6. Qu'est-ce que vous allez faire après le dîner?

C. Vous désirez? Imagine that you are with a friend at a restaurant in France. Listen to the conversation between your friend and the waiter. Then, looking at the pictures, write the number of the meal your friend orders.

L

1.   2.   3.   4.

Prononciation

As you already know, the letter **é** is pronounced like the vowel sound in the English word *say*, except that it is shorter and clipped. It is represented in dictionaries by the symbol /e/. Listen and repeat the following words.

idée   église   lycée   télévision   élève   cinéma

The verb endings **-er** and **-ez** also contain the sound /e/. Listen and repeat these verbs.

commander   déjeuner   regretter   payez   achetez   buvez

The sound /e/ also occurs in noun marker words such as **les, mes,** and **des**. In these words, the /e/ indicates that the following noun is plural. Listen and repeat these pairs of words.

le café / les cafés   ma classe / mes classes   du coca / des cocas

Repeat the following sentences, paying attention to the /e/ sound.

1. Les élèves de notre lycée vont préparer un dîner élégant.
2. Mes amis préfèrent manger des légumes.
3. Je vais au marché pour acheter des fruits et des légumes.
4. Je voudrais inviter Hélène et Frédéric.
5. Le dîner va être délicieux!

Here is an opportunity to test yourself to see what you can do. If you have trouble with any of these items, study the topic and practice the activities again, or ask your teacher for help.

Écoutez bien

A. Les amis d'Yvonne.   Yvonne's friends are all engaged in different activities. For each activity listed below, you will hear two explanations. Choose the more logical explanation for each sentence, and write the letter next to the number of that sentence.

> MODÈLE   Sarah boit de l'eau minérale.
> **a. Elle a soif.**   **b.** Elle a sommeil.

1. Gisèle boit du coca.
2. Jean-Marc et sa sœur boivent du thé chaud.
3. Patricia va prendre son petit déjeuner.
4. Pierre va à la banque.
5. Serge et Éric vont au cinéma.
6. Maman et Papa commandent du rôti de bœuf au restaurant.

B. Commentaires.   This is what Édouard sees while dining in a new restaurant. Listen to each of his comments, and write the letter of the appropriate picture.

a.

b.

c.

d.

e.

f.

Lisez un peu

A. Les restaurants français. Daniel Rigaud is talking about some of the differences between French and American restaurants. Read his description, and complete the statements that follow.

Dans les restaurants américains, le garçon apporte immédiatement de l'eau à la table. Comme ça, si vous avez soif, vous avez quelque chose à boire avant de commander votre repas. Dans un restaurant français, le garçon n'apporte pas d'eau, il apporte du pain. En France, on va au restaurant parce qu'on a faim. Si on a soif, on va au café!

En Amérique, les repas commencent en général par une salade. En France, nous commençons le repas par une entrée comme, par exemple, de la soupe, du pâté ou des artichauts. Si nous mangeons de la salade, c'est toujours après le plat principal. C'est excellent pour la digestion.

Et comme boisson, quelles sont les possibilités? du coca? du lait? de l'eau? du jus d'orange? En France, nous ne buvons jamais de coca ou de lait avec le déjeuner ou le dîner. Les jeunes commandent en général de l'eau, de l'eau minérale ou un jus de fruit, et les adultes boivent souvent du vin. On boit quelquefois du café, mais toujours après le repas.

Et comme dessert, qu'est-ce qu'on trouve en France? Bien sûr, il y a des glaces et des tartes, mais si on n'a pas envie d'un dessert sucré, le fromage est la solution. En France, chaque région a des fromages différents, et les fromages français sont excellents. Dans les restaurants américains le fromage n'est jamais un dessert.

Bien sûr, après le repas, on paie. Aux États-Unis, le serveur ou la serveuse apporte automatiquement l'addition. En France, on préfère demander au garçon d'apporter l'addition: «L'addition, s'il vous plaît.» Et est-ce qu'on paie le serveur ou la serveuse pour le service? En France, ce n'est pas toujours nécessaire parce qu'en général un supplément de quinze pour cent est compris dans l'addition.

Alors, est-ce que vous préférez les restaurants américains ou les restaurants français? Ou bien, est-ce que vous préférez manger à la maison?

1. En France, le garçon apporte immédiatement
   a. du pain.
   b. de l'eau.

2. En France, en général les repas commencent par
   a. la salade.
   b. une entrée.

3. En France, on boit du café
   a. pendant le repas.
   b. après le repas.

4. En France, quand on n'a pas envie de glace ou de tarte comme dessert, on commande
   a. du fromage.
   b. des escargots.

5. En France,
   a. le garçon apporte l'addition avec le dessert.
   b. on préfère demander l'addition.

RESTAURANT
Le Chateaubriand

Chez Heitz
Disciple d'Auguste ESCOFFIER
Grand Cordon d'Or de la Cuisine
Chevalier de Provence
Membre de la Chaîne des Rôtisseurs

CUISINE-TRADITION
Ses Menus - Sa Carte
— Ses Spécialités —
Musique d'Ambiance

Téléphone : 35.80.82
14, Avenue Boyer
06500 MENTON

Écrivez

A. Le dîner. Daniel and Nathalie are hungry and are trying to decide what to eat. Complete their conversation with the correct form of the definite, indefinite, or partitive article.

DANIEL Alors, qu'est-ce qu'on va manger? Moi, j'ai envie de manger __1__ soupe, __2__ poulet et __3__ carottes. Et toi?

NATHALIE J'aime bien __4__ poulet, mais je n'aime pas __5__ carottes. Moi, je préfère manger __6__ petits pois.

DANIEL D'accord. Mais qu'est-ce qu'on va prendre comme dessert? __7__ dessert est important!

NATHALIE Oui, très important. Est-ce qu'il y a __8__ glace? J'adore __9__ glace!

DANIEL Il n'y a pas __10__ glace, mais il y a __11__ fromage.

NATHALIE __12__ fromage n'est pas intéressant. Tu n'as pas envie d'aller à __13__ pâtisserie pour acheter __14__ gâteau?

DANIEL Ça, c'est __15__ idée fantastique!

B. Allons au café. You are hungry and feel like eating out. Write what you would say for each item below.

How do you
1. say you are hungry and ask a friend if he or she is also hungry?
2. say which restaurant you feel like going to?
3. ask the waiter to bring you the menu?
4. ask the waiter what there is to drink?
5. order what you want to eat and drink?
6. ask the waiter what there is for dessert?
7. ask the waiter for the check?

C. Qu'est-ce qu'il y a?   Look at the people in these situations. Tell how they feel or what they need or want.

D. Au restaurant.   When David and his family go to a restaurant, six-year-old Martine always insists on ordering the meal. To find out what happens, fill in the blanks with the appropriate form of the verbs.

Quand nous mangeons dans un restaurant, nous __1__ (espérer) bien manger. Mais Martine __2__ (essayer) toujours de commander le repas. Alors, nous __3__ (commencer) par un dessert. Nous __4__ (boire) du lait. Et comme entrée, nous __5__ (manger) des escargots et une glace au chocolat. Bien sûr, c'est Papa et Maman qui __6__ (payer) les repas. Moi, je __7__ (préférer) les repas que mes parents commandent. Alors aujourd'hui, je suis content! Maman __8__ (acheter) une pizza, et nous allons manger à la maison!

Parlons ensemble

Work with a partner or partners, and create dialogues using the situations below. Whenever appropriate, switch roles and practice a different part of your dialogue.

Situations

A. Au restaurant.   You are a customer in a French restaurant, and your partner is the waiter or waitress. Ask for the menu. Order a complete meal, including an appetizer, a main dish, vegetables, and a beverage. Be sure to treat yourself to a dessert too! Do not forget to ask for the check.

B. Bienvenue aux U.S.A.   Your family is hosting a French-speaking exchange student from Switzerland. With a partner playing the role of the exchange student, greet and get acquainted with your guest. Ask about preferences regarding food and beverages in general, and also ask if your guest is hungry or thirsty after traveling. If so, offer a suitable snack or drink.

VOCABULAIRE

NOUNS RELATED TO FOOD

l' **artichaut** (m)   artichoke
la **banane**   banana
le **beurre**   butter
le **bifteck**   steak
le **bœuf**   beef
la **boisson**   beverage
la **boîte de conserve**   canned good
la **boucherie**   butcher's shop
la **boulangerie**   bakery
la **bouteille**   bottle
le **café (au lait)**   coffee (with milk)
la **carotte**   carrot
la **charcuterie**   pork butcher's shop, delicatessen
le **chocolat**   chocolate
le **citron pressé**   lemonade
le **coca**   soft drink
la **confiture**   jam
la **côtelette de porc**   pork chop
le **croissant**   crescent roll
le **déjeuner**   lunch
le **dessert**   dessert
le **dîner**   dinner
l' **eau (minérale)** (f)   (mineral) water
l' **entrée** (f)   first course
l' **escargot** (m)   snail
la **fraise**   strawberry
les **frites** (f)   french fries
le **fromage**   cheese
le **gâteau** (pl. les **gâteaux**)   cake
la **glace (au chocolat, à la vanille)**   (chocolate, vanilla) ice cream
les **haricots verts** (m)   green beans
le **jambon**   ham

le **jus (d'orange)**   (orange) juice
le **lait**   milk
le **légume**   vegetable
le **marché**   open-air market
l' **œuf** (m)   egg
l' **orange** (f)   orange
le **pain (grillé)**   (toasted) bread
le **pâté**   pâté
la **pâtisserie**   pastry, pastry shop
le **petit déjeuner**   breakfast
les **petits pois** (m)   peas
le **plat principal**   main course
la **poire**   pear
le **poisson**   fish
le **poivre**   pepper
la **pomme**   apple
la **pomme de terre**   potato
le **porc**   pork
le **poulet (rôti)**   (roast) chicken
les **provisions** (f)   groceries
le **repas**   meal
le **riz**   rice
le **rôti**   roast
la **salade (verte)**   (green) salad, lettuce
le **sel**   salt
la **soupe (à l'oignon, de légumes)**   (onion, vegetable) soup
le **sucre**   sugar
la **tarte (aux fraises, aux pommes)**   (strawberry, apple) pie
le **thé**   tea
la **tomate**   tomato
la **viande**   meat
le **vin**   wine

OTHER NOUNS

l' **addition** (f)   check (*for a meal*)
la **chose**   thing

le **garçon**   waiter
le **menu**   menu
le **quartier**   neighborhood
la **sorte**   sort, kind

VERBS AND VERB PHRASES

avoir besoin de   to need
avoir chaud   to be hot
avoir envie de   to want, to feel like
avoir faim   to be hungry
avoir froid   to be cold
avoir peur   to be afraid
avoir soif   to be thirsty
avoir sommeil   to be sleepy
boire   to drink
commander   to order
déjeuner   to have lunch
essayer   to try
payer   to pay for
prendre   to eat, to drink, to take
regretter   to regret, to be sorry
répéter   to repeat

ADJECTIVES

chaud   hot
froid   cold
grillé   grilled, toasted
même   same, even
pressé   in a hurry
prêt (à)   ready (to)
principal (pl. **principaux**)   main, principal, major

OTHER EXPRESSIONS

je voudrais   I would like
ne...plus   no more
voici   here is, here are

Chapitre

Recreation and Sports

In this chapter, you will talk about recreation. You will also learn about the following functions and structures.

Functions	Structures
• talking about doing things	• the verb **faire**
• talking about sports	• **faire** and **jouer à**
• discussing the weather	• **faire** and weather expressions
• indicating the order of things	• ordinal numbers

207

INTRODUCTION

Le français en contexte

Mercredi après-midi

La <u>majorité</u> des élèves en France n'ont pas de cours le mercredi après-midi, mais <u>par contre</u> ils vont à l'école le samedi matin. C'est aujourd'hui mercredi, et alors Valérie et son ami Jacques ont l'après-midi libre. Ils parlent de leurs <u>projets</u> pour l'après-midi.

majority

on the other hand

plans

JACQUES	Qu'est-ce que tu vas faire aujourd'hui, Valérie?
VALÉRIE	Je vais au stade avec des copines. Nous avons un match de basket <u>contre</u> <u>l'équipe</u> du lycée Ampère.
JACQUES	<u>À ton avis</u>, qui va <u>gagner</u>?
VALÉRIE	Nous, bien sûr! Et toi, tu ne vas pas au match?
JACQUES	Non, je rentre <u>tout de suite</u> à la maison. J'ai des devoirs à faire pour demain.
VALÉRIE	<u>C'est dommage.</u> J'ai envie de faire quelque chose après le match. Je vais <u>peut-être</u> <u>jouer</u> au tennis.
JACQUES	Hmmm… Moi aussi, je voudrais bien jouer au tennis. Je vais essayer d'être libre après cinq heures.
VALÉRIE	Alors d'accord. <u>À tout à l'heure.</u>

against / team

In your opinion / to win

right away

That's too bad.

maybe / to play

See you later.

Compréhension

Based on **Mercredi après-midi,** indicate whether the following statements are **vrai** or **faux.** If a statement is false, reword it to make it true.

1. Valérie et Jacques parlent de leurs projets.
2. Valérie va à la bibliothèque.
3. Leur équipe va jouer contre l'équipe du lycée Ampère.
4. Valérie espère que leur équipe va gagner.
5. Jacques va aussi au match.
6. Jacques n'a pas de devoirs à faire aujourd'hui.
7. Jacques n'a pas envie de jouer au tennis avec Valérie.
8. Ils vont peut-être jouer au tennis après cinq heures.

Les mots et la vie

People react to sports in different ways. Below are some of the reasons people give for taking part or not taking part in sports.

Pourquoi est-ce que vous aimez faire du sport?

C'est bon*
pour la santé.

C'est amusant.

Le sport encourage
l'esprit d'équipe.

Le sport développe
l'esprit de compétition.

Pourquoi est-ce que vous n'aimez pas faire du sport?

C'est fatigant.

C'est dangereux.

Je n'ai pas l'équipement nécessaire.

Je n'aime pas
la compétition.

Je n'ai pas le temps.

*The feminine form of **bon** is **bonne**. The adjective means *good*. Like **petit** and **grand**, it precedes the noun: **Nous avons une bonne équipe de basket.**

A. Oui ou Non? You will hear several pairs of sentences. In each pair, one sentence concerns sports, and the other does not. Write the letter of the sentence that concerns sports.

> MODÈLE   a. **J'aime faire du sport.**
> b. J'aime mon cours de biologie.

Fédération Nationale du Sport Universitaire

FNSU

B. Roger ou Luc. Luc is very athletic and is trying to convince Roger that he should get more exercise, but Roger is not interested. Tell who made each of the following statements, Roger or Luc.

1. Moi, je trouve que le sport est amusant.
2. Je n'aime pas jouer parce que je ne gagne jamais.
3. À mon avis, c'est trop dangereux.
4. Le sport encourage l'esprit d'équipe.
5. L'exercice physique développe l'esprit de compétition.
6. Je n'aime pas la compétition.
7. Par contre c'est bon pour la santé.
8. Je n'ai pas le temps.

C. **Je ne suis pas d'accord.**   Nicolas and Fabienne have opposing points of view about sports. Compare the illustrations, and give the arguments of each.

1. 2. 3. 4.

5. 6. 7.

Communication

A. **Et vous?**   How do you feel about sports? Answer the following questions, then compare your answers with those of your classmates.

   1. Est-ce que vous aimez le sport?
   2. Qu'est-ce que vous préférez? faire du sport? regarder des matchs au stade? ou bien regarder des matchs à la télévision?
   3. À votre avis, est-ce que le sport est amusant, fatigant ou dangereux?
   4. Est-ce que l'équipement coûte cher?
   5. À votre avis, est-ce que le sport est bon pour la santé?
   6. Est-ce que l'esprit d'équipe et l'esprit de compétition sont importants?
   7. Est-ce que vous avez le temps de faire du sport?
   8. Quelle est votre équipe préférée? Pourquoi?

B. **Opinions.**   What reasons do people give for taking part or not taking part in sports? Make two lists, one of reasons for taking part and one of reasons for not taking part in sports. Place your reasons in order, beginning with the reason you think is given most often. Compare your opinions with those of your classmates.

Pour	Contre
C'est...	Je n'aime pas...

EXPLORATION 1

Function: *Talking about doing things*
Structure: *The verb* **faire**

Présentation

A. **Faire** is a verb that is used in talking about many activities. Its basic meaning is *to do* or *to make*. Here are its forms.

faire	
je **fais**	nous **faisons**
tu **fais**	vous **faites**
il / elle / on **fait**	ils / elles **font**

— Qu'est-ce que vous **faites**?   *What are you **doing**?*
— Nous **faisons** notre travail.   *We're **doing** our work. Paul is*
   Paul **fait** un gâteau.   ***making** a cake.*

B. **Faire** is also used in the following expressions.

faire du camping (*to go camping*)   faire la vaisselle (*to do the dishes*)
Nous aimons faire du camping.   Laurent fait la vaisselle.

faire une promenade	(*to go for a walk*)
faire la cuisine	(*to do the cooking, to cook*)
faire le ménage	(*to do the housework*)
faire les provisions	(*to go grocery shopping*)
faire des courses	(*to run errands*)
faire le lit	(*to make the bed*)

Préparation

A. Responsabilités. While Bruno does many chores at home, his cousins, Mathieu and Claudine, don't do any. Give Bruno's questions and his cousins' answers.

> MODÈLE   vos lits
> — **Vous faites vos lits?**
> — **Non, nous ne faisons jamais nos lits!**

1. la vaisselle   3. des courses   5. le ménage
2. la cuisine   4. vos provisions   6. le petit déjeuner

B. Activités. Anne-Marie is telling what various members of her family are doing. Based on the illustrations, tell what she says.

> MODÈLE   Ma sœur… **fait ses provisions.**

1. Mon père…

2. Mes grands-parents…

3. Ma mère…

4. Mes frères…   5. Moi, je…   6. Ma cousine…

C. Qu'est-ce qu'on fait? Olivier's friends often invite him to do fun things, while his parents tend to ask him to help with the chores. After each question you hear, write **ses amis** or **ses parents** to indicate who is more likely to ask it.

> MODÈLE   Olivier, on va au cinéma demain soir?

ses amis

D. Pas aujourd'hui!   Today the weather is bad, and Chantal does not want to do anything that would take her outside. What does she say about the following activities?

> MODÈLE   aller à la poste
> **Je ne vais pas aller à la poste aujourd'hui.**
>
> écouter des disques
> **Je vais écouter des disques aujourd'hui.**

1. faire mon lit
2. faire mes provisions
3. faire la vaisselle
4. travailler dans le jardin
5. faire une promenade
6. faire la cuisine
7. faire un pique-nique
8. faire mes devoirs

Communication

A. Souvent ou Jamais?   Do these statements apply to you? Use the words **souvent, quelquefois, rarement,** and **ne...jamais** in these sentences to tell how often you do these things.

> EXEMPLE   Je fais les provisions avec mes parents.
> **Je fais rarement les provisions avec mes parents.**

1. Je fais mes devoirs tout de suite après l'école.
2. Je fais la cuisine.
3. Mes copains et moi, nous faisons du sport.
4. Ma famille fait du camping.
5. Je fais des promenades avec mes copains.
6. Je fais la vaisselle.
7. Je fais des courses pendant le week-end.
8. Je fais mon lit.

B. Interview.   Using the questions below, ask another student about some of his or her activities. Then write a short paragraph telling what you have learned about your partner.

> EXEMPLE   — **Est-ce que tu fais souvent les provisions?**
> — **Oui, je fais les provisions chaque semaine avec mes parents.**

1. Est-ce que tu fais quelquefois le ménage? Est-ce que tu aimes faire le ménage? Est-ce que tu fais ton lit tous les jours?
2. Et la vaisselle? Est-ce que tu fais la vaisselle de temps en temps?
3. Est-ce que tu fais bien la cuisine?
4. Est-ce que tu préfères faire la cuisine ou faire la vaisselle?
5. Quand est-ce que tu fais tes devoirs?
6. Est-ce que tu as le temps de faire du sport? Est-ce que tu fais du sport tous les jours?

CULTUREL

Comment est-ce que vous aimez passer votre temps libre? Qu'est-ce que vous aimez faire après l'école ou le week-end? Répondez aux questions suivantes et comparez (*compare*) vos réponses personnelles aux réponses des teenagers français.

1. Quand vous avez du temps libre, est-ce que vous préférez
   a. lire (*read*) un bon livre?
   b. regarder la télé?
   c. écouter de la musique?

2. Est-ce que vous préférez lire
   a. des bandes dessinées (*comic books*)?
   b. de la science-fiction?
   c. des romans (*novels*)?

3. Est-ce que vous faites du sport
   a. souvent?
   b. de temps en temps?
   c. rarement?

4. Est-ce que vous préférez
   a. les films d'aventures?
   b. les films d'amour (*love*)?
   c. les films comiques?

5. Est-ce que vous préférez regarder un film
   a. au cinéma?
   b. à la télévision?
   c. en vidéocassette?

6. Est-ce que vous préférez aller au cinéma
   a. seul?
   b. à deux?
   c. en groupe, avec des copains?

Réponses des teenagers français: 1. c 2. a 3. a 4. c 5. a 6. c

Source: Welcomme, Geneviève and Claire Willerval, *Juniorscopie* (Larousse, 1986).

*E*XPLORATION 2

Function: *Talking about sports*
Structure: *faire and jouer à*

Présentation

A. The verb **faire** is used to talk about many sports and recreational activities.

Quel sport est-ce que vous pratiquez?

Nous faisons du ski.
faire du ski

Vous faites de la planche à voile?
faire de la planche à voile

Je fais du jogging.
faire du jogging

Here are some other expressions that use the verb **faire**.

faire de la lutte   *to wrestle*
faire du vélo   *to ride a bicycle*
faire de l'athlétisme   *to do track and field*
faire de la gymnastique   *to do gymnastics, to exercise*
faire du patin à glace   *to ice-skate*
faire du patin à roulettes   *to roller-skate*
faire du ski nautique   *to water-ski*
faire du bateau à voiles   *to sail*
faire de la planche à roulettes   *to skateboard*

Note that the article becomes **de** in the negative.

Je ne fais jamais **de** gymnastique.

B. Jouer à is used with many competitive games and sports. The preposition **à** contracts with the definite article.

Nous jouons au volley-ball quand nous allons à la plage.

jouer au volley-ball

Ils jouent au football le mercredi après-midi.

jouer au football

Elle aime jouer au tennis.

jouer au tennis

Here are some other expressions with **jouer à**.

jouer au basket   *to play basketball*
jouer au hockey   *to play hockey*
jouer au golf   *to play golf*
jouer au base-ball   *to play baseball*

Notice that, in general, **jouer à** is used if you can "play" the game. Otherwise, use **faire**. In French we say, for example, **Je joue au golf**; but we say, **Je fais du ski** because skiing is not "played."

Préparation

A. On fait du sport. Every member of the Braque family enjoys sports. Listen to statements about the family, and write the letter of the illustration that corresponds to each statement.

MODÈLE   Monsieur Braque joue au golf.
          a

a.   b.   c.

d.   e.

f.   g.   h.   i.

B. L'exercice physique. Look at Paul's gym schedule for the next two weeks, and tell what the class will be doing each day.

MODÈLE   **Lundi on va faire de la gymnastique.**

lundi – gymnastique   lundi – football
mardi – volley-ball   mardi – base-ball
mercredi – athlétisme mercredi – lutte
jeudi – tennis   jeudi – golf
vendredi – basket   vendredi – gymnastique

C. Quel est leur sport préféré? Using the photographs below, tell what sports the following people are practicing.

MODÈLE   Nous **faisons souvent de la gymnastique**.

1. Mes cousines...

2. Moi, je...

3. André...

4. Mes grands-parents...

5. Ma sœur...

6. Guy...

7. Mes amis et moi, nous...

Les joueurs du mois

PATINAGE ARTISTIQUE

Wimbledon: Une nouvelle championne

Base-ball: La trophée Cy-Young

Athlétisme: Une Française dans l'étape finale

Demi-finales en football

Tennis en direct de Roland-Garros

Le champion défend son titre

Communication

A. Interview. Using the phrases given below and others of your own, **W** interview a classmate. Then write a sports profile of your partner.

> EXEMPLE   faire du patin à roulettes de temps en temps
> — **Est-ce que tu fais du patin à roulettes de temps en temps?**
> — **Oui, je fais du patin à roulettes très souvent.**

1. préférer jouer au basket ou au volley-ball
2. faire du camping de temps en temps
3. faire de la gymnastique le matin
4. faire souvent du jogging
5. nager bien
6. jouer bien au tennis
7. aimer faire des promenades
8. préférer regarder un match de tennis ou un match de base-ball

B. Célébrités du monde sportif. Can you name a celebrity who plays each of these sports?

> EXEMPLE   Il joue au base-ball.
> **Wade Boggs joue au base-ball.**

1. Elle joue au tennis.
2. Elle joue au golf.
3. Il joue au tennis.
4. Il joue au basket.
5. Elle fait du ski.
6. Il joue au football.
7. Il joue au golf.
8. Elle fait de l'athlétisme.
9. Elle fait de la gymnastique.
10. Il joue au football américain.

C. Pourquoi pas? In how many different sports do you participate? Tell whether or not you do the following sports, and give a reason.

> EXEMPLE   le jogging
> **Je fais du jogging parce que c'est bon pour la santé.**
> **(Je ne fais pas de jogging parce que c'est fatigant.)**

1. le volley-ball
2. le golf
3. le ski (nautique)
4. le football
5. le patin à glace
6. le hockey
7. le base-ball
8. le basket
9. l'athlétisme

Interlude
CULTUREL

Est-ce que vous êtes sportif? Est-ce que le sport est un sujet de conversation important pour vous et vos copains? Voici des compétitions sportives qui sont superpopulaires en France. Est-ce qu'il y a des compétitions sportives équivalentes en Amérique?

De janvier à mars, les Français encouragent l'équipe de France de rugby, qui participe au Tournoi (*Tournament*) des Cinq Nations avec quatre équipes des Îles Britanniques (*British Isles*). La rivalité est féroce!

En juin, il y a les Championnats Internationaux de France de tennis au stade Roland-Garros à Paris. Ce tournoi existe depuis 1891 pour les hommes et depuis 1897 pour les femmes!

Au mois de juillet, c'est le Tour de France cycliste. Des millions de spectateurs encouragent les participants, et des téléspectateurs dans le monde entier regardent cet événement cycliste.

De septembre à mai, c'est la saison de football. S'il y a un sport qui domine tous les autres dans l'imagination du public français, c'est peut-être le football. D'abord (*first*) il y a le Championnat de France de football et après la Coupe de France. Chaque équipe a ses fans, et les discussions entre ces fans sont animées (*lively*)!

EXPLORATION 3

Function: *Discussing the weather*
Structure: *faire and weather expressions*

Présentation

A. Many sports are associated with a particular season of the year.

En quelle saison est-ce qu'on pratique ton sport préféré?

l'automne (*m*)	l'hiver (*m*)	le printemps	l'été (*m*)
En automne on joue au football américain.	En hiver on fait du patin à glace.	Au printemps on joue au base-ball.	En été on va à la piscine.

B. To discuss the weather (**le temps**), you need to know how to indicate the various weather conditions.
Quel temps fait-il?   *What is the weather like?*
Au printemps

Il fait beau.   Il va pleuvoir.   Il pleut.

En été

Il fait du soleil.

Il fait chaud.

En automne

Il fait du vent.   Il fait frais.   Il fait mauvais.

En hiver

Il va neiger.   Il neige.   Il fait froid.

Here are some other words that are useful for talking about the weather.

le nuage	*cloud*	le vent	*wind*
la pluie	*rain*	la neige	*snow*
le soleil	*sun*		

Préparation

A. Et demain? A forecaster is giving the weather for the next several days for the city of Montreal. As you hear the weather forecast, write the letter of the illustration that depicts what the weather will be like.

> **MODÈLE**   Samedi, il va neiger.
> **e**

a.

b.

c.

d.

e.

f.

B. Quelle saison? Most sports are not played year-round. For each sport below, name the season or seasons with which it is associated.

> **MODÈLE**   le base-ball
> **On joue au base-ball au printemps et en été.**

1. le ski
2. le ski nautique
3. le football américain
4. le basket
5. le patin à glace
6. la planche à voile

C. Quel temps fait-il aujourd'hui? The weather in France is quite different from city to city. Describe the weather in these cities.

MODÈLE   À Lyon **il fait beau.**

1. À Nice…

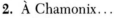

2. À Chamonix…

3. À Marseille…

4. À Paris…

5. À Lille…

6. À Grenoble…

D. Bulletin météorologique. Look at the weather chart, and tell what the weather is in each of these cities where French is spoken.

MODÈLE   Dakar? **À Dakar il fait du soleil et il fait chaud.**

Le 15 janvier:	Bruxelles (Belgique)	☂ 🧥	Genève (Suisse)	❄ 🧤	<10° C* (50° F) 🧤
	Casablanca (Maroc)	⛅ 🌀	Montréal (Canada)	❄ 🧤	10° C–21° C (50° F–70° F) 🧥
	Dakar (Sénégal)	☀ 🌀	Nice (France)	☀ 🧥	>29°C (85°F) 🌀

*France and many other countries use the Celsius scale to measure temperature. You can convert a Fahrenheit temperature to Celsius by using this formula: $\frac{5}{9}$(°F − 32) = °C. If you want to know what a Celsius temperature would be in Fahrenheit degrees, use this formula: $\frac{9}{5}$ °C + 32 = °F.

Communication

A. Préférences. Complete these sentences with an appropriate weather expression.

1. Je n'aime pas jouer au tennis quand...
2. J'aime nager quand...
3. On va rarement à la plage quand...
4. Je fais souvent des promenades quand...
5. Je fais du sport seulement quand...
6. On ne fait pas de ski nautique quand...
7. On ne joue pas au base-ball quand...
8. On fait du ski quand...
9. Je n'aime pas rester à la maison quand...
10. Je n'aime pas faire du camping quand...

B. Un sondage. Use the following questions and others of your own to conduct a poll among your classmates. See how your own answers compare to those of your friends.

1. Quelle est votre saison préférée? Pourquoi?
2. Qu'est-ce que vous aimez faire en hiver? Et en été?
3. Où est-ce que vous aimez aller quand il fait beau?
4. Qu'est-ce que vous aimez faire quand il pleut?
5. En quelle saison est-ce que vous aimez faire des promenades?
6. Qu'est-ce que vous aimez faire quand il neige?

C. Quand il fait beau... Weather often influences our feelings as well as our daily routine. Tell how you feel and what you feel like doing in the following weather conditions.

> EXEMPLE Il fait beau.
> **Quand il fait beau, je suis content(e) et j'ai envie d'aller à la plage.**

1. Il pleut.
2. Il neige.
3. Il fait très froid.
4. Il fait mauvais.
5. Il fait très chaud.
6. Il fait frais.

CULTUREL

Quel temps fait-il en France? Il est intéressant que la ville de Nice (où il ne neige presque jamais) est située approximativement à la même latitude que la ville de Montréal (où il neige beaucoup). En général il fait beaucoup moins froid en France qu'au Canada. La France a un climat tempéré avec quatre saisons distinctes. Mais comme aux États-Unis, la géographie de la France est très variée, et le climat varie aussi de région en région.

- Dans les Pyrénées et dans les Alpes, il fait souvent froid à cause de l'altitude, et il y a toujours de la neige sur les sommets des montagnes.
- Près de l'océan Atlantique, dans l'Ouest (*west*) de la France, la proximité de l'océan produit une pluie abondante et fréquente.
- Dans le Nord, aussi, il pleut souvent. À Paris, par exemple, il pleut approximativement 170 jours par an, et beaucoup de Parisiens quittent la ville les week-ends pour trouver du soleil.
- Dans le Sud (*south*) de la France, près de (*near*) la mer Méditerranée, il fait souvent du soleil et il fait très chaud en été.

Comment est le climat où vous habitez? comme le climat dans les Alpes? dans l'Ouest de la France? dans le Nord? dans le Sud?

EXPLORATION 4

Function: *Indicating the order of things*
Structure: *Ordinal numbers*

Présentation

A. The words for *first* (**premier, première**) and *last* (**dernier, dernière**) are adjectives that change to reflect the gender and the number of the noun they describe.

C'est le **premier** match de la saison.
Nous écoutons les **dernières** chansons de Jacques Brel.

B. To talk about the order in which things or events are placed between the first and the last (second, third, fourth...), we use ordinal numbers. Nearly all ordinal numbers follow a regular pattern: **-ième** is added to the numbers you have already learned.

Ordinal Numbers			
1er, 1ère	premier, première	14e	quatorzième
2e	deuxième	15e	quinzième
3e	troisième	16e	seizième
4e	quatrième	17e	dix-septième
5e	cinquième	18e	dix-huitième
6e	sixième	19e	dix-neuvième
7e	septième	20e	vingtième
8e	huitième	21e	vingt et unième
9e	neuvième	22e	vingt-deuxième
10e	dixième	...	...
11e	onzième	30e	trentième
12e	douzième	...	...
13e	treizième	40e	quarantième
		...	...

Note that if a number ends in **-e**, the **-e** is dropped before adding **-ième**: **quatrième**. With **cinq**, a **u** is added before the ending (**cinquième**), and with **neuf**, the **f** changes to **v** (**neuvième**).

C. Ordinal numbers are often used with the word **fois** (*f*) (*time, instance*).

Je vais à Paris pour **la première**   *I'm going to Paris for **the first***
    fois de ma vie.   ***time in my life.***

Fois is also used with cardinal numbers and in several time expressions.

encore une fois	*once again*
la prochaine fois	*(the) next time*
chaque fois (que)	*each time (that)*
trois fois par jour	*three times a day*

Répétez **encore une fois**, s'il vous plaît.
Nous allons gagner **la prochaine fois**.
Chaque fois que nous faisons une promenade, il pleut!
Elles font de la gymnastique **quatre fois par semaine**.

Préparation

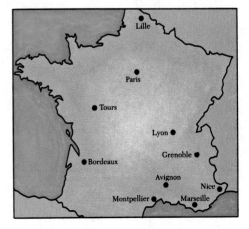

A. Les villes françaises. Fabienne's geography teacher is telling the class how France's main metropolitan areas rank in size. Copy the names of the following cities on a sheet of paper. As you listen, write the rank of each city.

MODÈLE   Lyon est la deuxième ville de France.
              Lyon **2ᵉ**

1. Nice
2. Bordeaux
3. Tours
4. Paris
5. Avignon
6. Grenoble
7. Montpellier
8. Lille
9. Marseille

B. Une course cycliste. The following cyclists have just finished a race. Their times are indicated next to their names. Look at the times, and tell who finished first, who finished second, and so on.

MODÈLE   **Lantier est le premier.**

Simonet—2 heures 38 minutes   Guimon—2 heures 11 minutes
Delys—2 heures 20 minutes   Capdevielle—3 heures 13 minutes
Duval—2 heures 48 minutes   Fournier—2 heures 19 minutes
Terlier—3 heures 24 minutes   Nodier—3 heures 7 minutes
Durand—3 heures 1 minute   Lantier—2 heures 8 minutes

C. Les arrondissements de Paris. Paris is divided into 20 districts, called **arrondissements**. The ordinal numbers are used to identify these districts: **le seizième arrondissement, le cinquième arrondissement.** Look at this map of Paris, and tell in which neighborhood the following places are located.

MODÈLE   La Cathédrale Notre-Dame
          La Cathédrale Notre-Dame est dans le quatrième arrondissement.

1. L'Arc de Triomphe   6. Le Jardin du Luxembourg
2. Le Louvre   7. La Sorbonne
3. Le Centre Pompidou   8. L'Opéra
4. La Tour Eiffel   9. Le Bois de Boulogne
5. Le Sacré-Cœur   10. L'Hôtel des Invalides

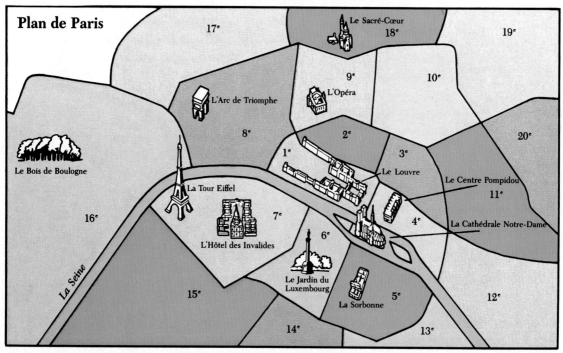

Communication

A. C'est la première fois? Have you done these things before? Tell whether the next time you do them will be the first time, the second time, and so on.

> EXEMPLE   aller à Paris
> **Ça va être la première fois.**

1. faire du patin à glace
2. manger des escargots
3. acheter une chaîne stéréo
4. oublier vos devoirs à la maison
5. être en retard pour le cours de français
6. avoir un examen parfait en français

B. J'aime faire du sport. Decide which one of the following sports you
W like the most, and then rank the others in order of preference.

> EXEMPLE   **En première place: la planche à voile**

1.
2.
3.
4.
5.
6.
7.
8.
9.
10.

C. Votre semaine. How many times per week do you do each of the following activities?

> EXEMPLE   faire la vaisselle
> **Je fais la vaisselle une fois par semaine.**
> **(Je ne fais jamais la vaisselle.)**

1. faire une promenade
2. regarder la télé
3. manger des hamburgers
4. faire du sport
5. faire mon lit
6. faire la cuisine

Lecture

Le Tour de France

Est-ce que vous aimez le cyclisme? Pour les Français, c'est un sport passionnant, et le Tour de France occupe la première place parmi les courses cyclistes internationales.

Chaque année, le Tour de France a un itinéraire différent, mais c'est toujours une route difficile qui, comme son nom l'indique, fait le tour de la France. Les coureurs traversent les villes et les villages et passent par la campagne et les montagnes. Il y a toujours de nombreux spectateurs le long de la route pour encourager les participants, et beaucoup de Français regardent la course à la télévision. La course dure trois semaines, et les coureurs font entre 150 et 300 kilomètres par jour. Le dernier jour les cyclistes arrivent à l'Arc de Triomphe, à Paris.

Pendant longtemps le public américain ne montre pas un grand intérêt pour ce sport qui passionne les Français. Mais dans les années 80 tout change. En 1984, le jeune cycliste américain Greg Lemond arrive troisième; en 1985, il arrive deuxième après Bernard Hinault, le grand cycliste français; et enfin en 1986, c'est Lemond qui gagne le Tour. Greg Lemond est le premier Américain à gagner le Tour de France. Pour la première fois le public américain commence à prendre le Tour de France et le cyclisme international au sérieux.

Vocabulaire à noter

comme son nom l'indique as its name indicates	**montrer** to show
le coureur racer	**nombreux** numerous
la course race	**parmi** among
le cyclisme cycling	**passionnant** exciting
durer to last	**passionner** to thrill
faire le tour de to go around, to go throughout	**pendant longtemps** for a long time
l'intérêt (*m*) interest	**prendre au sérieux** to take seriously
l'itinéraire (*m*) route	**le spectateur** spectator
le long de along	**traverser** to cross

Compréhension

A. Vrai ou Faux? Are the following statements **vrai** or **faux**? If the statement is false, reword it to make it true.

1. Le Tour de France est une compétition de gymnastique.

2. Les Français n'aiment pas beaucoup le cyclisme.

3. L'itinéraire du Tour de France ne change jamais.

4. Le Tour de France dure une semaine.

5. Le dernier jour les cyclistes arrivent à Paris.

6. Greg Lemond gagne le Tour de France en 1986.

7. Les Américains gagnent souvent le Tour de France.

Communication

A. Un champion américain. Listen to the following passage about the **Tour de France,** and write the missing words.

Le cyclisme est un sport passionnant, et le Tour de France occupe la ___1___ place parmi les courses cyclistes internationales. La course ___2___ trois semaines, et les coureurs ___3___ entre 150 et 300 kilomètres par ___4___. L'itinéraire de la course ___5___ le tour de la France. Le ___6___ jour les coureurs ___7___ à l'Arc de Triomphe, à Paris. En 1984, Greg Lemond, le jeune cycliste américain, arrive ___8___; en 1985, il arrive ___9___ après Bernard Hinault; et en 1986, Lemond ___10___ le Tour de France!

B. Le sport et vous. Using the questions below as a guide, write a paragraph describing your attitude toward sports and the role of sports in your school.

1. Est-ce que vous faites souvent du sport? Pourquoi?
2. Quels sports est-ce que vous pratiquez? Quel est votre sport préféré?
3. Est-ce que vous préférez faire du sport ou regarder les matchs à la télé?
4. À votre avis, est-ce que les sports sont trop importants dans votre école?
5. Combien d'équipes différentes est-ce que vous avez dans votre école?
6. Contre qui est-ce que vous jouez?
7. Est-ce que les équipes de votre école gagnent toujours leurs matchs?
8. Est-ce que vous allez souvent aux matchs des équipes de l'école?

C. Obligations et Loisirs. Which of the following are things that you have to do, and which are things that you enjoy doing? Using the suggestions given below, make a list of your own personal obligations and leisure activities. Feel free to add other items to the lists.

EXEMPLE   **Obligations**   **Loisirs**
         Je fais la vaisselle.   Je fais du sport.

nager	inviter des amis
faire mon lit	faire des courses
jouer au tennis	faire la vaisselle
faire le ménage	écouter des disques
aller au cinéma	aller à des concerts
faire la cuisine	jouer au volley-ball
faire du camping	faire du ski (nautique)
faire mes devoirs	faire de la planche à roulettes

D. Ça dépend du temps. Sometimes the weather is fine, but sometimes it interferes with our plans. Using vocabulary you know, tell what you are likely to do in the following situations.

EXEMPLE   Il est quatre heures de l'après-midi, et il pleut.
         Je vais rester à la bibliothèque pour faire mes devoirs.

1. C'est samedi après-midi, et il pleut.
2. Vous êtes en vacances à la plage. Il est dix heures du matin, et il fait très beau.
3. Nous sommes en janvier. C'est le week-end, mais il neige.
4. Vous avez l'après-midi libre. Il fait du soleil.
5. Vous avez envie de faire du camping, mais il y a beaucoup de nuages.

E. Un champion de tennis. A local newspaper reporter is interviewing Henri Bertin, who has just arrived in Toulouse for a tennis tournament. Listen to the interview, then tell whether the following statements are **vrai** or **faux**. If the statement is false, change it to make it true.

1. Henri Bertin joue à Toulouse pour la troisième fois.
2. Henri Bertin ne fait jamais de jogging.
3. Henri Bertin aime regarder les matchs de football à la télé.
4. En été, il n'a presque pas de temps libre.
5. En hiver, il invite souvent ses amis.
6. Il est assez pessimiste.
7. Henri Bertin n'aime pas jouer quand il fait mauvais.

Prononciation

The vowel sounds in **vous, vos,** and **votre** are pronounced with the lips rounded. As you practice pronouncing these sounds, be sure to keep your mouth rounded and to make the vowel sounds short and tense.

The letter combination **ou** is pronounced /u/. This sound is similar to the vowel sound in the English word *boot*. Pronounce the following words containing this sound.

    où   vous   toujours   cours   écouter   trouver   bouteille

The spellings **au, eau, ô,** and sometimes **o** are used to represent the sound /o/, which is similar to the vowel sound in the English word *boat*. Practice this sound by repeating these words.

    eau   moto   vélo   bientôt   trop   photo   beau   tableau   chaud

In many words, the letter **o** is pronounced /ɔ/. This sound is in between the vowel sounds in the English words *boat* and *bought*. Pronounce these words with the sound /ɔ/.

    encore   sport   modeste   pomme   bonne   porte   professeur   votre

The following sentences all contain the sounds /u/, /o/, and /ɔ/. Repeat them aloud, paying close attention to the pronunciation.

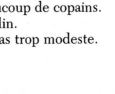

1. Georges Joulin est très beau et il adore le sport.
2. Il mange beaucoup de porc, de poulet et de pommes de terre.
3. Il a une moto, une voiture de sport et beaucoup de copains.
4. À l'école tout le monde adore Georges Joulin.
5. Il est toujours content et optimiste, mais pas trop modeste.

INTÉGRATION

Here is an opportunity to test yourself to see what you can do. If you have any trouble with any of these items, study the topic and practice the activities again, or ask your teacher for help.

Écoutez bien

 **A. Le week-end.** You will hear pairs of statements about the Carlier family. After you hear each pair, write **logique** or **pas logique**.

> MODÈLE Natacha a beaucoup de devoirs à faire. Elle va à la piscine.
> **pas logique**

B. Qu'est-ce que c'est? As you listen to some statements about Jean-Marc, write the letter of the corresponding illustration.

a.   b.   c.   d.

e.   f.   g.   h.

Lisez un peu

A. Je suis sportif. Laurent Pelletier, a young Canadian, is discussing his free-time activities. Read his description of his likes and dislikes, and answer the questions that follow it.

Il ne fait pas toujours beau à Québec, et quand il fait du soleil, je n'aime pas rester à la maison. En été, quand je suis libre, je vais dans le Parc des Laurentides pour faire du camping. Je fais des promenades et j'essaie d'observer les animaux. Je trouve ça très agréable, et l'air pur de la campagne est bon pour la santé. J'aime faire du camping parce que ça ne coûte pas trop cher. En hiver, par contre, j'aime faire du ski ou bien du patin à glace. Il fait souvent très froid là, mais quand on fait de l'exercice, on n'a pas très froid. Quand il fait du soleil en hiver, la neige sur les montagnes est magnifique. Je suis sportif parce que j'aime ça, bien sûr, mais aussi parce que si je reste à la maison, il y a toujours du travail à faire: la vaisselle, le ménage, les courses—c'est aussi de l'exercice, mais ce n'est vraiment pas très amusant!

1. Il fait toujours beau à Québec, n'est-ce pas?
2. Quand est-ce que Laurent aime faire du camping?
3. Où est-ce qu'il va pour faire du camping?
4. Qu'est-ce qu'il essaie de faire?
5. Pourquoi est-ce qu'il aime faire du camping?
6. Qu'est-ce qu'il fait en hiver quand il fait froid?
7. Pourquoi est-ce qu'il n'a pas froid en hiver?
8. Qu'est-ce qu'il fait quand il reste à la maison?
9. Est-ce que l'exercice est toujours amusant?

Écrivez

A. Les sportifs. Are you and your friends interested in sports? Using items from each column, write 10 sentences describing your sports activities and those of your family and friends.

EXEMPLE **Ma sœur fait du vélo en été.**

		tennis	printemps
		ski	été
ma sœur		patin à glace	automne
mon frère	faire	football	hiver
mes amis	jouer	golf	campagne
ma famille		vélo	parc
moi, je		jogging	stade
?		camping	école
		?	?

B. La météo.   Look at these weather maps of France for today and tomorrow. For each city on the map, write what the weather is like today and what it will be like tomorrow. Then give the same information for your own city.

MODÈLE   **Aujourd'hui à Paris il pleut, mais demain il va neiger.**

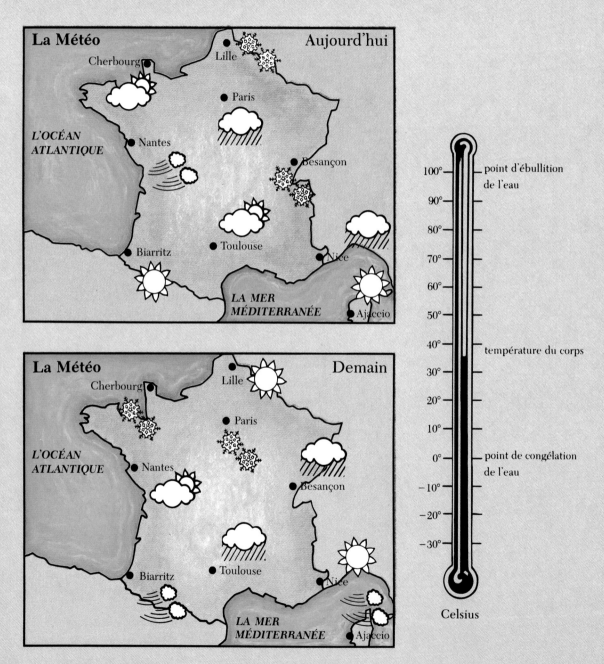

C. Célébrité sur glace.   Imagine that you are a famous hockey player. Using the vocabulary from this chapter and other vocabulary you know, answer the interviewer's questions.

NORDIQUES
DE QUÉBEC

LE REPORTER   Vous êtes célèbre dans votre sport préféré. Qu'est-ce que vous faites quand vous ne jouez pas au hockey?

VOUS   ═══

LE REPORTER   Est-ce que vous pratiquez beaucoup de sports?

VOUS   ═══

LE REPORTER   Quelle est votre réaction quand votre équipe ne gagne pas?

VOUS   ═══

LE REPORTER   Vous espérez gagner le match demain soir, n'est-ce pas?

VOUS   ═══

D. Les villes américaines.   Here are the top eight cities of the United States by population, but in scrambled order. For each city, write how you think it ranks in population. Also write one sentence describing the weather in each city.

EXEMPLE   New York
New York est la première ville des États-Unis. À New York il fait froid en hiver.

1. New York	3. Houston	5. Los Angeles	7. Detroit
2. San Diego	4. Philadelphia	6. Chicago	8. Dallas

Parlons ensemble

Work with a partner or partners, and create dialogues using the situations below. Whenever appropriate, switch roles and practice a different part of your dialogue.

Situations

A. À l'agence de voyages.   Imagine you are working for a travel agency in your town. Your boss has asked you to talk with a French-speaking tourist who is planning a tour of the United States. The tourist will ask you questions about the climate in various cities and regions and about the sports or leisure activities to be enjoyed there.

B. Préparations.   You and your friends are planning an extended camping trip. Discuss where you will go and when. Decide what each one will do to get ready; who will do the shopping; what duties each one will have in camp; who will cook; who will do the dishes.

VOCABULAIRE

WEATHER EXPRESSIONS
Il fait... The weather is...
  beau. nice.
  chaud. hot, warm.
  du soleil. sunny.
  du vent. windy.
  frais. cool.
  froid. cold.
  mauvais. bad.
Il neige. It's snowing.
Il pleut. It's raining.
Il va neiger. It's going to snow.
Il va pleuvoir. It's going to rain.
Quel temps fait-il? How's the weather?

VERBS AND VERBAL EXPRESSIONS
changer to change
développer to develop
durer to last
encourager to encourage
faire to do, to make
faire des courses to run errands, to go shopping
faire du sport to participate in sports
faire la cuisine to cook, to do the cooking
faire la vaisselle to do the dishes
faire le lit to make the bed
faire le ménage to do housework
faire les provisions to go grocery shopping
faire le tour de to go around, to go throughout
faire une promenade to go for a walk
gagner to win
jouer à (un sport) to play (a sport)
montrer to show
pratiquer (un sport) to do (a sport)
traverser to cross

NOUNS RELATED TO SPORTS
l' athlétisme (*m*) track and field
la balle de tennis tennis ball
le base-ball baseball
le bateau à voiles sailboat
le camping camping
la compétition competition
le coureur racer
la course race
le cyclisme cycling
le cycliste cyclist
l' équipe (*f*) team
l' équipement (*m*) equipment
l' esprit (*m*) spirit
l' exercice (physique) (*m*) (physical) exercise
le golf golf
le hockey hockey
le jogging jogging
la lutte wrestling
le participant participant
le patin (à glace, à roulettes) (ice-, roller-) skating
la planche à roulettes skateboard
la planche à voile wind surfboard
la raquette racket
le vélo biking, bicycle

NOUNS RELATED TO SEASONS AND WEATHER
l' automne (*m*) fall, autumn
l' été (*m*) summer
l' hiver (*m*) winter
la neige snow
le nuage cloud
la pluie rain
le printemps spring
la saison season
le soleil sun
le temps weather
le vent wind

OTHER NOUNS
l' arrondissement (*m*) district of Paris
la fois time, instance
le kilomètre kilometer
la majorité majority
le projet plan
la route route, road
la santé health
le spectateur spectator

ADJECTIVES
bon (*m*), **bonne** (*f*) good
dangereux (*m*), **dangereuse** (*f*) dangerous
dernier (*m*), **dernière** (*f*) last
fatigant tiring
international international
nécessaire necessary
nombreux (*m*), **nombreuse** (*f*) numerous
passionnant exciting
premier (*m*), **première** (*f*) first, main

OTHER WORDS AND EXPRESSIONS
à ton (votre) avis in your opinion
À tout à l'heure. See you later.
C'est dommage. That's too bad.
contre against
encore une fois again
entre between
par per, through
par contre on the other hand
parmi among
pendant longtemps for a long time
peut-être maybe, perhaps
tout everything
tout de suite right away

Note: For the ordinal numbers, see **Exploration 4.**

Les Loisirs

Gazette

Nº 2

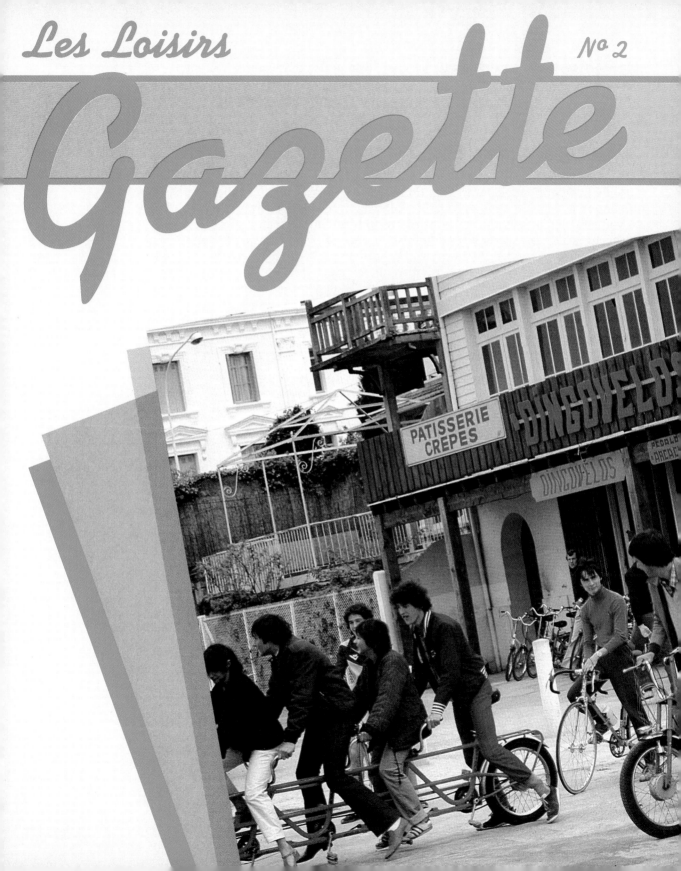

In this **Gazette**, you will learn to use context to understand words, to scan a text for details, and to use nonlinguistic cues and information. Keep in mind that reading strategies work best when you use several at once.

Use Context to Derive Meaning

When you encounter a word you do not know, you can often use the context in which it appears to figure out what it means. For example, you may not know the English word *exacerbate*, but you can guess its meaning from the way it is used in this sentence: *A violent storm exacerbated the already dangerous driving conditions*. If the driving conditions were already dangerous, what would a violent storm have done to them? You can guess that *exacerbate* means "make worse."

Les préoccupations des jeunes Français ne se limitent pas à la culture. Parmi les récents événements qui les ont le plus marqués sont l'accident nucléaire de Tchernobyl, la libération des otages au Liban, les manifestations étudiantes de décembre 1986 et le traité Reagan-Gorbatchev.

A la question «Plus tard, avez-vous envie de faire de la politique?», les jeunes Français répondent par un franc et massif «non» (78,85%). L'engagement politique semble nécessaire ou important pour seulement 2,41% des élèves. Néanmoins, quand on leur demande s'ils vont voter pour la première fois lors des élections présidentielles (on peut voter en France à partir de 18 ans), 80,93% répondent «Oui, certainement» contre 9,72% de «peut-être» et 9,5% de «probablement pas».

Adaptation de "Les jeunes de 1988 à la recherche de l'imprévu" dans *Journal Français d'Amérique*, vol. 10, Nº 12, 3–16 juin 1988. Copyright © 1988 par Journal Français d'Amérique. Reproduit avec l'autorisation de Journal Français d'Amérique.

A. Sondage. Read this article which is taken from a report on a poll of French young people. Write down all cognates and words you already know. Use this list and the context surrounding the words below to choose the appropriate English equivalent. Write your answers on paper.

1. **Parmi:**
   a. in spite of   b. among   c. before
2. **otages:**
   a. storms   b. whales   c. hostages
3. **Néanmoins:**
   a. nevertheless   b. unfortunately   c. hopefully
4. **à partir de 18 ans:**
   a. from 18 to 20   b. until 18 years   c. from age 18 on

Scan the Text for Specific Details

To look for a particular bit of information like a date or a telephone number, you can quickly glance over a text, looking only for what you need. In this way, you save time and effort, and you end up with the desired information.

A. Les petites annonces. The following classified ads are from a magazine for teenagers. Before you scan them for details, use the information you get from the context to answer the questions below.

1. So many abbreviations are probably used in these ads because
   a. the people who wrote them were in a hurry.
   b. the abbreviated words are not very important.
   c. they save space and money.
2. **J.F.** and **J.H.** are most likely abbreviations for
   a. **jolie famille** and **j'habite**.
   b. **jamais faux** and **jour huit**.
   c. **jeune fille** and **jeune homme**.
3. **F.** and **G.** are most likely abbreviations for
   a. **fête** and **grave**.
   b. **fille** and **garçon**.
   c. **football** and **golf**.
4. **Rép.** is an abbreviation for
   a. **réponse**.
   b. **république**.
   c. **répétez**.

J.H. 16 ans désire correspondre avec J.F. Intérêts: le sport, la musique (surtout la guitare), le cinéma. Joindre photo avec réponse. **DAPHNE Philippe rue du 20 Février 95100 ARGENTEUIL**

Dorothée, 18 ans, désire corresp. avec F. ou G. habitant à la Guadeloupe, en Afrique, à Singapour. Je parle anglais et italien. Rép. **CHARDONNER 23 rue de la Paix 74000 ANNECY**

J.H. 16 ans cherche correspondance 15/18 ans pour amitié. J'aime Madonna, le rock, danser, mon vélomoteur. Rép. photo. **CHAMPRIS Michel 15 rue Verdun 92390 VILLENEUVE-LA-GARENNE**

J.F. 17 ans, sympa, optimiste, amusante, désire corresp. avec tout le monde! J'aime les animaux. Rép. photo. **BEAUVOIR Marie-Claire 34 rue des Princesses 44100 NANTES**

B. Qui? Look at the list of facts below, then scan the **petites annonces** one more time in order to match the facts with the name of the corresponding person. Write the name of the person described next to each number.

This person
1. likes Madonna.
2. does not ask for a photograph.
3. is looking for friends between fifteen and eighteen years old.
4. speaks English.
5. loves animals.
6. enjoys guitar music.
7. wants to write to everyone.
8. has a moped.
9. wants to correspond with people from other parts of the world.
10. likes sports.

C. Ma petite annonce. Design your own personal ad in French. Write a text that could help you find a compatible pen pal.

Use Nonlinguistic Information

Nonlinguistic information comes from diagrams, charts, maps, and symbols, rather than from the text itself. Boldfaced printing, capitalization, bright or muted colors, photographs, and graphics are also nonlinguistic cues. They can all give you important information about content.

A. La légende. The French hotel chain, **Relais du silence,** uses these symbols and explanations in its catalogue of hotels so that prospective clients can easily choose the hotel they need. Look at the list of descriptions below. Then write the description that fits each symbol that has a number.

Chambre (2 lits)
Tennis couvert
Piscine couverte
Jardin—Parc
Equitation
Chambre (1 lit)
Animaux refusés à l'hôtel
Gastronomie-menu
Accès aux handicapés
Piscine—Mer
Aéroport à proximité
Bateau à voiles

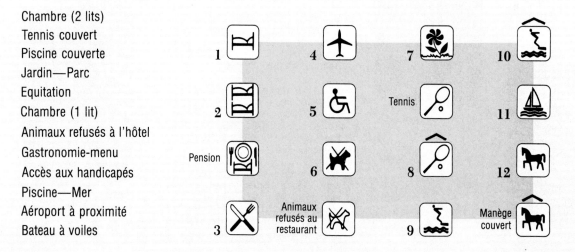

B. Réservation. When you plan a vacation, you can use nonlinguistic information to decide which hotel is right for you. Look at these guidebook descriptions of two hotels in France. Refer to the chart and to your responses in Activity A to help you decide which hotel would be the best choice in the following situations. Write your answers.

1. Your budget allows you to spend between 150 and 250 francs a night for a single room.
2. You want to stay in a hotel that is not far from the beach.
3. You need a hotel that is accessible to handicapped individuals.
4. You want to spend your holiday in a hotel with an indoor swimming pool.

85700 POUZAUGES
Rue du Docteur Baranneau

AUBERGE DE LA BRUYERE   S 8570 BRUY

Tél. 51.91.93.46
Télex 701 804 BRUYERE
Janine CHATAIN
Ouvert toute l'année
Piscine couverte chauffée été-hiver
Gril + bar
Son et lumière du Puy-du-Fou, 10 km

13	13	½				27	●		●
168 269	249 296	276 390	219 332	42 120					
		180							CC
		●	●				●		

17640 VAUX-SUR-MER - ROYAN
Parc des Fées - Plage Nauzan

RÉSIDENCE DE ROHAN   S 1764 ROHAN

Tél. 46.39.00.75
Michelle SEGUIN
Ouvert de Pâques à novembre
Hôtel-bar sans restaurant. Ancienne
demeure pleine de charme entourée
d'un grand parc en bordure de la mer.
TV dans les chambres

16	6	½						●
260	450			32	●	●		●
		30						CC
		●			●		●	●	●

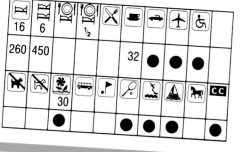

Combine All Your Reading Strategies

Use all of the six reading strategies you have learned when you read the following selections from the magazine ***Jeune et Jolie***. You will be surprised how much they will help you in answering the questions.

- Use What You Already Know
- Look for Cognates
- Skim to Get the Gist
- Use Context to Derive Meaning
- Scan the Text for Specific Details
- Use Nonlinguistic Information

FLASH INFOS

PRÉPAREZ VOS VACANCES D'HIVER

On s'y prend toujours trop tard! Dès maintenant, organisez vos vacances de ski. Pour cela, voici quelques infos sur une station typique et chaleureuse. Il s'agit de Valmorel. Valmorel, c'est 150 km de pistes entre Alberville et Moutier Nouveau. Agréable, la piste «Planchamps», s'illumine pour le ski de nuit, ski plaisir, poudreuse, ski détente, ski sportif… Renseignez-vous sans tarder: Valmorel réservation: (16) 79.09.84.44. La maison de Valmorel pour connaître toutes les activités: (16) 79.09.85.55.

Les bronzés font du ski

Si vous avez décidé cette année de passer vos vacances de février sur les pentes enneigées des Alpes ou des Pyrénées, un bon conseil. Inscrivez-vous dès maintenant. Passé décembre, trouver un lit en période de vacances devient des plus aléatoires. Le Club des 4 Vents, association à but non lucratif créée en 1953, et agréée par le Ministère de la Jeunesse et des Sports, organise des séjours super sympa pour les jeunes, en France, Italie et Suisse. Le prix de ces séjours varie entre 2.700 F et 3.500 F pour huit jours et 3.500 F et 4.000 F pour 12 jours. Ses tarifs comprennent: la pension complète. L'assurance (responsabilité civile et accident). L'encadrement. Les cours de ski intensifs (5 h par jour). Le forfait remontées mécaniques illimité pour la durée du séjour. Le voyage en train Paris/Paris en 2ᵉ classe. Couchette pour les voyages de nuit. Le transfert en autocar de la gare à la station. L'hébergement en chalet ou en maison familiale.

CARNET débrouille

A. Vacances. Briefly look at the articles, skim the texts, and examine the accompanying photos. Use the context and what you already know about the topic to make an intelligent guess about the texts. Write on a sheet of paper the number of the phrase that best describes what these texts are about.

These articles
1. promote vacation spots that offer year-round sports activities.
2. provide information on places for winter vacations.
3. advertise a sale of winter clothing.
4. give information on sun protection for skiers.

B. Les pistes. Scan the articles for the information you need to answer the questions below. Remember to take advantage of cognates and nonlinguistic cues to help you. Write your answers on paper.

1. If you wanted to go to a ski resort where the snow is powdery and the slopes are lit for night skiing, where would you go?
2. How many kilometers of ski trails does Valmorel have?
3. Which nonprofit organization offers ski vacations in France, Italy, and Switzerland for young people?
4. What services are included in the price for the ski trip that the club organizes?

C. J'aime faire du ski. Check your comprehension of both articles by using appropriate reading strategies to match each numbered sentence with its ending. Write the matching numbers and letters on paper.

1. Call (16) 79.09.85.55...
2. If you want a ski vacation in the Alps or the Pyrenees...
3. After December...
4. The intensive ski course lasts...
5. If you are staying twelve days you will need to have...

a. it is very difficult to find a vacancy.
b. five hours a day.
c. if you want more information on Valmorel.
d. sign up now!
e. between 3.500 F and 4.000 F.

Entertainment

In this chapter, you will talk about entertainment. You will also learn about the following functions and structures.

Functions	Structures
• identifying specific things or people	• demonstrative adjectives
• asking questions	• subject-verb inversion
• referring to something already mentioned	• direct object pronouns **le, la, les**
• expressing wants and abilities	• the verbs **vouloir** and **pouvoir**

*I*NTRODUCTION

Le français en contexte

2u'est-ce qu'il y a à la télé?

C'est le soir. La famille Bonnard a envie de regarder la télévision. Le problème, c'est le <u>choix</u> de l'<u>émission</u>. <u>Chacun</u> a une idée différente!

choice / (TV) program
Each one

GRAND-MÈRE	Ah non! Encore un western américain! Je voudrais regarder <u>autre chose</u>. Qu'est-ce qu'il y a sur les <u>autres chaînes</u>?
M. BONNARD	Je vais regarder. Où est le *Télé 7 Jours*? Je voudrais consulter le <u>programme</u>. Est-ce que c'est l'heure des <u>informations</u>?
MME BONNARD	Non, <u>pas encore</u>. Mais c'est l'heure de mon <u>feuilleton</u> préféré.
GRAND-MÈRE	Oui, c'est vrai, il va commencer dans <u>quelques</u> minutes. C'est un feuilleton très populaire. On parle beaucoup de l'<u>acteur</u> et de l'<u>actrice</u> qui jouent les rôles principaux.
NICOLAS	Il n'y a pas de <u>dessins animés</u> <u>ce soir</u>?
MME BONNARD	Nicolas! Qu'est-ce que tu fais encore là? C'est l'heure d'aller au lit!

something else / other channels

similar to *TV Guide*
(TV) schedule
news

not yet / series

a few

actor / actress

cartoons / tonight

Compréhension

Based on **Qu'est-ce qu'il y a à la télé?,** tell which member of the family would probably make the following statements.

1. Je vais regarder mon feuilleton préféré.
2. Regarder encore un western! Ah, non alors!
3. J'aime bien regarder les dessins animés!
4. Je voudrais regarder les informations.
5. Tu n'es pas fatigué, mon petit?

Les mots et la vie

Quelles sont vos émissions préférées?

les informations (*f*)

la météo

les magazines télévisés

les reportages sportifs

les documentaires (*m*)

les feuilletons (*m*)

les émissions (*f*) de variétés

les matchs télévisés

les westerns (*m*)

les comédies (*f*)

les films policiers

les films d'épouvante

les vidéoclips (*m*)

les publicités (*f*)

les dessins animés

les jeux télévisés

A. Le programme de jeudi. Alain and his friends are going to watch different TV programs this Thursday evening. Look at the schedule, and listen to the programs and the times they have chosen. Write what channel they will be watching.

> MODÈLE À 17 h Alain va regarder un feuilleton américain.
> **LA5**

	TF1	A2	FR3	LA5	M6	C+
17 h	TENNIS	DESSINS ANIMÉS	DOCUMENTAIRE: VOTRE SANTÉ	STAR TREK	MUSIQUE: AU CLUB	FILM: AUTOMNE TRISTE
18 h	JEU: VRAI OU FAUX?	AU STADE	DESSINS ANIMÉS	RACINES, 2ᵉ ÉPISODE	À LA MODE	FILM: MONSTRES DE DEMAIN
19 h	VARIÉTÉS	JEU: PAS POSSIBLE	FLASH	WESTERN: SHANE	EN VILLE	SPORTS: AU STADE
20 h	INFORMATIONS	INFORMATIONS	INFORMATIONS	SHANE	FEUILLETON: TARZAN	TOP 50: MUSIQUE
21 h	DOCUMENTAIRE: VOYAGE À LA LUNE	LES ENFANTS DU ROCK	SPORTS: FOOTBALL	LAUREL ET HARDY	FEUILLETON: SUPERCOPTER	FILM: DUEL

B. Quelle sorte d'émission est-ce? Martine is looking at the names of TV programs and trying to decide what kind of program each one is. Match the titles in the first column with the types of programs in the second column.

> MODÈLE *Les Enfants du rock*
> **des vidéoclips**

1. *Flash Infos*
2. *Dynastie*
3. *La Médecine en Europe de 1600 à 1800*
4. *L'Invasion des fantômes*
5. *Tennis—Championnats Internationaux de France*
6. *Laurel et Hardy au Far-West*
7. *Les Prévisions météorologiques de la semaine*

a. un documentaire
b. un film d'épouvante
c. des matchs télévisés
d. la météo
e. une comédie
f. les informations
g. un feuilleton

C. La télé. Several of Jean-Marc's neighbors are watching television. Tell what type of program each one is watching.

MODÈLE   **Yolande regarde un western.**

Yolande...

1. Jean-Paul...

2. Hélène...

3. Gilbert et sa sœur...

4. Carole...

5. Sébastien...

6. Nathalie et son père...

Communication

A. Des vedettes. On small pieces of paper write the names of several famous people from television. Include news reporters, game show personalities, sportscasters, cartoon characters, characters from commercials, and stars from TV series. Mix up the names, and take turns drawing them. Each time you draw a name, tell in what type of program that person appears.

EXEMPLE   Dan Rather
les informations

B. Je ne suis pas d'accord. Do you ever have disagreements with friends or family members over what to watch on television? Write five sentences comparing the types of programs you prefer to the types others like.

EXEMPLE

Mon frère aime bien les westerns, mais moi, je préfère les documentaires.

EXPLORATION 1

Function: *Identifying specific things or people*
Structure: *Demonstrative adjectives*

Présentation

A. The French demonstrative adjectives express the same meanings as the English demonstrative adjectives, *this, that, these,* and *those.* In French each of the singular demonstratives (**ce, cet, cette**) means both *this* and *that,* and the plural demonstrative (**ces**) means both *these* and *those.* The distinction is usually clear from the context.

	Singular	Plural
Masculine before a consonant sound	**ce** film	**ces** films
Masculine before a vowel sound	**cet** acteur	**ces** acteurs
Feminine	**cette** actrice	**ces** actrices

Notice that **cet** is used in the masculine singular when the following noun begins with a vowel sound.

Cet aéroport est grand!   ***This*** *airport is big!*
Ce documentaire est   ***That*** *documentary is*
  intéressant.   *interesting.*

B. When it is necessary to make a clear distinction between *this* and *that* or between *these* and *those,* the particles **-ci** and **-là** can be added to the nouns that follow a demonstrative adjective. The particle **-ci** identifies the noun that is closer, and the particle **-là** is used with the noun that is farther. The particles **-ci** and **-là** are used only when they are required to avoid confusion.

Ma sœur aime bien **cette**   *My sister likes **that** program, but I*
  émission-**là,** mais moi, je   *prefer **this** program.*
  préfère **cette** émission-**ci.**

Préparation

A. Singulier ou Pluriel? Christophe is making comments about the various articles he sees in *Télé 7 Jours*. Listen to his comments. If the subject of the sentence is *singular*, write **S** next to the number of the sentence. If the subject is *plural*, write **P**.

> MODÈLE   Cette émission commence à 20 h.

B. Quand? Élisabeth and her friends are talking about when they are going to the library. What does each one say?

> MODÈLE   matin   **Je vais à la bibliothèque ce matin.**

1. après-midi   2. week-end   3. soir   4. semaine

C. C'est combien? Thomas has a lot of things he would like to buy today, and he is concerned about the prices. What does he ask in order to find out the price of the items?

> MODÈLE   **Combien coûtent ces livres, s'il vous plaît?**

D. Devant la télé. The members of the Carlier family are reading *Télé 7 Jours* and talking about the programs. Using the cues provided, tell what they say.

> MODÈLE   film / extraordinaire   **Ce film est extraordinaire.**

1. feuilleton / excellent
2. match / passionnant
3. publicité / embêtante
4. jeu / bête
5. chaîne / intéressante
6. dessins animés / fantastiques
7. acteur / célèbre
8. actrice / excellente

Communication

A. Êtes-vous d'accord?   Do you agree or disagree with the statements made about the following illustrations? Use a demonstrative adjective in your response, and add a sentence to explain your reaction.

> EXEMPLE   Voilà un travail difficile.
> **Non, ce travail n'est pas difficile. Ce travail est assez facile.**
> **(Oui, ce travail est difficile. Mais ce travail est aussi intéressant.)**

1.

Voilà une émission triste.

2.

Voilà un film intéressant.

3.

Voilà un acteur élégant.

4.

Voilà une ville agréable.

5.

Voilà des chiens sympathiques.

6.

Voilà un homme célèbre.

B. Cette émission est formidable.   As your classmates take turns suggesting names of cartoons, movies, music videos, commercials, game shows, and news programs, give your opinion of each show or commercial. Use a demonstrative adjective in your answer.

> EXEMPLE   *Treasure Hunt*
> **Ce jeu est intéressant et amusant. (Ce jeu est bête.)**

C. Qu'est-ce que vous allez faire?   Combine the elements to tell what
W you would like to do at each of the times listed.

| Ce
Cet
Cette | après-midi
soir
semaine
printemps
été
automne
hiver
mois-ci | je voudrais | aller au cinéma
faire un pique-nique
acheter une chaîne stéréo
faire du ski dans les Alpes
aller aux matchs de football du lycée
passer mes vacances en France
regarder les informations
regarder des vidéoclips
? |

CULTUREL

C'est mercredi, et vous n'avez pas de devoirs à faire. Voici le programme de télévision pour ce soir. Quel est votre choix d'émissions?

	TF1	A2	FR3	LA5	M6	C+
18.00	18.00 MANNIX	18.10 **FLASH** 18.15 **MA SORCIÈRE BIEN AIMÉE** 18.45 DES CHIFFRES ET DES LETTRES	18.30 ARTHUR, ROI DES CELTES	18.10 WONDER WOMAN 18.55 **FLASH**	18.00 **JOURNAL** 18.15 MÉTÉO 6 18.20 LA PETITE MAISON DANS LA PRAIRIE	18.15 **FLASH** 18.20 DESSINS ANIMÉS 18.25 LE PIAF 18.30 TOP 30 18.55 STARQUIZZ
19.00	19.00 SANTA BARBARA 19.30 LA ROUE DE LA FORTUNE 19.55 TIRAGE DU TAC-O-TAC	19.05 I.N.C. 19.10 INFO-RÉGIONS 19.35 MAGUY	19.00 **19/20** 19.10 INFO-RÉGIONS 19.55 IL ÉTAIT UNE FOIS LA VIE	19.05 LA PORTE MAGIQUE 19.30 BOULEVARD BOULEVARD	19.05 CHER ONCLE BILL 19.30 MON AMI BEN 19.55 6 MINUTES	19.20 NULLE PART AILLEURS
20.00	20.00 **JOURNAL** 20.35 TIRAGE DU LOTO	20.00 **JOURNAL**	20.05 LA CLASSE	20.00 **JOURNAL**	20.00 ESPION MODÈLE	20.35 CINÉMA DANS LES SALLES
20.30	20.40 **SACRÉE SOIRÉE** Émission proposée par Jean-Pierre Foucault avec Nicole Calfan	20.30 **L'HEURE DE VÉRITÉ** Émission proposée par F. Henri de Virieu *ÉDOUARD BALLADUR*	20.30 **LE MARIAGE DE FIGARO** Pièce de Beaumarchais avec André Marcon	20.30 **LE CAUCHEMAR AUX YEUX VERTS** Téléfilm D'Harvey Hart avec Tom Mason Melinda Fee Eric Braeden	20.50 **FALCON CREST** Série 21.40 **LIBRE ET CHANGE:** Magazine de Michel Polac avec Louis Pauwels *LES LIVRES DE MA VIE*	21.00 ■ **LIÉS PAR LE SANG** Film de Terence Young avec Audrey Hepburn
22.00	22.25 DESTINS	22.10 DES SOURIRES ET DES HOMMES	LE MARIAGE DE FIGARO	22.05 PARIS DAKAR 22.55 LA LOI DE LOS ANGELES	LIBRE ET CHANGE	22.50 **FLASH** 22.55 ■ LES MOISSONS DU CIEL
23.00	23.25 **JOURNAL**	23.10 **24 H SUR LA 2** 23.40 BASKET	23.50 **JOURNAL** 0.15 MUSIQUES, MUSIQUE	0.05 AU CŒUR DU TEMPS 0.55 SHÉRIF, FAIS-MOI PEUR 1.45 CHILDÉRIC 2.30 WONDER WOMAN 3.15 SPÉCIAL PARIS DAKAR	23.00 LES PASSIONS DE CÉLINE 23.30 **JOURNAL** 23.45 CLUB 6 0.30 L'ÂGE HEUREUX 1.30 BOULEVARD DES CLIPS 1.55 CLIP DES CLIPS	0.25 ■ ATTENTION ON VA S'FÂCHER 2.05 RAWHIDE

À quelle heure est-ce qu'il y a

- **a.** un jeu?
- **b.** un match?
- **c.** la météo?
- **d.** un magazine?
- **e.** des vidéoclips?
- **f.** des dessins animés?
- **g.** un feuilleton américain?
- **h.** les informations régionales?

19 h 10 (FR3) h. 19 h 10 (TF1)
30 (M6), 1 h 55 (M6) f.18 h 20 (C+), 18 H (TF1), 18 h 15 (A2), 18 h 10 (LA5), 18 h 20 (M6),
Réponses: a. 18 h 45 (A2), 19 h 30 (TF1) **b.** 23 h 40 (TF1) **c.** 18 h 15 (M6) **d.** 21 h 40 (M6) **e.** 1 h

EXPLORATION 2

Function: *Asking questions*
Structure: *Subject-verb inversion*

Présentation

A. You already know the two most common ways of asking questions—
by using **est-ce que** or by simply raising your voice at the end of a
sentence. Another way to form questions is to reverse the order of
the subject pronoun and the verb. Notice that a hyphen is placed
between the verb and the inverted subject pronoun.

Statement	Question
Tu as le programme.	**As-tu** le programme? *Do you have the TV schedule?*
Vous allez regarder ce film.	**Allez-vous** regarder ce film? *Are you going to watch this film?*
C'est votre émission préférée.	**Est-ce** votre émission préférée? *Is that your favorite program?*

B. Inversion is often used with question words like **combien, comment,
quand, où,** and **pourquoi.** It is also used with the question word **que,**
meaning *what.*

Où habites-tu?   *Where do you live?*
Que faites-vous?   *What are you doing?*

C. In the third person singular (**il** / **elle** / **on**), a **t** is inserted after a verb that ends with a vowel. Notice how the **t** makes the question easier to pronounce. Compare the following groups of sentences.

Joue-t-elle dans ce film?   Est-elle contente?
Parle-t-on français au Canada?   Quel temps fait-il?
Va-t-il à la piscine cet après-midi? Que fait-on maintenant?

In the third person plural (**ils** / **elles**), no **t** is added because the verb form already ends with a **t**. Notice that with **-er** verbs, the inverted forms of the third person singular and third person plural sound identical.

Regarde-t-elle les informations?   Regardent-elles les informations?
Préfère-t-il les westerns?   Préfèrent-ils les westerns?

D. In the third person singular or plural, when there is a noun subject, the noun remains in front of the verb, and a pronoun (**il** / **elle, ils** / **elles**) is added after the verb to make the inversion.

Marie préfère ce feuilleton.   Marie préfère-t-elle ce feuilleton?
Les jeunes regardent trop   Les jeunes regardent-ils trop
  souvent la télé.   souvent la télé?

E. The inverted form of **il y a** is **y a-t-il**.

Y a-t-il des sandwichs dans le frigo?
Y a-t-il un examen cette semaine?

F. When there is a conjugated verb followed by an infinitive, only the conjugated verb is inverted.

Ils vont jouer dans un film.   Vont-ils jouer dans un film?
Louis aime regarder les   Louis aime-t-il regarder les
  informations.   informations?

**Téléviseur noir et
blanc 31 cm Sandra 3285**
portable avec antenne   Secam manuel
690$^F_{00}$

Préparation

A. Est-ce une question?   The manager of a Canadian television station is discussing possible programming changes. Listen to what the manager says. If you hear a *question*, write *Q*. If you hear a *statement*, write *S*.

MODÈLE   Les spectateurs regardent-ils vraiment ces vidéoclips?
           Les spectateurs aiment bien ces vidéoclips.

B. Une interview difficile. A French political candidate is hesitant to answer a journalist's questions. The journalist has to repeat them before she can get an answer. Repeat her questions using inversion.

> MODÈLE Est-ce que vous parlez souvent aux reporters?
> **Parlez-vous souvent aux reporters?**

1. Est-ce que vous espérez être président?
2. Est-ce que la télévision est importante pour vous?
3. Est-ce que les jeunes aiment vos idées?
4. Pourquoi est-ce que les femmes aiment vos idées?
5. Est-ce que vous aimez votre travail?
6. Est-ce que vous êtes optimiste?

C. Est-ce vrai? Below are some statements about French television and movies. How would you ask a French exchange student about them in order to see if he or she agrees? Use inversion in your questions.

> MODÈLE Les feuilletons américains sont très populaires.
> **Les feuilletons américains sont-ils très populaires?**

1. Les informations commencent à vingt heures.
2. Il y a souvent des documentaires.
3. Les Français préfèrent les films tristes.
4. Les Français aiment les émissions de variétés.
5. Les films de Jerry Lewis sont très populaires.
6. Au cinéma il y a des publicités avant les films.

Communication

A. J'aime bien cette émission. Make questions using inversion to ask a classmate about his or her television habits. Use the elements provided. Your classmate will then ask you questions.

> EXEMPLE tous les jours?
> — **Regardes-tu la télé tous les jours?**
> — **Je regarde la télé presque tous les jours.**

1. cet après-midi? ce soir?
2. les informations?
3. quelle chaîne?
4. un poste de télévision?
5. les vidéoclips?
6. quel(s) feuilleton(s)?
7. les dessins animés?
8. quelles émissions?

B. La nouvelle voisine. Imagine that a French family has moved into your neighborhood and their daughter is in your English class. Write six questions to ask her about herself and her family. Use inversion in your questions.

EXEMPLE

Comment trouves-tu notre quartier?

CULTUREL

En France, comme en Amérique, on aime regarder la télé. Il y a moins de chaînes de télévision en France qu'en Amérique, mais il y a une très grande variété d'émissions. Il y a beaucoup d'émissions françaises, bien sûr, et il y a aussi un grand choix d'émissions étrangères (*foreign*). En fait (*In fact*), les émissions américaines ont souvent beaucoup de succès en France. Ces émissions ne sont pas toujours très récentes. Est-ce que vous reconnaissez (*recognize*) les titres suivants?

JEUDI
18 h
LA PETITE MAISON DANS LA PRAIRIE
Feuilleton américain
LES BÂTISSEURS D'EMPIRE
Scénario de Larry Jensen
Avec Michael Landon, Karen Grassle et Melissa Gilbert. Les habitants de Walnut Grove sont consternés lorsqu'ils apprennent que le prolongement de la ligne de chemin de fer va entraîner l'expropriation de plusieurs fermiers de la région.

DIMANCHE
15 h
L'ÎLE FANTASTIQUE
Feuilleton américain
LES HEURES D'OR
Avec Ricardo Montalban, Hervé Villecheze, Toni Tenille et Michael Parks
Sandi Larson, une jeune femme handicapée, reçoit des lettres d'un mystérieux correspondant, qui signe Michael Banning.

SAMEDI
22 h 15
DEUX FLICS À MIAMI
Feuilleton américain
LE TRIANGLE D'OR
Sonny Crockett . . . . **Don Johnson**
Ricardo . . . . . . **Philip Michael Thomas**
Castillo . . . . **Edward James Olmos**
Sonny et Ricardo trouvent un peu monotone d'avoir à veiller à la sécurité d'un hôtel de luxe, lorsque le lieutenant Castillo leur révèle le véritable objet de leur mission. Des gangsters, se faisant passer pour des détectives privés, pratiquent chantages, extorsions de fonds et autres crimes. Nos deux policiers doivent les démasquer.

MERCREDI
20 h 35
DALLAS
Feuilleton américain
DÉCEPTION
Scénario de Joël J. Feigenbaum et Peter Dunne
Ellie . . . . **Barbara Bel Geddes**
Sue Ellen . . . . **Linda Gray**
J.R. . . . . **Larry Hagman**
Après l'annonce de l'enlèvement de Pamela, Cliff et Mark sont d'accord pour laisser à Matt le soin de remettre lui-même la rançon demandée pour la libération de la jeune femme.

JEUDI
20 h 30
COLUMBO
Feuilleton américain
ADORABLE MAIS DANGEREUSE
Scénario de Jackson Gillis
Columbo . . . . **Peter Falk**
Karl Lessing . . . . **Martin Sheen**
Viveca Scott . . . . **Vera Miles**
David Lang . . . . **Vincent Price**
La découverte d'une crème antiride révolutionnaire est à l'origine d'une histoire d'espionnage et de l'assassinat d'un jeune chimiste, Karl Lessing. Le lieutenant Columbo est chargé de l'enquête.

EXPLORATION 3

Function: *Referring to something already mentioned*
Structure: *Direct object pronouns le, la, les*

Présentation

A. Just as we use subject pronouns to avoid repeating names or other nouns, we can also use object pronouns to avoid repetition. Direct object pronouns are used to replace the direct object of a verb. The direct object pronouns in French for *him, her, it,* and *them* are identical to the definite articles (**le**–*him, it,* **la**–*her, it,* and **les**–*them*). The choice of the direct object pronoun depends on the gender and the number of the noun being replaced. Notice that the object pronoun precedes the conjugated verb.

Alain préfère **cet acteur**?	Oui, Alain **le** préfère.
Est-ce qu'ils regardent **la télé**?	Oui, ils **la** regardent.
Aime-t-elle **les dessins animés**?	Oui, elle **les** aime bien.

The pronouns **le** and **la** contract to **l'** before a vowel sound.

Elles achètent **ce disque**?	Oui, elles **l'**achètent.
Tu écoutes souvent **ta cassette**?	Oui, je **l'**écoute souvent.

Notice that direct object pronouns can replace nouns preceded by a definite article, a possessive adjective, or a demonstrative adjective.

B. When the verb is in the negative, the direct object pronoun is placed between **ne** and the verb.

Je n'ai pas **ta raquette**.	Je ne **l'**ai pas.
Elle n'aime plus **les westerns**.	Elle ne **les** aime plus.

C. When the conjugated verb is followed by an infinitive, the direct object pronoun precedes the infinitive.

Janine va écouter **son disque préféré**.   Janine va **l'**écouter.
Laurent n'aime pas regarder **les matchs**   Laurent n'aime pas **les**
   télévisés.   regarder.

D. The direct object pronoun also precedes the conjugated verb in inverted questions unless the conjugated verb is followed by an infinitive.

Aimez-vous **les documentaires**?   **Les** aimez-vous?
Marie préfère-t-elle **cette émission**?   Marie **la** préfère-t-elle?
Serge va-t-il regarder **ce film**?   Serge va-t-il **le** regarder?

Préparation

A. De qui parle-t-on?   Didier is talking about his favorite actor and actress. As you listen to his statements, write **M** (for *masculine*) if he is talking about his favorite actor, **F** (for *feminine*) if he is talking about his favorite actress, and **B** (for *both*) if he is talking about both of them.

   MODÈLE   Je les adore.

B. Habitudes.   Véronique and Martine have just met, and they find out that they have a lot in common. For each statement Martine makes, tell what Véronique says.

   MODÈLE   — J'aime bien cette chanteuse.
             — **Moi aussi, je l'aime bien.**

1. Je déteste les reportages sportifs.

2. Je regarde quelquefois les dessins animés après l'école.

3. Je déteste les publicités.

4. J'aime bien regarder les vidéoclips américains.

5. Je vais étudier la leçon de géographie.

6. Je fais toujours mes devoirs de français.

7. De temps en temps je fais la cuisine.

8. Je préfère regarder la télé le soir.

C. Les amis de Thierry. Thierry is wondering what his friends are doing. Answer his questions according to the illustrations, using a direct object pronoun in each answer.

MODÈLE — Karine regarde-t-elle son feuilleton préféré ce soir?
— **Non, elle ne le regarde pas ce soir.**

1.

Sylvestre fait-il ses devoirs?

2.

Jean-Marie écoute-t-il ses cassettes?

3.

Marie-Laure regarde-t-elle ce documentaire?

4.

Simon et Albert font-ils la vaisselle?

5.

Adrienne fait-elle son lit?

6.

Jérôme invite-t-il ses amis?

7.

Gisèle encourage-t-elle son petit frère?

8.

Mireille va-t-elle gagner la course?

D. *Télé 7 Jours*. Patricia and Isabelle are reading *Télé 7 Jours* and find that they have very different tastes. Read what Patricia says, then write what Isabelle is likely to say. Use the cues provided, and include a direct object pronoun in each sentence.

MODÈLE — Je regarde les informations tous les jours.
(ne... jamais)
— **Moi, je ne les regarde jamais.**

1. J'aime les westerns. (ne... pas)
2. Je regarde souvent cette émission. (ne... presque jamais)
3. Je trouve cet acteur fantastique. (ne... pas)
4. J'aime ce jeu télévisé. (ne... plus)
5. Je regarde souvent les informations sur la troisième chaîne. (ne... jamais)
6. Je vais regarder ce feuilleton américain. (ne... pas)

Communication

A. Souvent, Rarement ou Jamais? Tell how often you do each of the following things. Use the appropriate direct object pronoun in each of your statements.

> EXEMPLE   regarder les informations?
> **Je les regarde de temps en temps.**
> **(Je ne les regarde jamais.)**

1. faire le ménage?
2. faire vos devoirs?
3. oublier vos devoirs?
4. écouter la radio?
5. faire les provisions?
6. regarder la télévision?
7. faire la vaisselle?
8. faire votre lit?

B. Interview. Use the following questions to interview another student. Your partner should use the appropriate direct object pronoun in the answers. Your partner will also ask you the questions.

> EXEMPLE   — Quand fais-tu tes devoirs?
> **— Je les fais le soir après le dîner. Et toi, quand est-ce que tu les fais?**

1. Vas-tu regarder la télé ce soir? Si oui, à quelle heure?
2. Préfères-tu regarder les informations à la télé ou les écouter à la radio?
3. Quand est-ce que tu écoutes tes disques?
4. Aimes-tu la musique classique?
5. Tes amis aiment-ils écouter tes disques?
6. Est-ce que tu invites quelquefois tes copains à la maison?
7. À quelle heure quittes-tu la maison pour aller à l'école?
8. Est-ce que tu oublies quelquefois tes devoirs à la maison?

C. La télévision française. Below are some statements that Xavier
W made about the television viewing habits of his family and friends in France. Write sentences telling about the viewing habits of your own family and friends. Use direct object pronouns in your answer.

> EXEMPLE   Nous ne regardons jamais la télévision pendant le dîner.
> **Nous la regardons presque toujours pendant le dîner.**
> **(Nous la regardons quelquefois pendant le dîner.)**

1. Nous regardons les informations à vingt heures.
2. Nous ne regardons pas souvent la télévision le samedi matin.
3. On aime bien les documentaires sur les animaux.
4. Nous n'aimons pas beaucoup les jeux télévisés.
5. Nous trouvons les publicités amusantes.
6. Nous consultons rarement le programme.
7. Les enfants français adorent les dessins animés.

CULTUREL

Est-ce que vous aimez aller au cinéma? Quelles sortes de films préférez-vous? Regardez-vous quelquefois des films français?

Le cinéma est un des passe-temps préférés d'une majorité des teenagers français. Ils aiment surtout les comédies, les films d'aventures, la science-fiction et les films d'épouvante. Les films américains—doublés (*dubbed*) ou sous-titrés (*subtitled*)—ont souvent beaucoup de succès en France, et les vedettes (*stars*) du cinéma américain sont très populaires.

Voici les titres de quelques films américains dans leur traduction (*translation*) française. Quels sont les titres de ces films en anglais?

1. *Les Dents de la mer*
2. *Vol au-dessus d'un nid de coucou*
3. *Les Aventuriers de l'arche perdue*
4. *2001, Odyssée de l'espace*
5. *Autant en emporte le vent*
6. *La Guerre des étoiles*
7. *Le Retour du Jedi*
8. *Indiana Jones et le Temple maudit*
9. *E.T. l'extra-terrestre*
10. *Les Aristochats*

Réponses: 1. Jaws 2. One Flew Over the Cuckoo's Nest 3. Raiders of the Lost Ark 4. 2001: A Space Odyssey 5. Gone with the Wind 6. Star Wars 7. Return of the Jedi 8. Indiana Jones and the Temple of Doom 9. E.T.: The Extra-Terrestrial 10. The Aristocats

EXPLORATION 4

Function: *Expressing wants and abilities*
Structure: *The verbs vouloir and pouvoir*

Présentation

A. We often talk about things that we want or activities that we want to do. In French the irregular verb **vouloir** means *to want* or *to wish*.

vouloir	
je **veux**	nous **voulons**
tu **veux**	vous **voulez**
il / elle / on **veut**	ils / elles **veulent**

— Voulez-vous regarder ce documentaire?
— Non, je ne veux pas le regarder. Je le trouve trop bête.

You have already learned a special form of the verb **vouloir**—**je voudrais**—which means *I would like*. **Je voudrais** is much more polite than **je veux** and should always be used when ordering in restaurants, asking for something in a store, or when making requests.

Je voudrais un sandwich au jambon et un coca, s'il vous plaît.
Je voudrais consulter le programme.

B. The conjugation of the verb **pouvoir** is similar to that of **vouloir**. **Pouvoir** is used to express *can*, *may*, or *to be able*. Note that **pouvoir** is used both to ask for permission and to talk about the ability to do something.

pouvoir	
je **peux**	nous **pouvons**
tu **peux**	vous **pouvez**
il / elle / on **peut**	ils / elles **peuvent**

— Maman, est-ce que nous pouvons aller au cinéma ce soir?
— Marc peut aller au cinéma, mais tu as des devoirs à faire, Jean.
— Mais Maman, je peux faire mes devoirs après le film.

Préparation

A. Vouloir ou Pouvoir. Listen to these questions about what various people want to do or are able to do. For each question, write the letter of the more likely answer.

> MODÈLE   Est-ce que tu peux jouer au tennis cet après-midi?
>   **a.** Non, je n'ai pas le programme.
>   **b. Non, je n'ai pas ma raquette.**

1. **a.** Non, elles n'aiment pas ces films.
   b. Non, elles n'aiment pas ces boissons.
2. **a.** C'est possible, si nous jouons bien.
   b. C'est possible, si nous le regardons.
3. **a.** Oui, il adore le sport.
   b. Oui, il adore cet acteur.
4. **a.** Oui, ils aiment beaucoup cette émission.
   b. Oui, ils aiment beaucoup cette musique.
5. **a.** Non, la télé ne marche plus.
   b. Non, le vélomoteur ne marche plus.
6. **a.** Oui, je regarde toujours les informations.
   b. Oui, je regarde toujours les documentaires.

B. Qu'est-ce qu'ils veulent faire? Based on the illustrations, tell what the following people want (or do not want) to do.

> MODÈLE   Jean-Luc...
> **Jean-Luc veut faire de l'exercice.**

Jean-Luc...   1. Jacqueline, tu...?   2. Je...   3. Luc et moi, nous...

4. Jean-Louis et Pierre, est-ce que vous...?   5. Fabrice et Gisèle...   6. Yann...

C. Un projet. Barbara and Nicolas are making plans to see a movie. Listen to their conversation, and write the missing forms of **vouloir** and **pouvoir**.

BARBARA   Nicolas, est-ce que tu __1__ aller au cinéma ce soir?

NICOLAS   Je regrette, Barbara, mais je __2__ ce soir.

BARBARA   Pourquoi?

NICOLAS   Je __3__ étudier parce que j'ai un examen demain matin. Est-ce qu'on __4__ aller au cinéma samedi soir?

BARBARA   Non, j'ai d'autres projets pour samedi soir. Nous __5__ essayer d'aller au cinéma dimanche après-midi si tu __6__.

NICOLAS   D'accord! Je vais demander à Martine et à Gilbert s'ils __7__ aller au cinéma avec nous.

Communication

A. Oui ou Non? Using the illustrations, tell which of the following activities you want or do not want to do next Saturday morning. Also tell why or why not.

> EXEMPLE   **Je veux faire de la gymnastique parce que c'est amusant. (Je ne veux pas faire de gymnastique parce que c'est fatigant.)**

1.

2.

3.

4.

5.

6.

7.

8.

B. Qui peut...?   Ask a classmate if he or she can do the following things.

EXEMPLE   come home after midnight?
— **Est-ce que tu peux rentrer à la maison après minuit?**
— **Non, je ne peux pas rentrer à la maison après minuit.**

1. invite friends to dinner during the week? during the weekend?
2. prepare a meal for your friends?
3. go to a concert during the week? during the weekend?
4. go to bed at two o'clock in the morning?
5. spend eight hours at the library?
6. make an advertisement?

C. Projets de week-end.   Using the suggestions below, tell what you
W would like to do this weekend but cannot do, and give the reason(s).

EXEMPLE   **Je voudrais inviter des amis mais je ne peux pas parce que j'ai des devoirs à faire.**

Activités	
faire du sport	aller danser avec des amis
aller au cinéma	aller manger au restaurant
inviter des amis	passer le week-end à la campagne
aller à un match	rentrer à la maison après minuit
acheter des disques	?
faire une promenade	

Raisons	
je suis fatigué(e)	j'ai du travail à faire
il va faire mauvais	j'ai des devoirs à faire
je n'ai pas d'argent	mes parents ne veulent pas
je ne suis pas libre	je suis obligé(e) de rester à la maison
je n'ai pas le temps	?

PERSPECTIVES

Lecture

On va tourner un film!

NICOLE	Salut Gérard, quoi de neuf?
GÉRARD	Bof, pas grand-chose. École, devoirs…c'est toujours la même chose. J'ai besoin d'un changement de routine.
NICOLE	Je voudrais bien faire quelque chose de différent* aussi. Mais quoi? Est-ce que tu as une idée?
GÉRARD	Oui, j'ai une suggestion. J'ai très envie d'essayer de tourner un film. Si tu veux, on peut le faire ensemble.
NICOLE	Pourquoi pas? C'est une idée géniale. On peut demander l'aide de nos copains. Je suis sûre qu'ils vont être enthousiastes. Est-ce que tu as une caméra?
GÉRARD	Non, mais j'ai un magnétoscope, et on peut emprunter la caméra vidéo de mon père. Par contre, je ne sais pas où on va trouver un scénario.
NICOLE	Gisèle aime bien écrire des histoires. Je suis sûre qu'elle va vouloir participer à ce projet. Je vais la voir après le cours de maths.
GÉRARD	Oui, c'est une possibilité. Et si elle peut suggérer un plan, nous pouvons inventer les détails et distribuer les rôles.
NICOLE	On peut répéter chez moi. Mes parents sont toujours d'accord pour ce genre de projet.

*Quelque chose de + adjective (bon, triste, intéressant, etc.) expresses the idea of *something* (*good, sad, interesting,* etc.). The adjective is always masculine singular: quelque chose de bon, quelque chose de triste, quelque chose d'intéressant.

Vocabulaire à noter

l' **aide** (*f*)   help, assistance
   bof   ho hum
la caméra vidéo   video camera
le changement   change
   distribuer les rôles   to assign
      the parts, to do the casting
   écrire   to write
   emprunter   to borrow
   ensemble   together
   génial   brilliant
le genre   kind
l' **histoire** (*f*)   story
   je voudrais bien   I would
      really like
le magnétoscope   videocassette
   recorder

mais quoi?   but what?
pas grand-chose   not much
le plan   outline, draft
la possibilité   possibility
   quelque chose de différent
      something different
   quoi de neuf?   what's new?
   répéter   to rehearse
le scénario   film script
   suggérer   to suggest
   sûr   sure
   tourner un film   to make a
      movie
   voir   to see

Compréhension

Tournez votre 1ᵉʳ vidéoclip

Tell whether the following statements about **On va tourner un film!** are **vrai** or **faux**. If they are false, reword them to make them true.

1. Gérard est très content de sa routine.
2. Gérard a très envie de tourner un film.
3. Nicole n'aime pas l'idée de Gérard.
4. Gérard a une caméra vidéo.
5. Gisèle aime bien écrire des histoires.
6. Ils vont répéter à l'école.
7. Les parents de Nicole ne vont pas aimer leur projet.

Communication

A. Un changement.   Use the following questions to interview another student. Your partner will then ask you the questions.

1. Est-ce que tu as besoin d'un changement de routine? Qu'est-ce que tu vas faire ce week-end s'il fait beau? s'il fait mauvais?
2. Est-ce que tu as envie de manger quelque chose de différent ce soir? Si oui, qu'est-ce que tu vas manger?
3. En général, est-ce que tu préfères aller voir un bon film ou rester à la maison pour regarder la télé?

4. Est-ce que tu as envie de tourner un film avec des copains? Si oui, qui va écrire le scénario? Où est-ce que vous allez répéter? Où est-ce que vous pouvez trouver une caméra?
5. Quelle sorte de film est-ce que vous allez tourner? une comédie? un western? un film d'épouvante? un documentaire?
6. À ton avis, est-ce une idée géniale ou une idée bête d'essayer de tourner un film avec des copains?

B. Un sondage. Advertising agencies are very interested in the TV viewing habits of the public. Using the questions below as a guide, write a short paragraph describing your tastes in TV programs and movies.

1. Est-ce que vous regardez souvent la télévision pendant la semaine? et pendant le week-end?
2. En général, combien d'heures par semaine regardez-vous la télé?
3. Regardez-vous les informations tous les jours? Combien de fois par semaine les regardez-vous?
4. En général, s'il y a un documentaire et un match de football américain à la même heure, est-ce que vous préférez regarder le documentaire ou le match?
5. Quelle est votre émission préférée à la télévision?
6. Est-ce que vous trouvez les publicités amusantes ou est-ce que vous les trouvez bêtes?
7. Préférez-vous regarder un film à la télévision ou aller au cinéma?
8. Combien de fois par mois est-ce que vous allez au cinéma?
9. Quel genre de film est-ce que vous préférez?

C. Le week-end! Here is the entertainment section of the weekly bulletin of the **Maison des jeunes** in Lille. Listen to the text, and write the missing words.

___1___ il y a des activités pour tout le monde. Au cinéma Cosmos, il y a un film de François Truffaut, un classique du cinéma français. Si par contre ___2___ écouter de la musique, samedi soir à 20 heures ___3___ écouter à la radio un concert de musique folklorique internationale.

Vous avez besoin d'___4___? Vous cherchez ___5___? Alors, voici une idée: le Ciné Club a besoin de votre aide pour ___6___! Samedi à 15 heures ils vont distribuer les rôles et répéter pour ___7___.

___8___ les mathématiques? Dimanche après-midi à la télévision il va y avoir ___9___ sur Descartes et Pascal. Moi, je vais sûrement ___10___ parce que j'aime bien ce genre d'émission. Bon week-end tout le monde!

D. Au téléphone. Listen to a short telephone conversation, and then answer the questions that follow.

1. Comment s'appelle la jeune femme qui parle avec Catherine?

2. Qu'est-ce qu'elles vont faire ce soir?

3. Quel film vont-elles voir?

4. C'est un film français, n'est-ce pas?

5. Catherine va-t-elle voir ce film pour la première fois?

6. À quelle heure est-ce que le film commence?

🎞 Prononciation

The French /ʀ/ is pronounced at the back of the mouth—almost in the throat. It is similar to the sound you make when you gargle.

Now repeat these words with a final /ʀ/ sound.

gare   mère   alors   poire   jour

Try these words with /ʀ/ in the middle.

argent   merci   zéro   bureau   intéressant

Repeat these words with /ʀ/ at the beginning.

rock   rue   route   rester   riz

Repeat these words with /ʀ/ preceded by another consonant.

frigo   très   après   pauvre   croissant

Now listen and repeat the following sentences.

1. Marie-Rose et Robert regardent un reportage sportif.
2. Leurs parents préparent le repas du soir.
3. Robert préfère un rôti de porc avec des frites.
4. Marie-Rose est d'accord avec son frère.
5. C'est aujourd'hui l'anniversaire de Robert!

INTÉGRATION

Here is an opportunity to test yourself to see what you can do. If you have trouble with any of these items, study the topic and practice the activities again, or ask your teacher for help.

Écoutez bien

A. Cette semaine à Hollywood. Solange Desmoulins, a Canadian gossip columnist on location in Hollywood, is giving her weekly radio broadcast. Listen to her broadcast, and then choose the best answer to these questions.

1. Solange Desmoulins fait ce reportage
   a. avant les Oscars.
   b. après les Oscars.
   c. pendant les Oscars.

2. Solange trouve Gérard Depardieu
   a. bête.
   b. modeste.
   c. irrésistible.

3. Le dernier film de Gérard Depardieu est
   a. une comédie.
   b. un film d'épouvante.
   c. un western.

4. Depardieu joue le rôle
   a. d'un reporter.
   b. d'un professeur de lycée.
   c. d'un chanteur.

5. On peut voir la cérémonie à la télé
   a. à vingt heures.
   b. au mois de janvier.
   c. cet été.

6. Solange Desmoulins a son émission
   a. chaque semaine à la même heure.
   b. chaque mois à la même heure.
   c. chaque matin à la même heure.

Lisez un peu

A. Le cinéma à Paris.   Richard is spending a few months in Paris, and he has written a letter to his friends in the French Club back home. Read this paragraph from his letter, and then answer the questions based on what you have read.

> . . . Il fait souvent très froid à Paris au mois de janvier, alors je passe mon temps libre au cinéma. C'est vraiment extraordinaire—les Parisiens adorent le cinéma, et à Paris on peut voir un film différent chaque jour de l'année! Quand on veut voir un film, on a le choix. Il y a beaucoup de films français, bien sûr, mais il n'y a pas seulement des films français. De temps en temps j'aime bien voir un film américain. Pouvez-vous imaginer *Gone With the Wind* ou *Star Wars* en français! Moi, je trouve ça amusant!

1. Quel temps fait-il à Paris au mois de janvier?
2. Comment est-ce que Richard passe son temps libre?
3. Les Parisiens aiment-ils le cinéma?
4. Quand on veut voir un film, est-ce qu'on a le choix?
5. Pourquoi est-il amusant de voir un film américain?

B. À la télé française.   Read this short description comparing American and French television. Then decide if the following statements are **vrai** or **faux**. If a statement is false, correct it to make it true.

Imaginez que vous regardez un film passionnant à la télévision, peut-être un western comme *Les Sept Mercenaires* ou un film de science-fiction comme *Aliens*. Juste au moment critique, cette fois-ci comme toujours, il y a une interruption du film. Et pourquoi? Pour des publicités! C'est toujours la même chose à la télévision américaine! Chaque quart d'heure on est obligé de regarder deux ou trois minutes de publicité. Si vous n'appréciez pas ces interruptions à un moment de suspense, vous allez avoir une bonne surprise en France. Sur les trois chaînes principales, il peut y avoir des publicités avant et après une émission, mais jamais pendant une émission. Bien sûr, aux États-Unis il y a des chaînes de télévision par câble qui n'ont pas de publicité. C'est peut-être une des raisons qui expliquent le succès de la télévision par câble. Mais, il y a aussi des gens qui trouvent les publicités amusantes. Et vous? Est-ce que vous aimez regarder la publicité à la télévision?

1. À la télévision américaine, chaque quart d'heure on est obligé de regarder deux ou trois minutes de publicité.
2. Il peut y avoir des publicités avant ou après une émission en France.
3. La télévision par cable n'a pas beaucoup de succès aux États-Unis.
4. Il n'y a pas de chaînes sans publicité aux États-Unis.
5. Tout le monde déteste la publicité à la télé.

Écrivez

A. **Il fait beau.**   Your cousins are staying with you for a week, and each day you try to give them a choice of activities based on the weather forecast. Write a sentence for each day, giving two possible activities.

> EXEMPLE   lundi / il fait du vent
> **Nous pouvons faire du bateau à voiles ce matin ou nous pouvons rester à la maison et faire des pâtisseries.**

1. mardi / il fait chaud
2. mercredi / il pleut
3. jeudi / il fait du soleil
4. vendredi / il fait frais

B. **Le week-end!**   The weekend is coming up and you are making plans with a friend. Write sentences to complete the dialogue, using an object pronoun in each sentence.

VOTRE AMI	Est-ce que tu vas regarder l'émission de Jacques Cousteau vendredi soir?
VOUS	Oui,...
VOTRE AMI	Tu aimes les bandes dessinés de samedi matin?
VOUS	Non,...
VOTRE AMI	Veux-tu regarder le match de football dimanche après-midi?
VOUS	Non,...
VOTRE AMI	Est-ce que tu peux écouter le disque de Jacques Brel demain soir?
VOUS	Oui,...

C. Un sondage. You have been hired by a company that conducts public opinion polls. They want to know the viewing habits of Canadian high-school students. Below is the information the company wants. Your task is to make the questionnaire. Use inversion in your questions.

> EXEMPLE   Find out if they watch television every day.
> **Regardez-vous la télévision tous les jours?**

Find out

1. when they watch television.
2. what program they watch in the afternoon.
3. if they often watch television Saturday evenings.
4. if they can watch television after midnight.
5. if they sometimes watch television with their parents.
6. how many television sets they have.
7. whether they prefer sports programs or cartoons.

Parlons ensemble

Work with a partner or partners, and create dialogues using the situations below. Whenever appropriate, switch roles and practice a different part of your dialogue.

Situations

A. Au cinéma. You and a classmate are movie critics and do a weekly show in which you discuss recent movies. You have very different tastes and often have different opinions. Choose a new movie (or invent a movie title) to discuss on your show. Take turns talking about it. First tell its name, who is in it, and what kind of movie it is. Then give your opinions of the actors, the actresses, and the movie in general.

B. Interview avec une vedette de cinéma. You are interviewing a famous actor or actress. With a classmate playing the role of the celebrity, find out if he or she is working now and in which film. What kind of film is it? Discuss the film, and then thank the celebrity and say good-bye.

VOCABULAIRE

NOUNS RELATED TO TELEVISION OR MOVIES

l' **acteur** (m), l'**actrice** (f)   actor, actress
le **câble**   cable
la **caméra vidéo**   video camera
la **chaîne**   channel
la **comédie**   comedy
le **dessin animé**   cartoon
le **documentaire**   documentary
l' **émission** (f)   (TV) program
l' **émission de variétés** (f)   variety show
le **feuilleton**   series, miniseries
le **film d'épouvante**   horror film
le **film policier**   detective film
les **informations** (f)   news
le **jeu**   game
le **magazine télévisé**   news show, interview show
le **magnétoscope**   videocassette recorder
la **météo**   weather report
le **programme**   (TV) schedule
la **publicité**   commercial, advertisement
le **reportage**   news report, news coverage
le **reportage sportif**   sports report
le **rôle**   part, role
le **scénario**   film script
le **vidéoclip**   music video
le **western**   western

OTHER NOUNS

l' **aide** (f)   help, assistance
le **changement**   change
le **choix**   choice
le **détail**   detail
le **genre**   kind
l' **histoire** (f)   story
le **lit**   bed
la **minute**   minute
le **plan**   outline, draft
la **possibilité**   possibility
la **routine**   routine
la **suggestion**   suggestion

VERBS AND VERBAL EXPRESSIONS

consulter   to consult
distribuer les rôles   to assign the parts, to do the casting
écrire   to write
emprunter   to borrow
inventer   to invent, to devise
participer (à)   to participate (in)
pouvoir   can, may, to be able
répéter   to rehearse
suggérer   to suggest
tourner un film   to make a movie
voir   to see
vouloir   to want, to wish

ADJECTIVES

autre   other
ce, cet, cette   this, that
ces   these, those
génial   brilliant
populaire   popular
sportif (m), **sportive** (f)   athletic, sports
sûr   sure
télévisé   televised

OTHER WORDS AND EXPRESSIONS

autre chose   something else
bof   ho hum
ce soir   tonight
chacun (m), **chacune** (f)   each one
ensemble   together
je voudrais bien...   I would really like...
mais quoi?   but what?
pas encore   not yet
pas grand-chose   not much
pourquoi pas?   why not?
Que...?   What...?
quelque chose de + *adjectif*   something + *adjective*
quelques   a few
quoi de neuf?   what's new?
sûrement   certainly

Vacations and Travel

In this chapter, you will have the opportunity to talk about travel and leisure. You will also learn about the following functions and structures.

Functions

- talking about cities and countries

- giving directions, advice, or orders

- talking about location

- giving opinions and descriptions

Structures

- prepositions used with geographic names

- imperative forms

- prepositions of place

- adjectives that precede nouns

I NTRODUCTION

Le français en contexte

Bon voyage!

Didier Leclerc va passer ses vacances aux
<u>États-Unis</u> pour <u>pratiquer</u> son anglais, mais
ses vacances commencent <u>mal</u>. Voici Didier
à l'aéroport Charles-de-Gaulle à Paris.

United States / to practice
badly

DIDIER	Bonjour, Madame. J'ai une réservation sur le <u>vol</u> de 14 h 45.	flight
L'EMPLOYÉE	Je peux voir votre <u>billet</u>, s'il vous plaît?	ticket
DIDIER	Le voici.	
L'EMPLOYÉE	Voulez-vous une place dans la <u>section fumeurs</u> ou non-fumeurs?	smoking section
DIDIER	Dans la section non-fumeurs, s'il vous plaît.	
L'EMPLOYÉE	C'est la première fois <u>que</u> vous allez aux États-Unis?	that
DIDIER	Oui, j'espère que tout va bien marcher.	
L'EMPLOYÉE	C'est un très grand <u>pays</u>. Dans quelles régions des États-Unis allez-vous?	country
DIDIER	Je vais <u>d'abord</u> passer une semaine chez des amis à Portsmouth. C'est une ville <u>située</u> au <u>nord</u> de Boston.	first located / north
L'EMPLOYÉE	Et après ça, qu'est-ce que vous allez faire?	
DIDIER	Je vais passer la semaine <u>suivante</u> dans le <u>Sud</u>. Je vais voir une copine qui habite à <u>La Nouvelle-Orléans</u>. <u>Ensuite</u> j'espère aller dans l'<u>Ouest</u> et dans le Nord-Ouest pour visiter quelques parcs nationaux.	following / South New Orleans / Next West
L'EMPLOYÉE	Pardon, Monsieur. Je suis <u>désolée</u>, mais votre réservation est pour demain, le 2 août. C'est aujourd'hui le 1ᵉʳ août.	very sorry
DIDIER	<u>Zut alors!</u> Je suis bête! Et ce n'est pas possible de <u>partir</u> aujourd'hui?	Darn / leave
L'EMPLOYÉE	Non, je regrette. Il n'y a pas de places libres sur ce vol.	
DIDIER	<u>Ça veut dire</u> que je vais être obligé de passer la <u>nuit</u> ici! Je vais essayer de réserver une chambre d'hôtel!	That means / night

Compréhension

Answer the following questions based on **Bon voyage!**

1. Où Didier va-t-il passer ses vacances?
2. Est-ce que Didier veut une place dans la section fumeurs ou dans la section non-fumeurs?
3. Est-ce la première fois que Didier va aux États-Unis?
4. Qu'est-ce qu'il va faire d'abord?
5. Dans quelles régions va-t-il ensuite?
6. Où habite la copine de Didier?

Les mots et la vie

Everyone has different vacation preferences. What are yours?

Où est-ce que vous aimez passer vos vacances?

au bord de la mer

dans un pays étranger

dans une colonie de vacances

dans une station de ski

dans un petit village touristique

Qu'est-ce que vous emportez?

une valise

un passeport

des chèques (m) de voyage

une carte de crédit

un appareil-photo

Où préférez-vous rester?

dans des campings (m)

dans des auberges (f) de jeunesse

chez des amis

dans des hôtels

chez des parents

Comment préférez-vous voyager?

en voiture (f)

en train (m)

en avion (m)

à bicyclette (f)

à pied (m)

Quelles sont vos activités préférées?

visiter des musées, des cathédrales (f) et des monuments (m)

rencontrer des gens

envoyer* des cartes postales

voir des paysages intéressants

acheter des souvenirs (m)

*In the present tense, **envoyer** has the same spelling change as **essayer** or **payer: j'envoie, tu envoies, il/elle envoie, nous envoyons, vous envoyez, ils/elles envoient.**

A. Projets de vacances. Laurent is talking about the vacation plans of people he knows. Read the sentence about Laurent's friends, then decide which of the two sentences you hear most likely describes that person's plans.

> MODÈLE   Jacques va acheter une bicyclette.
> **a.** Il veut visiter les États-Unis.
> **b. Il veut faire des promenades à bicyclette.**

1. Ma cousine Annick aime beaucoup visiter les musées.
2. Nicole et Chantal vont faire de la planche à voile.
3. Mon frère n'a pas beaucoup d'argent.
4. Albert adore prendre des photos.
5. Daniel va passer ses vacances dans un pays étranger.
6. Mireille aime faire du sport.
7. Paul déteste rencontrer les gens.

B. Un séjour à Paris. Monique, a French Canadian, and her mother are going to Paris. Based on the illustrations and the verbs indicated, write what they are going to do.

> MODÈLE   **Elles vont voyager en avion.**

(voyager)

1. (emporter)

2. (rester)

3. (visiter)

4. (voir)

5. (acheter)

6. (rencontrer)

Communication

A. Conseils. Véronique is trying to imagine the ideal vacation for her friends. Where does she suggest her friends go for their vacation, or how might they travel?

> EXEMPLE Albert aime faire du ski.
> **Il peut aller dans une station de ski.**

1. Christine n'aime pas les grandes villes.
2. Pierre adore la plage. Il veut nager tous les jours.
3. Élisabeth n'aime pas voyager en avion.
4. Antoine aime étudier les langues.
5. Philippe veut rencontrer des gens.
6. Sarah aime visiter des musées.

B. Des vacances reposantes. Tell whether you would like to spend your vacation in each of the following places. Then tell why or why not.

> EXEMPLE au bord de la mer
> **Je voudrais passer mes vacances au bord de la mer.**
> **J'aime nager, et on peut faire de la planche à voile.**

1. au bord de la mer
2. dans une grande ville
3. dans un pays étranger
4. dans une station de ski
5. dans une colonie de vacances
6. dans un petit village touristique

C. À l'agence de voyages. You are working in a travel agency, and customers ask for help with their travel plans. What can you suggest so that these tourists will be sure to enjoy their vacation?

> EXEMPLE Barbara veut visiter la France, mais les hôtels coûtent trop cher.
> **Elle peut rester dans des auberges de jeunesse.**

1. Monsieur et Madame Guimon sont à New York et ils ont envie d'aller à Montréal. Ils ne veulent pas prendre l'avion.
2. Susan va aller en France pour pratiquer son français, mais elle ne veut pas rester dans une grande ville.
3. Monsieur et Madame Décaux veulent visiter l'ouest des États-Unis. Ils veulent surtout visiter les parcs nationaux.
4. Thomas veut passer ses vacances d'été dans un petit village touristique. Il n'a pas beaucoup d'argent.

EXPLORATION 1

Function: *Talking about cities and countries*
Structure: *Prepositions used with geographic names*

Présentation

Cities, countries, and continents are important when discussing current events or travel plans.

A. Definite articles are not used with the names of cities, although there are a few exceptions such as **La Nouvelle-Orléans.** To say that we are *in* or going *to* a city, the preposition **à** is used. The preposition **de** is used to say that we are *from* a city.

Nicole est **de** Nice.	*Nicole is **from** Nice.*
Aujourd'hui elle est à Paris.	*Today she is **in** Paris.*
Demain elle va à La Nouvelle-Orléans.	*Tomorrow she's going **to** New Orleans.*

B. Definite articles are usually used with the names of countries and continents. **Israël** is an exception in that it never takes an article.

La France est au nord de **l'Espagne.**	*France is north of Spain.*
Israël est un pays intéressant.	*Israel is an interesting country.*

- Countries whose names end in **-e**, like **la France**, are generally feminine. The names of the continents all end in **-e** and are all feminine.

l' Asie *Asia*	l' Afrique *Africa*
l' Europe *Europe*	l' Amérique du Nord *North America*
la Hollande *Holland*	l' Amérique du Sud *South America*
la Suisse *Switzerland*	la Russie *Russia*
l' Italie *Italy*	l' Égypte *Egypt*
l' Allemagne *Germany*	la Côte d'Ivoire *Ivory Coast*
l' Angleterre *England*	la Chine *China*
la Belgique *Belgium*	l' Argentine *Argentina*
l' Espagne *Spain*	l' Australie *Australia*

- Countries whose names end in a letter other than **-e** are generally masculine.

les États-Unis *United States*	le Japon *Japan*
le Canada *Canada*	le Viêt-nam *Vietnam*
le Portugal *Portugal*	le Pérou *Peru*
le Maroc *Morocco*	le Brésil *Brazil*
le Sénégal *Senegal*	le Luxembourg *Luxembourg*

The French name for *Mexico*, **le Mexique,** is an exception. Although it ends in an **-e,** it is masculine.

Le Mexique est un grand pays.   *Mexico is a big country.*

C. The words used to indicate that we are *in* a place, are going *to* a place, or are *from* a place depend on the gender of the place name.

- With feminine place names and with masculine names beginning with a vowel, we use the preposition **en** without an article to indicate *to* or *in.* The preposition **de** is used without an article to indicate *from.*

Suzanne a envie de voyager **en** Angleterre l'été prochain.
Sylvie va passer ses vacances **en** Israël.
Pierre arrive **de** France après-demain.

- With masculine names of countries beginning with a consonant, we use **au** to indicate *to* or *in.* We use **du** to indicate *from.*

Serge va **au** Canada pour étudier.
Mon amie Alessandra est **du** Pérou.

- With plural names, **aux** is used for *to* or *in,* and **des** is used for *from.*

Les Parmentier vont passer leur vacances **aux** États-Unis.

Prepositions used with geographic names

to / in	from	place
à	de	city
en	de	feminine names of countries, masculine names of countries beginning with a vowel, and continents
au	du	masculine names of countries beginning with a consonant
aux	des	plural names of countries

Préparation

A. Cartes postales. Claudine's pen pals always send her postcards when they go on vacation. Listen to two statements about each postcard, and write the letter of the statement which is more likely to be accurate.

MODÈLE **a. Simone passe ses vacances en Égypte.**
b. Simone passe ses vacances en Hollande.

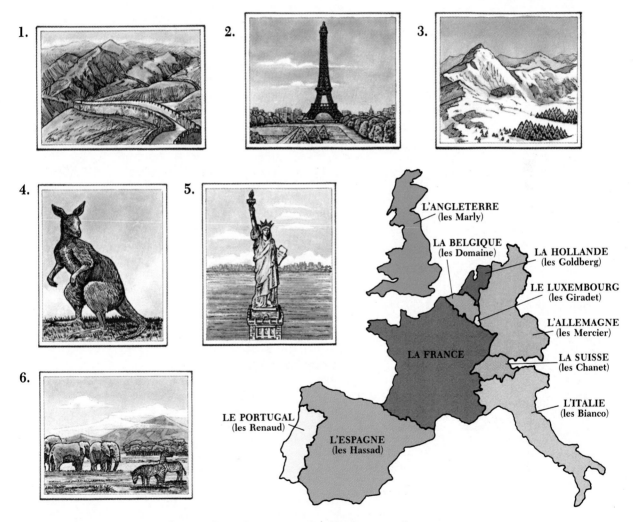

1.

2.

3.

4.

5.

6.

L'ANGLETERRE
(les Marly)

LA BELGIQUE
(les Domaine)

LA HOLLANDE
(les Goldberg)

LE LUXEMBOURG
(les Giradet)

L'ALLEMAGNE
(les Mercier)

LA FRANCE

LA SUISSE
(les Chanet)

L'ITALIE
(les Bianco)

LE PORTUGAL
(les Renaud)

L'ESPAGNE
(les Hassad)

B. Où allez-vous cet été? Look at the map and tell where each of these French families is going to spend its vacation this summer.

MODÈLE les Domaine
Les Domaine vont en Belgique.

C. En vacances. Some students have just met in a youth hostel. They are giving their names and telling where they live. What do they say?

> MODÈLE   Brigitte / Bruxelles / Belgique
> **Je m'appelle Brigitte. J'habite à Bruxelles en Belgique.**

1. Érika / Amsterdam / Hollande
2. Marcel / Montréal / Canada
3. María / Madrid / Espagne
4. Karl / Cologne / Allemagne

5. Paco / Acapulco / Mexique
6. Denise / Genève / Suisse
7. Vicki / Denver / États-Unis
8. Richard / Londres / Angleterre

Communication

A. Mes vacances. Imagine that you are going to take a two-week vacation and that you can visit any five countries. Tell what countries you will visit, how long you will stay in each country, and what you will do there.

> EXEMPLE   **D'abord je vais passer quelques jours en Suisse. J'ai envie de visiter Genève. Ensuite...**

B. Bon voyage. Anne-Marie Moreau is thinking about vacation plans for each of the four seasons. Describe in a short paragraph where she wants to go, how she is going to travel, what the weather will be like, and what she will do.

> EXEMPLE   **En automne elle veut aller au Canada. Elle va voyager...**

1.

2.

3.

4.

CULTUREL

Les auberges de jeunesse sont une solution pratique et économique pour les jeunes qui aiment voyager. En France il y a des auberges dans les villes, à la campagne, à la plage et à la montagne. On trouve aussi des auberges de jeunesse dans d'autres pays: par exemple, en Angleterre, en Espagne, en Tunisie, au Mexique, au Sénégal, aux États-Unis, en Suisse et en Hollande.

Passer la nuit ou prendre un repas dans une auberge ne coûte pas cher. En général tout le monde participe au travail—on fait la vaisselle, le ménage, les lits—sous la direction du père ou de la mère aubergiste qui est responsable de l'auberge. Dans certaines auberges il y a aussi des activités sportives ou culturelles. Mais l'avantage principal des auberges de jeunesse, c'est de pouvoir rencontrer d'autres jeunes gens sympa.

1. Y a-t-il des repas préparés à l'auberge de Poitiers?
2. À Orléans, quelle est la distance entre la gare et l'auberge?
3. Quand l'auberge de Perpignan est-elle ouverte (open)?
4. Combien de lits y a-t-il à l'auberge de Paris/Rueil Malmaison?
5. Est-ce qu'on peut faire du camping à Phalsbourg?

NOM DE L'A J	ADRESSE	TÉLÉPHONE	DISTANCE GARE SNCF	PÉRIODES ET HEURES D'OUVERTURE	NOMBRE DE LITS	PLACES CAMPING	CUISINE INDIVIDUELLE		
							REPAS PRÉPARÉS		
								REPAS GROUPE SEUL	
									PETIT DÉJ SEUL
Nîmes	Chemin de la Cigale 30000 Nîmes	66.67.63.53	3,5 km	5 1/17 12 7h/10h 18h/22h	78		•		•
Oinville	Impasse de la rue de Gournay 78250 Oinville Montcient		Meulan 4 km	1 1/31 12	25		•		
Orléans	14, faubourg Madeleine 45000 Orléans	38.62.45.75	1 km	16 2/31 8 16 9/31 12	50		•		
Paimpol	Château Keraoul 22500 Paimpol	96.20.83.60	1,5 km	1 1/31 12	80		•	•	•
Paris/Rueil Malmaison	4, rue des Marguerites 92500 Rueil Malmaison	749.43.97	1,2 km	1 1/31 12 7h30/10h 1 7h/01h du matin	96	25			
Perpignan	Parc de la Pépinière Avenue Grande Bretagne 66000 Perpignan	68.34.63.32	800 m	21 1/19 12 7h/10h 18h/23h	58		•		
Phalsbourg	Château d'Einartzhausen 57370 Phalsbourg	57.07.13.72	Saverne 6 km	1 1/31 12	60		•	•	
Poitiers	17, rue de la Jeunesse B.P 241 86006 Poitiers	49.58.03.05	2,8 km	1 1/31 12 6h/10h 12h/14h 1 7h/22h30	160	60	•	•	
Pontivy	15, rue Général Quinivet 56300 Pontivy		1,5 km	1 6/30 9	30		•		
Praz-de-Lys 1500 m	Chalet Communal Praz-de-Lys 74440 Taninges	50.90.21.20	23 km	15 12/1 5 1 6/15 9	40		•		

*E*XPLORATION 2

Function: *Giving directions, advice, or orders*
Structure: *Imperative forms*

Présentation

A. When we give directions, advice, suggestions, or orders, we often use an imperative. In French, when speaking to several people or to a person with whom we use **vous,** the imperative is the **vous** form of the verb without the subject pronoun.

Vous allez passer vos vacances en France? **Emportez** un appareil-photo et **n'oubliez pas** votre passeport!

*You're going to spend your vacation in France? **Take** a camera and **don't forget** your passport!*

B. If we normally use **tu** with a person, the imperative is the **tu** form of the verb without the subject pronoun. Notice that in spelling, the **s** is dropped from **-er** verbs and from the irregular verb **aller.**

Fais un voyage et **oublie** tes problèmes. **Va** à la plage ou bien **visite** un pays étranger, mais **ne reste pas** à la maison!

***Take** a trip and **forget** your problems. **Go** to the beach or else **visit** a foreign country, but **don't stay** at home!*

C. When we want to make a suggestion introduced by *Let's* or *Let's not,* we use the **nous** form of the verb without the subject pronoun.

Visitons l'Italie. Mais **n'allons pas** à Venise au mois d'août.   *Let's visit Italy. But let's not go to Venice in the month of August.*

D. An irregular verb that is frequently used in the imperative is **être**. Its forms are **sois, soyons,** and **soyez.**

Tu veux visiter la France, Alice? Étudie tes leçons de français et **sois** patiente.   *You want to visit France, Alice? Study your French lessons, and be patient.*

Robert et Daniel, vous allez être professeurs? **Ne soyez pas** trop sévères avec vos élèves.   *Robert and Daniel, you're going to be teachers? Don't be too strict with your students.*

Nous avons un examen demain. Étudions ce soir et **soyons** optimistes.   *We have an exam tomorrow. Let's study tonight and let's be optimistic.*

E. When an object pronoun is used in an affirmative command, it is placed after the verb. A hyphen connects the verb and the pronoun. If the command is negative, the pronoun is placed in its usual position before the verb.

— Est-ce que j'apporte ma guitare?
— Oui, apporte-**la**!
— Non, ne **l'**apporte pas! Écoutons des disques!

Préparation

A. Précautions.   Hervé is about to leave on a trip, and his parents are giving him some last-minute advice. Do they tell him to do or not to do the following things?

MODÈLE   emporter ton appareil-photo   oublier ton argent
Emporte ton appareil-photo!   **N'oublie pas ton argent!**

1. oublier ton billet

2. emporter ton passeport

3. être poli avec les gens

4. visiter les musées et les monuments

5. oublier d'envoyer des cartes postales

6. passer ton temps à regarder la télé dans ta chambre d'hôtel

B. Pour faire du sport. A French-Canadian soccer team is going to Europe to play in an international competition. After looking at the illustrations, what do you think the coach tells the team members to do or not to do to prepare for the games?

MODÈLE **Allez au lit à 10 h.**

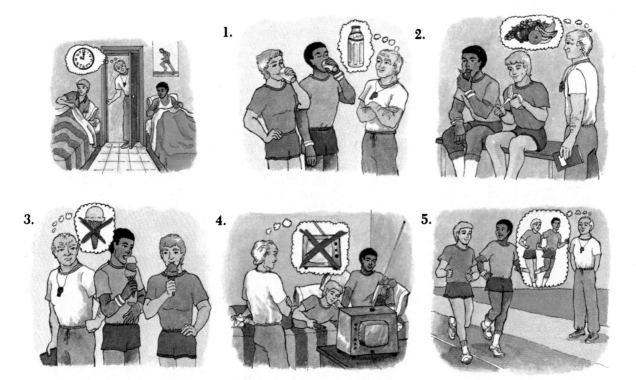

C. Après l'école. Barbara has several things she wants to do after school. Her friend Daniel suggests they do them together. What does Daniel say?

MODÈLE — J'ai envie d'aller au stade.
— **Allons au stade ensemble.**

1. Je voudrais jouer au tennis.
2. J'ai envie de boire quelque chose.
3. Je vais faire une promenade.
4. Je vais faire mes devoirs.
5. J'ai besoin d'étudier pour l'examen.
6. Je vais aller à la bibliothèque.
7. J'ai faim. Je vais manger quelque chose.

Communication

A. Un voyage aux États-Unis. A French friend is planning a trip to the United States. Listen to what your friend says, and explain why you think the plans are good or bad. Use the imperative in your responses.

> EXEMPLE — Je voudrais visiter New York.
> — **Oui, visite New York, c'est une ville intéressante.**
> **(Non, ne visite pas New York, c'est une ville assez chère.)**

B. Conseils. Using the suggestions below, write a guide for new students in your school. Give them your advice about what they should or shouldn't do.

> EXEMPLE déjeuner à l'école
> **Ne déjeunez pas à l'école!**
>
> écouter les professeurs
> **Écoutez les professeurs!**

1. être timide (poli, impoli)
2. arriver en avance (en retard, à l'heure)
3. faire vos devoirs à la maison (à la bibliothèque)
4. étudier le français (l'espagnol)
5. parler beaucoup en classe
6. écouter bien en classe
7. aller aux matchs de basket
8. ?

C. Des suggestions. Imagine that you are with friends who make the statements below. React to each statement by making a suggestion, using the imperative.

> EXEMPLE J'ai faim.
> **Allons manger quelque**
> **chose ensemble, si tu veux.**

1. J'ai une nouvelle chaîne stéréo.
2. J'ai très soif.
3. Je voudrais voir un film français.
4. J'ai un examen après-demain.
5. Il fait très beau cet après-midi.
6. Il va pleuvoir demain.
7. J'ai deux semaines de vacances.
8. Je vais faire un voyage. Je n'ai pas mon billet.

CULTUREL

Paris au mois d'août est un désert: magasins fermés (*closed*), métro vide (*empty*). Sur les boulevards il y a seulement des touristes, l'appareil-photo à la main (*in hand*). En août les Français sont en vacances. Ils vont à la campagne chez des cousins ou chez les grands-parents, ils vont à la montagne pour respirer l'air pur, ou bien ils vont à la mer. Le 31 juillet et le 1er août les gares et les aéroports débordent (*overflow*) de vacanciers (*vacationers*), et les embouteillages (*traffic jams*) sont nombreux sur les autoroutes. Le gouvernement essaie d'encourager les Français à prendre leurs vacances en mai, juin, juillet ou septembre, mais sans résultat. Le mois d'août reste le mois des grandes vacances. À votre avis, quels sont les avantages et les désavantages de cette tradition en France?

EXPLORATION 3

Function: *Talking about location*
Structure: *Prepositions of place*

Présentation

A. In giving directions or discussing where people or things are located, we often use prepositions. You have already learned how to use many prepositions such as **à, chez, dans, de, en, entre,** and **sur.** Here are some other useful prepositions.

près de	*near*	devant	*in front of*
sous	*under*	jusqu'à	*as far as, up to*
loin de	*far from*	autour de	*around*
à côté de	*next to*	au coin de	*on the corner of*
en face de	*across from, facing*	le long de	*along*
derrière	*behind*		

Notice that some prepositions are composed of two or three words, and include **à** or **de.** Remember that **à** and **de** contract with **le** (**au** or **du**) and with **les** (**aux** or **des**).

— Est-ce que l'hôtel est **derrière** le parc?

— Non, l'hôtel est **en face du** parc.
   Continuez **jusqu'à** la rue suivante.
   Vous allez voir l'hôtel **au coin de**
   cette rue.

B. Here are some expressions that are useful in giving directions.

Allez **tout droit**. *Go straight ahead.*

Tournez **à droite**. *Turn right.*

Tournez **à gauche**. *Turn left.*

Où est le fromage?

Tourne à gauche, à droite, à droite encore, à gauche, à droite...

Préparation

A. Où est-il?   Nathalie loves cats and has several of them. Look at the picture, and listen as she tells where each one is. Write the appropriate letter next to the number of the sentence.

> **MODÈLE**   Minou est sur mes livres.
>   **A**

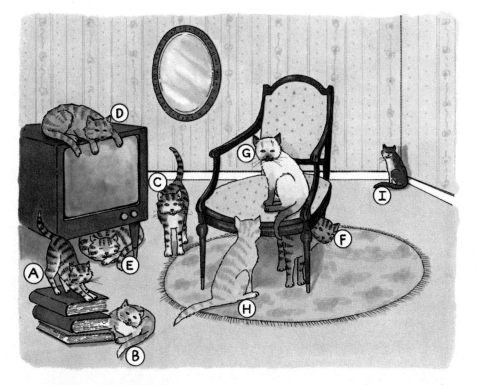

B. Pardon, Monsieur l'agent.   An American tourist is asking a French police officer for directions. Each time he asks, he finds out that the place he is looking for is in the opposite direction from where he thinks it is. What does the policeman say?

> **MODÈLE**   — Cet hôtel est loin de la gare, n'est-ce pas?
>   — **Non, Monsieur, cet hôtel est près de la gare.**

1. Le café est derrière l'hôtel, n'est-ce pas?
2. Est-ce que la poste est à droite de la banque?
3. La cathédrale est près d'ici, n'est-ce pas?
4. Est-ce que le musée est à gauche de l'église?
5. La bibliothèque est à droite du musée, n'est-ce pas?
6. La gare est loin de l'hôtel, n'est-ce pas?

C. Album de photos. Christine is describing some photos she took while on vacation at her aunt's and uncle's home. Complete her statements by adding the appropriate preposition.

MODÈLE

Mon oncle et ma tante habitent à Lyon. C'est **loin de** Paris.

1. Ici, nous sommes ===== leur maison.

2. Leur maison est ===== la poste.

3. Il y a une boulangerie ===== leur maison.

4. Là, ===== ma tante, c'est mon cousin Georges.

5. Ma cousine Margot est ===== mon oncle Yves.

Communication

A. Qui est-ce? Choose a student in your class. The rest of the class will try to guess whom you have chosen by asking yes-or-no questions.

> EXEMPLE **Est-ce qu'il (ou elle) est derrière Monique?**
> **Est-ce qu'il (ou elle) est entre Jean-Luc et Anne?**

B. À la gare. While you are at the railroad station, people ask you for directions. Write the directions you would give.

> EXEMPLE Où est la rue de la Plage, s'il vous plaît?
> **Allez tout droit et tournez à gauche à la deuxième rue.**

1. Où est l'hôpital, s'il vous plaît?
2. Où est l'Hôtel de la Gare, s'il vous plaît?
3. Je voudrais aller au supermarché. Où est-il, s'il vous plaît?
4. Où est l'école, s'il vous plaît?
5. Où est la rue Carnot, s'il vous plaît?

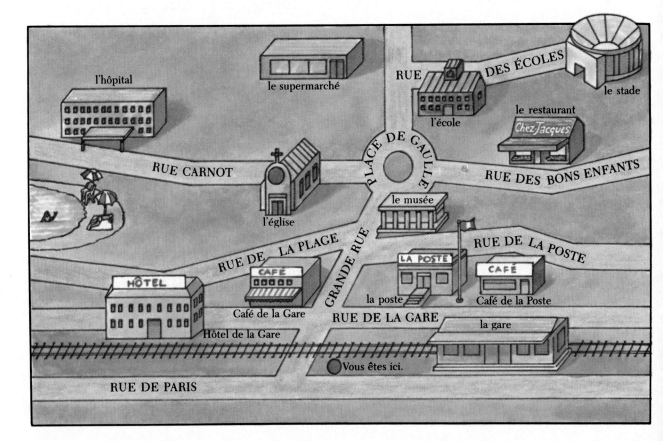

C. À l'agence immobilière. Tell whether you would like to live near these places or far from them, and tell why.

> EXEMPLE un parc
> **Je voudrais habiter près d'un parc parce que j'aime bien faire des promenades.**

1. un supermarché
2. une piscine
3. un cinéma
4. un stade
5. une bibliothèque
6. un magasin de disques

Interlude
CULTUREL

André Lefèvre va faire un tour aux États-Unis l'été prochain. Il prépare une liste des choses qu'il espère voir aux États-Unis. Est-ce que vous reconnaissez (*recognize*) ces noms?

la Maison-Blanche
les chutes du Niagara
la vallée de la Mort
la Statue de la Liberté
les montagnes Rocheuses

les Grands Lacs
le Grand Canyon
la Nouvelle-Angleterre
le Capitole à Washington
les paysages du Nouveau-Mexique

Découvrez les États-Unis

EXPLORATION 4

Function: *Giving opinions and descriptions*
Structure: *Adjectives that precede nouns*

Présentation

In French, adjectives are usually placed after the noun. However, you have seen that a few important adjectives are placed before the noun rather than after it. Here are some adjectives familiar to you that are placed before the noun.

un **bon** repas	une **bonne** idée
un **mauvais** film	une **mauvaise** idée
un **joli** village	une **jolie** ville
un **grand** voyage	une **grande** maison
un **petit** café	une **petite** église
un **jeune** élève	une **jeune** élève

A. The three adjectives **beau** (*handsome* or *beautiful*), **nouveau** (*new*), and **vieux** (*old*), also precede the noun they modify. These adjectives have irregular forms, including a special masculine singular form used before a noun beginning with a vowel sound.

	Masculine		
Singular before a consonant	un **beau** musée	un **nouveau** musée	un **vieux** musée
Singular before a vowel sound	un **bel** hôtel	un **nouvel** hôtel	un **vieil** hôtel
Plural	de **beaux** pays	de **nouveaux** hôtels	de **vieux** musées

	Feminine		
Singular	une **belle** ville	une **nouvelle** ville	une **vieille** ville
Plural	de **belles** photos	de **nouvelles** photos	de **vieilles** photos

B. When adjectives that precede the noun are used with the plural indefinite article, the **des** becomes **de** (or **d'**). Compare these sentences.

Ce sont **des** amis de mon frère.
Ce sont **de** vieux amis de mon frère.

Il y a **des** nuages ce matin.
Il y a **de** beaux nuages ce matin.

C. Like all adjectives, these adjectives can also be separated from the noun they describe by the verb **être**.

Ces monuments sont **beaux**.
Cette cathédrale n'est pas très **grande**.
Ce nouvel hôtel est **beau**.

D. Another adjective that precedes the noun is **tout**. The masculine plural form of **tout** is irregular.

	Singular	Plural
Masculine	tout	tous
Feminine	toute	toutes

Tout is often separated from the noun by an article, a demonstrative adjective, or a possessive adjective.

Je vais inviter **tous** mes amis.
On va visiter **toute** la région.

*I'm going to invite **all** my friends.*
*We're going to visit **the whole** region.*

Préparation

A. Cluny, c'est comment? David is going to visit his relatives in Cluny. His friends want to know what kind of town it is. What do they ask?

MODÈLE   petit   **C'est une petite ville?**

1. joli   **2.** grand   **3.** beau   **4.** nouveau   **5.** vieux

B. **Un voyage à Toulouse.** Monsieur Brianon is going to spend the weekend in Toulouse. Look at the pictures below, and listen to two descriptions of each picture. Write the letter of the statement that corresponds to each picture.

MODÈLE   **a. M. Brianon va préparer sa petite valise.**
         b. M. Brianon va préparer sa grande valise.

C. **Commentaires.** Annick is making comments about things that she sees on her vacation. Her friend Gisèle agrees with her. Tell what Gisèle says.

MODÈLE   — Cet hôtel est grand!
         — **Oui, c'est un grand hôtel.**

1. Cette église est jolie!
2. Ces plages sont belles!
3. Ce garçon est sympathique!
4. Ce café est agréable!
5. Ces magasins sont nouveaux!
6. Cet hôpital est vieux!
7. Cet hôtel est nouveau!
8. Ce musée est intéressant!

D. **Touristes.** Pierre and Nicole are eager tourists. They want to see everything. Using the suggestions below, tell what they want to see.

MODÈLE   le musée du Louvre
         Ils veulent voir tout le musée du Louvre.

1. cette région
2. ces villages touristiques
3. les monuments de Bruxelles
4. la ville de Genève
5. les parcs nationaux
6. les cathédrales de France

Communication

A. Préférences.   Indicate which of the following you prefer.

Est-ce que vous préférez

1. habiter dans une grande ville ou dans un petit village?
2. rester dans un grand hôtel élégant ou dans un petit hôtel sympathique?
3. passer des vacances aux États-Unis ou faire un grand voyage dans un pays étranger?
4. être élève dans une grande école ou dans une petite école?
5. avoir une vieille voiture qui marche bien ou une nouvelle voiture qui marche mal?
6. prendre un mauvais repas dans un grand restaurant élégant ou prendre un bon repas dans un petit restaurant?
7. avoir beaucoup d'amis ou seulement quelques bons amis?
8. habiter dans un vieux quartier ou dans un nouveau quartier?

B. Au syndicat d'initiative.   How would you describe your town (or a
W typical American town) to a group of French people? Use the adjectives below or others that you know to answer the questions. Use your answers to write a short paragraph, and feel free to add descriptions of other things in your town.

> EXEMPLE   Est-ce qu'il y a un musée?
> **Oui, il y a un petit musée et quelques monuments intéressants.**

joli	agréable	parfait	compliqué
grand	sympathique	élégant	intéressant
petit	beau	mauvais	important
formidable	nouveau	bon	excellent
typique	vieux	moderne	amusant

1. Est-ce une grande ville?
2. Est-ce qu'il y a des hôtels? Comment sont-ils?
3. Il y a un aéroport, n'est-ce pas? Comment est cet aéroport?
4. Y a-t-il des parcs? Comment sont-ils?
5. Y a-t-il des magasins?
6. Est-ce qu'il y a un choix de restaurants?
7. Est-ce qu'il y a de bonnes écoles?
8. Et les gens, comment sont-ils?
9. Aimez-vous votre ville? Pourquoi? Pourquoi pas?

PERSPECTIVES

Lecture

Mes vacances à Antibes

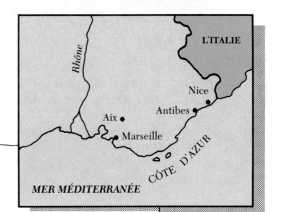

Antibes,
le 18 juillet

Chère Bernadette,

Devine où je passe mes vacances! Non, ce n'est pas chez mon oncle Paul à Londres. Et ce n'est pas chez ma tante Hélène en Normandie. Je suis près d'Antibes, une petite ville dans le sud de la France, où je travaille à la restauration d'une vieille maison avec un groupe de jeunes. C'est un projet organisé par la municipalité d'Antibes qui veut protéger la beauté de la région. Je vais rester ici jusqu'au début du mois de septembre. J'adore les beaux paysages et les vieux bâtiments, alors je suis vraiment très content de pouvoir travailler à ce projet.

Je suis aussi très content ici parce que chaque jour je fais la connaissance de nouveaux copains. Il y a des Allemands, des Américains, des Canadiens et des Suisses. Nous travaillons dur, mais quand on travaille en équipe, c'est toujours amusant. Souvent on travaille jusqu'à huit heures du soir. Après ça, on est fatigué, bien sûr, mais on est content d'être ensemble. On chante, on danse, on raconte des histoires, on fait des projets pour le lendemain. Je suis sûr que je vais être triste quand la fin de l'été va arriver.

Et toi, que fais-tu? Où passes-tu tes vacances et quand vas-tu rentrer à Bruxelles? As-tu de nouveaux projets pour l'an prochain? Et sois patiente. C'est ma première lettre, mais ce n'est pas la dernière!

Bonnes vacances et à bientôt,

Jean-Paul

Vocabulaire à noter

un **Allemand** German
le **bâtiment** building
la **beauté** beauty
le **début** beginning
  deviner to guess
  dur hard
  faire la connaissance de to meet
la **fin** end

jusqu'à until
le **lendemain** the next day
la **municipalité** city government
par by
protéger to protect
raconter des histoires to tell stories
la **restauration** restoration
un **Suisse** Swiss

Compréhension

Answer the following questions based on **Mes vacances à Antibes**.

1. Où Jean-Paul passe-t-il ses vacances?
2. Qu'est-ce qu'il fait?
3. Jusqu'à quand va-t-il rester à Antibes?
4. Pourquoi est-il content de pouvoir travailler à ce projet?
5. Y a-t-il seulement des Français?
6. Est-ce qu'ils travaillent dur?
7. Pourquoi le travail est-il amusant?
8. Jusqu'à quelle heure travaillent-ils le soir?
9. Qu'est-ce que les jeunes font après le travail?
10. Et Bernadette, où habite-t-elle?

Communication

A. Un grand voyage. Monsieur Grant, a history teacher in Quebec, is taking his class to Europe for a month this summer. Listen as he describes the trip, and write the missing words.

Notre voyage va commencer le 28 juillet, et nous allons rester en Europe __1__. Nous avons des réservations sur __2__ numéro 89 qui arrive __3__ à 10 heures du matin. Nous allons __4__ passer une semaine __5__, dans __6__ touristique près de Cambridge. Nous allons rester dans __7__. Après ça, nous allons à Paris où il y a toutes sortes de __8__ à voir. __9__ nous allons visiter Reims et sa belle cathédrale et nous allons continuer __10__ Strasbourg dans __11__. __12__ nous allons passer deux jours __13__. Pendant la dernière semaine, nous allons faire le tour de __14__. Enfin, nous allons prendre __15__ __16__ pour rentrer __17__ le 30 août. Les cours commencent la semaine __18__.

B. Projets de voyage. You are planning a long-awaited vacation. Using the questions below as a guide, write a paragraph telling about your trip.

1. Pendant combien de temps allez-vous être en vacances?
2. Avec qui allez-vous voyager?
3. Comment allez-vous voyager?
4. Dans quel(s) pays allez-vous voyager?
5. Quelles villes voulez-vous visiter?
6. Où allez-vous rester?
7. Qu'est-ce que vous allez faire dans chaque ville que vous allez visiter?
8. Qu'est-ce que vous allez emporter?

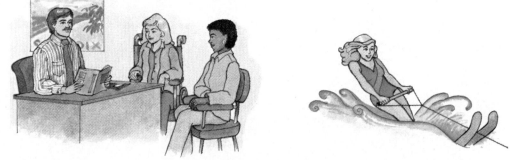

C. Devinez. Choose a city in the United States or in another country. Other students will ask you questions to find out which city it is.

EXEMPLE **Est-ce que c'est aux États-Unis?**
(Est-ce que c'est dans le nord du pays?)
(Est-ce que c'est près d'ici?)

D. Quelle surprise! Charles has a sudden surprise while he is on vacation. Listen to the paragraph, and then choose the best answer to these questions.

1. Charles habite
   a. à Dijon.
   b. à Marseille.
   c. en Suisse.

2. Charles a envie de passer ses vacances
   a. dans une station de ski.
   b. dans un petit village.
   c. au bord de la mer.

3. Il arrive à la gare en retard parce qu'il
   a. n'a pas de voiture.
   b. ne trouve pas de taxi.
   c. n'aime pas les avions.

4. Charles passe la nuit dans le train
   a. au lit.
   b. avec de vieux amis.
   c. à côté de la porte.

5. Le lendemain matin, le train
   a. arrive à la gare.
   b. arrive à la plage.
   c. passe entre deux montagnes.

6. À la fin de l'histoire, Charles est
   a. en Suisse.
   b. à Marseille.
   c. à Dijon.

Prononciation

The sound /ø/, as in **deux,** is pronounced with your lips rounded and your tongue against the back of your lower teeth. This sound is spelled **eu** or **œu**. Listen and repeat the following words.

   je veux   je peux   il pleut   les œufs   les jeux

The sound /œ/, as in **heures,** is also associated with the spellings **eu** and **œu,** but it occurs only when these letters are followed by a consonant sound other than /z/. It is pronounced with the lips slightly less rounded than for the sound /ø/. Listen and repeat the following words.

   un œuf   un acteur   une heure   il est jeune

Note the contrast between the sound /ø/ and the sound /œ/ in the following words and phrases. Listen and repeat the following pairs of words.

   il peut / ils peuvent   il veut / ils veulent
   des œufs / un œuf   chanteuse / chanteur

Now repeat the following sentences to practice these two sounds.

1. J'ai une petite sœur qui veut être chanteuse.
2. Ma sœur a peur de son vieux professeur de musique.
3. Dans sa classe il y a un jeune chanteur.
4. Il peut chanter en neuf langues.
5. Ils ont seulement deux heures de cours le jeudi.

I NTÉGRATION

Here is an opportunity to test yourself to see what you can do. If you have trouble with any of these items, study the topic and practice the activities again, or ask your teacher for help.

Écoutez bien

A. La Martinique...Le pays du soleil. Martinique, an island in the Caribbean, is a French **département** or *state,* and its people are French citizens. Listen to the following radio advertisement by the tourist bureau of Martinique, and then answer the questions below.

1. Quel temps fait-il à la Martinique en hiver?
2. Quels sports peut-on pratiquer?
3. Qu'est-ce qu'on peut faire d'autre?
4. Où est-ce qu'on peut rester?
5. Pourquoi est-ce une bonne idée de passer ses vacances à la Martinique?

B. Passez de bonnes vacances! You are working in a travel agency in Montreal. Listen to your clients describe what they want, and then give them the best advice you can.

EXEMPLE — Quand je voyage, j'aime bien rencontrer des gens.
— **Passez vos vacances dans des auberges de jeunesse.**

VOTRE PROCHAINE STATION
FORT-DE-FRANCE...

UNE HISTOIRE D'AMOUR
ENTRE CIEL & MER

MARTINIQUE

OFFICE DU TOURISME DES ANTILLES FRANÇAISES
12, rue Auber 75009 Paris - Tél.: 42.68.11.07 - Télex 213 806 TOURAG P
OFFICE DÉPARTEMENTAL DU TOURISME DE LA MARTINIQUE
B.P. 520 - 97206 FORT-DE-FRANCE - Tél.: 71.79.60
Cable OPTOURISM MARTINIQUE - Télex OPTOUR 912678 MR

Lisez un peu

A. Read the following conversation between the members of the Roussel family to find out how each of them feels about vacations. Then answer the questions.

MME ROUSSEL   Moi, je préfère voyager en avion. C'est pratique et c'est rapide. Quand j'ai des vacances, je veux passer un minimum de temps à voyager. Comme ça je réserve un maximum de temps pour les vacances. Pour moi, «faire un beau voyage», c'est «faire un voyage rapide». Les vacances commencent quand j'arrive à ma destination, pas avant.

YANN   Je suis d'accord. J'adore les vacances, mais je ne trouve pas les voyages intéressants. J'essaie de regarder autour de moi et d'observer les gens pour passer le temps, mais quand je voyage en train, en voiture ou même en avion, j'ai toujours sommeil. Papa trouve que je ne suis pas très curieux, mais ce n'est pas vrai. C'est simplement que je préfère rester à la maison où je peux écouter des disques, aller au cinéma ou jouer au tennis avec des copains.

M. ROUSSEL   Alors moi, je ne suis vraiment pas d'accord avec les autres! Pour moi, les vacances sont surtout un changement de routine. Si je peux passer mes vacances dans un pays étranger, même si ce pays est très loin de la France, les vacances commencent au moment où je quitte mon bureau. J'adore voyager, et voilà pourquoi je ne suis pas pressé. J'aime voyager en avion, bien sûr, mais je préfère voyager en train, en voiture, à bicyclette ou même à pied. Un jour j'espère aller en Chine en bateau!

Which family member would make each of the following statements— M. Roussel, Mme Roussel, or Yann?

1. Ce voyage va durer encore huit heures. J'ai sommeil!
2. Un jour je voudrais faire le tour des États-Unis en voiture.
3. Ouf! On arrive enfin à l'hôtel! Maintenant les vacances commencent!
4. Si on fait le voyage en avion, on va pouvoir passer quinze jours à la mer. Si on fait le voyage en voiture, ça va prendre deux jours. Moi, je préfère l'avion!
5. Nous allons passer nos vacances à la maison cette année. Je suis content.
6. Je préfère prendre le train. Ce n'est pas rapide, mais on peut voir des paysages intéressants.

Écrivez

A. **Une ville française.**   Answer the following questions based on the map on p. 302.

1. Est-ce que le supermarché est près de la gare?
2. Est-ce qu'il y a une piscine municipale?
3. Où est le stade?
4. Où peut-on aller pour manger quelque chose?
5. Où est le Café de la Poste?
6. Comment va-t-on de la poste à l'hôpital?

B. Où aller?   You've won an all-expense-paid trip to the country of your choice. The travel agency has asked you to provide the following information. Answer the following questions.

1. Où voulez-vous aller?
2. Comment voulez-vous voyager?
3. Préférez-vous passer votre semaine de vacances à la campagne, dans les grandes villes ou dans les petits villages touristiques?
4. Préférez-vous les grands hôtels, les petits hôtels sympathiques ou les auberges de jeunesse?
5. Quelles sont vos activités préférées quand vous êtes en vacances?

C. Une carte postale.   You have received the postcard below from your pen pal Robert. Imagine that you are taking your vacation in an exotic place, and write a postcard to Robert.

Chère Sylvie,
Je suis à Montréal où je passe un mois de vacances chez mes cousins. Montréal, c'est une très grande ville, et il y a beaucoup à voir. Il fait très beau, et alors chaque matin, je fais une promenade pour prendre des photos (j'ai un nouvel appareil photo!).
Et toi, comment est-ce que tu passes tes vacances d'été?
À bientôt,
Robert

Sylvie Laffont
423 Saules
Baton Rouge, LA
70815

Parlons ensemble

Work with a partner or partners, and create dialogues using the situations below. Whenever appropriate, switch roles and practice a different part of your dialogue.

Situations

A. À Paris.   You and a friend have just arrived in Paris, and you're trying to decide how to spend your first day. Your friend wants to go to a museum and buy some souvenirs, but you want to take a walk to see the city and meet some people. Try to find a compromise.

B. À la gare.   You have just arrived at the train station in a small French city. You want to find a hotel, visit some interesting places, and then get something to eat in a good restaurant. You stop a French person in front of the train station and ask directions to a hotel. At the hotel, you ask directions to the cathedral and the museum. At the museum, you ask directions to a good restaurant. As you create these conversations, draw a map which represents this French town.

VOCABULAIRE

NOUNS RELATED TO TRAVEL
l' **appareil-photo** (*m*)   camera
l' **auberge de jeunesse** (*f*)
   youth hostel
l' **avion** (*m*)   airplane
le **bateau**   boat, ship
la **bicyclette**   bike
le **billet**   ticket
le **camping**   campground
la **carte de crédit**   credit card
la **carte postale**   postcard
la **cathédrale**   cathedral
le **chèque (de voyage)**
   (traveler's) check
la **colonie de vacances**   holiday
   camp
l' **est** (*m*)   east
la **mer**   sea
le **monument**   monument
le **nord**   north
l' **ouest** (*m*)   west
le **passeport**   passport
le **pays**   country
le **paysage**   landscape
la **place**   seat
la **région**   region
la **réservation**   reservation
la **section fumeurs (non-fumeurs)**
   smoking (nonsmoking)
   section
le **souvenir**   souvenir
la **station de ski**   ski resort
le **sud**   south
le **train**   train
la **valise**   suitcase
le **village (touristique)**   (quaint)
   village
le **vol**   flight
le **voyage**   trip

OTHER NOUNS
l' **activité** (*f*)   activity
le **bâtiment**   building
la **beauté**   beauty
le **début**   beginning
l' **employé** (*m*), l' **employée** (*f*)
   employee
la **fin**   end
le **lendemain**   the next day
la **municipalité**   city government
la **nuit**   night
les **parents** (*m*)   relatives
la **restauration**   restoration

VERBS AND VERBAL EXPRESSIONS
continuer   to continue, to go on
deviner   to guess
emporter   to take along
envoyer   to send
faire la connaissance de   to meet
partir   to leave
pratiquer   to practice
protéger   to protect
raconter des histoires   to tell
   stories
rencontrer   to meet
réserver   to make a reservation
tourner   to turn
visiter   to visit

ADVERBS AND ADVERBIAL EXPRESSIONS
à pied   on foot
au bord de la mer   at the seaside
d'abord   first
ensuite   next
mal   badly
partout   everywhere

ADJECTIVES
beau (bel), belle   beautiful,
   handsome
bon (*m*), **bonne** (*f*)   good
désolé   very sorry
dur   hard
étranger   foreign
mauvais   bad
national   national
nouveau (nouvel) (*m*), **nouvelle** (*f*)
   new
possible   possible
situé   located
suivant   following
tout (*m*, *pl*. **tous**)   all, whole
vieux (vieil) (*m*), **vieille** (*f*)   old

PREPOSITIONS
à côté de   next to
à droite   right
à gauche   left
au coin de   on the corner of
autour de   around
derrière   behind
devant   in front of
en face de   across from, facing
jusqu'à   as far as, up to, until
le long de   along
loin (de)   far (from)
par   by
près (de)   near
sous   under
tout droit   straight ahead

OTHER WORDS AND EXPRESSIONS
ça veut dire   that means
pardon   excuse me
que   that
zut alors!   darn!

Exploration and Adventure

9

In this chapter, you will talk about camping and exploration. You will also learn about the following functions and structures.

Functions

- talking about activities
- talking about past events
- using large numbers

- describing people and things

Structures

- **-ir** verbs like **finir**
- the **passé composé** with **avoir**
- numbers above 100, dates, and years
- irregular adjectives

INTRODUCTION

Le français en contexte

Le Nouveau Monde

Cette semaine dans le cours d'histoire le professeur Lebœuf parle de l'explorateur français La Salle et de son voyage difficile du Canada à La Nouvelle-Orléans. Les élèves ont un devoir intéressant à faire. Chaque élève imagine qu'il est membre de l'expédition et il prépare son journal de voyage. Voici le journal de Jean-Pierre.

    diary

le 11 septembre
    L'aventure va enfin commencer. Tout le monde aide à préparer l'expédition. Nous avons des provisions et des médicaments. Les canoës sont prêts. Un voyage qui va de Montréal au golfe du Mexique, c'est long... Pourtant, je n'ai pas peur.

    is helping
    medicines / canoes
    Gulf of
      Mexico

le 16 septembre
    Il pleut du matin au soir jour après jour. Je pense souvent à mes amis, pourtant je n'ai pas envie d'être à leur place. Cette pluie est difficile à supporter, mais je suis content de faire partie de l'expédition.

    think about
    to endure
    to be part of

le 19 décembre
    Maintenant il fait un froid terrible. Nous sommes obligés de quitter le lac Michigan et d'abandonner nos canoës. On continue à pied. Malgré tout, nous restons optimistes : Vouloir, c'est pouvoir !

    to abandon
    In spite of

le 11 janvier

Nous continuons à <u>marcher</u> mais nous avançons très <u>lentement</u> <u>à cause du*</u> froid. Le climat est un ennemi terrible! Chaque jour nous <u>luttons</u> contre de nouveaux dangers. Nous sommes très fatigués, mais nous ne voulons pas abandonner.

le 8 avril

Victoire! Nous allons <u>bientôt</u> arriver à notre destination. Nous sommes très <u>fiers</u> de notre équipe. Cette partie du nouveau <u>monde</u> est maintenant française.

to walk

slowly / because of
fight

soon
proud
World

Compréhension

Based on **Le Nouveau Monde,** indicate whether the following statements are **vrai** or **faux**. If a statement is false, reword it to make it true.

1. Le voyage commence en hiver.
2. Au début ils voyagent à pied.
3. Au mois de septembre il ne pleut pas beaucoup.
4. Jean-Pierre n'a pas envie d'être à la place de ses amis.
5. Ils sont obligés de quitter le lac Michigan à cause de la pluie.
6. Ils arrivent à leur destination en hiver.

Les mots et la vie

Vous allez faire du camping. Qu'est-ce que vous allez emporter?

une tente

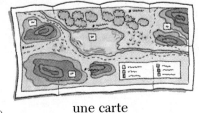

un sac de couchage

un sac à dos

une lampe de poche

des allumettes (*f*)

une carte

---

*À cause de, meaning *because of*, is followed by an article plus a noun: **à cause du froid. Parce que,** which means *because*, is followed by a subject plus a verb: **parce qu'il a froid.**

Quand on campe dans la nature, qu'est-ce qu'on peut voir?

des arbres (*m*)

des fleurs (*f*)

des oiseaux (*m*)

des insectes (*m*)

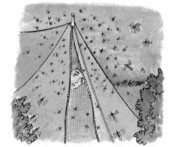

des moustiques (*m*)

des animaux sauvages

Qu'est-ce qu'on peut faire?

planter la tente dans un
endroit tranquille

aller à la pêche

faire des randonnées (*f*)

faire la cuisine sur un feu
de camp

regarder la lune et les
étoiles (*f*)

raconter des histoires aux
autres campeurs (*m*)

A. On va faire du camping? Solange is thinking about going camping with her friends. Listen to her as she considers the possibility. Write **oui** if you hear a reason to go on a camping trip and **non** if you hear an argument against camping.

MODÈLE   Je n'ai pas de sac de couchage.
non

B. Il va pleuvoir! Éric and his friends are camping when suddenly it starts to rain. Make two lists telling which of the following items they should move inside the tent (**sous la tente**), and which things they would do better to leave outside (**sous la pluie**).

la carte	le canoë	les oiseaux
les allumettes	la radio	les insectes
les sacs de couchage	les sacs à dos	les provisions
les animaux sauvages	la lampe de poche	les moustiques

sous la tente   sous la pluie
la radio

C. Où est-il? Christophe is tired after a full day of hiking. He is asking Gilles where different things are. Give Gilles's answers.

MODÈLE   Où sont les allumettes?
Elles sont à côté de la lampe de poche.

1. Où est mon sac à dos?
2. Où est la lampe de poche?
3. Et la table? Où est la table?
4. Et les provisions? Où sont-elles?

5. Je voudrais consulter la carte. Où est-elle?
6. J'espère que nous avons nos sacs de couchage. Où sont-ils?

Communication

A. Et vous? The following projects may appeal to your spirit of adventure. Tell which projects interest you, which do not, and explain why.

> EXEMPLE Avez-vous envie de participer à une course d'automobiles?
> **Non, je n'ai pas envie de participer à une course d'automobiles parce que je n'aime pas la compétition.**

Est-ce que vous avez envie de
1. faire le tour du monde?
2. explorer l'Antarctique?
3. faire partie d'une expédition?
4. faire du camping quand il pleut?
5. étudier la vie des animaux sauvages?
6. participer à un safari-photo en Afrique?
7. passer vos vacances dans un pays étranger?
8. faire un voyage qui va du Canada au golfe du Mexique?

B. Journal de voyage. Imagine that you are a member of an expedition undertaking a long and difficult trip. Write four entries in your diary, describing your experiences. Use the suggestions below, and feel free to add your own ideas.

> EXEMPLE **Le voyage commence en automne. Nous allons du Canada au golfe du Mexique. Nous voyageons...**

Où allez-vous?	Qui fait partie de l'expédition?
Quel temps fait-il?	En quelle saison faites-vous
Est-ce qu'il y a des dangers?	ce voyage?
Êtes-vous content(e) de faire	Comment est-ce que vous voyagez?
partie de l'expédition?	Pourquoi faites-vous ce voyage?

C. Vivre et Survivre. You are an instructor for a wilderness survival program. A reporter for a sports magazine is interviewing you. Answer her questions as completely as possible, so that she can get enough information to write a good article.

1. Combien de campeurs y a-t-il?
2. Combien de temps va durer cette expédition?
3. Qu'est-ce que les campeurs emportent dans leur sac à dos?
4. Est-ce que le climat est toujours agréable?
5. Que faites-vous quand il pleut?
6. Est-ce que les campeurs ont une carte de la région?
7. Est-ce qu'il y a des insectes?
8. Est-ce que vous aimez votre travail? Pourquoi?

EXPLORATION 1

Function: *Talking about activities*
Structure: *-ir verbs like finir*

Présentation

A. You have already learned many verbs whose infinitive ends in **-er**. There are also some verbs in French whose infinitive ends in **-ir**. The present tense endings for many of these verbs are like those of **finir** (*to finish*).

finir	
je fin**is**	nous fin**issons**
tu fin**is**	vous fin**issez**
il / elle / on fin**it**	ils / elles fin**issent**

B. Here are some other **-ir** verbs that are conjugated in the same way.

choisir *to choose*	désobéir (à) *to disobey*
obéir (à) *to obey*	réussir (à) *to succeed (in)*, *to*
réfléchir (à) *to think (about)*	*manage*

Nous **choisissons** nos cours pour l'an prochain.
Guy n'**obéit** pas toujours à ses parents.
Si vous voulez **réussir, réfléchissez** bien.

C. When the verbs **obéir, désobéir, réfléchir,** and **réussir** are followed by an object, the preposition **à** is used. The expression **réussir à un examen** means *to pass a test*. Compare these sentences.

Solange **obéit** toujours.   Solange **obéit** toujours à ses parents.
Je ne **réussis** pas toujours.   Je ne **réussis** pas toujours à mes examens.
Paul et Yves **réfléchissent**.   Paul et Yves **réfléchissent à** ce problème.

D. When the verbs **finir** and **choisir** are followed by an infinitive, the preposition **de** precedes the infinitive. When the verb **réussir** is followed by an infinitive, the preposition **à** is used.

Alice **finit de** travailler à 6 h.
Mon oncle **choisit de** prendre
  ses vacances en hiver.
Elle **réussit** toujours à finir ses
  devoirs avant 9 h.

*Alice **stops** working at 6:00.*
*My uncle **chooses** to take his*
  vacation during the winter.
*She always **manages** to finish her*
  homework before 9:00.

E. The imperative of **-ir** verbs is formed by using the **tu, vous,** or **nous**
forms of the verbs without the subject pronouns.

Gisèle, **finis** ton repas!
Ne **choisissez** pas cette tente!
  Elle est trop petite.
Réfléchissons aux choix!
  La question est importante.

*Gisèle, **finish** your meal!*
*Don't **choose** that tent! It's*
  too small.
***Let's think about** the choices!*
  The question is important.

Préparation

A. Les copains de Julie. Julie and her friends are about to go on a
camping trip. For each illustration below, you will hear two statements. Write the letter of the statement that best describes the
illustration.

MODÈLE   **a. Elle finit de préparer les provisions.**
         b. Elles finissent de préparer les provisions.

1.

2.

3.

4.

5.

B. Moi aussi! Étienne is listening to his older sisters talk about themselves, and he does not want to be outdone by them. What does Étienne say?

> MODÈLE   Nous obéissons toujours à Maman et à Papa.
> **Moi aussi, j'obéis toujours à Maman et à Papa!**

1. Nous finissons toujours nos devoirs.
2. Nous réfléchissons beaucoup.
3. Nous réussissons toujours aux examens.
4. Nous finissons toujours nos légumes.
5. Nous choisissons toujours des émissions intéressantes à la télé.

C. À quelle heure? Lucien and some of his friends are telling what time they finish doing different things each day. Tell what they say.

> MODÈLE   Robert / travailler / 19 h
> **Robert finit de travailler à sept heures du soir.**

1. Georges et Paul / faire du sport / 17 h
2. je / faire mes devoirs / 19 h 15
3. nous / préparer le dîner / 18 h 45
4. tu / faire la vaisselle / 19 h 30
5. Liliane et Georges, vous / regarder la télé / 22 h
6. Stéphanie / étudier / 23 h

D. Colonie de vacances. Nadine and Lucette are going to summer camp. Their parents are giving them some parting advice. What do their parents say?

> MODÈLE   choisir bien vos amis
> **Choisissez bien vos amis!**
>
> désobéir à Mme Bergère
> **Ne désobéissez pas à Mme Bergère!**

1. choisir les activités intéressantes
2. choisir les activités dangereuses
3. finir toujours vos repas
4. finir le dessert de vos copines
5. obéir à Mme Bergère
6. réfléchir aux dangers quand vous faites des randonnées

Communication

A. Interview. Use the following questions to interview another student, and then describe your partner to the rest of the class.

À l'école
1. Est-ce que tu réussis toujours à tes examens?
2. Est-ce que tu choisis des cours faciles ou des cours difficiles?
3. À quelle heure est-ce que tes cours finissent?
4. Est-ce que tu as toujours le temps de finir tes devoirs?

À la maison
5. Est-ce que tu désobéis quelquefois?
6. À quelle heure est-ce que tu finis tes devoirs?
7. Quels genres d'émissions est-ce que tu choisis quand tu regardes la télé?

Personnalité et habitudes
8. Est-ce que tu réfléchis souvent aux problèmes politiques?
9. Est-ce que tu choisis de faire tes devoirs le matin, l'après-midi ou le soir?
10. Qu'est-ce que tu ne réussis jamais à faire?

B. Choix. What would you choose in each of the following situations? Write one sentence telling your choice and one sentence explaining why you made that choice.

1. Vous voulez travailler cet été. Où choisissez-vous de travailler?
   a. dans une banque
   b. dans une colonie de vacances
   c. dans une école
   d. dans un bureau

2. C'est l'été. Où est-ce que vous choisissez de passer vos vacances?
   a. à la montagne
   b. à la maison
   c. dans un parc national
   d. dans un pays étranger

3. C'est le week-end. Quelle(s) activité(s) choisissez-vous?
   a. faire du sport
   b. écouter des disques
   c. aller au cinéma
   d. téléphoner aux copains

4. Vous pouvez passer vos vacances dans un pays étranger. Où choisissez-vous de voyager?
   a. en France
   b. en Angleterre
   c. au Brésil
   d. au Mexique

Interlude CULTUREL

Après 14 heures de vol (*flight*), l'avion arrive enfin à l'aéroport de Saint-Denis, la ville principale de l'île de la Réunion.

La Réunion est une petite île dans l'océan Indien, entre l'Afrique et l'Australie. La Réunion est très loin de la France, mais depuis 1946 cette île est un département (*state*) français. La population, d'origine européenne, asiatique et africaine, est extrêmement variée.

Les paysages de la Réunion sont extraordinaires. Les plages sont fantastiques, et on peut faire du surf et de la planche à voile. On peut aussi faire des randonnées dans les forêts de végétation tropicale, voir quelques volcans, et visiter des villes et des villages pittoresques.

Cherchez l'île de la Réunion sur la carte aux pages 22–23. Cherchez d'autres endroits loin de la France où on parle français. À votre avis, pourquoi est-ce qu'on parle français dans toutes ces différentes parties du monde? Quels pays francophones (*French-speaking*) est-ce que vous avez envie de visiter?

EXPLORATION 2

Function: *Talking about past events*
Structure: *The passé composé with avoir*

Présentation

A. To talk about past events, we can use a past tense called the **passé composé**. The meaning of the **passé composé** is usually similar to the simple past tense in English, such as *I worked* or *I studied*, although sometimes the meaning is more like *I have worked* or *I did study*. For most verbs, the **passé composé** consists of the present tense of **avoir** plus a past participle.*

Guy **a étudié** pendant quatre heures.	*Guy **studied** for four hours.*
Il **a fini** tous ses devoirs.	*He **has finished** all his homework.*

B. The past participle of most verbs is formed from the infinitive of the verb.

    1. The past participle of **-er** verbs is formed by dropping the **-er** from the infinitive and adding **-é**. The past participle of **-ir** verbs is formed by dropping the **-ir** ending and adding **-i**.

parler	
j' **ai parlé**	nous **avons parlé**
tu **as parlé**	vous **avez parlé**
il / elle / on **a parlé**	ils / elles **ont parlé**

finir	
j' **ai fini**	nous **avons fini**
tu **as fini**	vous **avez fini**
il / elle / on **a fini**	ils / elles **ont fini**

Elles **ont raconté** des histoires.	*They **told** stories.*
Vous **avez choisi** un bon film!	*You've **chosen** a good movie!*

****Aller** does not follow this pattern and will be treated in Chapter 12.

2. The past participle of some verbs does not follow this pattern. Here are some irregular verbs that you have learned and their past participles.

avoir—**eu**	Nous **avons eu** peur.	*We **got scared**.*
boire—**bu**	Elles **ont bu** du thé.	*They **drank** some tea.*
être—**été**	Le voyage **a été** difficile.	*The trip **was difficult**.*
faire—**fait**	J'**ai fait** mes devoirs.	*I **did** my homework.*
pleuvoir—**plu**	Il **a plu** ce matin.	*It **rained** this morning.*
pouvoir—**pu**	Ils **ont pu** réussir à l'examen.	*They **succeeded in** passing the test.*
vouloir—**voulu**	Elles **ont voulu** réussir à l'examen.	*They **tried** to pass the test.*

C. To form the negative of the **passé composé**, place **ne** (or **n'**) before the conjugated form of **avoir**, and **pas**, **jamais**, or **plus** after it. Notice that both parts of the negative construction come before the past participle.

Il n'**a pas** réussi à finir.   *He **didn't** manage to finish.*
Elle n'**a jamais** rencontré mon frère.   *She **never** met my brother.*

D. To form a question in the **passé composé**, we can use **est-ce que**, **n'est-ce pas**, intonation, or inversion. To form an inverted question, put the subject pronoun after the conjugated form of **avoir**.

Est-ce qu'il a plu toute la nuit?   *Did it rain all night?*
Anne, a-t-elle réussi à l'examen?   *Did Anne pass the test?*

E. When a direct object pronoun is used with the **passé composé**, the pronoun is placed before the conjugated form of **avoir**. When the verb is negative, **ne** is placed in front of the direct object pronoun.

—Est-ce que le prof a aidé Robert?   —Oui, il l'a aidé.
—Anne n'a pas trouvé son sac à dos?   —Non, elle ne l'a pas trouvé.
—Avez-vous fini ce travail?   —Et vous? L'avez-vous fini?

F. The past participle agrees in gender (masculine or feminine) and number (singular or plural) with a direct object that *precedes* the verb. This happens with the question word **quel**, as well as with direct object pronouns. Notice the form of the past participle in the following sentences.

J'ai fait **le ménage**.	Je l'ai fait.
Nous avons cherché **la carte**.	Nous l'avons cherchée.
Ils n'ont pas fini **leurs devoirs**.	Ils ne **les** ont pas finis.
Avez-vous choisi **ces cassettes**?	**Les** avez-vous choisies?
J'ai regardé **une émission**.	Quelle **émission** avez-vous regardée?

Here are some words and expressions frequently used with the **passé composé**.

l'an dernier	*last year*	hier	*yesterday*
l'été dernier	*last summer*	déjà	*already*
la semaine dernière	*last week*	ne...pas encore	*not yet*
le mois dernier	*last month*		

Hier nous avons regardé un film français à la télé.
Est-ce que vous avez **déjà** visité la France?
Non, nous **ne** l'avons **pas encore** visitée.

Préparation

A. **Oui ou Non?** Henri is telephoning his friends to see if they are free this afternoon. Write **oui** if his friends have finished what they were doing. Write **non** if they are still busy.

MODÈLE   Je fais la cuisine.
         J'ai fait mes devoirs.

non
oui

B. **Le week-end dernier.** Last weekend Gilbert went on a camping trip. Tell which of the following things he probably did and which things he probably did not do last weekend.

MODÈLE   faire le ménage
         Il n'a pas fait le ménage.

1. regarder des photos
2. faire une randonnée
3. passer la nuit sous une tente
4. regarder la lune et les étoiles
5. finir d'étudier la leçon d'histoire
6. écouter les oiseaux dans les arbres
7. avoir des problèmes avec les moustiques
8. marcher dans la nature pendant des heures

C. Samedi dernier. Annette and her friends had a busy weekend. Look at the illustrations, and tell what these people did last weekend.

MODÈLE   Annette **a écouté des disques.**

 1. Florence…   2. Viviane et Alex…   3. Cécile…   4. Robert et Karine…

5. Xavier…   6. Marie-Paule…   7. Denis et son frère…   8. Jacqueline et ses amis…

D. Est-ce que je peux sortir? Marguerite wants to go out with her friends, but her parents first want to make sure that she has done everything she was supposed to do. What do her parents ask, and what does Marguerite answer?

MODÈLE   faire ton lit
— **Est-ce que tu as fait ton lit?**
— **Oui, je l'ai déjà fait.**

1. finir tes devoirs

2. faire la vaisselle

3. trouver ton livre de maths

4. boire ton thé

5. chercher la lampe de poche

6. préparer tes livres pour demain

Communication

A. Qui l'a fait? Ask questions to find out who in your class has done the following things.

> EXEMPLE   passer l'été dernier dans une colonie de vacances
> **Jean, as-tu passé l'été dernier dans une colonie de vacances?**

1. habiter dans une autre ville
2. déjà faire un voyage en avion
3. nager dans l'océan Atlantique
4. déjà faire de la planche à voile
5. déjà voyager dans un pays étranger
6. réussir au dernier examen de français
7. manger un bon petit déjeuner ce matin
8. travailler pendant les vacances d'été
9. manger dans un restaurant très élégant
10. oublier de faire tes devoirs de français

B. Hier. Use the following suggestions to tell what you did (or did not do) yesterday. If possible, tell when you did each activity.

> EXEMPLE   préparer mon petit déjeuner
> **J'ai préparé mon petit déjeuner à sept heures du matin.**

faire du sport	dîner
regarder la télé	écouter des disques
faire mes devoirs	faire une promenade
faire des courses	téléphoner à mes copains
manger un hamburger	étudier à la bibliothèque

C. Aimez-vous l'aventure? You are applying for a summer job as a camp counselor. Write sentences telling whether you already have or do not have experience doing the following things. Feel free to add other related experiences.

> EXEMPLE   **J'ai déjà fait des randonnées, mais je n'ai jamais...**

nager dans un lac	faire du camping sous la pluie
planter une tente	faire la cuisine sur un feu de camp
faire de longues promenades	passer la nuit sous une tente
préparer un repas pour un groupe de campeurs	?

Interlude

CULTUREL

Certains personnages historiques français ont joué un rôle important dans l'histoire de l'Amérique du Nord. Pouvez-vous répondre aux questions suivantes?

1. Qui a fondé la ville de Québec?
   a. Samuel de Champlain
   b. Jacques Cartier
   c. Pierre Cardin

2. Quel général français a aidé les colonies américaines à lutter contre les Anglais pendant la Révolution américaine?
   a. Maurice Chevalier
   b. Le Marquis de Lafayette
   c. Cavelier de La Salle

3. Quel explorateur français a fondé la ville de Detroit?
   a. René Descartes
   b. Louis Chevrolet
   c. Sieur de Cadillac

4. Quel Français a sculpté la Statue de la Liberté?
   a. Charles de Gaulle
   b. Auguste Rodin
   c. Frédéric Bartholdi

Réponses: 1. a 2. b 3. c 4. c

EXPLORATION 3

Function: *Using large numbers*
Structure: *Numbers above 100, dates, and years*

Présentation

A. You already know the numbers from 1 to 100. You can count from 100 to 999 by combining **cent** with the numbers you know. Notice that a final **-s** is added to **deux cents, trois cents,** etc., when **cent** is the last word of the number.

100	cent	200	deux cents
101	cent un	201	deux cent un
102	cent deux	202	deux cent deux
134	cent trente-quatre	207	deux cent sept
168	cent soixante-huit	212	deux cent douze
192	cent quatre-vingt-douze	253	deux cent cinquante-trois

300	trois cents
400	quatre cents
500	cinq cents
800	huit cents
900	neuf cents
999	neuf cent quatre-vingt-dix-neuf

B. With just one more word, **mille** (*thousand*), you can count up to 1 million. There is never an **-s** on **mille**. Notice that where we use a comma in English, a period is used in French.

1.000	mille
1.001	mille un
1.147	mille cent quarante-sept
1.500	mille cinq cents
1.870	mille huit cent soixante-dix

2.000	deux mille
3.000	trois mille
10.000	dix mille

19.000	dix-neuf mille
40.000	quarante mille
500.000	cinq cent mille
750.000	sept cent cinquante mille
999.999	neuf cent quatre-vingt-dix-neuf mille
	neuf cent quatre-vingt-dix-neuf
1.000.000	un million

C. To tell what year it is, **mille** is used.

1300	mille trois cents	1986	mille neuf cent quatre-vingt-six
1720	mille sept cent vingt	1991	mille neuf cent quatre-vingt-onze
1802	mille huit cent deux		

The preposition **en** is used to tell *in* what year something happened.

—**En** quelle année avez-vous visité Paris?
—Nous avons visité Paris **en** mille neuf cent quatre-vingt-huit.

The word **cent** cannot be omitted from dates—1906 is **mille neuf cent six**.

Préparation

A. En quelle année? Monique's brother is helping her study for a history test. He is asking her what happened in certain years. Listen to the date that he reads, and write it on a sheet of paper.

MODÈLE   mille six cent huit
        a. 1508   **b. 1608**   **c.** 1492

1. a. 1729	b. 1799	c. 1789	
2. a. 939	b. 1939	c. 1949	
3. a. 1918	b. 1819	c. 818	
4. a. 1850	b. 1805	c. 1815	
5. a. 1643	b. 1671	c. 643	
6. a. 1813	b. 1803	c. 1830	

The dates read by Monique's brother are significant for the following reasons: 1608 — la ville de Québec fondée par Champlain; 1789 — la prise de la Bastille; 1939 — le début de la seconde guerre mondiale; 1918 — la fin de la première guerre mondiale; 1815 — la défaite de Napoléon à Waterloo; 1643 — le début du règne de Louis XIV; 1803 — Napoléon vend la Louisiane aux États-Unis.

B. Quel numéro est-ce? People are asking the desk clerk in a large Parisian hotel the room numbers of various guests. Tell what he says.

> MODÈLE — La chambre de Madame Crozier, s'il vous plaît. (112)
> — **C'est le cent douze.**

1. Mademoiselle Leblanc (199)
2. Monsieur Armand (162)
3. Monsieur Xavier (683)
4. Monsieur Leclerc (251)
5. Mademoiselle Durand (471)
6. Madame Santerre (375)
7. Monsieur Chanet (788)
8. Madame Lorin (591)

C. Distances. An employee of **L'Automobile Club** in Montreal is answering questions about the distances of various cities from Montreal. Tell what she says.

> MODÈLE New York (613)
> **New York est à six cent treize kilomètres de Montréal.**

1. Ottawa (206)
2. Québec (258)
3. Boston (524)
4. Detroit (881)
5. Toronto (489)
6. Washington (1003)
7. Philadelphie (789)
8. Trois-Rivières (140)
9. Albany (327)

Communication

A. Événements et dates. How good is your memory for dates? Tell what years you associate with these important events.

> EXEMPLE l'assassinat du Président Kennedy
> **mille neuf cent soixante-trois**

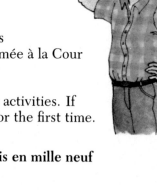

1. Spoutnik 1
2. l'assassinat de John Lennon
3. la démission du Président Nixon
4. l'assassinat de Martin Luther King, Jr.
5. un homme marche sur la lune pour la première fois
6. Sandra Day O'Connor est la première femme nommée à la Cour Suprême des États-Unis

B. En quelle année? Tell whether you have done these activities. If you have done them, tell in what year you did them for the first time.

> EXEMPLE voyager en avion
> **J'ai voyagé en avion pour la première fois en mille neuf cent quatre-vingt-deux.**
> **(Je n'ai jamais voyagé en avion.)**

1. voyager en train
2. voyager en avion
3. faire du camping
4. visiter un pays étranger
5. faire du bateau à voiles
6. manger dans un restaurant français

Interlude
CULTUREL

Avez-vous envie de visiter la France? Comment allez-vous voyager? Vous pouvez prendre le train, bien sûr, et rester dans des hôtels ou dans des auberges de jeunesse. Mais si vous avez l'esprit d'aventure, il y a toutes sortes de possibilités.

Par exemple, avez-vous pensé à la possibilité de visiter la France à bicyclette et de passer les nuits dans des campings? Un prototype de la bicyclette a été inventé en France au dix-septième siècle (*century*)! La bicyclette, c'est la façon (*way*) idéale de voir le paysage et de rencontrer d'autres jeunes gens.

Par contre, si vous préférez un moyen (*means*) de transport qui demande moins d'effort, vous pouvez traverser la France à bord d'une montgolfière (*on a hot air balloon*). La montgolfière a été inventée par deux Français, les frères Montgolfier, au dix-huitième siècle. Bien sûr, un voyage à bord d'une montgolfière coûte plus cher qu'un voyage à bicyclette. À vous de choisir!

EXPLORATION 4

Function: *Describing people and things*
Structure: *Irregular adjectives*

Présentation

As you have already learned, adjectives are used to describe people and things. Here are three kinds of irregular adjectives that are important for communication.

A. Adjectives that end in **-if** in the masculine end in **-ive** in the feminine.

	Masculine	Feminine
Singular	sportif	sportive
Plural	sportifs	sportives

actif   *active*
impulsif   *impulsive*
sportif   *athletic*

Denise est très **active**.
Christophe et son frère sont trop **impulsifs**.

B. Adjectives that end in **-eux** in the masculine end in **-euse** in the feminine. Notice that an **s** is not added to form the masculine plural.

	Masculine	Feminine
Singular	sérieux	sérieuse
Plural	sérieux	sérieuses

paresseux   *lazy*
heureux   *happy*
ambitieux   *ambitious*
courageux   *courageous*
sérieux   *serious*

Elles sont **courageuses** et **ambitieuses,** mais cette expédition est trop **dangereuse**!

C. Adjectives that end in **-el** in the masculine end in **-elle** in the feminine.

	Masculine	Feminine
Singular	naturel	naturelle
Plural	naturels	naturelles

naturel   *natural*
cruel   *cruel*
individuel   *individual*

J'achète seulement des produits **naturels**.
Est-ce que les animaux peuvent être **cruels**?

D. The adjective **gentil** (*nice, kind*) also doubles the final consonant to form the feminine. The feminine singular form is **gentille**. The plural forms are regular.

—Janine, sois **gentille** avec ton petit frère.
—D'accord, mais il n'est pas **gentil** avec moi!

Préparation

A. Garçon ou Fille. Listen to some friends talking about André, a boy in their class, and Andrée, his cousin. Write **garçon** if the sentence is about André, the boy, and write **fille** if the sentence is about his cousin Andrée.

> MODÈLE Andrée est très active.
> André est trop sérieux.

B. Moi aussi! Lucien is talking about all his qualities. Marianne reminds him that she has the same qualities. What does she say?

> MODÈLE Je suis sportif.
> **Moi aussi, je suis sportive!**

1. Je suis sérieux.
2. Je suis courageux.
3. Je suis souvent gentil.
4. Je suis assez ambitieux.
5. Je suis toujours heureux.
6. Je suis quelquefois impulsif.

C. Descriptions. Which of the adjectives listed below best describes the following people?

> naturel   sérieux   sportif   impulsif
> paresseux   courageux   heureux   gentil

1. Jean-Luc étudie beaucoup. Il n'oublie jamais de faire ses devoirs. C'est un élève ═══.
2. Marie-José aime beaucoup les sports. Elle aime jouer au football et elle fait du karaté. Elle est ═══.
3. Pierre va traverser l'océan Atlantique seul en bateau à voiles. C'est un homme ═══.
4. Suzanne est toujours contente et optimiste. Elle pense que sa vie est parfaite. Elle est très ═══.
5. Éric et Marie-Claire aident leurs parents à faire le ménage et à faire la cuisine. Ils sont toujours prêts à aider les autres. Ils sont très ═══.
6. Charlotte n'aime pas travailler, ne fait pas de sport, et n'aide jamais ses parents à la maison. Elle préfère passer son temps devant la télé. Elle est ═══.

Communication

A. Qualités et Défauts. Using the adjectives below and other adjectives you know, make up questions to find out what another student in your class is like. Your partner will answer and give an example.

> EXEMPLE — **Pierre, es-tu très sportif?**
> — **Je suis assez sportif. J'aime jouer au basket et je nage presque tous les jours.**

> sportif   ambitieux   actif   gentil   paresseux
> impulsif   courageux   sérieux   heureux

B. Portraits. Complete the sentences below using adjectives you have learned in this chapter and other vocabulary you know. Then think of a person in each category, and describe that person. Feel free to add other categories to the list.

> EXEMPLE En général les élèves sont...
> **En général les élèves sont intelligents et sérieux.**
> **Mon amie Diane est intelligente et assez amusante.**
> **Quelquefois elle est impatiente.**

1. En général les acteurs sont...
2. En général les chanteuses sont...
3. En général les jeunes Américains sont...
4. En général les joueurs de football américain sont...

PERSPECTIVES

Lecture

Vouloir, c'est pouvoir

Pourquoi décider de passer trois mois à bord d'un canot pneumatique au milieu de l'océan et de lutter à chaque instant contre le froid, la faim, la soif et même la mort?

Alain Bombard, un jeune médecin, pense que la faim et la soif ne sont pas toujours responsables de la mort des naufragés. Il pense que c'est souvent la peur et la panique qui sont responsables. Il veut prouver qu'on peut survivre, même sans provisions.

Le 25 mai, Alain et son ami Jack ont quitté Monaco à bord d'un canot pneumatique. Après vingt-quatre jours, les vents ont poussé leur canot jusqu'à Tanger. Mais l'expérience a été très dure, et Jack, fatigué et malade, a décidé d'abandonner. Alain a continué. Il a passé soixante jours sur l'océan Atlantique, seul, sans provisions, sans médicaments. Il a lutté contre le soleil, le froid, le vent, la maladie et la peur. Mais ses ennemis principaux ont été la solitude et l'envie d'abandonner.

Alain Bombard a prouvé qu'il est possible de survivre si on refuse d'abandonner. Pour lui, la peur et le courage vont ensemble. Avoir du courage, c'est accepter d'avoir peur... et continuer malgré tout.

Extrait et adapté d'un article de *Vidéo-Presse*.

Vocabulaire à noter

à **bord de**   on board
au milieu de   in the middle of
le canot pneumatique   rubber
   lifeboat
malade   sick
la maladie   sickness
le médecin   doctor
la mort   death

le naufragé   shipwrecked
   person
pousser   to push
sans   without
seul   alone
survivre   to survive
Tanger   Tangier (Morocco)

Compréhension

Answer the following questions about **Vouloir, c'est pouvoir**.

1. Qui est Alain Bombard?
2. Qu'est-ce qu'il a voulu prouver?
3. Qu'est-ce qu'il a fait?
4. Quand a-t-il quitté Monaco?
5. Avec qui a-t-il commencé le voyage?
6. Où est-ce que son copain a décidé d'abandonner?
7. Contre quels dangers est-ce qu'Alain a lutté?
8. Quels ont été ses ennemis principaux?

Communication

A. **Interview.**   Imagine that you are interviewing Alain Bombard. What questions would you want to ask him?

   EXEMPLE   **Quand avez-vous quitté Monaco?**

B. **Impressions.**   Write five sentences to tell a friend about the
W experiences of Alain Bombard.

   EXEMPLE   **Alain Bombard a passé soixante jours seul. Il a prouvé que...**

C. **L'esprit d'aventure.**   Would you be a good candidate for a trip similar to the one taken by Alain Bombard? To find out, answer the following questions, and keep track of your answers. Then check the **Interprétation** at the end.

1. Aimez-vous l'aventure et le danger?
2. Avez-vous envie de participer à une grande aventure?
3. Pouvez-vous supporter un climat très dur et des conditions difficiles sans vouloir abandonner?

4. Pouvez-vous être heureux (heureuse) loin de vos amis et de votre famille?
5. Pouvez-vous survivre pendant des semaines et des mois sans télévision, sans téléphone et même sans radio?
6. Pouvez-vous rester seul(e) pendant longtemps?
7. En général, est-ce que vous êtes courageux (courageuse)?
8. Voulez-vous prouver que vous pouvez survivre dans des conditions difficiles?

Interprétation		
6–8	oui:	Vous êtes prêt(e) pour la grande aventure. Mais attention! Vous êtes peut-être trop impulsif (impulsive).
3–5	oui:	Vous êtes assez courageux (courageuse), mais vous êtes prudent(e) aussi.
0–2	oui:	Ce genre d'aventure n'est pas pour vous. Vous préférez peut-être chercher l'aventure dans les films et dans les livres.

D. Une vie active. Marie-Thérèse Tillier, a sixty-year-old woman from Grenoble, is an enthusiastic hiker. Listen as she talks about her favorite sport, and write the missing words.

J' __1__ à faire des randonnées dans les Alpes __2__. J' __3__ ce sport parce que j'aime la beauté de la montagne, bien sûr, mais aussi parce que j'aime l'aventure. Je suis très __4__ mais je préfère les sports __5__ parce qu'il y a moins de compétition. Quand on __6__ on oublie ses problèmes et on peut penser à des choses __7__. Je voudrais aussi montrer aux gens que le sport et l'aventure ne sont pas seulement pour les jeunes. On peut rester __8__ toute sa vie. Il y a des gens qui pensent que je suis __9__ et il y a d'autres gens qui pensent que ce sport est trop __10__ pour les gens de mon âge.

E. Un coup de téléphone. Clément is talking to his mother on the phone. Listen to what he says, then tell if the following statements are **vrai** or **faux**. If a statement is false, change it to make it true.

1. Clément adore cette colonie de vacances.
2. Il passe la nuit sous une tente.
3. Il n'y a pas d'insectes.
4. Clément trouve qu'il fait trop chaud.
5. Les campeurs n'ont pas encore fait de randonnées.
6. Demain, s'il ne pleut pas, les campeurs vont traverser le lac en canoë.
7. Les autres campeurs pensent que Clément est très courageux.
8. Clément a envie de rester dans cette colonie de vacances.

Prononciation

The letter **s** is sometimes pronounced /s/ and sometimes /z/.

At the beginning of a word, **s** is pronounced /s/. Pronounce the following words.

salle   sûr   Sylvie   sportive   sérieux   soleil

However, when a single **s** is situated between two vowels, it is pronounced /z/. Pronounce the following words.

chaise   musique   maison   choisit   désagréable

An **s** is also pronounced /z/ in liaison with a following word that begins with a vowel sound. Pronounce the following words, and pay special attention to the liaison.

les histoires   de grandes églises   les États-Unis   les enfants

A double **s** is pronounced /s/. Pronounce the following words.

poisson   croissant   cassette   aussi   boisson   assez

Now repeat the following sentences.

1. Cette chanteuse est très ambitieuse.
2. Ses émissions sont toujours passionnantes.
3. Les gens choisissent toujours ses disques.
4. Nous aimons surtout ses cassettes de musique classique.
5. Nous finissons d'écouter une de ses cassettes.

I NTÉGRATION

Here is an opportunity to test yourself to see what you can do. If you have trouble with any of these items, study the topic and practice the activities again, or ask your teacher for help.

Écoutez bien

A. Cherchez-vous l'aventure?   Would you like to visit Africa? Listen to the following interview between a reporter and a French woman who has just made a trip to Africa. Choose the best ending for each of the following sentences.

1. Sylvie Moret
   a. est reporter.
   b. est professeur.
   c. travaille dans une agence de voyages.

2. Sylvie a visité
   a. sept pays.
   b. dix-sept pays.
   c. tous les pays d'Afrique.

3. Sylvie a voyagé en Afrique pendant
   a. six ans.
   b. six mois.
   c. six semaines.

4. Elle a fait son voyage
   a. avec un reporter.
   b. seule.
   c. avec un groupe de touristes.

5. Pendant son voyage
   a. il a fait chaud.
   b. il a plu tout le temps.
   c. il a fait mauvais.

6. Elle a surtout aimé
   a. les restaurants.
   b. les souvenirs qu'elle a achetés.
   c. les gens et la beauté des paysages.

B. Des vacances en Europe.   Jacqueline Duranton has just landed in Paris, the first stop on her European summer vacation. A Parisian friend, Claude Guimon, picks her up at the airport and asks about her flight. Listen to their conversation, then answer the following questions.

1. Combien de temps est-ce que le voyage a duré?
2. Qu'est-ce que Jacqueline a fait pendant le voyage?
3. Comment a-t-elle trouvé le film?

4. Avec qui a-t-elle parlé?
5. Quelle langue ont-ils parlée?
6. Pourquoi est-ce que Jacqueline n'a pas faim?
7. Où vont Jacqueline et Claude?

Lisez un peu

A. **Les vacances de Marc.** Marc and his family decided to go camping one summer. Read the following story of their trip, then answer the questions that follow it.

En 1985 ma famille a décidé de passer quinze jours de vacances à la montagne. On a choisi de faire du camping pour économiser de l'argent. Mon père a voulu acheter tout l'équipement nécessaire, mais il est trop impulsif. Il a passé une heure dans un magasin où il a fini par acheter une tente à 2.500 francs, quatre sacs de couchage à 3.000 francs et trois sacs à dos à 950 francs pour un total de 6.450 francs. Voilà des économies! Nous avons maintenant un équipement de camping de première qualité!

Nous avons acheté nos provisions, préparé nos sacs à dos et nous avons quitté notre maison le 27 juillet à 6 heures du matin. Le voyage en voiture a été très long—700 kilomètres de route avant d'arriver à notre destination. Nous avons fait ce long voyage pour trouver la solitude et la beauté de la nature. En fait, il y a des campings près de notre ville, mais il y a souvent beaucoup de gens dans ces campings. Nous avons enfin réussi à trouver un bel endroit tranquille près d'un lac, dans un parc national. Mais tout de suite nous avons eu des difficultés à planter la tente—ce n'est pas facile quand on ne l'a jamais fait! À minuit nous avons finalement réussi à planter la tente.

Pendant la nuit, il a commencé à pleuvoir et à faire du vent. Le lendemain, ma sœur Charlotte et moi, nous n'avons pas quitté la tente à cause de la pluie. Nous avons passé notre temps à raconter des histoires et à lutter contre les moustiques. Papa et Maman ont réussi à faire un feu de camp et à préparer un repas, mais ça a été dur. À dix heures du soir mes parents ont décidé d'abandonner ce projet et de rentrer à la maison. Alors nous avons refait les 700 km pour passer le reste de nos vacances à la maison.

Après cette première expérience la famille n'a jamais voulu refaire du camping. Et qu'est-ce que nous allons faire de tout cet équipement de camping que mon père a acheté? Voulez-vous acheter une tente de très bonne qualité?

1. Pourquoi est-ce que la famille de Marc a choisi de faire du camping?
2. Combien de temps est-ce que le père de Marc a passé dans le magasin pour acheter l'équipement nécessaire?
3. Combien a-t-il payé l'équipement?
4. Pourquoi ont-ils décidé de faire un long voyage?
5. À quelle heure est-ce qu'ils ont réussi à planter la tente?
6. Pourquoi est-ce que Marc et Charlotte n'ont pas quitté la tente le lendemain?
7. Comment est-ce qu'ils ont passé leur temps?
8. Qu'est-ce que leurs parents ont décidé de faire?

Écrivez

A. Une expérience difficile. Guy has just returned from a camping trip that he took alone in Canada. Using the illustrations and the verbs provided, tell what Guy says.

MODÈLE   préparer   **J'ai préparé mes provisions.**

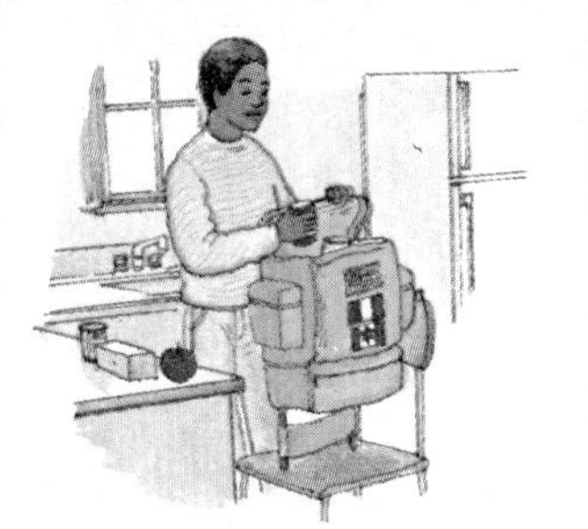

1. ne pas oublier

2. emporter

3. trouver

4. faire

5. observer

6. lutter

7. regarder

8. penser

9. décider

B. En un mot. Using the adjectives you have learned, describe three different people you know. Tell something that each person has done in order to explain your description.

> EXEMPLE   **Sandra est très ambitieuse. Elle travaille dur tout le temps.**

C. Une histoire imaginaire. You and your friends are telling each other stories to pass the time on a rainy evening. Using the questions below as a guide, write a story of an imaginary camping trip that you took. Feel free to invent fanciful details! Use the **passé composé** in your story.

> EXEMPLE   **En 1988 mes amis et moi, nous avons décidé de faire du camping...**

In what year did you go?
Where did you decide to go?
What equipment did you buy for the trip?
How did you travel?
How much time did you spend there?
How was the weather?
Did you meet nice people?

Parlons ensemble

Work with a partner or partners, and create dialogues using the situations below. Whenever appropriate, switch roles and practice a different part of your dialogue.

Situations

A. Des vacances ensemble. You and a friend have arranged to go on vacation together. One of you wants to go to a seaside resort, and the other prefers camping in the mountains. Each of you brings up the advantages of your own choice and points out the negative aspects of the other's choice.

B. On va camper. You are planning a weekend camping trip with a friend. Decide together where you want to go, what you want to do, what you need to bring on the trip, what you have already, what you are going to buy, how much various things cost, and the total cost of the trip.

VOCABULAIRE

NOUNS RELATED TO CAMPING AND THE OUTDOORS

l' arbre (m)   tree
le campeur   camper
le canoë   canoe
la carte   map
l' étoile (f)   star
le feu (de camp)   (camp) fire
la fleur   flower
l' insecte (m)   insect, bug
le lac   lake
la lampe de poche   flashlight
la lune   moon
le moustique   mosquito
la nature   nature
l' océan (m)   ocean
l' oiseau (m)   bird
la pêche   fishing
le sac à dos   backpack
le sac de couchage   sleeping bag
la tente   tent

OTHER NOUNS

les allumettes (f)   matches
l' aventure (f)   adventure
le danger   danger
la destination   destination
l' endroit (m)   place, spot
l' ennemi (m)   enemy
l' expédition (f)   expedition
l' expérience (f)   experience
l' explorateur (m)   explorer
la faim   hunger
le froid   cold
l' instant (m)   instant
le journal   diary
la maladie   sickness
le médecin   medical doctor

le médicament   medicine
le membre   member
le million   million
le monde   world
la mort   death
la panique   panic
la peur   fear
la place   place
la soif   thirst
la solitude   loneliness
la victoire   victory

VERBS AND VERBAL EXPRESSIONS

abandonner   to give up, to abandon
accepter   to accept
aider   to help, to assist
avancer   to advance
camper   to camp
choisir   to choose
décider   to decide, to make up one's mind
désobéir (à)   to disobey
faire des randonnées   to go for walks, to go for hikes
faire partie de   to be part of
finir   to finish
imaginer   to imagine
lutter   to fight
marcher   to walk
obéir (à)   to obey
penser (à)   to think (about)
planter la tente   to pitch the tent
pousser   to push
prouver   to prove
réfléchir (à)   to think (about)
réussir (à)   to manage, to pass (a test)
supporter   to endure, to stand

ADJECTIVES

actif (m), active (f)   active
ambitieux (m), ambitieuse (f)   ambitious
courageux (m), courageuse (f)   courageous
cruel (m), cruelle (f)   cruel
fier (m), fière (f)   proud
gentil (m), gentille (f)   nice, kind
heureux (m), heureuse (f)   happy
impulsif (m), impulsive (f)   impulsive
individuel (m), individuelle (f)   individual
long (m), longue (f)   long
malade   sick
naturel (m), naturelle (f)   natural
paresseux (m), paresseuse (f)   lazy
responsable   responsible
sauvage   wild
sérieux (m), sérieuse (f)   serious
seul   alone
terrible   terrible
tranquille   quiet

OTHER WORDS AND EXPRESSIONS

à cause de   because of
au milieu de   in the middle of
bientôt   soon
cent   hundred
déjà   already
hier   yesterday
lentement   slowly
malgré   in spite of
mille   thousand
ne...pas encore   not yet
sans   without

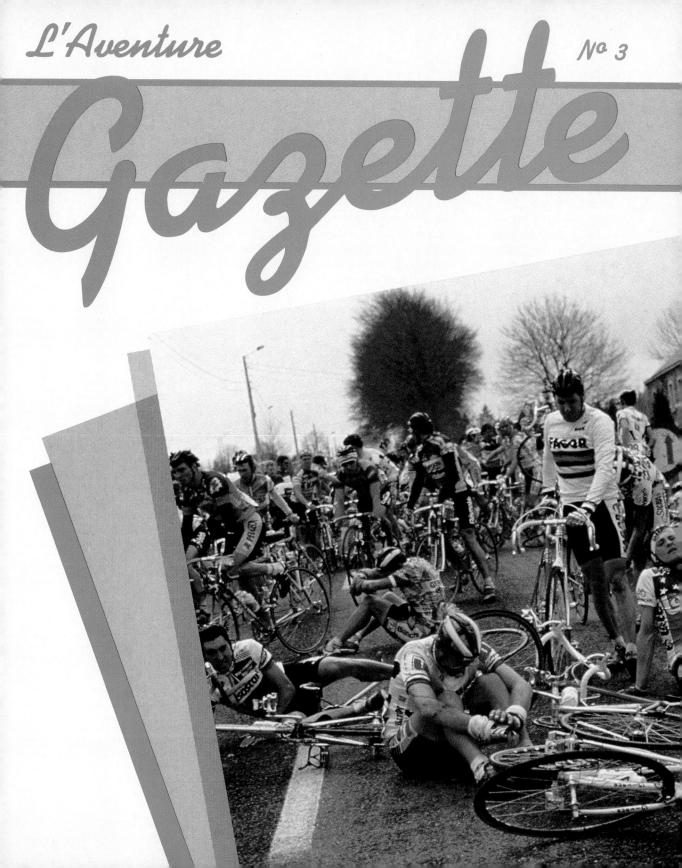

L'Aventure

№ 3

Gazette

This **Gazette** suggests techniques for previewing books, magazines, and other publications. These previewing techniques help you determine what type of information the publication contains, how the material is organized, and whether it provides the information you need.

Preview for Content and Organization

The first goal of previewing is to determine what a text is about. To do this, scan the important parts of the text such as the title page, the table of contents, the preface, headings, and nonlinguistic information. This step also gives you information about basic content areas and how the material is organized. Practice previewing for content and organization by scanning the following selections.

A. Pour commencer. Scan the preceding table of contents, gliding your forefinger over it in a sweeping S motion. Decide which of the following tells what the book is about, and write your answer on paper.

This book is about
1. the French economic system.
2. vacation resorts.
3. French teenagers.
4. public education in France.

B. L'organisation. Look at the major headings in the preceding table of contents, and decide which of the following best tells how the book is organized. Write your answer on paper.

Each major section is devoted to
1. a certain age group.
2. a particular socioeconomic class.
3. a certain geographical region.
4. a specific topic concerning young people.

SENEGAL

CIRCUIT

14 jours
6930F
pension complète

DATES
19.12 au 02.01

REF.
SEN 120

Découvrir le Sénégal à Noël. Une idée nouvelle mais pleine de découvertes et de surprises.

LE PRIX COMPREND
• Le transport aérien Paris/Dakar AR
• Un accompagnateur FUAJ ayant vécu 2 ans au Sénégal
• Logement en hôtels modestes ou campements
• La pension complète

NE COMPREND PAS
• Le transport jusqu'à Paris
• Les frais de visa
• Les dépenses personnelles
• Les visites non-mentionnées

FORMALITES:
• Passeport valide
• Visa pour la Gambie
• Vaccination contre la fièvre jaune
• Traitement anti-paludéen

OFFICE DU TOURISME
24, bd. de l'hôpital—75000 PARIS

HAUT COMMISSARIAT DE GAMBIE
CONSULAT DU SENEGAL
22, rue Hamelin—75016 PARIS
Tél. 45.53.75.86
VOYAGE ORGANISE PAR:
L'ADAJILLE ET VILAINE 10/12 Canal Saint-Martin 35000 RENNES
Tél. 99.33.22.33/99.95.28.73/18h

VOYAGE ORGANISE PAR:
FUAJ ILE DE FRANCE
10, rue N.D. de Lorette
75009 PARIS
Tél. 1/42.85.55.40

A. Le premier pas. Preview this text from the publication *Auberge de Jeunesse* by gliding your finger over the lines, combining scanning and skimming. Also use the context to make intelligent guesses. Which of the following best describes this text?

The text is
1. a contest entry blank for a trip to Senegal.
2. an advertisement for a package tour to Senegal.
3. information about Senegal.

B. Titres. Look at the three headings LE PRIX COMPREND, NE COMPREND PAS, and FORMALITÉS in the article about Senegal. Under which heading would you expect to find the types of information listed below? Write your answer on a sheet of paper.

1. items and services included in the price
2. requirements which the traveler must take care of
3. items and services that must be paid for separately

Once you have previewed for content and organization, you can use previewing skills, in combination with other reading strategies you have learned, to determine the purpose of a text. Is the author trying to persuade you to accept an opinion or to do something? Is the author's main goal to entertain you? Or is it simply to present information? Answering these questions before you read more closely for other information, will help you to better understand a text.

A. Des vacances en Suisse.   Look at the above advertisement, paying particular attention to nonlinguistic cues such as illustrations and style of type. Then complete the following sentence.

The main purpose of this text is to
1. describe the beauty of Switzerland.
2. convince the reader to buy Swiss products.
3. inform interested readers about monuments in Switzerland.
4. provide addresses where information about Switzerland can be obtained.

Genève-Californie

Echanges pour étudiants

Pour la quatrième année consécutive, des échanges auront lieu entre des étudiants de Genève (Suisse) et de Palo Alto (Californie), l'été prochain.

Environ 25 Suisses âgés de 15 à 17 ans, viendront passer 3 semaines dans la famille de leurs hôtes américains.

Ils auront l'occasion de participer à de nombreuses activités de groupes organisées spécialement à leur intention. Une excursion à Yosemite ainsi que des visites à San Francisco sont prévues.

L'été suivant ce sera au tour des Américains d'aller en Suisse séjourner auprès de la famille de leur homologue européen.

Comme les années précédentes, un bref voyage en France sera organisé par AIFS (American Institute of Foreign Studies).

A. Bon Voyage! Look at the headlines of the article above. On a sheet of paper, write one sentence in English expressing what you think the article is about.

B. La Suisse et l'Amérique. First skim the text, and write down cognates and words familiar to you. Then choose an appropriate ending for the sentence below.

The author's purpose is to
1. entertain you with anecdotes about 25 students from Switzerland who are visiting California.
2. convince you to become an exchange student in Switzerland.
3. inform you about a student exchange program between Switzerland and California.

Combine All Your Reading Strategies

Use all the reading strategies and previewing methods you have learned in the three **Gazettes** when you read the following selection.

- Use What You Already Know
- Look for Cognates
- Skim to Get the Gist
- Use Context to Derive Meaning
- Scan the Text for Specific Details
- Use Nonlinguistic Information
- Preview for Content and Organization
- Preview for the Author's Purpose

VELO VOLE!

Les Américains disputent le Tour de France et les Français tombent amoureux du bicross et du mountain-bike, ces drôles de vélos qui vont partout et qui permettent tout. Même d'escalader la cordillère des Andes...

En 1975, à partir d'un vélo d'enfant trafiqué, un Californien plus fou que les autres va bricoler un engin à mi-chemin entre le «beach-cruiser» et la moto de cross: le vélo-cross, ou bicross, vient de naître. Une marque américaine, B.m.x., commercialisera ce produit et en fera le «vélo fun» du futur. Avec sa presse, son langage, sa mode, ses champions. Le refrain est connu: en Californie, on est capable d'inventer n'importe quoi. Pour le plaisir.

Dix ans plus tard, en 1985, les stars U.S. du bicross débarquent à Paris et donnent à Bercy l'un des

A. Vélo-cross. Skim the title, the lead-in (the boldfaced text between the title and the actual beginning of the article), and the rest of the article several times. Be sure to take advantage of the nonlinguistic elements in this article such as photographs, type size, and dates to increase your comprehension. Write on a sheet of paper the number of the phrase that best describes what you expect from the text.

I expect the text to
1. teach me how and where to ride a mountain bike safely.
2. convince me to subscribe to a mountain-bike magazine and to join a mountain-bike club.
3. give me background information about mountain biking and bicycle motocross.
4. explain how mountain bikes are built and how to repair them.

B. Les dates. Scan the article to find each of the dates below. Then skim the surrounding text to match the facts or events in the column on the right with the corresponding date.

1. 1985
2. 1975
3. the late 60s
4. the late 70s
5. 1980
6. 1987

a. A Californian invents the **vélo-cross**.
b. A farmer from Colorado invents the mountain bike.
c. The sport enjoys a boom in France.
d. Competitions are held, and famous races make their debut.
e. The first mountain bike arrives in Europe.
f. U.S. bicycle-motocross stars perform at Bercy.

plus beaux spectacles de l'année. En direct sur les chaînes de télévision, la France entière découvre cet autre vélo.

Le mountain-bike, ou «bécane d'escalade», a également vu le jour aux Etats-Unis, à la fin des années 60, dans le Colorado, Etat roi des sports de plein air. Il a été inventé par un paysan qui voulait se balader «autrement» dans ses champs. A la fin des années 70, en Amérique, le mountain-bike comptait déjà plusieurs milliers d'adeptes et une compétition phare, la semaine de Crested Butte. Sont venues ensuite des courses légendaires qui ont fait découvrir le vélo tout terrain aux «branchés» français et européens. En 1980, le premier mountain-bike franchissait l'Atlantique pour débarquer dans le Vieux Monde. Stéphane Hauvette, le fondateur de l'Association française de mountain-bike, est certainement celui qui a le plus fait pour son expansion jusqu'au boom de 1987.

Aujourd'hui, les stations de sports d'hiver et d'été s'adaptent à cette nouvelle activité. Le mouvement se structure, avec ses clubs, ses associations, ses écoles et ses moniteurs. Car le vélo tout terrain, sport complet, est accessible à tous.

Exemple significatif: regardez sur le toit de la voiture d'un jeune partant en week-end ou en vacances; vous y verrez souvent, à côté d'un surf ou d'une planche à voile, un bicross ou un mountain-bike.

En sept ans, la France est devenue l'une des Mecques internationales du vélo tout terrain, et nos sportifs prennent des carrures mondiales. Un Français bientôt champion du monde de mountain-bike? Pourquoi pas? Un Américain a bien gagné en 1986 le Tour de France...

GILLES LHOTE ■

C. Les faits. Skim the first paragraph and the last three paragraphs of **Vélo volé!** several times. Make a list of cognates and words you know. Use your list to decide if the statements below are **vrai** or **faux**.

1. The **vélo-cross** is also called bicross.
2. The newest trend is to use **vélo-cross** for racing in the **Tour de France**.
3. The **vélo-cross** is a cross between a beach cruiser and a cross-country motorcycle.
4. You can tell that the young people in France are crazy about biking by looking at the bikes on their cars when they go on vacation.
5. Not only was a new kind of bike invented, but also its own language, fashion, champions, and clubs.
6. The sport is accessible only to a few people.

D. Le futur. Skim the lead-in and the last paragraph several times. Use what you now know about the topic to help you decide which statements below best give the gist of the two paragraphs.

1. Just as bike racing has caught on in the U.S., mountain biking has taken over France.
2. Even though Americans have a claim on mountain biking and the French have a claim on bike racing, in the Andes everyone is permitted to practice the sport regardless of nationality.
3. Since an American won the 1986 **Tour de France,** it would not be surprising for a French cyclist to become a champion in mountain biking in the very near future.

Everyday Life

In this chapter, you will talk about aspects of everyday life. You will also learn about the following functions and structures.

Functions

- talking about everyday activities
- talking about continuing actions
- indicating how much or how many
- talking about what we know

Structures

- verbs ending in **-re**
- **depuis** with the present tense
- expressions of quantity
- the verb **savoir**

INTRODUCTION

Le français en contexte

On va arriver en retard!

Ce soir les Arnaud vont aller à un concert. Il est déjà 7 h 35, et le concert commence à 8 h. Tout le monde est prêt à quitter la maison <u>sauf</u> M. Arnaud.

except

M. ARNAUD	On est déjà en retard, et maintenant je ne trouve plus mon <u>portefeuille</u>!
MME ARNAUD	Pas de <u>panique</u>. On va le chercher. Allez les enfants, cherchez partout.
LUCETTE	Il n'est pas sous le <u>canapé</u>.
MME ARNAUD	Regarde aussi derrière les autres <u>meubles</u>, Lucette.
M. ARNAUD	Je l'ai peut-être <u>laissé</u> dans une autre <u>pièce</u>. Tu as regardé dans la chambre, sur la <u>commode</u>?
MME ARNAUD	Oui, il n'est pas sur la commode.
M. ARNAUD	Nadine, pourquoi cherches-tu dans la <u>cuisine</u>? <u>Ce n'est pas la peine</u>! Je ne laisse jamais mon portefeuille dans la cuisine.
NADINE	Le voilà, Papa, je l'ai trouvé! Il est sur le frigo!
M. ARNAUD	<u>Ça alors</u>! Qu'est-ce qu'il fait là? Je ne trouve jamais mes <u>affaires</u> dans cette maison... Où sont les <u>clés</u> de la voiture maintenant?

wallet

panic

sofa
furniture
left / room
dresser

kitchen / It's not worth the trouble!

How about that!
belongings, things / keys

Compréhension

Answer the following questions based on **On va arriver en retard!**

1. À quelle heure commence le concert?
2. Pourquoi M. Arnaud n'est-il pas prêt à quitter la maison?
3. Qui cherche sous le canapé?
4. Dans quelle pièce est-ce que Nadine cherche le portefeuille?

5. Que pense M. Arnaud de cette idée? Pourquoi?
6. Où est le portefeuille?
7. Quand Nadine trouve le portefeuille, est-ce que M. Arnaud est prêt à quitter la maison? Pourquoi?

Les mots et la vie

Voici la maison des Arnaud. C'est une maison de deux étages. Il y a un garage et, derrière la maison, il y a un petit jardin.

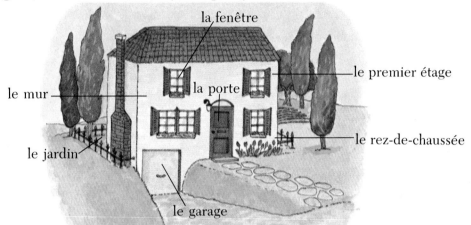

la fenêtre

le premier étage

le mur

la porte

le jardin

le rez-de-chaussée

le garage

Au rez-de-chaussée il y a la cuisine, la salle à manger et la salle de séjour.

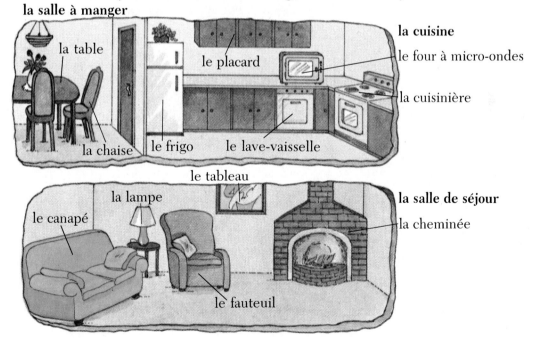

la salle à manger

la table

la cuisine

le placard

le four à micro-ondes

la cuisinière

la chaise

le frigo

le lave-vaisselle

le tableau

la lampe

la salle de séjour

le canapé

la cheminée

le fauteuil

Au premier étage, il y a deux chambres, la salle de bains et les W.-C.

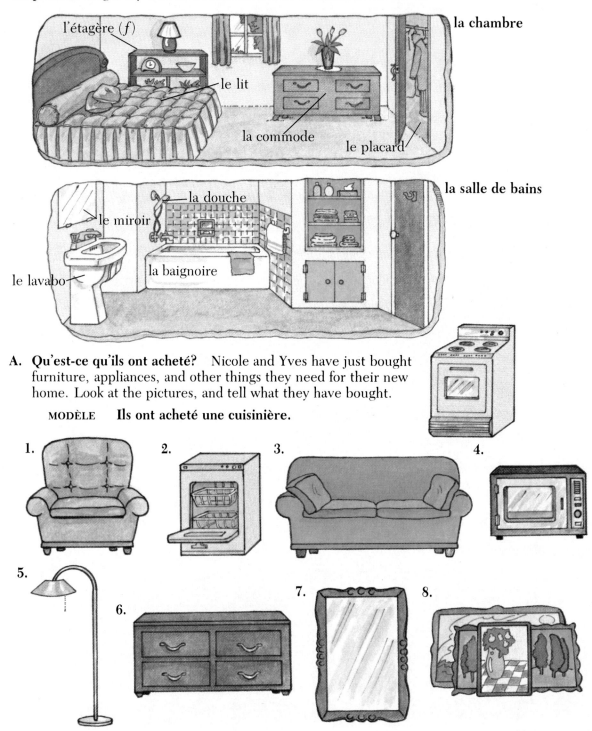

l'étagère (f)

le lit

la commode

le placard

la chambre

la douche

le miroir

le lavabo

la baignoire

la salle de bains

A. Qu'est-ce qu'ils ont acheté? Nicole and Yves have just bought furniture, appliances, and other things they need for their new home. Look at the pictures, and tell what they have bought.

MODÈLE **Ils ont acheté une cuisinière.**

1.

2.

3.

4.

5.

6.

7.

8.

B. La nouvelle maison. Madame Leconte is telling the movers (**les déménageurs**) where to put the furniture in the new house. Copy this floor plan on a sheet of paper, listen to Madame Leconte's instructions, then write the name of each item in the place where she wants the movers to put it.

> MODÈLE — Le frigo, où est-ce qu'il va?
> — Dans la cuisine, à gauche de la porte.

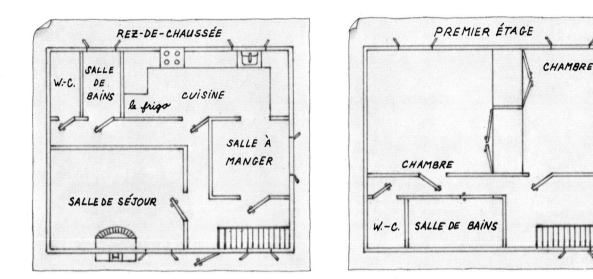

Communication

A. Une nouvelle maison. Imagine you are moving into a new house or an apartment. It will take several trips to move all your furniture and appliances. Using vocabulary you know, make a list of five things you will need right away and five things that you can do without for a while.

> EXEMPLE
>
>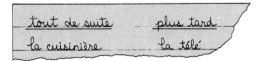
>
> tout de suite · plus tard
> la cuisinière · la télé

B. Quelle pièce préférez-vous? Write a short paragraph about your favorite room in your house or apartment. Tell which room it is, what it looks like, what is in it, and why you like it.

> EXEMPLE
>
> Moi, je préfère...

EXPLORATION 1

Function: *Talking about everyday activities*
Structure: *Verbs ending in -re*

Présentation

A. There are some verbs in French whose infinitives end in **-re**. Several of these verbs are used to describe daily activities.

attendre *to wait (for), to expect*	rendre visite à *to visit*
entendre *to hear*	*(a person)*
perdre *to lose*	répondre (à) *to answer*
rendre *to give back, to return*	vendre *to sell*

Note that *for* is included in the meaning of **attendre**. When **répondre** is followed by an object, the preposition **à** must be used.

Je n'aime pas **attendre** le bus.   *I don't like **to wait for** the bus.*
Elle va **répondre au** téléphone.   *She's going **to answer** the phone.*

B. The present tense endings for **-re** verbs are like those of **attendre**.

attendre	
j' attend**s**	nous attend**ons**
tu attend**s**	vous attend**ez**
il / elle / on attend	ils / elles attend**ent**

Elles **attendent** le bus.   *They **are waiting for** the bus.*
Il **vend** sa maison.   *He **is selling** his house.*
Perd-il souvent ses clés?   *Does he often **lose** his keys?*

C. The imperative of **-re** verbs is formed by dropping the subject pronouns **tu, vous,** and **nous**.

Ne **vends** pas tes meubles.   ***Don't sell** your furniture.*
Répondez, s'il vous plaît.   ***Answer,** please.*
Attendons quelques minutes.   ***Let's wait** a few minutes.*

D. The **passé composé** consists of the present tense of **avoir** plus a past participle. To form the past participle, drop the **-re** ending of the infinitive and add **-u: vendre** → **vendu, répondre** → **répondu.**

As-tu **répondu** à sa lettre?　　　　　*Did* you *answer* her letter?
J'**ai perdu** mon billet.　　　　　　　*I lost* my ticket.
Nous **avons vendu** notre maison.　　*We have sold* our house.

Préparation

A. Il est curieux. Yvonne's little cousin is visiting and is very curious about everything Yvonne does. Listen to the questions he asks Yvonne's mother, and choose the logical answer.

MODÈLE　　Pourquoi Yvonne va-t-elle à la bibliothèque?
　　　　　a. Elle va rendre un livre.
　　　　　b. Elle va répondre au téléphone.

1. a. Elle rend visite à une copine.
　 b. Elle invite souvent ses copines.

2. a. Elle vend des affiches.
　 b. Elle fait son lit.

3. a. Elle a perdu son disque préféré.
　 b. Elle a réussi à l'examen de français.

4. a. Elle a vendu sa vieille chaîne stéréo.
　 b. Elle a perdu son portefeuille.

5. a. Elle attend une amie.
　 b. Elle entend le téléphone.

6. a. Elle va répondre à la lettre.
　 b. Elle entend son copain qui arrive.

B. Où peut-il bien être? Micheline is remarking how she and her friends are constantly losing things. Tell what each person loses.

MODÈLE   Moi, je...
Moi, je perds toujours mon stylo.

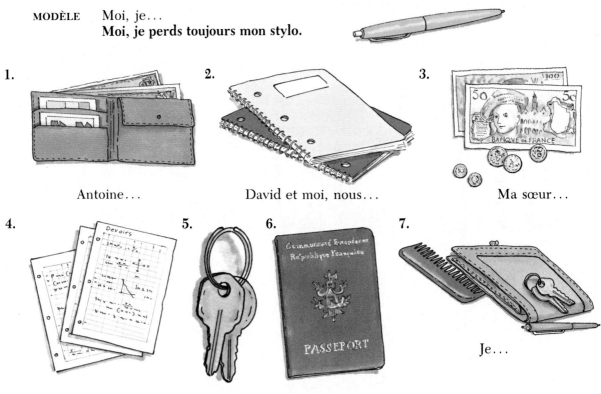

1. Antoine...

2. David et moi, nous...

3. Ma sœur...

4. Catherine et Thierry...

5. Tu...

6. Mme Jaume, vous...

7. Je...

C. Au marché aux puces. As you walk through the Paris flea market, you hear bits of many conversations. Complete these sentences by writing the correct form of one of the following verbs.

rendre	perdre	entendre
vendre	attendre	rendre visite

1. J'aime bien ce miroir! Combien le ══════-vous, Monsieur?

2. Simone et Armand ══════ un client qui va arriver dans dix minutes.

3. Attention, Serge! Ne ══════ pas ton portefeuille!

4. Paul et Élisabeth ne sont pas là aujourd'hui. Ils ══════ au frère de Paul.

5. J'══════ un client qui arrive.

6. M. Gastin, ══════ ce tableau à Julien, s'il vous plaît.

D. Où est Robert?   Several friends have made plans to meet Robert in downtown Montreal. Unfortunately, he didn't give clear directions about where to wait for him. Tell where each friend waited for him.

> MODÈLE   Marc / devant la poste
> **Marc l'a attendu devant la poste.**

1. Je / près du cinéma
2. Nous / à côté de l'épicerie
3. Tu / en face de la banque
4. Jeanne et Roger / devant le grand magasin
5. Vous / près du vieux marché
6. Annette / dans le parc

Communication

A. La dernière fois.   Tell whether you have ever done these things. Use **ne...jamais** with those things you have never done.

> EXEMPLE   vendre des disques
> **Oui, j'ai déjà vendu de vieux disques.**

1. perdre patience
2. perdre vos clés
3. répondre à une lettre importante
4. attendre un(e) ami(e) sous la pluie
5. entendre une chanson en français à la radio

B. On a tout vendu! Before moving to a different city, you sold all your furniture in a yard sale. Using vocabulary you have learned, tell your friends one item you sold. Another student will repeat that item and add another. Each succeeding student will add one item to the list.

EXEMPLE   **On a vendu la table.**
On a vendu la table et les chaises.

C. Questions / Interview. Write answers to the following questions. Then use the questions to interview another student. Remember to use **tu** when you speak to your classmate.

1. Est-ce que vous perdez souvent vos affaires?

2. Est-ce que vous rendez souvent visite à vos amis?

3. Où est-ce qu'on vend des livres français dans votre ville?

4. Est-ce qu'on vend aussi des cassettes et des disques français?

5. Est-ce que vous avez déjà entendu des chansons françaises?

6. Est-ce que vous attendez toujours vos amis quand ils sont en retard?

CULTUREL

En général les Français rêvent d'être propriétaires de (*dream of owning*) leur logement. Mais les maisons et les appartements dans les grandes villes coûtent assez cher, et presque 50% des Français habitent dans une ville de plus de 50.000 habitants. Voici quelques petites annonces immobilières (*real estate ads*) de Paris et la région parisienne. Est-ce que vous pouvez interpréter ces petites annonces?

FONTAINEBLEAU: Belle Résidence, DUPLEX, 105 m2, 3 chs, écoles, Prix 1.000.000 F, Tél apr 20 h, 45-67-31-09

TROCADÉRO: Appt, 2 pièces, vue Tour Eiffel, cuisine, 700.000 F, Tél 47-44-05-81

RAMBOUILLET: Maison, 220 m2, quartier résidentiel, balcon-terrasse, cuis mod, calme, beau jar, 1.800.000 F, Tél matin et soir, 30-79-40-51

16ème ARROND: Charmante maison, s de séjour, petit jar, 3 chbres, Tél 45-78-75-10

VERSAILLES: Maison moderne, 6 chambres, jar, piscine, 2 cheminées, 3 s de bs, gar 2 voitures, 1000 m2, calme, Tél 39-46-70-78

PRÈS ÉTOILE: 6ème étage, ascen, petit studio, terrasse, vue sud, 500.000 F, Tél apr 20 h, 47-51-85-04

EXPLORATION 2

Function: *Talking about continuing actions*
Structure: *depuis with the present tense*

Présentation

A. You have learned that the **passé composé** is used to describe actions completed in the past. However, to describe an action that began in the past and is still continuing in the present, we use the present tense with **depuis**. The meaning of **depuis** is similar to *for* or *since*.

J'**étudie** le français **depuis** un an.

*I **have been studying** French **for** a year.*

Nous **habitons** ici **depuis** juin.

*We **have been living** here **since** June.*

B. To ask when a continuing action began or how long an action has been continuing, begin your question with **depuis quand** or **depuis combien de temps**. Use the present tense.

— **Depuis combien de temps** est-ce que tu attends?

How long have you been waiting?

— J'attends **depuis** dix minutes.

*I've been waiting **for** ten minutes.*

— **Depuis quand** habitez-vous ici?

How long have you lived here?

— Nous habitons ici **depuis** 1987.

*We've lived here **since** 1987.*

Préparation

A. À la maison. It's 8 o'clock in the evening, and everyone in Guy's family is busy. The pictures below tell what they are doing, and the clock tells what time they started each activity. Look at the pictures, and answer the questions you hear.

> MODÈLE Depuis combien de temps est-ce que Guy écoute de la musique?
> **Guy écoute de la musique depuis une heure.**

B. Loisirs. Several students are discussing how long they have been practicing various sports. Tell what they say.

> MODÈLE Moi, je / jouer au tennis / deux ans
> **Moi, je joue au tennis depuis deux ans.**

1. René / faire partie de l'équipe de football / trois ans
2. Tu / jouer au basket / le mois de novembre
3. Sophie et Corinne / faire du jogging / un an
4. Carole et moi, nous / jouer au golf / six mois
5. Ta sœur et toi, vous / faire du patin à roulettes / quelques années
6. Moi, je / faire partie de l'équipe de tennis / l'année dernière

C. Depuis quand? The school bus is late this morning, so Valérie and her friends have to wait. Look at the illustration below, and tell what Valérie says about when each person began to wait for the bus.

MODÈLE Philippe... **Philippe attend depuis sept heures.**

1. Monique et Mathieu...
2. Marcel...
3. Moi, je...
4. Alain et Nadine, vous...
5. Sandrine, tu...
6. Tatiana et Yvonne...

D. Depuis combien de temps? It's December, and Nicole is thinking about all her activities during the past year. Refer to the chart below to answer the questions about Nicole.

janvier	Elle commence à travailler pendant les week-ends dans un magasin de disques.
mars	Elle achète un appareil-photo.
avril	Elle commence à étudier la photographie à la Maison des jeunes et de la culture.
juin	Elle commence à faire du jogging avec son copain Jérôme.
septembre	Les cours commencent au lycée de Tarbes. Nicole choisit d'étudier l'espagnol.
novembre	Elle achète une nouvelle chaîne stéréo.
décembre	(maintenant)

MODÈLE Depuis combien de temps est-ce qu'elle travaille?
Elle travaille depuis onze mois.

1. Depuis quand a-t-elle un appareil-photo?
2. Depuis combien de temps est-ce qu'elle étudie la photographie?
3. Depuis quand Nicole et Jérôme font-ils du jogging ensemble?
4. Depuis quand va-t-elle au lycée de Tarbes?
5. Depuis combien de temps est-ce qu'elle étudie l'espagnol?
6. Depuis combien de temps a-t-elle sa nouvelle chaîne stéréo?

Communication

A. Le temps passe vite! Write five sentences about the way things are
for you now, and tell how long they have been this way. Use four of
the suggestions below, and then add one of your own.

> EXEMPLE **J'ai une chaîne stéréo depuis deux ans.**

habiter cette ville
étudier le français
être ami(e) avec...
être membre d'un club
être élève dans cette école
faire du jogging (ou pratiquer un autre sport)
avoir un vélo (un vélomoteur, une chaîne stéréo, etc.)
?

B. N'êtes-vous pas fatigué? Look at the illustrations below. Tell what
the people are doing, and based on how they look, guess how long
they have been doing that activity.

> EXEMPLE **Elle fait du jogging depuis une heure.**

C. Et les autres? What activities do your friends and family enjoy?
Choose five people you know, and tell how long they've been doing
some of their favorite activities.

> EXEMPLE **Mon frère joue au basket depuis cinq ans.**

CULTUREL

Avez-vous jamais vu (*seen*) la maison d'un roi (*king*)? Pouvez-vous imaginer une maison qui a 1.300 pièces et 1.252 cheminées, des écuries (*stables*) pour 2.400 chevaux (*horses*), des jardins décorés avec 150.000 plantes, 3.000 orangers et grenadiers (*orange and pomegranate trees*)? Cette maison, c'est le palais (*palace*) de Versailles, le palais du roi Louis XIV (1638–1715).

Aujourd'hui tout le monde peut visiter le palais de Versailles. Avez-vous envie de visiter ce palais merveilleux?

EXPLORATION 3

Function: *Indicating how much or how many*
Structure: *Expressions of quantity*

Présentation

A. When we want to tell the amount of something without being specific, we use expressions such as *a lot, a little,* or *enough.* In French, expressions of quantity are followed by **de (d')** without any article. Here are some useful expressions of quantity.

beaucoup de *much, many, a lot of*	peu de *few, little*
combien de *how much, how many*	un peu de *a little*
trop de *too much, too many*	plus de *more*
assez de *enough*	autant de *as much, as many*
ne...pas assez de *not enough*	moins de *less, fewer*

Combien de pièces y a-t-il dans cette maison?

How many rooms are there in this house?

Il y a **beaucoup de** meubles dans cette pièce!

There is a lot of furniture in this room!

B. Specific expressions of quantity are also followed by **de (d')** without the definite article.

un kilo de *a kilogram of*	une tasse de *a cup of*
un litre de *a liter of*	une bouteille de *a bottle of*
un verre de *a glass of*	une douzaine de *a dozen*

Elle a bu **une tasse de** chocolat chaud.

She drank a cup of hot chocolate.

Nous avons acheté **une douzaine d'**œufs.

We bought a dozen eggs.

Je voudrais **un verre d'**eau, s'il vous plaît.

I would like a glass of water, please.

Préparation

A. Une sortie. Madame Dubois has taken her class on a field trip, and they are now having lunch in a restaurant. Look at the sentences below, and listen to two statements about each one. Write the letter of the statement that accurately describes each sentence.

MODÈLE   Mme Dubois a cinquante élèves dans sa classe.
   a. Mme Dubois a beaucoup d'élèves dans sa classe.
   b. Mme Dubois a très peu d'élèves dans sa classe.

1. Mme Severin a trente élèves dans sa classe.
2. Thomas n'a pas faim.
3. Il y a cinquante élèves et quarante sandwichs.
4. Paulette a mangé six pâtisseries et maintenant elle est malade.
5. Mme Dubois commande une tasse de café.
6. Thierry a très soif.

B. Nadine a déménagé. Nadine has just moved to a new city. Using the suggestions, tell what Nadine says when a friend from her old school calls to ask how she likes her new school and house.

MODÈLE   Est-ce que tu as autant de devoirs? (Non / moins)
   Non, j'ai moins de devoirs!

1. Est-ce que tu as plus de cours difficiles dans ta nouvelle école? (Non / moins)
2. Tu as beaucoup de temps libre, n'est-ce pas? (Non, mais / un peu)
3. Il y a autant d'élèves sympa dans ta classe? (Oui / assez)
4. Est-ce qu'il y a assez d'activités intéressantes dans ta nouvelle école? (Oui / beaucoup)
5. Est-ce que tu as beaucoup de devoirs à faire le week-end? (Non / peu)
6. Est-ce qu'il y a autant de pièces dans ta nouvelle maison? (Non / plus)

C. La vie est difficile. This week was even worse for Gérard than last week. Choose the appropriate expression of quantity, and tell what he says.

MODÈLE   temps libre (moins / plus)
   Cette semaine j'ai eu moins de temps libre.

1. travail (plus / moins)
2. devoirs (trop / assez)
3. examens (peu / beaucoup)
4. argent (peu / assez)
5. problèmes (plus / autant)
6. temps pour faire du sport (assez / ne... pas assez)

D. Au supermarché. Amélie and Philippe spent the afternoon at the supermarket. Based on the illustrations, and using the quantity expressions you have learned, tell what they bought. Then tell whether you think they have *enough* or *too much* of those items.

MODÈLE **Ils ont acheté un kilo de tomates. Maintenant ils ont trop de tomates.**

1.

2.

3.

4.

Communication

A. Trop? Pas assez? Using the expressions of quantity you have learned, ask a classmate questions about each of these topics.

> EXEMPLE argent
> — **Est-ce que tu as assez d'argent pour aller au cinéma?**
> — **Non, je n'ai pas assez d'argent ce week-end!**

1. devoirs
2. argent
3. amis sympathiques
4. travail
5. temps libre
6. bons professeurs
7. examens
8. problèmes
9. cours interéssants

B. Votre ville. Using expressions of quantity, describe the following **W** aspects of your town or region.

> EXEMPLE parcs **Il n'y a pas assez de parcs dans ma ville.**

1. musées
2. stades
3. cinémas
4. magasins
5. piscines
6. restaurants
7. clubs sportifs
8. activités pour les jeunes
9. choses intéressantes à faire

Interlude CULTUREL

Est-ce que vous aimez les chiffres (*numbers*)? À votre avis, est-ce qu'on peut découvrir un pays dans les statistiques? Voici quelques statistiques qui concernent les Français et la vie en France. Essayez de compléter chaque phrase en y ajoutant (*by adding*) le chiffre approprié.

a. 10   b. 25   c. 54   d. 55,3   e. 3,5   f. 28,8

1. La France a ___?___ millions d'habitants.
2. ___?___ % des Français ont moins de 20 ans.
3. ___?___ % des jeunes entre 0 et 26 ans qui habitent en France sont d'origine étrangère.
4. ___?___ % des Français ne mangent rien au petit déjeuner.
5. Les Français boivent en moyenne ___?___ litres d'eau minérale par an.
6. En moyenne, les Français passent ___?___ heures par jour devant la télé.

Sources: Mermet, Gérard, *Francoscopie* (Larousse, 1986).

Réponses: 1. d 2. f 3. a 4. b 5. c 6. e

EXPLORATION 4

Function: *Talking about what we know*
Structure: *The verb* **savoir**

Présentation

A. The verb **savoir** is used to indicate that we know a specific piece of information. This verb is never used to mean *to know a person*. **Savoir** is an irregular verb. Here are its forms.

savoir	
je **sais**	nous **savons**
tu **sais**	vous **savez**
il / elle / on **sait**	ils / elles **savent**

— Est-ce que vous **savez** à quelle heure on arrive à Paris?
— Non, je ne **sais** pas.

*Do you **know** what time we get to Paris?*
*No, I don't **know**.*

B. The verb **savoir** is also used with an infinitive to indicate that we *know how* to do something.

— Tu **sais** danser, n'est-ce pas?
— Oui, je **sais** danser, mais je **ne sais pas** danser le tango.

*You **know how** to dance, don't you?*
*Yes, I **know how** to dance, but I don't **know how** to dance the tango.*

Préparation

A. Une fête. Thierry and his friends are planning a party. Listen to what each friend is going to do to help. Based on what you hear, tell what each person knows how to do.

> MODÈLE   Serge et Annick vont écrire des chansons.
> **Ils savent écrire des chansons.**

a. faire des gâteaux
b. organiser des jeux
c. faire la cuisine
d. écrire des chansons
e. prendre des photos
f. chanter

B. Le tennis. Michel plays tennis well and would like to find an experienced partner. He asks if the following people know how to play. Answer his questions, and tell him how long they have known how to play.

> MODÈLE   Yasmine sait jouer au tennis? (oui / cinq ans)
> **Oui, Yasmine sait jouer au tennis. Elle joue depuis cinq ans.**

1. Et toi, Yves, tu sais jouer au tennis? (oui / plus de dix ans)
2. Et vous, Céline et Brigitte, vous savez bien jouer au tennis? (non / moins d'un mois)
3. Et Claudine, elle sait jouer au tennis? (oui / sept ans)
4. Et toi, Patrice, tu sais bien jouer au tennis? (non / seulement trois mois)
5. Suzanne et sa sœur, elles savent jouer au tennis? (oui / des années)
6. Hélène et Richard, ils savent bien jouer au tennis? (non / quelques semaines)

C. Possessions. People's possessions often reveal their interests. Tell what these people know how to do by looking at their possessions.

> MODÈLE   Lucien **sait jouer au football**.

Lucien

1. Moi, je...

2. Gilbert et Mathieu, ils...   3. Tu...   4. Nous...   5. Janine...

Communication

A. Et les autres? Choose six people from among your family, friends, or from among people mentioned in the news. Then tell something that each one knows how to do or doesn't know how to do.

> EXEMPLE **Mon professeur de français sait parler espagnol.**

B. Moi aussi! Look at the illustrations, and write a sentence telling
W whether or not you know how to do the activities. If you know how to do an activity, tell how long you've known how to do it.

> EXEMPLE **Je sais jouer au basket depuis...**

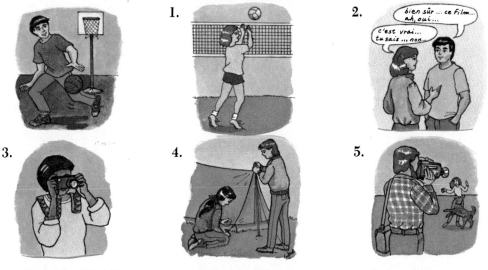

C. Et toi? Use the suggestions below to form questions to ask a partner. Your partner will try to answer the questions. You can check your answers at the bottom of the page.

> EXEMPLE où on achète du pain en France
> — **Sais-tu où on achète du pain en France?**
> — **Oui, je sais! On achète du pain dans une boulangerie.**

1. où est la Camargue
2. où on trouve des chalets
3. où on achète du bœuf en France
4. le nom de la mer au sud de la France
5. la date de la fête nationale en France
6. dans quels pays d'Europe on parle français
7. le nom des montagnes entre la France et l'Espagne

Réponses: 1. dans le sud de la France   2. en Suisse/dans les Alpes   3. dans une boucherie
4. la mer Méditerranée   5. le 14 juillet   6. en France, en Suisse, en Belgique, au Luxembourg
7. les Pyrénées

PERSPECTIVES

Lecture

C'est ton tour!

C'est samedi soir. Jean-Luc est dans la salle de bains, et sa sœur, Carole, attend à la porte. Le problème, c'est qu'il y a seulement une salle de bains dans l'appartement, et Jean-Luc l'occupe depuis plus d'une demi-heure! Martine trouve sa sœur devant la porte de la salle de bains.

MARTINE	Qu'est-ce qu'il y a, Carole? Tu as l'air fâchée.
CAROLE	Je commence à perdre patience! Jean-Luc est dans la salle de bains, et j'attends depuis une demi-heure! Je vais être en retard pour mon rendez-vous avec Nicolas.
MARTINE	Jean-Luc va au cinéma avec une nouvelle copine ce soir. Il veut faire une bonne impression.
CAROLE	Ah, c'est pour ça. Mais quand même ce n'est pas une raison! (*Elle frappe à la porte de la salle de bains.*) Alors Jean-Luc, quand est-ce que tu vas quitter la salle de bains? Qu'est-ce que je vais faire, moi? Je suis pressée. Nicolas va arriver dans vingt minutes. Jean-Luc! On attend, tu sais!
MARTINE	Il n'a pas entendu.
CAROLE	Mais si*, il a entendu. S'il ne répond pas, c'est pour embêter tout le monde. Voyons, Jean-Luc! Tu exagères!
JEAN-LUC	Écoute, Carole! Les autres jours, c'est moi qui attends. Aujourd'hui c'est ton tour!

Vocabulaire à noter

avoir l'air	to look, to seem	**la patience**	patience
c'est ton tour	it's your turn	**quand même**	even so
une demi-heure	a half an hour	**Qu'est-ce qu'il y a?**	What's the matter?
embêter	to annoy	**une raison**	a reason
fâché	angry	**si (mais si)**	yes
frapper	to knock	**Tu exagères!**	This is ridiculous!
occuper	to occupy	**Voyons!**	Come on!

*To contradict a negative statement or question, French speakers use **Si** or **Mais si** instead of **oui**.

Compréhension

Based on **C'est ton tour!**, complete the following statements.

1. Jean-Luc occupe...
2. Martine trouve que Carole a l'air...
3. Carole commence à perdre patience parce que...
4. Jean-Luc passe longtemps dans la salle de bains parce que...
5. Carole pense que si Jean-Luc ne répond pas, c'est pour...
6. Les autres jours Jean-Luc attend Carole. Aujourd'hui...

Communication

A. Ce n'est pas juste! It seems that everyone is blaming you for something today. Make up several possible responses to each accusation.

> EXEMPLE — Tu ne réponds jamais au téléphone.
> — **Mais si! Je réponds au téléphone tout le temps!**
> (**Je n'ai pas le temps de parler au téléphone!**)

1. Tu ne réussis jamais aux examens de français.
2. Tu ne rends jamais visite à tes copains.
3. Tu ne réponds jamais aux questions du professeur.
4. Tu n'attends jamais tes copains pour aller déjeuner.
5. Tu n'as pas encore rendu tes livres à la bibliothèque.

B. Opinions. Using the expressions of quantity you have learned, comment on the following illustrations.

> EXEMPLE **Il y a trop d'élèves et il n'y a pas assez de chaises dans cette salle de classe.**

C. Notre maison. Listen to Mme Moreau describe her house, and complete the description by adding the missing words.

J'habite ici __1__ et j'aime beaucoup cette maison. Le seul problème, c'est qu'elle est __2__ près de l'aéroport et, de temps en temps, __3__ les avions qui passent. Mais __4__, c'est une maison magnifique et il y a __5__ place pour toute ma famille. Au __6__ il y a __7__, __8__ et __9__. Au __10__ il y a une salle de bains et trois chambres, avec __11__ fenêtres et de __12__. C'est une vieille maison mais, __13__, je préfère les vieilles maisons aux maisons modernes.

D. Au pair. Anne wants to work for a French family in exchange for room and board so that she can afford to live in France for a year. She has sent a tape to the French family to introduce herself. Listen to the tape, then answer the following questions.

1. Quel âge a-t-elle?
2. Depuis combien de temps est-ce qu'elle étudie le français?
3. Qu'est-ce qu'elle sait faire à la maison?
4. Est-ce qu'elle a de l'expérience avec les enfants?
5. Qu'est-ce qu'elle fait quand ses frères ont des problèmes avec leurs devoirs?
6. Pourquoi veut-elle un peu de temps libre?

Prononciation

The pronunciation of the letters **c** and **g** depends on what vowel follows.

The letter **c** sounds like an **s** when it is followed by **e, i,** or **y,** or when it has a **cédille** (ç). It sounds like a **k** when it is followed by **a, o,** or **u.** Pronounce the following words that contain these sounds.

célèbre   cinéma   cycliste   ça   campagne   commençons   documentaire

The letter **g,** when it is followed by **e, i,** or **y,** sounds like the **s** in the English words *vision* and *decision*. It sounds like the **g** in the English words *gum* and *game* when it is followed by **a, o,** or **u.** Pronounce the following words that contain these sounds.

voyager   région   gymnastique   garage   golf   guitare

Now repeat the following sentences.

1. Cécile et Colette nagent tous les jours à la piscine.
2. Ensuite, elles mangent une glace avec François et Gabriel.
3. Cécile adore faire du camping et aller au cinéma.
4. Colette aime la gymnastique et le golf.
5. Cécile et Colette vont voyager en Égypte en décembre.

*I*NTÉGRATION

Here is an opportunity to test yourself to see what you can do. If you have trouble with any of these items, study the topic and practice the activities again, or ask your teacher for help.

Écoutez bien

A. **Où est Julien?**   Nadine and Sylvie are waiting for their friend Julien, and Julien is late as usual. Listen to their conversation, then tell whether the following statements are **vrai** or **faux**. Correct the false statements to make them true.

1. Nadine et Sylvie attendent Julien depuis une heure.
2. Julien arrive toujours en retard.
3. Julien a l'air content.
4. Julien pense qu'il a peut-être laissé son portefeuille à la maison.
5. La nouvelle maison de Julien est très grande.
6. Les trois amis décident d'aller tout de suite au magasin.

Lisez un peu

A. **Une situation difficile.**   Sabine and her family are looking for a new house, but they all have different ideas about the ideal house. Read this letter that Sabine has written to a friend, then tell which family member made each comment below.

> Chère Babette,
> Ma famille et moi, nous cherchons une nouvelle maison depuis plus d'un an. C'est très dur parce que chacun a une idée différente.
>
> Ma mère n'aime pas la maison que nous avons à présent parce qu'on entend toutes les voitures qui passent devant chez nous. Elle cherche une maison dans une rue tranquille. Elle a envie d'une maison plus près de son bureau, une grande maison avec deux ou trois salles de bains, une grande cuisine et une belle salle de séjour. Comme tu sais, ma mère aime inviter beaucoup d'amis. Mon père, par contre, préfère les petites maisons. Il trouve qu'une

petite maison donne moins de travail et que ça laisse plus de temps libre. Il veut avoir un garage pour sa voiture, mais il ne veut pas de jardin. Il n'aime pas beaucoup travailler dans le jardin. Nous les enfants, nous ne sommes pas d'accord non plus. Ma sœur Martine ne veut pas quitter la maison où nous habitons depuis quelques années. Elle adore sa chambre, et son petit ami n'habite pas loin de chez nous. Mon petit frère Fabrice est difficile, comme toujours. Il veut une maison près de son école et près d'un parc où il peut jouer au tennis et au basket. Moi, je voudrais une chambre avec beaucoup de fenêtres et un grand jardin pour mon chien.

Le choix d'une nouvelle maison n'est jamais facile, mais je pense que pour nous la décision est impossible. Nous allons sûrement rester dans la maison où nous sommes!

Amitiés,
Sabine

1. Cette maison est trop loin de mon bureau.
2. Je n'aime pas cette maison! Il n'y a pas de parc dans le quartier.
3. J'aime bien cette maison. Elle n'est pas trop grande. Il n'y a pas de jardin.
4. Je n'aime pas cette maison. Au milieu de la nuit j'entends toutes les voitures qui passent dans la rue.
5. J'aime bien cette maison! Il y a un beau jardin pour mon chien.
6. Je ne veux pas acheter cette maison-là parce qu'il n'y a pas de garage!
7. J'aime beaucoup ma chambre. Je ne veux pas quitter cette maison.
8. On n'est jamais d'accord. On va sûrement rester dans cette maison.

Écrivez

A. La nouvelle maison. Write a description of your dream house. Tell how many rooms it has, and also write about the furniture you have in each room.

EXEMPLE

Ma maison est fantastique. Il y a...

B. Dans notre quartier. Look at the illustrations, and describe what's going on in the neighborhood on this Saturday afternoon. Use the following verbs in your sentences.

vendre   acheter   attendre   entendre
répondre   rendre   perdre

EXEMPLE   **Jean Artaud répond au téléphone.**

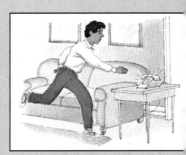

Jean Artaud...

1. Monique Dubois... **2.** Mme Poulain... **3.** Simone Michaux...

4. Mme Gérard... **5.** Brigitte Poireau... **6.** M. Antoine...

C. À l'arrêt d'autobus. You are in France and have gone to Avignon for the annual summer festival. You meet a French girl named Claire at the bus stop. You introduce yourselves and begin a conversation. Complete the conversation according to the suggestions below.

CLAIRE Alors, vous aimez Avignon?
VOUS Oui, beaucoup! __1__ (*Tell Claire you have been in Avignon for two weeks. Tell her that there are a lot of interesting things to do here.*)
CLAIRE C'est vrai, surtout pendant le festival.
VOUS __2__ (*Ask her how long she's been waiting for the bus.*)
CLAIRE Depuis 15 h 30.
VOUS __3__ (*Ask her if the bus is often late.*)
CLAIRE Oui, presque tous les jours.
VOUS __3__ (*Tell her that you have a problem. You have lost your ticket for the concert tonight. Ask her if she knows where they sell tickets.*)
CLAIRE Non, je ne sais pas. Mais vous pouvez toujours aller voir au bureau du festival.
VOUS __5__ (*Thank her and say good-bye.*)

D. Qui est le criminel?   M. Grossous, an elderly millionnaire, was recently the victim of a robbery. His new chauffeur, Sébastien, is being questioned by a detective. Complete the conversation, paying close attention to the tense of the verbs.

L'AGENT   Depuis combien de temps est-ce que vous __1__ (savoir) où trouver l'argent de M. Grossous?

SÉBASTIEN   Euuh. . . .

L'AGENT   __2__ (Répondre) à la question, s'il vous plaît!

SÉBASTIEN   Euuh. . .

L'AGENT   On __3__ (attendre) votre réponse, Monsieur.

SÉBASTIEN   Je le __4__ (savoir) depuis quelques jours seulement.

L'AGENT   Ah-hah! Très intéressant. Encore une question, Monsieur. Est-ce que c'est votre portefeuille?

SÉBASTIEN   Mais oui! Où est-ce que vous l'__5__ (trouver)?

L'AGENT   Monsieur, nous l'__6__ (trouver) derrière le canapé, dans la salle de séjour de M. Grossous! Avez-vous une explication?

SÉBASTIEN   Mais, bien sûr! Je l'__7__ (perdre) la semaine dernière. Je le __8__ (chercher) depuis une semaine.

L'AGENT   Je suis désolé, Monsieur. Vous ne l'__9__ (ne pas perdre) la semaine dernière. Vous l'__10__ (laisser) dans la salle de séjour le jour du crime. C'est vous le criminel!

Parlons ensemble

Work with a partner or partners, and create dialogues using the situations below. Whenever appropriate, switch roles and practice a different part of your dialogue.

Situations

A. À l'agence immobilière.   You are at a real estate office describing to an agent what kind of house you want to buy. The agent suggests various houses that are for sale in the neighborhood and describes each one. Each house has some features you like and some you don't like. Discuss the houses, then decide whether or not you want to visit them.

B. Je veux tous les détails.   You work for an insurance company and are asking the owner of a house for detailed information about the contents of his or her home. You need to know what furniture and appliances are in each room and how long the owner has had each item.

épargne logement
SOCIÉTÉ GÉNÉRALE

VOCABULAIRE

NOUNS RELATED TO HOUSES
la baignoire   bathtub
le canapé   sofa
la cheminée   fireplace
la commode   dresser
la cuisine   kitchen
la cuisinière   stove
la douche   shower
l' étage (*m*)   floor, story (of a building)
l' étagère (*f*)   shelf
le fauteuil   armchair
le four à micro-ondes   microwave oven
le garage   garage
la lampe   lamp
le lavabo   sink
le lave-vaisselle   dishwasher
les meubles (*m*)   furniture
le miroir   mirror
le mur   wall
la pièce   room
le placard   cupboard, closet
le rez-de-chaussée   ground floor
la salle à manger   dining room
la salle de bains   bathroom
la salle de séjour   living room
les W.-C. (*m*)   toilet

OTHER NOUNS
les affaires (*f*)   belongings, possessions
la clé   key
une demi-heure   a half hour
la panique   panic
la patience   patience
le portefeuille   wallet
la raison   reason
le tableau   painting

EXPRESSIONS OF QUANTITY
assez (**de**)   enough
autant (**de**)   as much, as many
beaucoup (**de**)   much, many, a lot (of)
une bouteille (**de**)   a bottle (of)
une douzaine (**de**)   a dozen (of)
un kilo (**de**)   a kilo (of)
un litre (**de**)   a liter (of)
moins (**de**)   less
ne...pas assez (**de**)   not enough
peu (**de**)   some, little, few
un peu (**de**)   a little, a few
plus (**de**)   more
une tasse (**de**)   a cup (of)
un verre (**de**)   a glass (of)

VERBS AND VERBAL EXPRESSIONS
attendre   to wait (for), to expect
avoir l'air   to seem, to look
embêter   to annoy
entendre   to hear
exagérer   to exaggerate
frapper   to knock
laisser   to leave (behind)
occuper   to occupy
perdre   to lose
rendre   to give back, to return (an object)
rendre visite à   to visit (a person)
répondre   to answer
savoir   to know, to know how...
vendre   to sell

OTHER EXPRESSIONS
Ça alors!   How about that!
Ce n'est pas la peine.   It's not worth the trouble.
C'est ton tour.   It's your turn.
depuis   for, since
Depuis combien de temps...?   How long...?
Depuis quand...?   Since when...?
fâché   angry
quand même   even so
Qu'est-ce qu'il y a?   What's the matter?
sauf   except
si (mais si)   yes (to contradict a negative statement)
Tu exagères!   This is ridiculous!
Voyons!   Come on!

Looking and Feeling Good

11

In this chapter, you will talk about the way people feel and look. You will also learn about the following functions and structures.

Functions	Structures
• talking about physical characteristics	• parts of the body
• describing someone's appearance	• adjectives describing people
• talking about learning and understanding	• **prendre, apprendre,** and **comprendre**
• saying things more precisely	• adverbs

INTRODUCTION

Le français en contexte

Des goûts et des couleurs...

Sabine Sendron, l'<u>auteur</u> du livre *Des <u>goûts</u> et des <u>couleurs</u>* est l'<u>invitée</u> du magazine télévisé *Aujourd'hui en France*.

author / tastes / colors / guest (*f*)

LE REPORTER	Nous sommes très heureux d'avoir dans notre studio Sabine Sendron. Bonjour, Madame.
MME SENDRON	Bonjour, Monsieur.
LE REPORTER	Madame, <u>voulez-vous bien</u> parler un peu de votre nouveau livre?
MME SENDRON	<u>Avec plaisir</u>. C'est une sorte de guide pour les gens qui veulent réussir dans la vie.
LE REPORTER	Quels <u>conseils</u> donnez-vous dans votre livre?
MME SENDRON	D'abord, <u>il faut</u> <u>faire attention</u> à votre <u>régime</u>. Il faut aussi faire de l'exercice <u>au moins</u> quatre fois par semaine.
LE REPORTER	Est-ce que vous parlez aussi des <u>vêtements</u> dans ce livre?
MME SENDRON	Oui, je parle surtout de la couleur des vêtements. À mon avis les couleurs sont très importantes parce qu'elles ont beaucoup d'influence sur notre <u>état d'esprit</u>.

would you please

With pleasure.

advice

it's necessary / to pay attention / diet / at least

clothes

state of mind

LE REPORTER	Pouvez-vous donner quelques exemples à nos <u>téléspectateurs</u>?	TV viewers
MME SENDRON	Le <u>rouge</u>, par exemple, est la couleur du <u>cœur</u>. C'est une couleur qui <u>évoque</u> l'<u>amour</u> et la vie. Le <u>bleu</u>, par contre, évoque le <u>ciel</u> d'été, la <u>paix</u>.	red / heart evokes / love / blue sky / peace
LE REPORTER	Comment est-ce qu'on peut <u>apprendre</u> les secrets des couleurs?	learn
MME SENDRON	C'est très simple—il faut acheter mon livre!	

Compréhension

Complete the following sentences based on **Des goûts et des couleurs**.

1. Le livre, *Des goûts et des couleurs*, est une sorte de guide pour...
2. Mme Sendron pense qu'il faut faire attention à...
3. Il faut aussi faire de l'exercice...
4. Le rouge évoque...
5. Le bleu évoque...
6. Pour apprendre les secrets des couleurs il faut...

Les mots et la vie

Quels vêtements portez-vous pour aller à l'école?

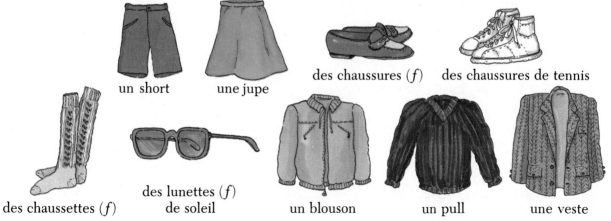

un tee-shirt   une chemise   un chemisier   un jean   un pantalon   une robe

un short   une jupe   des chaussures (*f*)   des chaussures de tennis

des chaussettes (*f*)   des lunettes (*f*) de soleil   un blouson   un pull   une veste

Quelles sont vos couleurs préférées?

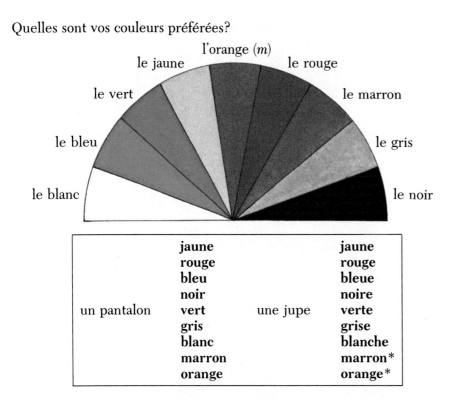

le jaune   l'orange (*m*)   le rouge
le vert   le marron
le bleu   le gris
le blanc   le noir

un pantalon	**jaune**	une jupe	**jaune**
	rouge		**rouge**
	bleu		**bleue**
	noir		**noire**
	vert		**verte**
	gris		**grise**
	blanc		**blanche**
	marron		**marron***
	orange		**orange***

Pour sublimer les couleurs et les formes les plus simples, une matière précieuse: la pure soie naturelle, fluide et légère. Rien de plus agréable à porter! Lavage main.

A. Les couleurs. Describe these food items by telling what color each one is.

    MODÈLE   les tomates
           Les tomates sont rouges.

1. les bananes
2. le sucre
3. les oranges
4. la glace au chocolat
5. les pommes
6. le lait
7. la salade
8. les fraises
9. les petits pois
10. les carottes
11. le riz
12. le beurre

*The color adjectives **marron** and **orange** are invariable. Their spelling does not change in the feminine or plural forms: **une jupe marron, des pulls orange**.

B. Les drapeaux. In her geography class, Émilie must learn which countries these flags represent. What does she say?

MODÈLE   **Le drapeau des États-Unis est rouge, blanc, bleu.**

1. le Canada

2. la Belgique

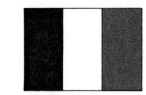

3. la France

4. le Maroc

5. la Suisse

6. le Sénégal

C. Des cadeaux. Éric bought his friends and family clothes for Christmas. Listen to the description of what he bought for each person, and write the letter of the corresponding picture.

MODÈLE   Il a acheté une jupe noire pour sa mère.
c

D. Des goûts différents. Paul and his sister Thérèse dress very differently when they go out. Describe what they are wearing.

MODÈLE   **Paul porte un tee-shirt bleu...**

Communication

A. Pensons en couleurs! What colors do you think of when you hear someone talk about the following things?

EXEMPLE   les arbres
le vert

1. la mer
2. la neige
3. l'automne
4. le café
5. le ciel
6. le 25 décembre
7. le cœur
8. le 31 octobre
9. la Saint-Valentin

B. Que préfères-tu? What do you prefer to wear in the following
W situations? Write your clothing preferences for each situation.

EXEMPLE   à l'école
À l'école je préfère porter ...

1. en automne
2. quand il fait chaud
3. pour faire du sport
4. pour aller au cinéma
5. pour aller au restaurant
6. le samedi à la maison

C. Comment est...? Describe a room in your house or apartment. Be
W sure to mention the color of the items you include in your description.

Dans ma chambre il y a une commode marron...

Function: *Talking about physical characteristics*
Structure: *Parts of the body*

Présentation

A. To talk about physical characteristics and health, you need to know the words for parts of the body.

Les parties (f) du corps

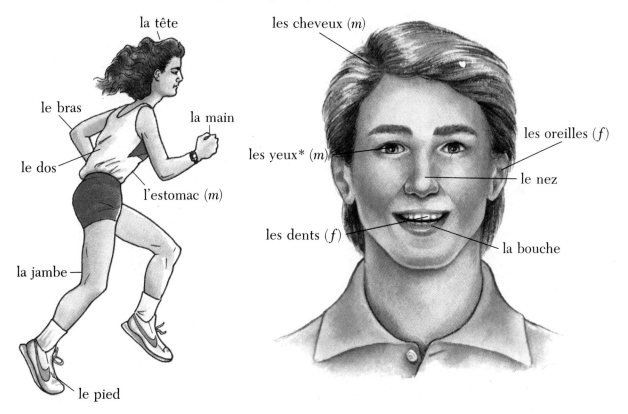

la tête

le bras

la main

le dos

l'estomac (m)

la jambe

le pied

les cheveux (m)

les oreilles (f)

les yeux* (m)

le nez

les dents (f)

la bouche

*The singular of **les yeux** is **l'œil**.

B. To talk about aches and pains, we use the expression **avoir mal à** + a part of the body.

J'ai mal à la gorge
et je ne peux pas
parler.

*My throat hurts,
and I can't talk.*

Paul a mal au dos.
Il va prendre un
comprimé d'aspirine.

*Paul's back hurts.
He's going to take
an aspirin.*

Camille a mal aux
oreilles. Elle va aller
chez le médecin.

*Camille has an earache.
She's going to go to
the doctor.*

Préparation

A. Comment ça va? Many of the students in Barbara's French class aren't feeling well today. Read the descriptions of what they did yesterday, then listen to two statements. Choose the statement that describes how they probably feel today.

MODÈLE   Barbara a regardé la télé pendant cinq heures.
a. Elle a mal aux pieds.   **b. Elle a mal aux yeux.**

1. Jean-Marc a étudié pendant quatre heures hier soir.
2. Michelle et Chantal ont écouté un concert de rock.
3. Gisèle a fait du jogging pendant quatre heures.
4. Philippe et André ont chanté pendant trois heures.
5. Xavier a mangé trop de pâtisseries.
6. Étienne et François ont joué au tennis tout l'après-midi.

B. Aïe! Notre pauvre équipe. Paul's hockey team has had a rough game, and the trainer is telling the coach what is wrong with the players. What does he say?

MODÈLE   **Il a mal à la jambe.**

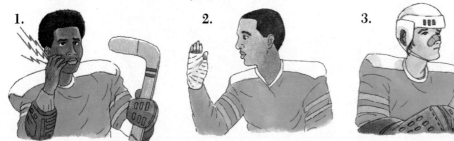

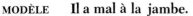

4.    **5.**    **6.**

C. Une créature bizarre. Here is the main
W character of an old monster movie. Write
at least five sentences describing the
monster.

MODÈLE   **Il a trois têtes.**

Communication

A. Êtes-vous en bonne santé? Indicate whether you have certain aches
and pains often, sometimes, or never.

EXEMPLE   les dents
Je n'ai jamais mal aux dents.

1. la tête   4. les yeux   7. le dos
2. les pieds   5. l'estomac   8. la gorge
3. les dents   6. les oreilles   9. les jambes

B. Le dahu. In France, **le dahu** is an imaginary animal about which
W people like to make stories. The **dahu's** appearance changes from
story to story. Write your description of a **dahu**.

EXEMPLE

Le dahu est un animal qui habite en France. Il a...

C. Un portrait. A composite portrait is made from the characteristics
of several different individuals. Make a composite portrait of Mr.
Anybody (**Monsieur Tout le Monde**) and Mrs. Anybody (**Madame
Tout le Monde**). Provide one element of the description, and then
have a classmate add another element. See how complete you can
make the descriptions.

EXEMPLE   — **Monsieur Tout le Monde a les yeux de Tom Cruise.**
          — **Il a les yeux de Tom Cruise et la bouche de...**

CULTUREL

En français comme en anglais, il y a beaucoup d'expressions avec les parties du corps. Parfois (*sometimes*) ces expressions sont les mêmes dans les deux langues, mais pas toujours! Essayez de trouver l'expression anglaise qui correspond à chaque expression française.

a. to be all ears
b. to be sharp-eyed
c. to be armed to the teeth

d. to cost an arm and a leg
e. holding hands / hand in hand
f. to put your foot in your mouth

Réponses: 1.c; 2.a; 3.d; 4.f; 5.e; 6.b

EXPLORATION 2

Function: *Describing someone's appearance*
Structure: *Adjectives describing people*

Présentation

When we describe people, we often talk about their hair, their eyes, and their size.

A. To ask what someone looks like, we use **Comment** with a form of **être**.

— Comment est-elle?	*What does she look like?*
— Elle est petite.	*She is short.*
— Comment est son frère?	*What does her brother look like?*
— Il est assez grand.	*He's fairly tall.*

B. To ask the color of someone's eyes or hair, we use **De quelle couleur** + a form of the verb **être**. To answer, we usually use the verb **avoir** plus the definite article and a noun.

— **De quelle couleur** sont ses yeux?	*What color are his eyes?*
— Il **a** les yeux marron.	*He **has** brown eyes.*
— **De quelle couleur** sont les cheveux de Marianne?	*What color is Marianne's hair?*
— Elle **a** les cheveux blonds.	*She **has** blond hair.*

C. Here are some adjectives that are useful for describing hair. Notice that the adjectives are masculine plural because they describe **les cheveux**.

— *Comment sont ses cheveux?*				
— *Il a les cheveux*	**gris**	*gray*	**blancs**	*white*
	roux	*red*	**châtains**	*brown*
	bruns	*dark*		
	noirs	*black*	**longs**	*long*
	blonds	*blond*	**courts**	*short*

Préparation

A. Carte d'identité. In the school office several photographs have become separated from the student ID cards. The employees are trying to match the students' pictures with their records. Listen to the information, and match each description with the correct photo.

> MODÈLE   Il a les cheveux châtains et courts. Il a aussi les yeux verts.
> d

a.   b.   c.

d.   e.   f.   g.

B. Les camarades de classe. The school nurse has a chart that contains the eye color, hair color, and approximate height of each student. Using the information from the chart, describe the following students.

> MODÈLE   Grégoire (bleus / roux / assez grand)
> **Grégoire a les yeux bleus et les cheveux roux.**
> **Il est assez grand.**

noms	yeux	cheveux	taille
1. Martine	verts	blonds / courts	grande
2. Jean-Luc	noirs	bruns / longs	très grand
3. Sylvie	gris	noirs	très petite
4. Robert	marron	châtains	assez grand
5. Véronique	noirs	roux / très courts	assez petite
6. Yves	bleus	bruns / longs	petit

C. Ma petite amie. Roger has a new girlfriend, and André is asking him questions about her. Look at the photograph, and answer André's questions.

1. Comment s'appelle-t-elle?
2. Est-ce qu'elle est grande?
3. Comment sont ses cheveux?
4. Est-ce qu'elle porte des lunettes?
5. Qu'est-ce qu'elle porte aujourd'hui?

Communication

A. Différences et Points communs. Are you and your friends very
W different? Pick a friend or family member, and write six sentences describing differences or similarities in your appearance.

EXEMPLE

Mon ami Jacques a les cheveux blonds. Moi,...

M. et Mme Poquet

B. Descriptions. You are an exchange student in France, and you have met many new friends. Using the photographs, describe your friends as completely as possible.

EXEMPLE **Madame Poquet a soixante ans. Elle a les cheveux blancs. Ici sur la photo elle porte...**

Gilles et Martine

Anne et Denise

Monique et David

C. Rapport de police. Imagine that you have witnessed a robbery.
W Describe the suspect's appearance, including size, hair and eye color, and clothing.

EXEMPLE

Il est assez grand. Il...

Interlude
CULTUREL

En France comme aux États-Unis, on lutte contre le tabac, l'alcool et les drogues. Voici quelques exemples de publicité de la campagne (*campaign*) contre les stupéfiants (*drugs*).

Quel slogan préférez-vous?
1. Si vous aimez la vie, ne choisissez pas le tabac.
2. Drogue et santé ne vont pas ensemble.
3. L'alcool est votre ennemi. Ne jouez pas avec.
4. La drogue, c'est l'ennemi numéro un des jeunes.
5. Un nez, une gorge, une vie: trois raisons de ne pas choisir le tabac.
6. Boire ou conduire, il faut choisir.

Et maintenant, pouvez-vous inventer d'autres slogans contre la drogue, l'alcool ou le tabac?

EXPLORATION 3

Function: *Talking about learning and understanding*
Structure: *prendre, apprendre, and comprendre*

Présentation

A. The verb **prendre** means *to take.* As you have already seen, it also means *to have* when used with items that one can eat or drink (for example, **prendre une tasse de thé, prendre le petit déjeuner**). **Prendre** is an irregular verb. Here are its forms.

prendre		
je **prends**	nous **prenons**	Passé composé:
tu **prends**	vous **prenez**	j'**ai pris**, etc.
il / elle / on **prend**	ils / elles **prennent**	

À quelle heure **prennent**-ils leurs repas?	*At what time do they **have** their meals?*
Prenez encore un peu de gâteau.	*Have a little more cake.*
Est-ce que tu **as pris** un comprimé d'aspirine?	*Did you **take** an aspirin?*

B. The verbs **apprendre** (*to learn*) and **comprendre** (*to understand*) are conjugated like **prendre**.

Je ne **comprends** pas la question.	*I don't **understand** the question.*
Quand est-ce que tu **as appris** à nager?	*When **did** you **learn** to swim?*

Note that with **apprendre** you must use **à** before an infinitive.

À l'école Annick **apprend** le français. Pendant le week-end elle **apprend à** tourner un film.

Préparation

A. **Mes cousines.** Listen to what Thierry is saying about his cousins Caroline and Sylvie. If he is talking about both of his cousins, write **deux**. If he is talking about just one, write **une**.

MODÈLE   Le matin elles prennent seulement du pain grillé.

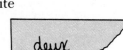

deux

B. **Qu'est-ce qu'ils apprennent?** The Cotin family has become interested in physical fitness. Each member of the family has decided to take up some new sports. What sports are they learning?

MODÈLE   Ma petite sœur **apprend à faire du vélo**.

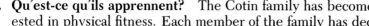

Ma petite sœur...   1. Mon père...   2. Ma cousine et moi, nous...   3. Mon frère...

4. Ma mère...   5. Nous...   6. Mon frère et mon cousin...

C. Au dîner. The Gauthier family is having dinner. Complete their
W conversation with the correct form of the verbs provided. You may
need to use the **passé composé** in some cases.

PAPA   Alors, les enfants, qu'est-ce que vous __1__ (apprendre) à l'école
          aujourd'hui?

JOSEPH   Dans mon cours d'histoire, nous étudions l'histoire de l'art.
          Alors ce matin, nous __2__ (prendre) l'autobus pour aller visiter
          un musée.

GUY   Dans ma classe nous __3__ (apprendre) pourquoi il est impor-
          tant de bien manger. Maintenant je __4__ (comprendre) pour-
          quoi il faut faire attention à son régime. Mais il y a quelque
          chose que je ne __5__ (comprendre) pas. Joseph et moi, nous
          __6__ (prendre) un bon petit déjeuner tous les matins, n'est-ce
          pas? Pourquoi est-ce que tu ne __7__ (prendre) pas de petit
          déjeuner, Papa?

Communication

A. Habitudes. Do you tend to have daily routines? What do you eat or
drink in the following situations? Complete each sentence using the
verb **prendre** to express your habits.

EXEMPLE   Pour le déjeuner...
            Pour le déjeuner je prends un sandwich.

1. Chaque matin...
2. Quand j'ai soif...
3. Comme dessert...
4. Quand je rentre de l'école...
5. Quand j'ai mal à la tête...
6. Quand je déjeune au restaurant...

B. Moi, je... Write your answers to this questionnaire. Be prepared to
W report your answers to the class.

1. À quel âge est-ce que vous avez appris à nager?
2. Avez-vous déjà pris l'avion? (une ou deux fois? souvent?)
3. Est-ce que vous avez déjà pris le train? (pour aller où?)
4. À quelle heure prenez-vous votre petit déjeuner pendant la
   semaine? (et le week-end?)
5. Comprenez-vous bien votre professeur de français? (toujours?
   presque toujours?)
6. Est-ce que vous savez prendre des photos? Avez-vous un
   appareil-photo?

C. Les moyens de transport. How do you usually travel? Discuss your preferences and experiences by completing the following sentences with **prendre** and a means of transportation.

> EXEMPLE Pour aller à l'école...
> **Pour aller à l'école, je prends le bus.**

1. Je n'ai jamais...
2. Cet été je voudrais...
3. Pour aller en Europe, il faut...
4. Pour faire un long voyage, je préfère...
5. La dernière fois que j'ai voyagé, j'ai...

Interlude
CULTUREL

Est-ce que la mode (*fashion*) a beaucoup d'importance pour vous? Est-ce que vous achetez souvent des magazines de mode? Essayez-vous de choisir des vêtements à la mode?

La France est depuis longtemps le centre mondial de la mode. En général les Français font très attention au choix de leurs vêtements. Mais le goût individuel joue aussi un très grand rôle. Il y a des jeunes qui préfèrent porter un jean et un tee-shirt, et d'autres qui choisissent des vêtements plus chics. Le résultat, c'est que sur les boulevards de Paris on peut voir une très grande variété de modes et de couleurs. Tout est possible! Comme on dit en France, «Des goûts et des couleurs, on ne discute pas!»

Regardez ces photos. Quelle mode préférez-vous? Est-ce que ces jeunes Français ressemblent à vos copains et à vos copines?

EXPLORATION 4

Function: *Saying things more precisely*
Structure: *Adverbs*

Présentation

Adverbs can modify a verb, an adjective, or another adverb. You already know many adverbs, such as **bien, souvent, peut-être, très,** and **déjà.**

> Vous avez **déjà** fait du jogging?
> Je ne vais pas **très souvent** au cinéma.

A. Many other adverbs in French are formed by adding **-ment** to the feminine form of the adjective. The **-ment** ending in French often corresponds to the *-ly* ending in English.

Adjective		Adverb	
Masculine	*Feminine*		
régulier	régulière	régulièrement	*regularly*
actif	active	activement	*actively*
sérieux	sérieuse	sérieusement	*seriously*
naturel	naturelle	naturellement	*naturally*
attentif	attentive	attentivement	*attentively*

Martine prend **régulièrement** des médicaments.	*Martine takes medicine* ***regularly****.*
As-tu répondu **sérieusement** à sa question?	*Did you answer her question* ***seriously****?*

B. When the masculine form of the adjective ends in a vowel, the **-ment** ending is added directly to the masculine form.

poli	poliment	*politely*	autre	autrement	*otherwise*
rapide	rapidement	*quickly*	sincère	sincèrement	*sincerely*
facile	facilement	*easily*	honnête	honnêtement	*honestly*

C. Adverbs are usually placed immediately after the verb they modify.

> Nous regardons **régulièrement** cette émission.
> Mon cousin ne fait pas **souvent** du camping.
> Philippe va écouter **attentivement**.

D. In the **passé composé**, adverbs ending in **-ment** usually come after the past participle. Short adverbs, such as **bien** or **déjà**, are usually placed before the past participle. Compare the following sentences.

Les Louvion ont mangé **rapidement**.
Ils n'ont pas répondu **sérieusement**.

Tu as **déjà** fini tes devoirs?
Mon copain a **toujours** aimé faire la cuisine.

E. A few long adverbs, such as **naturellement** (*naturally*), **heureusement** (*fortunately*), and **malheureusement** (*unfortunately*), are usually placed at the beginning of the sentence.

Naturellement, je prends le petit déjeuner à la maison.
Heureusement, j'ai compris toutes les questions.
Malheureusement, il a plu pendant notre pique-nique.

Préparation

A. Les bonnes résolutions. On New Year's Eve, Martine made some resolutions for the new year. One week later she is telling how well she is doing. Listen to what she says, and write down the adverb she uses in each sentence.

MODÈLE   Je fais régulièrement du sport.

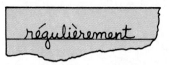
régulièrement

B. C'est déjà fait. Élise wants to know if a friend who is visiting her has already done some of the interesting things available in the area. What does she ask?

MODÈLE   rencontrer des gens du village?
Est-ce que tu as déjà rencontré des gens du village?

1. prendre des photos du village?

2. visiter notre vieille église?

3. manger du pâté de campagne?

4. prendre quelque chose au café?

5. faire une promenade pour voir le paysage?

C. Qu'est-ce qu'il a fait?   Pascale is telling a friend about Thierry, a new student at their school. Based on what she says, tell what Thierry did today.

> MODÈLE   Il joue bien au football.
> **Aujourd'hui il a bien joué au football.**

1. Il parle bien en classe.
2. Il écoute attentivement le prof.
3. Il comprend facilement la leçon.
4. Il fait sérieusement ses devoirs.
5. Il réussit facilement aux examens.
6. Malheureusement, il n'essaie pas de faire ma connaissance.

D. Bien ou Mal?   Describe each of the illustrations below. Use one of the following adverbs in each sentence.

> MODÈLE   Lucien parle à Gisèle.
> Lucien parle **sincèrement** à Gisèle.

mal
bien
sérieusement
attentivement
sincèrement
régulièrement
rapidement

1. Natacha fait du jogging.

2. Les élèves écoutent le professeur.

3. Marcel fait ses devoirs.

4. Monique fait le ménage.

5. Jérôme et Yvette dansent.

6. M. et Mme Gilbert font la cuisine.

Communication

A. L'as-tu déjà fait?   Tell whether or not you have done the following things, using **déjà, ne...pas encore,** or **ne...jamais** in your answer.

> EXEMPLE   manger dans un restaurant français?
> **Oui, j'ai déjà mangé dans un restaurant français.**
> **(Non, je n'ai pas encore mangé dans un restaurant français.)**

1. prendre l'avion?
2. travailler pendant l'été?
3. visiter les pays d'Europe?
4. tourner un film avec une caméra vidéo?
5. apprendre à faire de la planche à voile?
6. acheter des vêtements pour l'été qui arrive?

B. L'école et vous.   Answer the following questions, using an appropriate adverb in each answer.

> EXEMPLE   Vous comprenez les leçons de français?
> **Oui, je comprends assez facilement les leçons de français.**
> **(Non, je ne les comprends pas facilement.)**

1. Vous faites vos devoirs?
2. Vous avez compris la dernière leçon?
3. Avez-vous fini vos devoirs pour demain?
4. Est-ce que vous réussissez aux examens?
5. Vous répondez aux questions du professeur?
6. Vous téléphonez à vos copains ou à vos copines?

C. Comment?   How would you describe the way you do things? Using **W** six of the following adverbs, write sentences telling how or when you do (or don't do) something.

> EXEMPLE   régulièrement
> **Je fais régulièrement mon lit.**

1. mal
2. bien
3. souvent
4. rapidement
5. sérieusement
6. attentivement
7. déjà
8. toujours
9. ne...jamais

> faire du sport ?
> acheter des vêtements ?
> porter des chaussures
> de tennis ? chanter ?
> faire le ménage ???

Lecture

Laurent va chez le médecin.

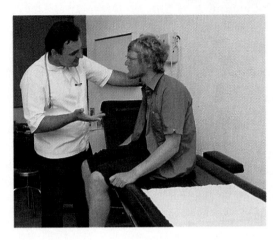

LE MÉDECIN	Comment allez-vous aujourd'hui?
LAURENT	Pas très bien... J'ai mal partout.
LE MÉDECIN	Vous avez de la fièvre?
LAURENT	Oui, un peu.
LE MÉDECIN	Est-ce que vous avez déjà pris des médicaments?
LAURENT	Je prends de l'aspirine depuis deux jours. J'ai très mal à la tête et j'ai aussi mal à la gorge. Est-ce que j'ai un rhume, docteur?
LE MÉDECIN	Non, vous avez la grippe. Mais heureusement, ce n'est pas très grave.
LAURENT	Qu'est-ce qu'il faut faire?
LE MÉDECIN	Il faut rester à la maison et boire beaucoup de jus de fruit. Et ne faites absolument pas d'exercice pendant quelques jours.
LAURENT	Mais j'ai un match de basket ce soir.
LE MÉDECIN	Soyez raisonnable, Laurent. Autrement, vous risquez d'attraper quelque chose de grave.
LAURENT	Je comprends. Je vais rester au lit.

Vocabulaire à noter

attraper to catch	**raisonnable** reasonable
la fièvre fever	**un rhume** a cold
grave serious	**risquer** to risk
la grippe flu	

Compréhension

Answer the following questions based on the conversation between the doctor and Laurent in **Laurent va chez le médecin**.

1. Comment va Laurent?
2. Où est-ce qu'il a mal?
3. Est-ce qu'il a de la fièvre?
4. Quel médicament est-ce qu'il prend? Depuis combien de temps?
5. Quelle maladie est-ce qu'il a? Est-ce grave?
6. Quels sont les conseils du docteur?

Communication

A. Mauvais conseils. Charles Latan believes he's a health expert, and he likes to give advice. Unfortunately, he has some strange ideas. How would you change his suggestions to make them good advice?

> EXEMPLE   Ne faites jamais de sport.
> **Faites souvent du sport.**

1. Mangez beaucoup de pâtisseries.
2. Prenez seulement un repas par jour.
3. Allez au lit à trois heures du matin.
4. Ne faites pas attention à votre régime.
5. Mangez des légumes seulement une fois par semaine.
6. Portez un short et un tee-shirt quand il fait frais.

Les enfants du monde

Les pires aspects de la pauvreté dans le monde peuvent être bannis d'ici la fin de ce siècle...

UNICEF
FAITS ET CHIFFRES

B. Je suis malade!   You are sick and are talking to the doctor. You have a stomachache but don't have a fever. You aren't taking any medicine and have been eating very little. How would you answer the doctor's questions?

LE MÉDECIN	Comment allez-vous?
VOUS	=====
LE MÉDECIN	Où est-ce que vous avez mal?
VOUS	=====
LE MÉDECIN	Est-ce que vous avez de la fièvre?
VOUS	=====
LE MÉDECIN	Prenez-vous des médicaments?
VOUS	=====
LE MÉDECIN	Est-ce que vous mangez bien?
VOUS	=====
LE MÉDECIN	Je pense que ce n'est pas grave. Mais restez à la maison. N'allez pas à l'école demain.
VOUS	=====

C. Interview.   Find out what a partner does to stay in good health by asking questions, using the cues provided. Your partner will answer the questions.

> EXEMPLE   nager de temps en temps
> — **Est-ce que tu nages de temps en temps?**
> — **Oui, je nage deux fois par semaine.**
> (**Non, je n'aime pas nager.**)

1. prendre trois repas par jour
2. faire régulièrement du sport
3. manger à des heures régulières
4. aller au lit à une heure raisonnable
5. faire attention à ton régime
6. prendre un bon petit déjeuner le matin
7. porter un pull ou un blouson quand il fait froid
8. faire quelquefois du jogging ou des promenades à pied

D. La championne.   Did you know that there is a **Tour de France** for **W** women cyclists? Listen to the following announcer's commentary on the latest leg of the race, and write the missing words.

Aujourd'hui la course est __1__ difficile pour les cyclistes. __2__ être __3__ pour réussir. Mais voilà les cyclistes qui arrivent! La première, qui est-ce? Elle a les __4__ et elle porte __5__ de l'équipe de France. C'est Jeannie Longo, la championne du monde. Mais, attention! Elle n'avance pas __6__. Elle a l'air d'avoir __7__. La femme derrière elle avance __8__. Elle a les __9__. Ah, c'est une cycliste italienne. Nous allons __10__ avoir une nouvelle championne.

E. Non, non, ma fille. Chantal is just about to leave for school when her mother stops her at the door. Listen to their conversation, then answer the questions that follow.

1. À quelle heure est-ce que Chantal et sa mère commencent à parler?
2. Où va Chantal?
3. Qu'est-ce qu'elle n'a pas fait?
4. Pourquoi est-ce qu'elle ne veut pas prendre son petit déjeuner?
5. Qu'est-ce que sa mère pense de sa jupe?
6. Pourquoi est-ce que Chantal veut la porter?
7. Quelle robe est-ce que sa mère préfère?
8. Qu'est-ce que les amis de Chantal vont penser?

Prononciation

The consonant sounds that you find in **jeu** and **chat** are represented in most dictionaries by the symbols /ʒ/ and /ʃ/ respectively.

The letter **j** is pronounced like the *s* in the English word *vision*. Pronounce the following words which contain this sound.

jupe   jaune   jambe   jus   projet   déjeuner

The letters **ch** are pronounced like the English letters *sh*, as in *marsh* or *shiver*. Pronounce the following words which contain this sound.

chat   cheveux   chemise   affiche   bouche   riche

Now listen, and repeat the following sentences.

1. En juin je vais à la plage avec des copains de Genève.
2. On va rester chez Georges.
3. Il va faire chaud chaque jour.
4. Je vais porter une jolie chemise jaune.
5. Je vais nager samedi et dimanche.

Here is an opportunity to test yourself to see what you can do. If you have trouble with any of these items, study the topic and practice the activities again, or ask your teacher for help.

Écoutez bien

A. Au voleur!   Listen to Sylvie's description of a robbery suspect, and make a sketch of the thief. Include as many details as possible. Write the name of the colors given on each item described.

B. De nouveaux copains.   Look at the photo of the people that Virginie recently met at an international summer camp, and listen to what Virginie says about them. For each description, write down the name of the friend she is describing and also one thing that you know about that person.

> EXEMPLE   Le garçon qui porte un jean et un pull est de Monaco. Il
> trouve qu'il ne fait jamais assez chaud, même en été.
> **C'est André. Il est de Monaco.**

Marie   Johan   Jacqueline   André   Frédéric   Marie-Louise   Oliver

Lisez un peu

A. Le Tout Paris! Read Natacha's fashion column, dateline Paris. Below the column are letters addressed to Natacha, in which readers seek her fashion advice. Answer the letters as you think Natacha would.

Qu'est-ce que les Parisiennes portent cette année? Mes chères amies, voici la réponse. Si vous allez à Paris, n'emportez pas vos robes longues. Cet automne les Parisiennes portent des jupes courtes, même pour aller au restaurant et au concert. Pour aller à un bal, la femme élégante choisit des vêtements noirs et blancs. Alors, mesdames, il faut laisser à la maison vos robes bleues et vertes de l'année dernière. Pour aller faire des courses en ville, les pantalons sont toujours à la mode.

Cette année les Parisiens apprennent à aimer une plus grande variété de vêtements et de couleurs. Ils portent des chemises vertes, des pulls rouges, et des blousons de toutes les couleurs. Le jean continue à être le pantalon préféré. Hier le célèbre acteur Marc Belhomme a eu le courage de porter un tee-shirt orange et un jean pour aller à l'opéra. Cet automne à Paris, tout est possible!

> Je vais aller à un dîner élégant chez des amis. Est-ce que je peux porter une chemise verte, un pantalon bleu et un blouson orange? Est-ce trop de couleurs différentes?
>
> Alex

> Je suis invitée à un grand bal. J'ai une très belle robe longue que je voudrais porter. Est-ce une bonne idée? J'ai besoin de vos conseils.
>
> Tanya

> J'habite dans un petit village, et dans quelques semaines je vais rendre visite à une cousine qui habite à Paris. Ma cousine aime bien les concerts de musique classique. J'aime porter des jeans et je n'ai pas envie d'acheter de nouveaux vêtements. Est-ce que je vais pouvoir porter un jean pour aller à des concerts?
>
> Thomas

> Je vais aller à un dîner chez une actrice célèbre. Je voudrais porter un pantalon noir et un chemisier blanc. Est-ce possible ou est-ce trop simple?
>
> Christine

Écrivez

A. Une petite sœur! Marianne has come over to Mireille's house to see her baby sister. Fill in the blanks of their conversation with the correct form of one of the verbs listed below. Use each verb just once.

apprendre	pouvoir	boire	avoir
comprendre	prendre	savoir	

MARIANNE Alors, où est-elle, ta petite sœur?

MIREILLE Par ici. Elle est dans son lit.

MARIANNE Oh! Elle est adorable. Elle __1__ les cheveux roux. Est-ce qu'elle __2__ beaucoup de lait?

MIREILLE Ah oui, beaucoup! Elle a toujours faim.

MARIANNE Est-ce qu'elle __3__ déjà manger d'autres choses ou est-ce qu'elle est encore trop petite?

MIREILLE Oui, elle __4__ déjà des céréales.

MARIANNE Est-ce qu'elle __5__ à parler?

MIREILLE Non, pas encore.

MARIANNE Elle a l'air très intelligente. Je suis sûre qu'elle __6__ notre conversation.

MIREILLE Qui __7__ ?

B. En vacances. Nadine is packing for a school trip to Marseille, and her mother is helping her decide what to take. Write down what her mother might suggest as Nadine talks about her trip.

EXEMPLE — Je vais aller à l'église dimanche.
           — **Alors, prends ta robe blanche.**

1. Je pense qu'il va faire chaud.
2. Mais il risque de faire frais le soir.
3. Nous allons faire beaucoup de promenades.
4. On va prendre tous nos repas au restaurant.
5. Je ne veux pas porter un jean dans le train.

C. Les maladies. Hervé has gone to see the doctor because he isn't feeling well. Complete Hervé's list of complaints by adding **j'ai mal à** and the appropriate part of the body.

LE MÉDECIN   Bonjour, Hervé. Quel est votre problème aujourd'hui?

HERVÉ   Bonjour, docteur. J'ai mal partout. Hier après-midi j'ai écouté mes disques de rock pendant trois heures, et aujourd'hui __1__.

LE MÉDECIN   Est-ce qu'il y a autre chose qui ne va pas?

HERVÉ   Oui, hier soir j'ai dansé toute la soirée, et aujourd'hui __2__.

LE MÉDECIN   Et ensuite?

HERVÉ   Ce matin j'ai chanté avec mes copains, et maintenant __3__.

LE MÉDECIN   Est-ce que vous faites attention à votre régime?

HERVÉ   Je mange beaucoup de glace. J'adore la glace. Mais ces jours-ci, quand je prends de la glace, __4__.

LE MÉDECIN   Est-ce que vous portez des lunettes quand vous étudiez?

HERVÉ   J'ai perdu mes lunettes. C'est peut-être pour ça que __5__ quand je fais mes devoirs.

LE MÉDECIN   Il faut abandonner vos mauvaises habitudes! Pensez à votre santé.

HERVÉ   Je n'aime pas penser. Quand je pense, __6__.

Parlons ensemble

Work with a partner or partners, and create dialogues using the situations below. Whenever appropriate, switch roles and practice a different part of your dialogue.

Situations

A. Les vêtements. Your partner is a foreign exchange student from France who will be going to your school beginning next week. This person wants to look as much like the average student at your school as possible. Answer your partner's questions about hairstyles, clothes, and general appearance. Be as helpful as you can.

B. La santé. Imagine that you are in France, that you don't feel well, and that you go to see the doctor. Another student will play the role of the doctor. Answer the doctor's questions, and tell the doctor your symptoms.

VOCABULAIRE

NOUNS RELATED TO BODY PARTS
la bouche mouth
le bras arm
les cheveux (*m*) hair
le cœur heart
le corps body
les dents (*f*) teeth
le dos back
l' estomac (*m*) stomach
la gorge throat
la jambe leg
la main hand
le nez nose
l' œil (*m*) (pl. les yeux) eye(s)
l' oreille (*f*) ear
le pied foot
la tête head

NOUNS RELATED TO CLOTHING
le blouson jacket, windbreaker
les chaussettes (*f*) socks
les chaussures (*f*) (de tennis)
    (tennis) shoes
la chemise shirt
le chemisier blouse
le jean jeans
la jupe skirt
les lunettes (*f*) (de soleil) (sun)
    glasses
le pantalon pants
le pull sweater
la robe dress
le short shorts
le tee-shirt T-shirt
la veste (sports) coat
les vêtements (*m*) clothes

OTHER NOUNS
l' amour (*m*) love
l' auteur (*m*) author
le ciel sky
le comprimé d'aspirine aspirin
    tablet
le conseil a piece of advice
la couleur color
l' état d'esprit (*m*) state of mind
l' exemple (*m*) example
la fièvre fever
le goût taste
la grippe flu
le guide guide(book)
l' influence (*f*) influence
l' invité (*m*), l'invitée (*f*) guest
la paix peace
la partie part
le régime diet
le rhume cold
le secret secret
le studio studio
le téléspectateur TV viewer

ADJECTIVES OF COLOR*
blanc (*m*), blanche (*f*) white
bleu blue
blond blond
brun brown, dark (hair)
châtain brown (hair)
gris gray
jaune yellow
marron (*invariable*) brown
noir black
orange (*invariable*) orange
rouge red
roux red (hair)
vert green

OTHER ADJECTIVES
attentif attentive
court short
grave serious
honnête honest
raisonnable reasonable
rapide fast
régulier regular
simple simple

VERBS AND VERBAL EXPRESSIONS
apprendre (à) to learn (to)
attraper to catch
avoir mal (à) to hurt, (to have a
    sore...)
comprendre to understand
évoquer to evoke
faire attention (à) to pay
    attention (to)
il faut it is necessary
porter to wear
risquer to risk
voulez-vous bien would you
    please

OTHER EXPRESSIONS
absolument absolutely
au moins at least
autrement otherwise
avec plaisir with pleasure
heureusement fortunately
malheureusement unfortunately
rapidement quickly

* **Note:** Nouns of color are all masculine.

A Look Toward the Future

In this chapter, you will talk about your school plans for next year and your career plans for the future. You will also learn about the following functions and structures.

Functions	Structures
• talking about what we read and write	• the verbs **lire** and **écrire**
• talking about the past	• the **passé composé** with **être**
• talking about going out	• verbs like **sortir**
• giving emphasis	• the emphatic pronouns

INTRODUCTION

Le français en contexte

Vive les vacances!

Nous sommes au lycée Victor Hugo. Quelques <u>lycéens</u> sont <u>en train de</u> parler de leurs cours.

high-school students / in the process of

ÉTIENNE	Alors, Claudette, tu as fini tes devoirs d'anglais?
CLAUDETTE	Pas encore, mais j'ai une heure d'<u>étude</u> cet après-midi.
FRANÇOISE	Étienne, tu as eu une bonne <u>note</u> à l'examen de chimie?
ÉTIENNE	Huit sur vingt*, ce n'est pas <u>brillant</u>. <u>D'habitude</u>, j'ai de très bonnes notes en chimie. Mon père va être <u>furieux</u>. Et toi, Françoise, tu as réussi?
FRANÇOISE	J'ai eu seize. <u>J'ai eu de la chance</u>.
CLAUDETTE	Mais non, c'est parce que tu es <u>forte</u> en chimie, toi. Moi, je ne réussis pas bien en chimie. Quand je <u>passe</u> un examen de chimie, <u>j'ai toujours le trac</u>.
ÉTIENNE	Moi aussi! Le jour de l'examen j'oublie tout.

study hall

grade

brilliant, great / Usually
furious

I was lucky

strong
take (a test)
I always get nervous

* French students are graded on a twenty-point system. Ten is passing. Instead of receiving grades A through F on a report card (**le bulletin**), students receive number scores based on this system.

FRANÇOISE	Oui, mais tu <u>sèches le cours</u> assez souvent aussi! Ce n'est pas comme ça que tu vas passer ton <u>bac</u>*!	skip the class short form of **le baccalauréat**
ÉTIENNE	Euh… Parlons <u>plutôt</u> des vacances. Qu'est-ce que vous faites cet été?	rather, instead
CLAUDETTE	Je vais sûrement rester en ville pour <u>suivre</u> des cours d'été.	to take (a course)
ÉTIENNE	Moi, j'espère passer l'été à la piscine. Toi aussi, Françoise?	
FRANÇOISE	Moi, je vais chez ma tante en Grèce!	
CLAUDETTE ÉTIENNE FRANÇOISE }	<u>Vive les vacances!</u>	Long live vacations!

*Le baccalauréat (or le bac) is a comprehensive exam taken by all students at the end of high school in order to graduate.

Compréhension

Find phrases and sentences in **Vive les vacances!** that support the following statements about Étienne, Françoise, and Claudette.

1. Claudette va finir ses devoirs d'anglais plus tard.
2. Étienne a eu une mauvaise note à l'examen de chimie.
3. Françoise a réussi à l'examen de chimie.
4. Claudette n'est pas forte en chimie.
5. Étienne n'est pas toujours un élève sérieux.
6. Claudette va étudier pendant l'été.
7. Étienne aime nager.
8. Françoise va voyager cet été.

Les mots et la vie

Quelles <u>matières</u> allez-vous étudier l'année prochaine?   (school) subjects

Les maths	**Les sciences**	**Les langues**

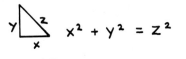

$$E = mc^2$$

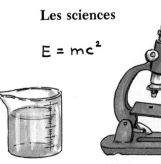

la trigonométrie	la biologie	l'allemand	le russe
la géométrie	la chimie	l'espagnol	le chinois
l'algèbre (*f*)	la physique	le français	le japonais

Quelques autres matières

l' art (*m*) *art*	la littérature *literature*
le dessin *drawing*	la comptabilité *accounting*
l' art dramatique *drama*	la philosophie *philosophy*
la géographie *geography*	le dessin industriel *drafting*
la dactylographie *typing*	l' informatique (*f*) *computer science*
le journalisme *journalism*	l' éducation civique *government, civics*

Avez-vous déjà choisi une profession?

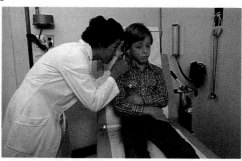

Il est ingénieur.
C'est un ingénieur.

Elle est médecin.
C'est une femme médecin.

Quelques professions

un avocat, une avocate   *lawyer*
un artiste, une artiste   *artist*
un infirmier, une infirmière   *nurse*
un musicien, une musicienne   *musician*
un comptable, une comptable   *accountant*
un médecin, une femme médecin*   *doctor*
un écrivain, une femme écrivain*   *writer*
un programmeur, une programmeuse   *programmer*
un ingénieur, une femme ingénieur*   *engineer*
un instituteur, une institutrice   *schoolteacher*
un homme d'affaires, une femme d'affaires   *businessman, businesswoman*

*Use the phrase **une femme médecin** only when you want to distinguish male from female doctors:
Je voudrais prendre rendez-vous avec une femme médecin. In other contexts, just use the form
médecin: Ma mère est médecin. Use the words **femme écrivain** and **femme ingénieur** in the
same way.

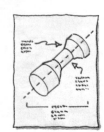

A. Il faut décider. Monsieur Champigny is advising his students on which classes to take next year, based on their interests. Listen to each student's comment, and tell which course Monsieur Champigny is likely to recommend.

> MODÈLE Je voudrais être ingénieur.
> l'éducation civique, la musique, la géométrie
> **Alors, il faut étudier la géométrie.**

1. la physique, le journalisme, le japonais
2. le japonais, le dessin industriel, la comptabilité
3. l'allemand, la philosophie, la dactylographie
4. le russe, l'algèbre, la biologie
5. la chimie, l'informatique, l'histoire
6. la physique, le chinois, le russe
7. le dessin, la chimie, l'anglais
8. l'espagnol, la trigonométrie, la dactylographie

B. Conseils. A high-school counselor is considering what profession she might recommend for each of these students. Based on what she knows about the students, what profession does she recommend?

> MODÈLE Martine adore les enfants.
> **Elle peut être institutrice.**

musicien / musicienne   artiste
instituteur / institutrice   écrivain
programmeur / programmeuse   ingénieur
homme d'affaires / femme d'affaires

1. Marc a envie d'être riche!
2. Hervé aime beaucoup écrire des histoires.
3. Florence trouve les ordinateurs fascinants.
4. Mireille adore le piano et la guitare. Elle compose des chansons.
5. Danielle passe tout son temps à faire des maths. Elle est très forte en maths.
6. Victor aime beaucoup ses cours de dessin.

C. Qu'est-ce qu'ils font? Marie-Laure and her friends are discussing the careers of some adults they know. Identify the profession of each of the adults.

> MODÈLE M. Gabriel a étudié la comptabilité à l'université.
> **M. Gabriel est comptable.**

1. Ma tante a toujours aimé les ordinateurs.
2. M. Duvalier a étudié la littérature. Il préfère les romans policiers. Maintenant il fait des romans pour gagner sa vie.
3. Mme Thomas fait de très beaux tableaux.
4. La cousine de David a une classe d'enfants de huit à neuf ans.
5. L'instrument préféré de mon oncle est le saxophone.
6. Une copine de ma mère travaille pour une grande compagnie aux États-Unis.

Communication

A. Quelles matières? Working with a partner, take turns finding out about each other's courses. Name a subject, and have your partner tell whether he or she is taking, will take, or has already taken that subject. Then switch roles.

> EXEMPLE — **la physique**
> — **Je vais étudier la physique l'année prochaine.**
> **(Moi, j'ai déjà eu un cours de physique l'année dernière.)**

B. L'année prochaine? Tell what classes you are going to take next year and why.

> EXEMPLE **Je vais suivre un cours d'algèbre parce que j'aime les maths.**

C. Les professions? Write sentences indicating why you would or would not want to have the following professions.

> EXEMPLE médecin
> **Je ne veux pas être médecin parce que je ne suis pas fort en biologie.**
> **(Je veux être médecin parce que je trouve les sciences très intéressantes.)**

1. artiste
2. avocat / avocate
3. professeur de français
4. programmeur / programmeuse
5. chanteur / chanteuse de rock
6. reporter
7. ingénieur
8. comptable
9. infirmier / infirmière
10. instituteur / institutrice

EXPLORATION 1

Function: *Talking about what we read and write*
Structure: *The verbs lire and écrire*

Présentation

A. To talk about what we read, we use the verb **lire** (*to read*). **Lire** is an irregular verb.

lire	
je **lis**	nous **lisons**
tu **lis**	vous **lisez**
il / elle / on **lit**	ils / elles **lisent**

Passé composé: **J'ai lu,** etc.

Je **lis** la lettre.	*I'm reading the letter.*
Qu'est-ce que tu **lis**?	*What are you reading?*
Avez-vous déjà **lu** ce livre?	*Have you already read this book?*
Lisez vingt pages pour demain.	*Read twenty pages for tomorrow.*

B. To talk about what we write, we use the verb **écrire** (*to write*). **Écrire** is also an irregular verb.

écrire	
j' **écris**	nous **écrivons**
tu **écris**	vous **écrivez**
il / elle / on **écrit**	ils / elles **écrivent**

Passé composé:
J'ai écrit, etc.

Elle **écrit** un roman depuis dix ans.
She **has been writing** a novel for ten years.

Écrivez ces phrases.
Write these sentences.

Qu'est-ce que tu **as écrit**?
What **did you write**?

C. The following vocabulary is useful to talk about things we read or write.

le poème *poem*	le journal *newspaper*
le roman *novel*	la revue *magazine*
la lettre *letter*	la carte postale *postcard*
l' histoire (*f*) *story*	la science-fiction *science fiction*
l' article (*m*) *article*	la bande dessinée *comic strip,*
les nouvelles (*f*) *news*	*comic book*

FÊTE DU LIVRE

moi, je lis et vous?

Préparation

A. Les petits-enfants.   Listen to Madame Aubin talk about her grandchildren who live in Canada. Write **S** when she refers to just one grandchild, and write **P** when she refers to more than one.

MODÈLE   Il écrit une lettre tous les mois.

S

B. De jeunes écrivains. Some students are discussing their writing ability. What do they say?

> MODÈLE   Alain / lentement
> **Alain écrit lentement.**

1. Tu / très bien
2. Annick et Guy / très mal
3. Je / toujours très rapidement
4. Vous / assez bien
5. Suzanne / lentement
6. Guy et moi, nous / beaucoup

C. Qu'est-ce qu'elles lisent? Some friends are browsing in a bookstore and talking about what everyone is reading. Complete what they say, choosing one of the photos below.

> MODÈLE   Patricia aime la musique. Elle...
> **Elle lit la revue *Rock & Folk*.**

1. Nous aimons la science-fiction. Nous...
2. Mireille et Solange préfèrent les journaux. Elles...
3. Didier et toi, vous préférez les poèmes, n'est-ce pas? Vous...
4. Je préfère les revues pour femmes. Je...
5. Roger aime bien les bandes dessinées. Il...

D. On l'a déjà fait.   Béatrice, the editor of the school newspaper, is delighted to find out that work for this month's issue is ahead of schedule. How do the students on the newspaper staff let Béatrice know that their assignments have already been done?

MODÈLE   René, tu écris un article sur les magnétoscopes?
Non, je l'ai déjà écrit.

1. Monique, tu es en train d'écrire l'article sur le ski?
2. M. Brun, allez-vous lire la "Lettre aux élèves" ce soir?
3. Est-ce que Joël lit encore les bandes dessinées?
4. Est-ce que Sophie et Léon écrivent leur histoire de science-fiction aujourd'hui?
5. Serge, est-ce que j'ai besoin de lire ces poèmes?
6. André et toi, vous allez écrire les publicités maintenant?

Communication

A. Devinez!   Write how often you read each of the items listed, using
W the scale provided. Then, working with a partner, alternate guessing each other's answers. Keep track of right and wrong guesses, and see who knows more about the other's reading habits.

EXEMPLE   le journal
Je lis le journal deux ou trois fois par semaine.
(Je ne lis presque jamais le journal.)

presque jamais	2–3 fois par an	1 fois par mois	2–3 fois par mois	2–3 fois par semaine	tous les jours

1. le journal
2. des revues de sport
3. des bandes dessinées
4. des revues pour jeunes
5. des romans
6. des poèmes
7. des revues françaises
8. le programme de télévision

B. Interview.   You are a magazine reporter trying to find out about the reading and writing habits of high-school students. Interview a student in your class, using the following questions.

1. Est-ce que tu aimes lire?
2. Qu'est-ce que tu lis régulièrement?
3. Est-ce que tu lis quelquefois des bandes dessinées?
4. As-tu une bande dessinée préférée?
5. As-tu déjà lu un roman écrit par un écrivain étranger?
6. Combien de livres lis-tu par mois?
7. Quelles revues lis-tu?
8. Est-ce que tu aimes écrire?
9. As-tu déjà écrit un poème ou une histoire?
10. Écris-tu souvent des lettres à tes amis?

C. Qu'est-ce qu'on dit?   Put yourself in these situations, and write what
W you would most likely say, using forms of **lire** or **écrire**.

EXEMPLE   Vous avez écrit une longue lettre à une amie. Quelques
jours plus tard vous téléphonez pour savoir si votre
amie a lu la lettre.
Christelle, as-tu lu ma lettre?

1. Un de tes copains est en train de lire un très long livre.
2. Vous rendez visite à votre grand-mère. Il y a un stylo, du papier et des enveloppes devant elle sur la table.
3. Vos petits frères lisent seulement des bandes dessinées.
4. Votre mère n'est pas contente parce qu'elle pense que vos cousins et vous n'écrivez pas assez souvent à vos grands-parents. Vous n'êtes pas d'accord.
5. Votre professeur de français trouve que vous écrivez très bien. Quand vous arrivez chez vous, votre père veut savoir si tout va bien dans votre cours de français.

Aujourd'hui environ (*about*) 70% des jeunes Français n'obtiennent pas (*do not get*) le bac. Il y a bien sûr un certain nombre de jeunes qui ne réussissent pas au bac, mais il y a bien plus de jeunes qui choisissent de faire d'autres études, souvent de caractère technique. Regardez cette description du système d'éducation en France et ensuite répondez aux questions.

ENSEIGNEMENT ÉLÉMENTAIRE ET SECONDAIRE

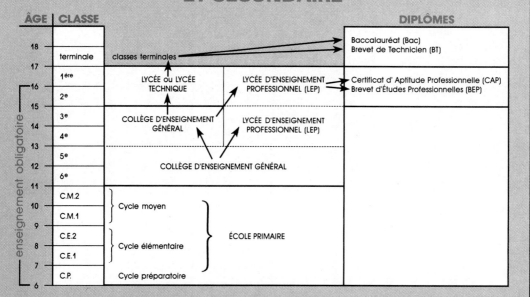

1. De quel âge à quel âge les jeunes Français sont-ils obligés d'aller à l'école?
2. Quel âge ont les élèves qui vont au collège, après l'école primaire?
3. Quel choix ont les élèves à la fin de la cinquième?
4. Quel âge ont les élèves dans les classes terminales (*last year of high school*)?
5. À quel âge est-ce qu'on passe le bac?
6. Est-ce que ce système ressemble au système aux États-Unis?

EXPLORATION 2

Function: *Talking about the past*
Structure: *The passé composé with être*

Présentation

A. As you have already seen, the **passé composé** is used to talk about past events. Although it is generally formed by using **avoir** with a past participle, there are a few verbs that require **être** instead of **avoir**. Most of these are verbs whose meaning has to do with movement. Here are several verbs that use **être**. You already know some of them.

aller *to go*	**entrer** (**dans**) *to enter*
rentrer *to return,*	**monter** (**dans**) *to climb, to go up*
to go home	**descendre** (**de**) *to go down, to*
arriver (**à**) *to arrive*	*get off*
rester *to stay*	**tomber** *to fall (down)*

Je **suis entré** dans la pièce.	*I **entered** the room.*
Paul n'**est** pas encore **arrivé**.	*Paul **hasn't arrived** yet.*
Êtes-vous **allé** au concert?	*Did you go to the concert?*

The meaning of the **passé composé** with these verbs is the same as it is with **avoir** verbs. **Je suis allé** is equivalent to the English phrases *I went, I have gone,* or *I did go.*

B. Not all verbs that express the idea of movement take **être** as the auxiliary verb. Here are some verbs you already know that use **avoir** in the **passé composé**.

Elle n'**a** pas **quitté** sa maison.	*She **hasn't left** her house.*
As-tu **marché** dans la neige?	*Did you **walk** in the snow?*
Où **avez**-vous **voyagé** cet été?	*Where did you **travel** this summer?*
Nous **avons traversé** la ville à	*We **crossed** the city on bike.*
bicyclette.	

C. When using verbs that take **être** in the **passé composé,** the past participle always agrees with the subject of the verb in gender and in number.

aller			
masculine		*feminine*	
je suis	**allé**	je suis	**allée**
tu es	**allé**	tu es	**allée**
il est	**allé**	elle est	**allée**
nous sommes	**allés**	nous sommes	**allées**
vous êtes	**allé(s)**	vous êtes	**allée(s)**
ils sont	**allés**	elles sont	**allées**

Nous **sommes rentrés** à minuit.
Marc **est tombé** pendant le match.
Émilie **est restée** à la piscine.
Elles ne **sont** jamais **allées** en France.

*We **got home** at midnight.*
*Marc **fell down** during the game.*
*Émilie **stayed** at the pool.*
*They **have** never **gone** to France.*

Quel week-end! Samedi, mes amis et moi, nous sommes allés à la plage, et il a fait mauvais.

Dimanche, on est allé au restaurant et après, j'ai été malade.

Lundi matin est arrivé, et je suis content!

Préparation

A. Quelle soirée! Sylvie and Philippe are talking about a party they attended last Saturday. Listen to what happened while they were there, and write **avoir** or **être,** depending on the auxiliary verb they use in each sentence.

> MODÈLE   SYLVIE   Tes amis Marcel et Jean-Christophe sont arrivés à huit heures.
> PHILIPPE   Est-ce que tu les as rencontrés?

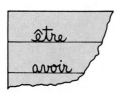

être

avoir

B. Où sont-ils allés? Janine and her friends are talking about various places they went last weekend. Based on the pictures, tell what they say.

> MODÈLE   Françoise...
> **Françoise est allée au parc.**

1.

Jean-Paul…

2.

Je…

3.

Paulette et moi, nous…

4.

Hervé, est-ce que tu…

5.

Nadine et Mathieu, est-ce que vous…

6.

Mes autres copains…

C. À quelle heure? Some factory employees who have been reprimanded for getting to work late are looking over the official time report. What time did they arrive, and until what time did they stay?

> MODÈLE Marie et Arnaud / 8 h 10 – 17 h 10
> **Marie et Arnaud sont arrivés à huit heures dix.**
> **Ils sont restés jusqu'à dix-sept heures dix.**

1. Nous / 9 h 13 – 18 h 13
2. Vous / 9 h 30 – 18 h 30
3. Hugues / 9 h 05 – 18 h 05
4. Isabelle / 8 h 45 – 17 h 45
5. Catherine et Michelle / 8 h – 17 h
6. Marcel et Jean-Christophe / 9 h – 18 h

D. Bonne Fête! It's Antoine's birthday, and his friends have planned a dinner for him. Based on the information below, tell where his friends went and what they bought for the party.

> MODÈLE Élise / supermarché / café
> **Élise est allée au supermarché. Elle a acheté du café.**

1. Sabine / pâtisserie / glace
2. Nous / supermarché / boissons
3. Jean-Claude / charcuterie / pâté
4. Vous / magasin de disques / cassette
5. Hugues et Michelle / épicerie / fromage
6. Isabelle et Catherine / marché / fruits
7. Denis et Christophe / boulangerie / pain

Communication

A. Après l'école. Using the following cues, ask a partner questions to find out what he or she did after school yesterday. Then have your partner ask you questions.

> EXEMPLE rester à l'école pour étudier
> **Est-ce que tu es resté(e) à l'école pour étudier?**
>
> téléphoner à un ami
> **As-tu téléphoné à un(e) ami(e)?**

1. rester à la maison
2. aller chez un(e) ami(e)
3. manger ou boire quelque chose
4. lire quelque chose d'intéressant
5. rentrer à la maison à bicyclette
6. arriver à la maison en retard ou à l'heure
7. faire tes devoirs tout de suite quand tu es arrivé(e) à la maison
8. ?

B. Où est le chien? Imagine you and a friend were dog-sitting for Monsieur Legrand yesterday when you suddenly realized that his dog had disappeared. Describe in a paragraph of at least five sentences how you looked all over for Toufou and where and when you finally found him. Use words from the list as well as ideas of your own.

> EXEMPLE **D'abord, j'ai regardé sous tous les lits, et mon ami Henri est monté à l'appartement des Perrin . . .**

	regarder	
	téléphoner	les chambres
	demander	la rue
	chercher	M. Legrand
D'abord	monter	partout
Ensuite	descendre	l'appartement
Après	entrer	l'appartement des...
Enfin	aller	le jardin
	traverser	?
	trouver	
	?	

CULTUREL

Vous voulez chercher du travail? Voici quelques petites annonces tirées de (*taken from*) journaux français.

AGENTS TECHNIQUES
Pour système électronique d'avant-garde recherchons
TECHNICIEN DE MAINTENANCE
connaissance de l'anglais indispensable, 2 ans d'expérience, voiture, pour embauche immédiate
TECHNIVERSE
55, rue de Sèvres 75007 Paris
Tél 42-11-06-44

Société leader dans la distribution du matériel reprographique recherche, pour renforcer sa présence dans le GRAND SUD-OUEST et promouvoir ses produits:

COMMERCIAUX DYNAMIQUES
Bordeaux + département

—Salaire très motivant
—Voiture de fonction
—Formation rémunérée

COPIECO
le jeudi 7 janvier de 10 h à 12 h et de 14 h 30 à 17 h. 177, rue Montaigne 33000 Bordeaux
(Tél 56-48-05-31)

Mademoiselle, Madame vous êtes sans emploi? Vous êtes dynamique et capable d'initiative? Vous avez une excellente élocution? Quel que soit votre niveau d'études ou votre profession antérieure nous vous offrons

UN POSTE D'ASSISTANTE COMMERCIALE

à mi-temps auprès d'un de nos représentants et une rémunération minimum de 4.500 F pour 96 heures pouvant aller jusqu'à 6.000 F et plus

Une promotion assurée pour éléments de valeur
Pas de déplacements. Intégration au sein d'une équipe dynamique
Formation entièrement assurée par l'entreprise

Se présenter le jeudi 17 septembre de 16 h à 19 h BUREAUX BROVELLI—88, boulevard Diderot 06006 CANNES

UN DES PREMIERS GROUPES DE COMMUNICATION MULTI MEDIAS DU SUD-OUEST

Notre progression constante nous conduit à rechercher sur nos 8 départements

DE JEUNES COMMERCIAUX

Ce challenge nécessite:
— une aisance dans les contacts et la négociation
— une capacité d'intégration au sein d'une équipe jeune et dynamique

Nous vous offrons en retour:
— L'environnement stimulant d'une entreprise qui est attentive à votre potentiel d'évolution
— Une rémunération évolutive avec les avantages sociaux d'un grand groupe

Poste à pourvoir **immédiatement**

Adresser C.V. manuscrit + photo à: **TÉLÉCOM**
Rue du Berry BP 80 PESSAC CEDEX

Quelques questions:

1. Quelle compagnie offre un emploi à mi-temps (*half time*)?
2. Quelle compagnie cherche une personne qui a du talent pour les négociations?
3. Pour quel poste (*position*) est-ce qu'il faut parler anglais?
4. Quelle compagnie offre une voiture de fonction (*company car*)?
5. Quelle compagnie demande de l'expérience? Combien d'années d'expérience?
6. Quelle compagnie veut voir votre C.V. (*curriculum vitae, résumé*)?
7. Quelle compagnie cherche surtout des femmes?
8. Quelle compagnie propose un poste dans le sud-ouest de la France?

EXPLORATION 3

Function: *Talking about going out*
Structure: *Verbs like* **sortir**

Présentation

A. The verb **sortir** means *to go out*, and **partir** means *to leave*. They are not conjugated like other **-ir** verbs but, along with **dormir** (*to sleep*), form a group of their own.

sortir	
je **sors**	nous **sortons**
tu **sors**	vous **sortez**
il / elle / on **sort**	ils / elles **sortent**

Passé composé:
Je **suis sorti(e)**, etc.

J'attends Suzanne. Je sors avec elle ce soir.

Moi aussi, j'attends Suzanne. Elle sort avec moi ce soir.

dormir	
je **dors**	nous **dormons**
tu **dors**	vous **dormez**
il / elle / on **dort**	ils / elles **dorment**

Passé composé:
J'**ai dormi,** etc.

Notice that the **m** of **dormir** only appears in the plural forms.

Je ne **sors** jamais pendant la semaine.
*I never **go out** during the week.*

Le train **part** à 18 h 15.
*The train **leaves** at 6:15 P.M.*

Dors-tu bien d'habitude?
*Do you usually **sleep** well?*

Ils ne **dorment** pas assez.
*They **do** not **sleep** enough.*

Tiens! Voilà Suzanne.

B. The past participles of these verbs are formed like the past participles of other **-ir** verbs. **Partir** and **sortir,** because they express going somewhere, are conjugated with **être** in the **passé composé,** but **dormir** is conjugated with **avoir.**

Êtes-vous **sortis** hier soir?
***Did** you **go out** last night?*

Nous **avons dormi** jusqu'à 10 h.
*We **slept** until 10:00 A.M.*

Elle n'**est** pas encore **partie.**
*She **hasn't left** yet.*

C. **Partir** and **quitter** both mean *to leave*, but they are used differently. **Quitter** is used with a direct object, that is, to express leaving *someone* or *something*. **Partir** is used when there is no direct object.

J'ai quitté l'école à 14 heures.   *I left school at 2:00 P.M.*
Ils sont partis à 17 heures.   *They left at 5:00 P.M.*

Préparation

A. **C'est de leur âge.** The Gantois and the Leroux are talking about their teenage children. Listen to their comments, and write the names of the people who are being discussed.

> MODÈLE   Elles sortent trop souvent pendant les week-ends.
> **Annick et Laure**

a. Annick et Laure

b. Louis

c. Éric et David

d. Odette

B. En rentrant de l'école. On their way home from school, several students are talking about their daily routines. What do they say?

> MODÈLE   Annette / ne... jamais / sortir / pendant la semaine
> **Annette ne sort jamais pendant la semaine.**

1. Luc et moi, nous / sortir souvent / avec nos copains
2. Je / partir / pour l'école / à 7 heures du matin
3. Nous / dormir / très peu / pendant les week-ends
4. Jusqu'à quelle heure / est-ce que / vous / dormir / le samedi matin
5. Mes copines / partir / toujours / avant moi
6. Tu / sortir / tous les soirs / n'est-ce pas

C. Dominique part en vacances. Dominique went to a summer camp. Using the suggestions below, describe what she did before she left.

> MODÈLE   sortir vendredi soir avec ses copines
> **Elle est sortie vendredi soir avec ses copines.**

1. dormir mal
2. sortir du lit à 6 h du matin
3. prendre un bon petit déjeuner
4. partir pour la gare à 7 h 30
5. arriver à la gare à la dernière minute
6. monter dans le train
7. partir en vacances

D. Barbara est très occupée. Barbara and her sister Valérie have a
W very busy life. Rewrite the following paragraph in the **passé composé** to find out what they did yesterday.

Barbara et Valérie dorment jusqu'à 7 h du matin. Valérie part pour l'école à 7 h 30. Barbara quitte la maison à 8 h et elle arrive au lycée à 8 h 15. À 8 h 30 les deux élèves entrent dans la salle de classe. Après leurs cours les deux sœurs vont à la bibliothèque. Barbara lit un roman en anglais, et Valérie écrit un article pour son cours de journalisme. À 17 h 30 elles quittent la bibliothèque pour rentrer chez elles. Après le dîner Valérie sort avec des amies. Elles prennent une glace dans un café. Mais Barbara va à la bibliothèque pour finir ses devoirs.

Communication

A. Je suis très occupée!   How busy was your day yesterday? Describe
W what happened, using each of the following verbs at least once, and
also include some other verbs you have learned.

EXEMPLE   **Hier matin j'ai dormi jusqu'à 10 heures.**

sortir	partir
parler	faire
dormir	rester
manger	rentrer
aller	?

B. Et aux États-Unis?   You have met some French students who are
curious about life in the United States. Answer their questions as
accurately as you can.

1. Les jeunes Américains sortent-ils souvent en groupe?
2. Où vont les jeunes quand ils sortent ensemble?
3. En général, est-ce que les jeunes sortent tous les soirs?
4. Toi, est-ce que tu sors souvent pendant la semaine?
5. Quand tu sors pendant le week-end, à quelle heure rentres-tu
   d'habitude?
6. Jusqu'à quelle heure est-ce que tu dors le lendemain matin?
7. Est-ce que les Américains partent tous les ans en vacances?

C. Les musiciens.   You and your friends have formed a small rock band
that is going to practice at your house. You're trying to find a good
time to practice. Using the cues below, tell your friends about the
schedules of everyone in your household.

EXEMPLE   **Le chien dort jusqu'à six heures et demie.**

Mon père		dormir
Ma mère		prendre son (leur) petit déjeuner
Mes parents		partir pour son (leur) travail
Ma sœur		sortir
Mon frère	(ne . . . pas)	lire le journal
Le chien		aller au supermarché
Moi, je		rester à la maison
Nous		quitter la maison
?		?

Les jeunes Français, tout comme les jeunes Américains, ont un langage bien à eux (*all their own*). L'argot (*slang*) des étudiants français est riche et varié, et il évolue très rapidement. Essayez de deviner (*guess*) le sens des mots (*words*) argotiques qui sont soulignés (*underlined*) dans ces bandes dessinées avant de chercher les réponses en bas de la page.

Réponses: **1. Vachement** veut dire **très. 2.** Une heure de **colle** est une punition (*punishment*). Un élève est obligé de venir en classe après les heures de cours. **3. Être veinard(e)** veut dire avoir de la chance. **4.** Un **bouquin** est un livre.

EXPLORATION 4

Function: *Giving emphasis*
Structure: *The emphatic pronouns*

Présentation

A. You have already used the pronoun **moi** to emphasize that you are the one doing something. (**Moi, je fais toujours mes devoirs.**) You have also used the pronouns **toi** and **vous** to ask other students a question (**Et toi? Et vous?**). **Moi, toi,** and **vous** belong to a group of words called emphatic or stressed pronouns. Like other pronouns, they help us to avoid repeating nouns. Each subject pronoun has a corresponding emphatic pronoun.

Subject pronouns	je	tu	il	elle	nous	vous	ils	elles
Emphatic pronouns	moi	toi	lui	elle	nous	vous	eux	elles

B. Emphatic pronouns are used to emphasize the subject of a sentence. They are also used in short phrases where there is no verb.

— **Lui, il** étudie la biologie. Et **toi?**
— Pas **moi!**

— **He** studies biology. And **you?**
— Not **me!**

— **Eux,** ils sont très forts en maths. Et **vous?**
— **Nous,** nous préférons les matières comme le français.

— **They** are strong in math. And **you?**
— **We** prefer subjects like French.

C. Emphatic pronouns are also used after prepositions (**pour, sans, chez, avec,** etc.).

Reste à côté de **moi.**
Tu peux faire ça pour **lui?**
Ils sortent avec **elles.**
Ils restent chez **eux.**

*Stay next to **me.***
*Can you do that for **him?***
*They're going out with **them.***
*They're staying with **them.***

D. The emphatic pronouns are also used with the verb **être** and the preposition **à** to show ownership.

— Ces livres sont **à toi**?
— Non, ils ne sont pas **à moi**.

*These books are **yours**?*
*No, they are not **mine**.*

— Est-ce que cette carte est **à vous**?
— Oui, elle est **à nous**.

*Is this map **yours**?*
*Yes, it is **ours**.*

Préparation

A. Objets trouvés. It's the end of the school year, and Hélène's class is going through the "Lost and Found" trying to recover their possessions. Look at the pictures, and listen to pairs of sentences about them. Write the letter of the statement that describes to whom the items belong.

MODÈLE **a.** Ces lunettes sont à lui.
b. Ces lunettes sont à elle.

1.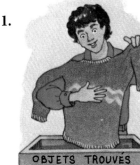

2.

3.

4.

5.

6.

B. Les comparaisons. Some students are comparing the professions that interest them. What do they say?

> MODÈLE   je / médecin, elle / comptable
> **Moi, je vais être médecin, mais elle, elle va être comptable.**

1. nous / avocates, vous / infirmières
2. tu / artiste, elle / écrivain
3. elle / femme d'affaires, il / instituteur
4. ils / programmeurs, elles / ingénieurs
5. je / musicienne, vous / professeur

C. Qu'est-ce qu'on fait après l'école?   Yann is asking his friends what they are going to do after school today. Answer his questions, using an emphatic pronoun in each answer.

> MODÈLE   — Robert va chez Nicole? (non)
> — **Non, il ne va pas chez elle.**

1. Monique étudie chez Sylvie? (oui)
2. Tu rentres chez toi? (oui)
3. Serge va dîner chez ses cousins? (non)
4. Cécile et David, vous allez au match sans moi? (mais non)
5. Jean va au cinéma avec Monique? (non)
6. Catherine va sortir avec ses copines? (oui)
7. Christophe va travailler pour son père? (non)
8. Jacqueline et Nathalie veulent étudier avec nous? (oui)

Communication

A. Devant moi.   Look around the classroom and pick one classmate. Beginning with that classmate and using the prepositions **devant**, **derrière**, and **à côté de**, describe where four other classmates are sitting.

> EXEMPLE   Voilà David. Devant lui, c'est Alice.

B. Et toi? Imagine you are talking on the phone to a friend from another town. Tell whether or not her statements apply to you by responding **Pas moi** or **Moi aussi**. Add a comment to explain your answer.

> EXEMPLE   — Je sors tous les soirs.
>   **— Pas moi. Moi, je sors seulement pendant le week-end.**
>
>   — Je voudrais être médecin.
>   **— Moi aussi, mais c'est une profession difficile!**

1. Je suis forte en maths.
2. J'écris souvent à mes amis.
3. J'ai très bien dormi hier soir.
4. D'habitude, je déteste étudier.
5. Hier soir, je suis rentrée après minuit.
6. J'ai souvent le trac le jour d'un examen.
7. J'ai lu trois romans la semaine dernière.
8. Je trouve le journalisme très intéressant.

C. Il faut dire la vérité! Make a list of six famous people or musical
W groups, and then tell what you think of each one.

> EXEMPLE

Michael J. Fox...
Il est très beau, lui.

D. Que fais-tu? Use these questions to interview a classmate. Your partner will then ask you the questions.

> EXEMPLE   — Est-ce que tu vas souvent chez tes amis?
>   **— Oui, je vais souvent chez eux.**
>   **(Non, je ne vais pas souvent chez eux.)**

1. Est-ce qu'il y a un parc près de chez toi?
2. À midi, déjeunes-tu chez toi ou à l'école?
3. Est-ce que tu sors souvent avec tes parents?
4. Est-ce que tes amis habitent près de chez toi?
5. Parles-tu souvent avec ton professeur de français?
6. Est-ce que tu aimes faire des randonnées avec ton chien?
7. Passes-tu quelquefois tes vacances chez tes grands-parents?

PERSPECTIVES

Lecture

Le Baccalauréat

Le bac! Voilà un mot qui terrorise la jeunesse française depuis presque deux cents ans. Plusieurs milliers de lycéens passent cet examen chaque année au mois de juin. S'ils réussissent au bac, ils peuvent aller à l'université et faire des études supérieures. S'ils échouent au bac, ils sont obligés de choisir un autre avenir—par exemple, chercher du travail ou entrer dans une école technique.

Le baccalauréat dure une semaine et consiste en une série d'épreuves sur les différentes matières étudiées dans les lycées. Il y a plusieurs types de baccalauréat—le bac de maths, de sciences, de lettres, d'informatique et d'autres encore. Le choix du bac que chaque élève prépare est déterminé en grande partie par les résultats des examens qu'il a déjà passés les années précédentes et par les études que l'élève veut faire à l'université.

La dernière année du lycée—la classe terminale—est une année très difficile pour les lycéens. Ils passent toute l'année à préparer l'examen et ils sont obligés de bien profiter de chaque instant. S'ils réussissent à l'examen en juin, ils peuvent passer de bonnes vacances d'été. S'ils ne réussissent pas, ils sont obligés de repasser l'examen l'année suivante.

Vocabulaire à noter

l' **avenir** (*m*)   future
consister (**en**)   to consist (of)
d'autres encore   still
   others
échouer (**à**)   to fail
l' **école technique**   technical
   school
en grande partie   to a great
   extent
l' **épreuve** (*f*)   test
les **études supérieures**   advanced
   studies

la jeunesse   youth
un millier   (about) a thousand
le mot   word
   plusieurs   several
   préparer   to prepare, to get
      ready for
   profiter (**de**)   to take
      advantage (of)
   terroriser   to terrorize
le résultat   result
la série   series

Compréhension

Answer the following questions based on **Le Baccalauréat**.

1. Depuis combien de temps est-ce que le bac terrorise
   les jeunes Français?
2. En quel mois est-ce que les lycéens passent le bac?
3. Qu'est-ce qu'un lycéen peut faire s'il réussit au bac?
4. Combien de temps dure le baccalauréat?
5. Comment s'appelle la dernière année du lycée?
6. Pourquoi la dernière année du lycée est-elle une
   année difficile?

Communication

A. **Une description du baccalauréat.**   Prepare a short description of the
baccalauréat in France. Incorporate the following elements in your
description.

   EXEMPLE   Le bac
      Le bac est un examen très difficile.

durer
réussir
échouer
deux cents ans
être obligé de
la classe terminale

B. Ils sont fâchés. Paul's parents are not pleased! Look at the picture
W below, and imagine the events that led up to this moment. Write a
description of what has happened to Paul today, using some of the
verbs listed below and other verbs you know.

EXEMPLE   **Paul est rentré à minuit et ses parents sont fâchés...**

monter	sortir	lire	échouer
descendre	tomber	écrire	rentrer
partir	dormir	réussir	profiter

C. Huit heures dans la vie d'un(e) élève. Using the questions below as
a guide, tell what you did yesterday.

1. À quelle heure est-ce que vous êtes arrivé(e) à l'école?
2. À quels cours est-ce que vous êtes allé(e) et à quelle heure?
3. Êtes-vous allé(e) à la bibliothèque? Qu'est-ce que vous avez lu?
4. À quelle heure est-ce que vous avez quitté l'école?
5. Êtes-vous rentré(e) tout de suite chez vous? Si non, qu'est-ce que
   vous avez fait?
6. Avez-vous regardé la télévision? Quelles émissions avez-vous
   regardées?
7. À quelle heure avez-vous commencé à étudier et à quelle heure
   avez-vous fini?
8. À quelle heure est-ce que vous êtes allé(e) au lit?

D. L'école? Write answers to the following questions about your
W academic life.

1. Aimez-vous l'école? Pourquoi?
2. Quel est un des problèmes typiques des jeunes de votre école?
3. Quelles matières vos amis préfèrent-ils en général, les sciences, les maths ou les langues? Et vous, que préférez-vous?
4. Est-ce que les filles et les garçons choisissent les mêmes matières? Pourquoi, à votre avis?
5. Quel est votre cours préféré? Pourquoi? Est-ce que vous avez de bons résultats dans ce cours?
6. En général, combien d'études les élèves ont-ils par semaine? Qu'est-ce qu'ils font pendant ces études?
7. Est-ce que vous avez envie de sécher vos cours de temps en temps?
8. Pensez-vous souvent à l'avenir?
9. Qu'est-ce que vous avez envie de faire après vos études au lycée? Espérez-vous faire des études à l'université? Si oui, à quelle université avez-vous envie d'aller?
10. Pendant vos années au lycée, est-ce que vous pouvez travailler sérieusement et profiter de votre jeunesse aussi? Pourquoi?

E. Un vendredi typique. Marianne has just received a letter from her
W friend Stéphanie. Listen to Marianne read the letter, and fill in the missing words.

Chère Marianne,

Quelle semaine! C'est enfin samedi, et je suis très fatiguée. Hier je ___1___ pour l'école à sept heures du matin. Je ___2___ à six cours et j'___3___ un examen d'___4___ difficile. ___5___ je fais mes devoirs après l'école, mais hier mes copines et moi, nous ___6___ l'école tout de suite après les cours. Nous ___7___ au cinéma. Après ça, je ___8___ chez moi. Plus tard je ___9___ pour aller dîner chez des amis. Je ___10___ chez ___11___ jusqu'à minuit. J'___12___ seulement six heures. Je pense que je vais rester à la maison ce soir pour ___13___ un bon ___14___.

Si tu as le temps, ___15___ à Céline. Elle demande souvent de tes nouvelles.

À bientôt,
Stéphanie

F. **Au boulot!** Jean-Paul has a part-time job. Listen to the following conversation between him and his boss, and then select the most logical answer to each of the questions below.

1. Jean-Paul travaille dans
   a. un café.
   b. une boulangerie-pâtisserie.
   c. une boucherie.
2. Il travaille pour
   a. M. Delorme.
   b. une femme patiente.
   c. une femme désagréable.
3. Maintenant Jean-Paul va à son travail
   a. en train.
   b. en moto.
   c. à bicyclette.
4. Aujourd'hui, pendant ses heures de travail, il va
   a. chez Mlle Martin.
   b. chez M. Delorme.
   c. chez lui.

5. Jean-Paul est
   a. riche.
   b. écrivain.
   c. poli.

Prononciation

The letters **gn** in a word are pronounced very much like the combination **ny** in the English word *canyon*. This sound is represented in dictionaries by the symbol /ɲ/. Repeat the following words.

| Espagne | Allemagne | montagne | campagne | gagner |

The letters **ill** in the middle of a word and **il** at the end of a word are most often pronounced like the *y* in the English word *yes*. This sound is represented in dictionaires by the symbol /j/. Repeat the following words.

| famille | fille | billet | soleil | sommeil |

A few words do not follow this pattern. Pronounce the following words in which the **-ille** or **-il** do not have this sound.

| il | Brésil | ville | village | mille |

Listen and repeat these sentences.

1. Mireille Gagnon habite dans un petit village près des montagnes.
2. Un jour où il fait du soleil, elle ne va pas à son travail.
3. Elle commence à avoir sommeil.
4. Mireille gagne des milliers de francs, alors elle quitte ses montagnes.
5. La jeune fille fait des châteaux en Espagne.

*I*NTÉGRATION

Here is an opportunity to test yourself to see what you can do. If you have trouble with any of these items, study the topic and practice the activities again, or ask your teacher for help.

Écoutez bien

A. Vies et carrières.   Several people have been invited to speak about their careers at Nadine's school. Listen to what Alice Crevier and Pierre Perrin say. Then read the following statements, and write **Alice** or **Pierre,** depending on who would be more likely to make the statement.

1. J'ai beaucoup de temps libre.
2. Nous avons trois chats et deux chiens.
3. Je voudrais avoir plus de temps pour ma famille.
4. J'aime beaucoup écrire.
5. Je voudrais avoir plus d'argent.
6. Je suis très fatigué(e) le soir.
7. J'adore les animaux.
8. Ma vieille voiture ne marche pas bien.

B. Le choix d'une profession.   Listen to descriptions of the interests of several students. Based on their interests, indicate a logical career choice for each one.

MODÈLE   Hervé aime regarder des tableaux. Il va souvent aux musées d'art moderne et il achète beaucoup de livres sur l'art.
Il peut être artiste.

Lisez un peu

A. La classe terminale! Read these paragraphs from an introductory letter you have received from a young man in France. Then answer the questions that follow.

Je m'appelle Didier Comarin. Je suis élève au lycée Rousseau, à Arcachon, près de Bordeaux. Je suis en terminale et je prépare le bac littéraire. C'est une année très difficile pour moi—j'ai toujours trop de travail. Mais au début de l'année j'ai tout de suite réussi à trouver un bon rythme de travail, et alors l'année passe très rapidement. Comme tous mes copains sont dans la même situation que moi, le travail est moins dur.

Si je réussis au bac au mois de juin, je vais profiter de mes vacances d'été pour sortir avec mes copains et aller à la plage. Mais ce que j'aime surtout, c'est lire! J'aime beaucoup lire des romans—des romans de science-fiction, des romans d'aventures, des romans historiques, toutes sortes de romans. Comme tu peux l'imaginer, cette année je n'ai absolument pas la liberté de choisir les livres que je lis. Mon ambition secrète est d'être écrivain un jour. De temps en temps, j'écris des histoires et une fois j'ai même envoyé un article à une revue pour jeunes. L'article n'a pas été publié, mais j'ai eu une lettre assez encourageante des éditeurs.

1. Où habite Didier?
2. Quand est-ce que Didier va finir ses études au lycée?
3. Pourquoi est-ce une année difficile pour lui?
4. Pourquoi est-ce que l'année passe très rapidement?
5. Est-ce que Didier est seul dans cette situation?
6. Qu'est-ce que Didier aime lire?
7. Quelle est l'ambition secrète de Didier?
8. Est-ce que Didier a déjà publié des histoires ou des articles?

Écrivez

A. Un voyage à La Nouvelle-Orléans. Thierry and his friends recently visited New Orleans. Fill in the missing verbs in the **passé composé** to find out what they did. Choose the auxiliary verb carefully, and remember to make past participles agree with the subject when the auxiliary verb is **être**.

See Student Response Forms.

Quelques copains et moi, nous __1__ (décider) de faire un voyage ensemble. Nous __2__ (choisir) de visiter La Nouvelle-Orléans. Le lendemain, nous __3__ (quitter) notre ville à 8 heures du matin et nous

___4___ (arriver) à La Nouvelle-Orléans à six heures du soir. Nous ___5___ (aller) tout de suite à l'hôtel. Après un dîner délicieux, moi, je ___6___ (rester) à l'hôtel, mais les autres ___7___ (aller) voir la rue Bourbon. Ils ___8___ (rencontrer) beaucoup de gens intéressants et ils ___9___ (écouter) du jazz. Ils ___10___ (rentrer) à l'hôtel après minuit. Quand Roger ___11___ (entrer) dans la chambre, il ___12___ (raconter) leurs aventures. Alors, j'___13___ (regretter) ma décision de passer la soirée à l'hôtel.

B. Suzanne est fâchée. Suzanne is upset today, and she is complaining about everyone and everything. Imagine what she has to say based on the illustrations, and write sentences using an emphatic pronoun and the verb suggested.

EXEMPLE **Lui, il est tout le temps en train de lire des bandes dessinées.**

lire

1. écrire

2. lire

3. monter

4. échouer

5. dormir

C. Des vacances fantastiques. Imagine that while traveling in France you met a French girl on the train. Your new friend was about to take the **baccalauréat**. Write a letter to her and find out the following information.

1. where she went when you left
2. if she slept on the train
3. if she has already taken **le bac**
4. if she passed or failed
5. if she goes out often now
6. with whom she goes out

Parlons ensemble

Work with a partner or partners, and create dialogues using the situations below. Whenever appropriate, switch roles and practice a different part of your dialogue.

Situations

A. La vie au lycée. You are talking about school with a friend. You love school, are doing very well, and want to go to college. Your friend doesn't like school, isn't doing well in several courses, and has other ideas about the future.

B. Une journée bizarre. You had a very strange day yesterday—not at all your usual routine. Answer your partner's questions about this bizarre day.

VOCABULAIRE

NOUNS RELATED TO SCHOOL SUBJECTS
l' algèbre (f)   algebra
l' allemand (m)   German
l' art (m)   art
l' art dramatique (m)   drama
le chinois   Chinese
la comptabilité   accounting
la dactylographie   typing
le dessin   drawing
le dessin industriel   drafting
l' éducation civique (m)   government, civics
la géométrie   geometry
l' informatique (f)   computer science
le japonais   Japanese
le journalisme   journalism
la littérature   literature
la matière   (school) subject
la philosophie   philosophy
la physique   physics
le russe   Russian
la trigonométrie   trigonometry

NOUNS RELATED TO PROFESSIONS
l' artiste (m/f)   artist
l' avocat (m), l'avocate (f)   lawyer
le comptable, la comptable   accountant
l' écrivain (m), la femme écrivain   writer
l' homme d'affaires, la femme d'affaires   businessman, businesswoman
l' infirmier (m), l'infirmière (f)   nurse
l' ingénieur (m), la femme ingénieur   engineer
l' instituteur (m), l'institutrice (f)   schoolteacher
le musicien, la musicienne   musician
la profession   profession
le programmeur, la programmeuse   programmer

NOUNS RELATED TO READING AND WRITING
l' article (m)   article
la bande dessinée   comic strip, comic book
le journal   newspaper
le mot   word
les nouvelles (f)   news
le poème   poem
la revue   magazine
le roman   novel
la science-fiction   science fiction

OTHER NOUNS
l' autre (m/f)   other
l' avenir (m)   future
le baccalauréat (le bac)   exam taken at end of high school
l' épreuve (f)   test
l' étude (f)   study hall
les études (f)   studies
la jeunesse   youth
le lycéen, la lycéenne   high-school student
un millier   (about) a thousand
la note   grade
le résultat   result
la série   series
l' université (f)   university

ADJECTIVES
brillant   brilliant, great
fort   strong
furieux (m), furieuse (f)   furious
plusieurs   several
précédent   preceding
technique   technical

VERBS AND VERBAL EXPRESSIONS
avoir de la chance   to be lucky
avoir le trac   to get nervous
consister (en)   to consist (of)
descendre (de)   to go down, to get off
dormir   to sleep
échouer (à)   to fail
entrer (dans)   to enter
être en train de   to be in the process of
lire   to read
monter (dans)   to climb, to go up
passer   to take (a test)
préparer   to prepare, to get ready for
profiter (de)   to take advantage (of)
sécher un cours   to skip a class
sortir (de)   to go out
suivre   to take (a course)
tomber   to fall

OTHER EXPRESSIONS
dans ce cas   in this case
d'habitude   usually
en grande partie   to a great extent
plutôt   rather, instead
Vive (les vacances)!   Long live (vacations)!

Note: For emphatic pronouns, see **Exploration 4.**

Les Métiers

Gazette

Nº 4

In this **Gazette,** you will learn to set reading goals and use note-taking skills for better understanding and retention.

Set Reading Goals

It is a good idea to decide what kind of information you want before you start to read. Do you simply want an overall view? Then a general reading will be enough. Do you need specific details? In that case, a close reading will be required. In either case, preview the text first to get a general idea of what it contains. This will help you decide whether the text has enough of the information you want to justify reading it more closely. In the sections that follow, reading goals are set for you. Later you can practice setting them yourself.

DOSSIER MÉTIER

VÉTÉRINAIRE

Sandrine Clet, 18 ans, est allée interviewer Catherine Ducastain, vétérinaire à Herblay dans le Val d'Oise. Passionnée par tout ce qui a trait aux animaux, Sandrine a voulu en savoir plus sur un métier qui nous met en rapport direct avec nos amies les bêtes.

Sandrine: Comment définissez-vous votre métier?

C. Ducastain: C'est une profession indépendante où l'on est son propre maître. Le métier d'un vétérinaire en ville est comparable à celui d'un pédiatre. Il faut savoir que l'animal fait partie intégrante de la famille et l'on doit le soigner comme tel. S'en occuper comme s'il s'agissait d'un enfant.

Quelle école avez-vous fait pour devenir vétérinaire? Et quels diplômes sont nécessaires pour entrer dans cette école?

Après avoir obtenu mon bac C, j'ai fait une année de classe préparatoire à Lille pour me préparer au concours d'entrée à l'école vétérinaire de Maison-Alfort où

je suis restée 4 ans. Il existe 4 écoles vétérinaires en France: à Maison-Alfort, Toulouse, Nantes et Lyon.

Préférez-vous soigner les petits animaux ou les plus gros?

Au niveau du contact, je préfère les chiens et les chats.

Une femme peut-elle être vétérinaire à la campagne?

Oui, absolument. Sur le plan travail, il n'y a aucun problème car il existe des techniques spéciales qui ne nécessitent pas

une force herculéenne. Il faut quand même avoir une bonne résistance physique parce que la rurale, c'est du travail à domicile 24 h sur 24 et 365 jours par an. Par contre, les femmes doivent souvent faire face à l'appréhension des éleveurs. Elles n'ont pas le droit à l'erreur.

Quels sont les inconvénients de votre métier?

Principalement les horaires qui sont très lourds, les gardes de nuit, le recyclage (on ne peut le faire que le soir ou le week-end).

Quelles sont les qualités nécessaires au métier de vétérinaire?

D'abord, il faut avoir de la patience autant avec les propriétaires qu'avec les animaux. Faire preuve de psychologie. Etre rassurant, très disponible. Avoir l'esprit curieux et approfondir les choses. Et posséder une bonne résistance physique.

A. Profession. Skim several times the interview with Catherine Ducastain, looking for cognates and other words that you recognize. Your goal is to find out Catherine's opinions about her work. Complete the following sentences with the appropriate endings. Write the matching numbers and letters on a sheet of paper.

1. Catherine works as a
   a. professor of veterinary medicine.
   b. veterinary assistant.
   c. veterinarian.

2. She says that her work is similar to that of pediatricians because
   a. children like animals.
   b. pets are part of a family.
   c. there are many personal rewards.

3. According to Catherine, her profession requires
   a. physical stamina and patience.
   b. the ability to lift heavy objects.
   c. a background in agriculture.

B. Diplômes. Now scan the text several times. Your goal this time is to find out what Catherine had to do to become qualified to practice her profession.

1. What kind of basic degree did Catherine obtain first?
2. How many years did she devote to preparing for the entrance exam to the veterinary school in Maison-Alfort?
3. How long did it take Catherine to graduate from veterinary school?

C. Différences. Working with a partner, make a list of the five most important facts you learned from the interview.

Combine Reading Strategies With Note-taking Skills

After you have set your reading goal for a particular reading selection, you can decide what kinds of notes to take and how extensive they should be. Whenever possible, make your notes brief. You can sometimes use simple graphic signs to represent words and ideas. Lines and arrows are useful symbols to show cause and effect or other connections between people, objects, and ideas. Plus and minus signs are good for expressing positive and negative qualities.

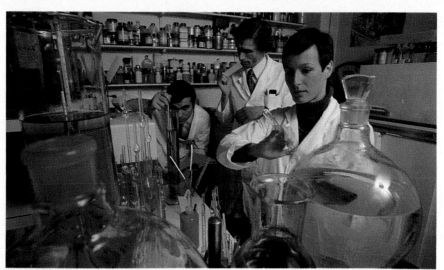

Annick Goutal
Compositrice de parfums
Par Danielle Plusquellec

Premier prix du Conservatoire de Paris, musicienne accomplie, Annick Goutal renonça un beau jour à sa carrière de pianiste pour devenir compositrice de parfums. Sa bonne fée ne lui a pas seulement donné des doigts de virtuose mais elle l'a également dotée d'un odorat exceptionnel dont elle découvrit par hasard les vertus et à qui elle doit aujourd'hui son succès.

Journal Français d'Amérique: Comment devient-on compositeur de parfums?

Annick Goutal: En ce qui me concerne, c'est tout à fait par hasard. J'étais vouée à la musique et j'avais 20 ans de piano derrière moi lorsque j'ai rencontré, de façon fortuite, un compositeur de parfum qui a décelé chez moi ce don pour être ce que l'on appelle dans le jargon des parfumeurs «un nez».

JFd'A: Lorsque vous testez vos parfums, à quel moment connaissez-vous la saturation et que se passerait-il si votre nez vous faisait défaut?

AG: Au début de ma carrière, après 3 ou 4 senteurs respirées les unes après les autres, j'avais la tête qui tournait. Maintenant, même après 3 heures de travail en laboratoire, j'ai un nez en forme. Mais, perdre ce nez est l'angoisse de tous les parfumeurs. Il peut aussi tout simplement vieillir. Nous vivons la même angoisse qu'un chanteur qui peut perdre sa voix ou qu'un pianiste qui se ferait mutiler.

JFd'A: Vous êtes en conflit avec Elizabeth Taylor et la société qui vient de lancer aux Etats-Unis un nouveau parfum appelé «Passion» que vous revendiquez. Que s'est-il passé?

AG: Il faudrait le demander à Elizabeth Taylor. Comment ose-t-elle lancer un parfum qui porte un nom que j'ai enregistré il y a 2 ans et que j'exploite aux Etats-Unis depuis 1981. J'en ai la preuve. Si nous sommes obligés de répondre à ce procès grossier, c'est simplement parce que l'on n'a pas tenu compte de moi, parce que j'étais une «petite maison».

Je ne crois pas qu'aux Etats-Unis, la loi, qui est un modèle pour nous les Européens, ne me défende pas. On ne peut pas imaginer que 11 ans de travail soient balayés en 2 mois à coups de millions de dollars. Le juge se prononcera. Je ne pense pas que Madame Elizabeth Taylor soit directement responsable. Elle a derrière elle un groupe qui porte la responsabilité de tout cela.

Adaptaton de "Compositrice de parfums" par Danielle Plusquellec, dans *Journal Français d'Amérique*, vol. 10, N° 3, p. 14, 29 janvier—11 février 1988. Copyright © 1988 par Journal Français d'Amérique. Reproduit avec l'autorisation de Journal Français d'Amérique.

A. Parfums. Scan the lead-in to the interview with Annick Goutal. Your goal is to gather background information on Ms. Goutal. Jot down cognates and words you recognize. On the basis of your notes, decide whether the statements below are **vrai** or **faux**. Correct the false statements.

1. Before she became a creator of perfumes, Annick Goutal was an accomplished pianist.
2. The **Conservatoire de Paris** awarded Annick Goutal the first prize for her perfume.
3. Annick Goutal owes her present success to her exceptional ability to detect scents.

B. L'odeur magique. Now scan the text of the first two questions and answers. This time your reading goal is to get specific details. Then complete the following sentences with the appropriate ending.

1. To the question about how one becomes a creator of perfumes, Annick Goutal says that
   a. it is best to study music for twenty years first because smelling and hearing are closely connected.
   b. her case is special since everything happened by accident.
   c. one can have one's nose tested and be discovered.

2. To the reporter's question about whether her sense of smell ever fails her, Annick Goutal answers that
   a. at first her head spun after three or four testings of scents, but now she's able to work three hours without problems.
   b. at first she was in constant fear of losing her sense of smell, but now that she works in a hermetically sealed laboratory, she's much more confident.
   c. her nose is still young and that she's got lots of time before she'll get worried.

C. Passion. Now your goal is to practice taking notes. On a sheet of paper, make four columns titled **qui? quoi? quand?** and **où?** Scan the last question and answer, stopping to write the information you find in the appropriate columns. Then, using your notes, answer the following questions.

1. With whom does Annick Goutal have a conflict?
2. Why is she having this conflict?
3. What is the name of her perfume?
4. When did Annick Goutal start exporting her perfume to the United States?
5. If this conflict is not solved, how much time spent working on the product will have been wasted?

D. Pour mieux comprendre.   Skim the following answers and questions that appeared in the same article about Annick Goutal, and match the questions to the answers. On a sheet of paper provide your reasons for your choices.

a. JFd'A: Vous avez magnifiquement réussi votre passage du stade artisanal à la production internationale sur un marché qui donne l'impression d'être saturé. Comment avez-vous réussi ce tour de force?

b. JFd'A: Ne va-t-il pas se poser pour vous des problèmes de production?

1. AG: La difficulté première est de garder la qualité de mes parfums. Je ne pourrais pas, d'un seul coup, fournir 45 tonnes de parfum parce qu'il n'y aurait pas assez de cultures de roses et de tubéreuses pour servir à mes formules. Je tiens beaucoup à utiliser des matières premières qui donnent aux créations quelque chose d'indiscible, de plus émouvant et de plus tendre.

2. AG: Il est exact qu'à mes débuts, je faisais tout moi-même y compris les étiquettes que j'écrivais une à une à la main. J'ai eu la chance inouïe d'être aidée par mes deux soeurs qui sont propriétaires des magasins Bonpoint à Paris. Il va d'ailleurs bientôt s'en ouvrir un à New York, sur Madison et la 90e rue. Grâce à cette clientèle très privilégiée qui est la leur, j'ai pu lancer mes produits.

A. Les Misérables.   Preview the following article; your reading goal this time is to determine the function of the article. Then complete the following sentence.

The function of the text is to
1. give information about the background of the play.
2. persuade you to buy tickets to the play.
3. inform you how to get tickets.
4. retell the story of *Les Misérables*.

Victor Hugo sur Broadway

Acclamée à Paris et à Londres, «Les Misérables», l'adaptation de l'œuvre de Victor Hugo arrive à New York.

C'est à partir du 28 février que le Broadway Theater présentera ce spectacle musical géant produit par Cameron Mackintosh (le producteur de «Cats») et dirigé par John Caird et Trevor Nunn.

Adapter un roman pour le théâtre n'est jamais chose facile. Mais vouloir adapter une œuvre littéraire qui comprend trois cent soixante-cinq chapitres et plus de mille pages pour en faire une comédie musicale semble proche de l'impossible.

Ce sont deux Français: Alain Boublil et Claude-Michel Schonberg qui avaient tout d'abord fait une première adaptation pour la version parisienne dirigée par Robert Hossein.

Les deux auteurs s'appuyaient sur le fait que la majorité des Français, abreuvée de Victor Hugo à l'école, connaissait déjà la poignante histoire de l'ex-forçat Jean Valjean poursuivi par le policier Javert, l'émouvant destin de Fantine et de sa fille Cosette et les bravades de Gavroche sur les barricades.

Pour présenter «Les Misérables» à un public anglais ou américain, ils ont dû retourner au texte original afin d'en simplifier le déroulement. Plusieurs chansons ont été ajoutées pour le spectacle de Broadway. Les cinq actes couvrent dix-huit ans de l'histoire de la France au cours du dix-neuvième siècle. Les décors glissent des scènes campagnardes aux petites rues de Paris, du café à l'usine et des barricades à une splendide salle de bal.

«Les Misérables» a déjà battu les records de ventes de billets. Celles-ci ont même surpassé le succès de «Cats» en 1982.

"Victor Hugo sur Broadway" dans *Journal Français d'Amérique*, vol. 9, N° 4, p. 5, 13–26 février 1987. Copyright © 1987 par Journal Français d'Amérique. Reproduit avec l'autorisation de Journal Français d'Amérique.

B. Mettre en ordre. Imagine that you want to use the article for a report to your class. Your reading goal is to find the main ideas in the article. Skim the article to get the gist, then take brief notes as you scan each paragraph to identify the specific facts or ideas it conveys. Then, using your notes as reference, write the numbers of the statements below in the order in which these ideas appear in the text.

1. Several changes were made in the story line and in the music for the American public.
2. An adaptation of Victor Hugo's masterpiece, which was a success on stages in London and Paris, is coming to New York.
3. Ticket sales have surpassed the record held by *Cats*.
4. Two French writers wrote the stage play.
5. Adapting a novel for the stage is not easy, especially when the novel is quite long.
6. The authors of the play relied heavily on the fact that French audiences had studied the novel in school and were already acquainted with the characters and their actions.
7. The American version of *Les Misérables* premiers in February.

Tableaux de verbes

Regular Verbs

Infinitive	Present		Imperative	Passé Composé	
parler	je **parle** tu **parles** il **parle**	nous **parlons** vous **parlez** ils **parlent**	**parle** **parlons** **parlez**	j' ai **parlé** tu as **parlé** il a **parlé**	nous avons **parlé** vous avez **parlé** ils ont **parlé**
finir	je **finis** tu **finis** il **finit**	nous **finissons** vous **finissez** ils **finissent**	**finis** **finissons** **finissez**	j' ai **fini** tu as **fini** il a **fini**	nous avons **fini** vous avez **fini** ils ont **fini**
vendre	je **vends** tu **vends** il **vend**	nous **vendons** vous **vendez** ils **vendent**	**vends** **vendons** **vendez**	j' ai **vendu** tu as **vendu** il a **vendu**	nous avons **vendu** vous avez **vendu** ils ont **vendu**

Irregular Verbs

Infinitive	Present		Imperative	Passé Composé
aller	je **vais** tu **vas** il **va**	nous **allons** vous **allez** ils **vont**	**va** **allons** **allez**	je suis **allé(e)**
avoir	j' **ai** tu **as** il **a**	nous **avons** vous **avez** ils **ont**	**aie** **ayons** **ayez**	j'ai **eu**
boire	je **bois** tu **bois** il **boit**	nous **buvons** vous **buvez** ils **boivent**	**bois** **buvons** **buvez**	j'ai **bu**
dire	je **dis** tu **dis** il **dit**	nous **disons** vous **dites** ils **disent**	**dis** **disons** **dites**	j'ai **dit**
écrire	j' **écris** tu **écris** il **écrit**	nous **écrivons** vous **écrivez** ils **écrivent**	**écris** **écrivons** **écrivez**	j'ai **écrit**
être	je **suis** tu **es** il **est**	nous **sommes** vous **êtes** ils **sont**	**sois** **soyons** **soyez**	j'ai **été**
faire	je **fais** tu **fais** il **fait**	nous **faisons** vous **faites** ils **font**	**fais** **faisons** **faites**	j'ai **fait**

Irregular Verbs (continued)

Infinitive	Present		Imperative	Passé Composé
lire	je **lis** tu **lis** il **lit**	nous **lisons** vous **lisez** ils **lisent**	**lis** **lisons** **lisez**	j'ai **lu**
pouvoir	je **peux** tu **peux** il **peut**	nous **pouvons** vous **pouvez** ils **peuvent**		j'ai **pu**
prendre	je **prends** tu **prends** il **prend**	nous **prenons** vous **prenez** ils **prennent**	**prends** **prenons** **prenez**	j'ai **pris**
like prendre: apprendre, comprendre				
savoir	je **sais** tu **sais** il **sait**	nous **savons** vous **savez** ils **savent**	**sache** **sachons** **sachez**	j'ai **su**
sortir	je **sors** tu **sors** il **sort**	nous **sortons** vous **sortez** ils **sortent**	**sors** **sortons** **sortez**	je suis **sorti(e)**
like sortir: dormir (j'**ai dormi**), partir				
voir	je **vois** tu **vois** il **voit**	nous **voyons** vous **voyez** ils **voient**	**vois** **voyons** **voyez**	j'ai **vu**
vouloir	je **veux** tu **veux** il **veut**	nous **voulons** vous **voulez** ils **veulent**		j'ai **voulu**

Verbs With Spelling Changes

Infinitive	Present		Imperative	Passé Composé
acheter	j' **achète** tu **achètes** il **achète**	nous **achetons** vous **achetez** ils **achètent**	**achète** **achetons** **achetez**	j'ai **acheté**
commencer	je **commence** tu **commences** il **commence**	nous **commençons** vous **commencez** ils **commencent**	**commence** **commençons** **commencez**	j'ai **commencé**
like commencer: avancer				

Verbs With Spelling Changes (continued)

Infinitive	Present		Imperative	Passé Composé
manger	je **mange** tu **manges** il **mange**	nous **mangeons** vous **mangez** ils **mangent**	**mange** **mangeons** **mangez**	j'ai **mangé**
like manger: changer, encourager, nager, voyager				
payer	je **paie** tu **paies** il **paie**	nous **payons** vous **payez** ils **paient**	**paie** **payons** **payez**	j'ai **payé**
like payer: envoyer, essayer				
préférer	je **préfère** tu **préfères** il **préfère**	nous **préférons** vous **préférez** ils **préfèrent**	**préfère** **préférons** **préférez**	j'ai **préféré**
like préférer: espérer, exagérer, protéger, répéter, suggérer				

Verbs With Être in the Passé Composé

aller	je **suis allé(e)**
arriver	je **suis arrivé(e)**
descendre	je **suis descendu(e)**
entrer	je **suis entré(e)**
monter	je **suis monté(e)**
partir	je **suis parti(e)**
rentrer	je **suis rentré(e)**
rester	je **suis resté(e)**
sortir	je **suis sorti(e)**
tomber	je **suis tombé(e)**

When the subject is masculine		*When the subject is feminine*	
je suis	**allé**	je suis	**allée**
tu es	**allé**	tu es	**allée**
il est	**allé**	elle est	**allée**
nous sommes	**allés**	nous sommes	**allées**
vous êtes	**allé(s)**	vous êtes	**allée(s)**
ils sont	**allés**	elles sont	**allées**

Verbs Followed by Infinitives

In French, some verbs can be followed by an infinitive. Other verbs must be separated from the infinitive by **de** or **à.**

Verbs followed directly by infinitive	Verbs requiring **de** before an infinitive	Verbs requiring **à** before an infinitive
adorer + inf. aimer + inf. aller + inf. détester + inf. désirer + inf. espérer + inf. pouvoir + inf. préférer + inf. savoir + inf. vouloir + inf.	accepter de + inf. avoir besoin de + inf. avoir envie de + inf. avoir peur de + inf. choisir de + inf. décider de + inf. essayer de + inf. finir de + inf. oublier de + inf. regretter de + inf. risquer de + inf.	apprendre à + inf. arriver à + inf. avoir quelque chose à + inf. commencer à + inf. continuer à + inf. réussir à + inf. aider (une personne) à + inf. inviter (une personne) à + inf. encourager (une personne) à + inf. montrer (à une personne) à + inf.
	demander (à une personne) de + inf.	

Verbs Followed by Nouns
where French usage differs from English usage

In French, as in English, some verbs can be followed directly by a noun, while other verbs must be separated from the noun by a preposition. This list shows verbs that differ in usage from their English equivalents.

Verbs followed directly by a noun	Verbs requiring **à** before a noun	
attendre + noun écouter + noun payer + noun regarder + noun	demander à + noun désobéir à + noun échouer à + noun obéir à + noun participer à + noun penser à + noun	réfléchir à + noun rendre visite à + noun répondre à + noun ressembler à + noun réussir à + noun téléphoner à + noun

Prononciation

P	The sound of French 19		

1 French names with English
  equivalents 55
  Syllable stress
  Final consonants
  Liaison
  Silent **h**

2 /i/   as in **ici**   88
  /y/   as in **tu**

3 /ɛ̃/   as in **quinze**   125
  /ɔ̃/   as in **mon**
  /ɑ̃/   as in **grand**

4 /a/   as in **gare**   166
  /ɛ/   as in **mère**

5 /e/   as in **idée**   200

6 /u/   as in **où**   235
  /o/   as in **eau**
  /ɔ/   as in **pomme**

7 /ʀ/   as in **repas**   276

8 /ø/   as in **deux**   311
  /œ/   as in **heure**

9 /s/   as in **salle**   344
  /z/   as in **chaise**

10 /s/   as in **célèbre, ça**   384
  /k/   as in **campagne**
  /ʒ/   as in **région**
  /g/   as in **golf**

11 /ʒ/   as in **jupe**   416
  /ʃ/   as in **chat**

12 /ɲ/   as in **montagne** 453
  /j/   as in **fille**

Liste des symboles phonétiques

Voyelles				Consonnes				Semi-consonnes		D'autres symboles	
/i/	ici	/e/	les	/p/	pauvre	/t/	tête	/j/	fille	/h/	ha!
/ɛ/	sept	/a/	chat	/k/	café	/b/	bien	/w/	oui	/'/	haricot (pas
/ɑ/	âme	/ɔ/	bonne	/d/	danser	/g/	golf	/ɥ/	pluie		de liaison)
/o/	trop	/u/	vous	/f/	faux	/s/	sur			/ŋ/	parking (de
/y/	tu	/ø/	veux	/ʃ/	cher	/v/	votre				l'anglais)
/œ/	jeune	/ə/	me	/z/	chaise	/ʒ/	je			/x/	mots empr.
/œ̃/	un	/ɛ̃/	vingt	/l/	lit	/ʀ/	robe				espagnol,
/ɑ̃/	plan	/ɔ̃/	onze	/m/	mais	/n/	non				jota; arabe,
				/ɲ/	gagner						khamsin

Catégories de vocabulaire

Vocabulaire supplémentaire

This appendix contains words that are related to the vocabulary topics introduced in **Et vous?** but which are more specific or extended in scope.

The following abbreviations are used: (*f*) feminine, (*m*) masculine, (*pl.*) plural.

Les animaux

deer le cerf
gerbil la gerbille
goldfish le poisson rouge
guinea pig le cochon d'Inde
hamster le hamster
kitten le chaton
penguin le pingouin
puppy le chiot
rabbit le lapin
raccoon le raton laveur
squirrel l'écureuil (*m*)

À table

apricot l'abricot (*m*)
asparagus les asperges (*f*)
bacon le bacon
bowl le bol
brussels sprouts les choux (*m*) de Bruxelles
cabbage le chou
cauliflower le chou-fleur
cereals les céréales (*m*)
chestnut le marron
cookie le biscuit
corn le maïs
egg l'œuf (*m*); **fried eggs** les œufs sur le plat; **hard-boiled egg** l'œuf dur; **scrambled eggs** les œufs brouillés; **soft-boiled egg** l'œuf à la coque
eggplant l'aubergine (*f*)
fork la fourchette
French bread la baguette
garlic l'ail (*m*)
grapefruit le pamplemousse

grapes le raisin
honey le miel
knife le couteau (*pl.* les couteaux)
margarine la margarine
marshmallows les guimauves (*f*)
melon le melon
napkin la serviette
peach la pêche
pineapple l'ananas (*m*)
pizza la pizza
plate l'assiette (*f*)
popcorn le popcorn
salmon le saumon
saucer la soucoupe
serving tray le plateau (*pl.* les plateaux)
shellfish les fruits (*m*) de mer
spinach les épinards (*m*)
spoon la cuillère
syrup le sirop
tablecloth la nappe
watermelon la pastèque
yogurt le yaourt
zucchini la courgette

Adjectifs

absurd absurde
agile agile
awesome (*impressive*) impressionnant, imposant; (*frightening*) terrifiant
chilly froid, frais (*m*), fraiche (*f*)
colorful (*thing*) vif; (*person*) pittoresque

delicious délicieux (*m*), délicieuse (*f*)
despicable abject, ignoble, méprisable
dull ennuyeux (*m*), ennuyeuse (*f*)
eccentric excentrique, original, bizarre
horrible horrible, affreux (*m*), affreuse (*f*)
horrifying horrifiant
incredible incroyable
phenomenal phénoménal
scandalous scandaleux
sensational sensationnel
tasteless (*flavor*) insipide; (*remark, object*) de mauvais goût
terrifying terrifiant, épouvantable, terrible
threatening menaçant
tremendous (*size*) énorme; (*excellent*) formidable, fantastique
unbearable insupportable
unforgettable inoubliable
unique unique

L'école

calendar le calendrier
compass le compas
eraser (*pencil*) la gomme
file cabinet le classeur
flag le drapeau (*pl.* les drapeaux)
glue la colle
light la lumière

loose-leaf binder   le classeur
pencil sharpener   le taille-crayon
rubber band   l'élastique (*m*)
ruler   la règle
scissors   les ciseaux (*m*)
staple   l'agrafe (*f*)
stapler   l'agrafeuse (*f*)
wastepaper basket   la corbeille à papier

La famille

adopted   adopté, adoptif (*m*), adoptive (*f*)
brother-in-law   le beau-frère
couple   le couple
daughter-in-law   la belle-fille
divorced   divorcé(e)
engaged   fiancé(e)
father-in-law   le beau-père
godfather   le parrain
godmother   la marraine
grandchild   le petit-enfant, la petite-enfant, (*pl.* les petits-enfants)
granddaughter   la petite-fille
grandson   le petit-fils
great-granddaughter   l'arrière-petite-fille (*f*)
great-grandfather   l'arrière-grand-père (*m*)
great-grandmother   l'arrière-grand-mère (*f*)
great-grandson   l'arrière-petit-fils (*m*)
half-brother   le demi-frère
half-sister   la demi-sœur
husband   le mari
mother-in-law   la belle-mère
single   célibataire
sister-in-law   la belle-sœur
son-in-law   le gendre
stepbrother   le demi-frère
stepdaughter   la belle-fille
stepfather   le beau-père
stepmother   la belle-mère
stepsister   la demi-sœur
stepson   le beau-fils
widow   la veuve

widower   le veuf
wife   la femme

La maison et les meubles

attic   le grenier
basement   le sous-sol
blinds   les stores (*m*)
bookcase   la bibliothèque
bunkbed   le lit superposé
cellar   la cave
coffee table   la table basse
curtain   le rideau (*pl.* les rideaux)
cushion   le coussin
drawer   le tiroir
dryer   le séchoir à linge
fan   le ventilateur
faucet   le robinet
folding chair   la chaise pliante
freezer   le congélateur
heater   le chauffage, l'appareil (*m*) de chauffage
knickknacks   les bibelots (*m*)
lampshade   l'abat-jour (*m*)
living room   (*formal*) le salon
lounge chair   la chaise longue
nightstand   la table de chevet
rocking chair   le rocking-chair
rug   le tapis
screen   le paravent
secretary   le secrétaire
sideboard   le buffet
stairs   l'escalier (*m*)
stool   l'escabeau (*m*) (*pl.* les escabeaux)
study   le bureau (*pl.* les bureaux)
wardrobe   l'armoire (*f*)

Les matières scolaires

business   le commerce
home economics   les arts ménagers (*m*)
shorthand   la sténographie
typing   la dactylographie
woodworking   la menuiserie
world history   l'histoire universelle (*f*)

La musique et la télévision

amplifier   l'amplificateur (*m*)
antenna   l'antenne (*f*)
blues   le blues
CD player   la platine laser
folk music   la musique folklorique
headphones   le casque à écouteurs
hit   le tube
opera   l'opéra (*m*)
pop music   la musique pop
receiver   le récepteur radio
reggae   le reggae
religious music   la musique religieuse
screen   l'écran (*m*)
speaker   l'enceinte (*f*) acoustique, le baffle
to turn off   éteindre (la télé, la radio, etc.)
to turn on   allumer (la télé, la radio, etc.)
turntable   la platine
videocassette   la vidéocassette

Les parties du corps

ankle   la cheville
beard   la barbe
blood   le sang
bone   l'os (*m*)
brain   le cerveau (*pl.* les cerveaux)
chin   le menton
curly hair   (*small, tight curls*) les cheveux (*m*) frisés; (*loose curls*) les cheveux bouclés
elbow   le coude
eyebrow   le sourcil
eyelash   le cil
finger   le doigt
freckle   la tache de rousseur
heel   le talon
hip   la hanche
knee   le genou
lip   la lèvre
lung   le poumon

moustache   la moustache
muscle   le muscle
nail   l'ongle (m)
neck   le cou
pimple   le bouton
skin   la peau (pl. les peaux)
straight hair   les cheveux (m) raides
thigh   la cuisse
thumb   le pouce
toe   le doigt de pied
tongue   la langue
waist   la taille
wrist   le poignet

Les professions et les métiers

Note: If only one form is given, that form is used for both men and women. Note that one can also say: **une femme banquier**, etc.

architect   l'architecte (m/f)
athlete   l'athlète (m/f)
banker   le banquier
dentist   le/la dentiste
fashion designer   le/la styliste de mode
fashion model   le mannequin
hairdresser   le coiffeur, la coiffeuse
homemaker   l'homme (m) au foyer, la femme au foyer
manager   (company) le directeur, la directrice; (store, restaurant, etc.) le gérant, la gérante
mechanic   le mécanicien, la mécanicienne
painter   le peintre
plumber   le plombier
politician   l'homme politique (m), la femme politique
secretary   le/la secrétaire
social worker   l'assistant social (m), l'assistante sociale (f)
taxi driver   le chauffeur de taxi

technician   le technicien, la technicienne
truck driver   le routier
veterinarian   le/la vétérinaire
worker   l'ouvrier (m), l'ouvrière (f)

Les sports et les loisirs

badminton   le badminton
boxing   la boxe
car racing   les courses automobiles (f)
climbing   l'alpinisme (m)
cot   le lit de camp
fencing   l'escrime (f)
fishing rod   la canne à pêche
foot race   la course à pied
to go for a ride (by bike, car, motorcycle, moped)   faire une promenade, faire un tour (à bicyclette, en voiture, à moto, à vélomoteur)
high jump   le saut en hauteur
hitchhiking   l'auto-stop (m)
horseback riding   l'équitation (f)
hunting   la chasse
long jump   le saut en longeur
mosquito bite   la piqûre de moustique
mosquito repellent   le produit anti-moustiques
speed skating   le patinage à vitesse
to sting   piquer
surfing   le surf
to travel by bus (boat, motorcycle)   voyager en autocar (en bateau, à moto)
weight lifting   les haltères (m)
wildflowers   les fleurs sauvages (f)

Les vêtements et les couleurs

beige   beige
belt   la ceinture
boots   les bottes (f)
coat   le manteau (pl. les manteaux)

collar   le col
cotton   le coton
dark   foncé
gloves   des gants (m)
handkerchief   le mouchoir
hat   le chapeau (pl. les chapeaux)
lace   la dentelle
leather   le cuir
light   clair
lilac   lilas
pajamas   le pyjama
pink   rose
purple   violet
raincoat   l'imperméable (m)
scarf   le foulard
shawl   le châle
silk   la soie
sleeve   la manche
slippers   les pantoufles (f)
suit   (man) le complet, le costume; (woman) le tailleur
swimming suit   le maillot de bain
tie   la cravate
turquoise   turquoise
velvet   le velours
wool   la laine
zipper   la fermeture éclair

Les vœux

Congratulations!   Félicitations!
Happy Anniversary!   Bon anniversaire de mariage!
Happy Birthday!   Bon anniversaire!
Happy New Year!   Bonne année!
Have a nice trip!   Bon voyage!
Have a nice vacation!   Passez de bonnes vacances!
Merry Christmas!   Joyeux Noël!
Sweet dreams!   Faites de beaux rêves!

Les continents

Africa   l'Afrique (f)
Antarctica   l'Antarctique (f)

Asia   l'Asie (f)
Australia   l'Australie (f)
Europe   l'Europe (f)
North America   l'Amérique (f) du Nord
South America   l'Amérique (f) du Sud

Les pays

Algeria   l'Algérie (f)
Argentina   l'Argentine (f)
Australia   l'Australie (f)
Austria   l'Autriche (f)
Belgium   la Belgique
Brazil   le Brésil
Canada   le Canada
China   la Chine
Egypt   l'Égypte (f)
England   l'Angleterre (f)
France   la France
Germany   l'Allemagne (f);
   East Germany   l'Allemagne de l'Est (la République démocratique allemande);
   West Germany   l'Allemagne de l'Ouest (la République fédérale allemande)
Greece   la Grèce
Holland   la Hollande
India   l'Inde (f)
Ireland   l'Irlande (f)
Israel   Israël (m)
Italy   l'Italie (f)
Ivory Coast   la Côte d'Ivoire
Jamaica   la Jamaïque
Japan   le Japon
Jordan   la Jordanie
Lebanon   le Liban
Libya   la Libye
Luxembourg   le Luxembourg
Mexico   le Mexique
Monaco   (la principauté de) Monaco
Morocco   le Maroc
Netherlands   les Pays-Bas (m)
North Korea   la Corée du Nord
Peru   le Pérou
Philippines   les Philippines (f)
Poland   la Pologne

Portugal   le Portugal
Russia   la Russie
Senegal   le Sénégal
South Korea   la Corée du Sud
Spain   l'Espagne (f)
Switzerland   la Suisse
Syria   la Syrie
Tunisia   la Tunisie
Turkey   la Turquie
United States   les États-Unis (m)
U.S.S.R   l'U.R.S.S., l'Union (m) des républiques socialistes soviétiques
Vietnam   le Viêt-nam

Les villes

Algiers   Alger
Brussels   Bruxelles
Cairo   le Caire
Geneva   Genève
Lisbon   Lisbonne
London   Londres
Montreal   Montréal
Moscow   Moscou
New Orleans   la Nouvelle-Orléans
Quebec city   Québec
Tangier   Tanger
Venice   Venise
Vienna   Vienne

Autres noms géographiques

Alps   les Alpes (f)
Atlantic Ocean   l'Océan (m) atlantique, l'Atlantique (m)
English Channel   la Manche
Mediterranean Sea   la Mer méditerranée
North Africa   l'Afrique (f) du Nord
Pacific Ocean   l'Océan (m) pacifique, le Pacifique
Pyrenees   les Pyrénées (f)

Le temps

barometer   le baromètre
cloudy   nuageux
drizzle   la bruine
fog   le brouillard
freezing rain   la pluie en cours de congélation
frost   la gelée blanche
hail   la grêle
to hail   grêler
heat wave   la canicule
hurricane   l'ouragan (m)
ice   (on road) le verglas
It's raining cats and dogs.   Il pleut à verse.
lightning bolt   l'éclair (m)
mist   la brume
shower   (rain) l'averse (f)
storm   la tempête
thermometer   le thermomètre
thunder   le tonnerre
thunderstorm   l'orage (m)
tornado   la tornade

Les effets personnels

bill   (money) le billet de banque
bracelet   le bracelet
brush   la brosse
checkbook   le chéquier
coin   la pièce de monnaie
comb   le peigne
earrings   les boucles (f) d'oreille
eye shadow   l'ombre (f) à paupières
hair dryer   le sèche-cheveux
hairpin   le pince à cheveux
hair roller   le bigoudi
handbag   le sac à main
jewelry   les bijoux (m)
lipstick   le rouge à lèvres
mascara   le mascara
nail clippers   le pince à ongles
necklace   le collier
pendant   le pendant
razor   le rasoir

ring   la bague; **wedding ring**
   l'alliance (*f*)
toothbrush   la brosse à dents
umbrella   le parapluie
watch   la montre

Les communications

chapter   le chapitre
envelope   l'enveloppe (*f*)
film   (*for a camera*) le film
flash   le flash
lens   l'objectif (*m*)
microphone   le microphone
projector   le projecteur
roll of film   la bobine
   de film
slide   la diapositive
slide projector   le projecteur
   de diapositives
stamp   le timbre
subscription   l'abonnement (*m*)
to type   taper à la machine
typewriter   la machine à
   écrire

La voiture

accident   l'accident (*m*)
battery   la batterie
brake   le frein
bumper   le pare-chocs
dashboard   le tableau de bord
to drive   conduire
fender   l'aile (*f*)
freeway   l'autoroute (*f*)
gasoline   l'essence (*f*)
headlights   les feux (*m*)
hood   le capot
horn   l'avertisseur (*m*)
hubcap   l'enjoliveur (*m*)
license plate   la plaque
   d'immatriculation
motor   le moteur
muffler   le pot d'échappement
parking meter   le parcmètre
**pedal (accelerator, brake,
   clutch)**   la pédale
   (d'accélération, de frein,
   d'embrayage)
radiator   le radiateur
rearview mirror
   le rétroviseur

seat   le siège
service station   la station-
   service
steering wheel   le volant
traffic light   le feu de
   signalisation
turn signal   le clignotant
wheel   la roue
windshield   le pare-brise
windshield wipers   les essuie-
   glace (*m*)

Expressions familières

Bye!   Ciao!
I'm dying of hunger.   Je crève
   de faim.
That's fantastic!   C'est
   terrible!
That's great!   C'est chouette!
What are you up to?   Qu'est-ce
   que tu deviens?
What do you say?   Qu'est-ce
   que tu racontes?
What's going on?   Qu'est-ce
   qui se passe?

Vocabulaire français-anglais

The **Vocabulaire français-anglais** includes vocabulary from the **Chapitre préliminaire** through **Chapitre 12**. Vocabulary from the **Interludes culturels** and from the optional **Gazettes** is not included. The number following each entry indicates the chapter in which the word or expression is first introduced. A **0** refers to the **Chapitre préliminaire**. Required vocabulary items are taken from the sections titled **Le français en contexte**, **Les mots et la vie**, **Présentation**, and **Perspectives**. A chapter reference in parentheses indicates that the word or expression was not required.

Adjectives are given in the masculine, with irregular feminine and plural forms given in full. Irregular plural forms of nouns are also given in full. Idiomatic expressions are listed under the first word as well as the main words. Verbs marked * are irregular and may be found in the verb charts.

The following abbreviations are used: *(f)* feminine, *(m)* masculine, *(pl.)* plural.

A

à at, in, to **1**; **à bicyclette** by bike **8**; **À bientôt.** So long. **1**; **à bord de** on board **(9)**; **à cause de** because of **9**; **à côté de** next to **8**; **À demain.** See you tomorrow. **0**; **à droite** (to the) right **8**; **à gauche** (to the) left **8**; **à la crème** with cream **(5)**; **à la maison** at home **3**; **à la mode** fashionable, in fashion **(7)**; **à la page...** on page... **0**; **à l'heure** on time **4**; **à pied** on foot **8**; **À tout à l'heure.** See you later. **6**; **à votre droite/gauche** on your right/left **(8)**; **à votre (ton) avis** in your opinion **6**

abandonner to give up, to abandon **9**

absolument absolutely **11**

accepter to accept **9**

l' accord *(m)* agreement; **être* d'accord** to agree **4**

acheter* to buy **2**

l' acteur *(m)* actor **7**

actif *(m)*, **active** *(f)* active **9**

l' activité *(f)* activity **8**

l' actrice *(f)* actress **7**

adapter to adapt **(9)**

l' addition *(f)* check *(for a meal)* **5**

adorable adorable **3**

adorer to love, to really like **1**

l' aéroport *(m)* airport **4**

les affaires *(f)* belongings, things, possessions **10**; **la femme d'affaires** businesswoman **12**; **l'homme** *(m)* **d'affaires** businessman **12**

l' affiche *(f)* poster **2**

l' âge *(m)* age; **Quel âge avez-vous (as-tu)?** How old are you? **3**

l' agence *(m)* **de voyages** travel agency **(9)**

agréable agreeable, nice, pleasant **2**

l' aide *(f)* help, assistance **7**

aider to help, to assist **9**

aimer to like, to love **1**; **aimer bien** to like a lot, to like **1**; **J'aime...** I love, I like... **0**; **Je n'aime pas...** I don't like... **0**

l' air *(m)* look; **avoir* l'air** to seem, to look **10**

l' album *(m)* album **(3)**

l' algèbre *(f)* algebra **12**

l' allemand *(m)* German *(language)* **12**

aller* to go **4**; **Allez au tableau!** Go to the chalkboard! **0**; **Ça va?**

How's it going? **0**; **Ça va (bien)**. Fine. **0**; **Comment allez-vous (vas-tu)?** How are you? **0**; **Comment ça va?** How are things? **0**

Allô. Hello. **(7)**

les **allumettes** (f) matches **9**

alors so, then **4**; **Ça alors!** How about that! **10**; **Non alors!** No! **4**; **Zut alors!** Darn! **8**

ambitieux (m), **ambitieuse** (f) ambitious **9**

américain American **3**; le **football américain** football **0**

l' **ami** (m), l'**amie** (f) friend **3**

Amitiés. (f) Best regards. **3**; **Meilleures amitiés.** Best regards. **(2)**

l' **amour** (m) love **11**

amusant fun, amusing **3**

l' **an** (m) year **3**; **avoir*...ans** to be...years old **3**

l' **anglais** (m) English (language) **1**

anglais English **0**

l' **animal** (m) (pl. les **animaux**) animal **1**

animé animated; le **dessin animé** cartoon **7**

l' **année** (f) year **4**; les **années soixante (vingt, trente, etc.)** the sixties (twenties, thirties, etc.) **2**

l' **anniversaire** (m) birthday **4**

août (m) August **4**

l' **appareil-photo** (m) (pl. les **appareils-photos**) camera **8**

l' **appartement** (m) apartment, condominium **3**

s' **appeler: Comment vous appelez-vous (t'appelles-**tu)? What's your name? **0**; **Il/Elle s'appelle...** His/Her name is... **3**; **Je m'appelle...** My name is... **0**

apporter (à) to bring **4**

apprendre* (à) to learn (to) **11**

après after **4**

après-demain day after tomorrow **4**

l' **après-midi** (m) afternoon **4**

l' **arbre** (m) tree **9**

l' **argent** (m) money **1**

arriver (à) to arrive **4**

l' **arrondissement** (m) district of Paris **6**

l' **art** (m) art **12**; **art dramatique** drama **12**

l' **artichaut** (m) artichoke **5**

l' **article** (m) article **12**

l' **artiste** (m/f) artist **12**

artistique artistic **(4)**

l' **aspirine** (f) aspirin **(11)**; le **comprimé d'aspirine** aspirin tablet **11**; **prendre* de l'aspirine** to take aspirin **(11)**

l' **assassinat** (m) assassination **(9)**

Asseyez-vous! Sit down! **0**

assez rather **2**; **assez (de)** enough **10**; **ne...pas assez (de)** not enough **2, 10**

l' **athlétisme** (m) track and field **6**; **faire* de l'athlétisme** to do track and field **6**

attendre to wait (for), to expect **10**

attentif (m), **attentive** (f) attentive **11**

l' **attention** (f) attention; **Attention!** Careful!, Watch out! **(9)**; **faire* attention (à)** to pay attention (to) **11**

attraper to catch **11**

au (à + le) at (the), in (the), to (the) **4**; **au beurre** buttered **(5)**; **au bord de la mer** at the seaside **8**; **au coin de** on the corner of **8**; **au milieu de** in the middle of **9**; **au moins** at least **11**; **Au revoir.** Good-bye. **0**; le **café au lait** coffee with milk **5**

l' **auberge** (f) **de jeunesse** youth hostel **8**

aujourd'hui today **4**; **Quel jour est-ce aujourd'hui?** What day is today? **4**

aussi also **1**; **moi aussi** me too **1**

autant (de) as much, as many **10**

l' **auteur** (m) author **11**

l' **autobus** (m) bus **(11)**

l' **automne** (m) fall, autumn **6**

autour de around **8**

l' **autre** (m/f) other **12**; **d'autres encore** still others **(12)**

autre other **7**; **autre chose** something else **7**

autrement otherwise **11**

aux (à + les) at (the), in (the), on (the) **4**; la **tarte aux fraises (aux pommes)** strawberry (apple) pie **5**

avancer* to advance **9**

avant before **4**

avec with **2**; **avec plaisir** with pleasure **11**

l' **avenir** (m) future **12**

l' **aventure** (f) adventure **9**

l' **avion** (m) airplane **8**; **en avion** by plane **8**

l' **avis** (m) opinion; **à votre (ton) avis** in your opinion **6**

l' **avocat** (m), l'**avocate** (f) lawyer **12**

avoir* to have 3; avoir...ans to be...years old 3; avoir besoin de to need 5; avoir chaud/froid to be hot/cold 5; avoir de la chance to be lucky 12; avoir du succès to be successful (7); avoir envie de to want, to feel like 5; avoir faim/soif to be hungry/thirsty 5; avoir l'air to seem, to look 10; avoir le trac to get nervous 12; avoir mal (à...) to hurt, to have a sore... 11; avoir peur to be afraid 5; avoir rendez-vous (avec) to have an appointment (with), to have a date (with) 4; avoir sommeil to be sleepy 5; il n'y a pas there isn't (aren't) 3; il y a there is (are) 3; Quel âge avez-vous (as-tu)? How old are you? 3; Qu'est-ce qu'il y a? What's the matter? 10

avril (m) April 4

B

le baccalauréat (le bac) exam taken at end of high school 12
la baignoire bathtub 10
le bain bath; la salle de bains bathroom 10
la balle (de tennis) (tennis) ball 6
la banane banana 5
la bande dessinée comic strip (book) 12
la banque bank 4
le barbecue barbecue 4

le base-ball baseball 6
le basket basketball 1
le bateau boat, ship 8; bateau à voiles sailboat 6; faire* du bateau à voiles to sail 6
le bâtiment building 8
beau (bel) (m), belle (f) (m. pl. beaux) beautiful, handsome 8; Il fait beau. The weather is nice. 6
beaucoup a lot 1; beaucoup (de) much, many, a lot (of) 10
la beauté beauty 8
le bébé baby (0)
le besoin: avoir* besoin de to need 5
bête dumb, silly 2
le beurre butter 5; au beurre buttered (5)
la bibliothèque library 4
la bicyclette bike 8; à bicyclette by bike 8
bien well 1; aimer bien to like a lot, to like 1; Bien, merci. Well, thanks. 0; bien sûr of course 2; Ça va bien. Fine. 0; Je voudrais bien... I would really like... 7; ou bien or else 4; Très bien. Very well. 0; Voulez-vous bien...? Would you please...? 11
bientôt soon 9; À bientôt. So long. 1
le bifteck steak 5
le billet ticket 8
la biologie biology 1
blanc (m), blanche (f) white 11
bleu blue 11
blond blond 11
le blouson jacket, windbreaker 11
le bœuf beef 5
Bof. Ho hum. 7
boire* to drink 5

la boisson beverage, drink 5
la boîte de conserve canned good 5
bon (m), bonne (f) good 6
Bonjour. Hello. Good morning. Good afternoon. 0
Bonsoir. Good evening. 0
le bord side, edge, shore; à bord de on board (9); au bord de la mer at the seaside 8
la bouche mouth 11
la boucherie butcher's shop 5
la boulangerie bakery 5
la bouteille bottle 5; une bouteille (de) a bottle (of) 10
le bras arm 11
brillant brilliant, great 12
brun brown, dark (hair) 11
le bulletin report card (12)
le bureau (pl. les bureaux) desk 2; office 3
le bus bus (11)

C

ça that, it 1; Ça alors! How about that! 10; Ça va? How's it going? 0; Ça va (bien). Fine. 0; ça veut dire that means 8; comme ça in that way, like that (5); Comme ci comme ça. So-so. 0; Comment ça va? How are things? 0
le câble cable 7
le café cafe 4; coffee 5; café au lait coffee with milk 5
le cahier notebook 2
la caisse cash register 2

le calme calm, peacefulness (1)

la caméra vidéo video camera 7

le camp camp; **le feu de camp** camp fire 9

la campagne country 4

camper to camp 9

le campeur camper 9

le camping camping 6; campground 8

le canapé sofa 10

le canoë canoe 9

le canot pneumatique rubber lifeboat (9)

la carotte carrot 5

la carte map 9; card; **la carte de crédit** credit card 8; **la carte postale** postcard 8

le cas case; **dans ce cas** in this case 12

la cassette cassette 2

la catégorie category (5)

la cathédrale cathedral 8

la cause reason; **à cause de** because of 9

ce: Ce n'est pas la peine. It's not worth the trouble. 10; **ce sont** they (these) are 2; **c'est** it (that) is 2; **C'est dommage.** That's too bad. 6; **C'est ton tour.** It's your turn. 10

ce, cet, cette this, that 7; **ce soir** tonight 7

célèbre famous 2

cent hundred 9; **pour cent** percent (5)

le centime centime 2

ces these, those 7

chacun (*m*), **chacune** (*f*) each one 7

la chaîne channel (*TV*) 7

la chaîne stéréo (*pl.* **les chaînes stéréo**) stereo 2

la chaise chair 2

le chalet chalet (8)

la chambre bedroom 3

le champion, la championne

champion (11)

le championnat championship (7)

la chance luck; **avoir* de la chance** to be lucky 12

le changement change 7

changer* to change 6

la chanson song 2

chanter to sing 2

le chanteur, la chanteuse singer 2

chaque each 4

la charcuterie pork butcher's shop, delicatessen 5

le chat cat 3

châtain brown (*hair*) 11

chaud hot 5; **avoir* chaud** to be hot 5; **Il fait chaud.** The weather is hot (warm). 6

les chaussettes (*f*) socks 11

les chaussures (*f*) (**de tennis**) (tennis) shoes 11

la cheminée fireplace 10

la chemise shirt 11

le chemisier blouse 11

le chèque check; **chèque de voyage** traveler's check 8

cher (*m*), **chère** (*f*) dear 1; expensive 2

chercher to look for 2

les cheveux (*m*) hair 11

chez at the home of 4

le chien dog 3

la chimie chemistry 1

le chinois Chinese (*language*) 12

le chocolat chocolate 5; **la glace au chocolat** chocolate ice cream 5

choisir to choose 9

le choix choice 7

la chose thing 5; **autre chose** something else 7; **quelque chose** something 2; **quelque chose de** + *adjectif* something + ·*adjective* 7

le ciel sky 11

le cinéma movies, movie theater 1

cinq five 0

cinquante fifty 2

le citron lemon; **citron pressé** lemonade 5

civique civic; **l'éducation** (*f*) **civique** government, civics 12

la classe class 1; **classe terminale** last year of French high school (12); **la salle de classe** classroom 2

le classique classic (7)

classique classical; **la musique classique** classical music 0

la clé key 10

le client customer (10)

le club club 2

le coca cola 5

le cœur heart 11

le coin corner; **au coin de** on the corner of 8

la colonie de vacances holiday camp 8

combien how much 2; **combien de** how many, how much 3; **Depuis combien de temps...?** How long...? 10

la comédie comedy 7

commander to order 5

comme like, (such) as 2; **comme ça** in that way, like that (5); **Comme ci comme ça.** So-so. 0

commencer* to begin 4

Comment? What? 0; **Comment allez-vous (vas-tu)?** How are you? 0; **Comment ça va?** How are things? 0; **Comment dit-on...?** How do you say...? 0; **Comment vous appelez-vous (t'appelles-tu)?** What's your name? 0

la commode dresser 10

la compagnie company (3)

la compétition
competition **6**
compliqué complex,
complicated **3**
composer to compose **2**
comprendre* to
understand **11**; **Est-ce
que vous comprenez?**
Do you understand? **0**;
Je ne comprends pas.
I don't understand. **0**
le comprimé (d'aspirine)
(aspirin) tablet **11**
compris included **(5)**;
service compris service
charge included **(5)**
la comptabilité
accounting **12**
le comptable, la comptable
accountant **12**
le concert concert **2**
la confiture jam **5**
la connaissance
acquaintance; **faire* la
connaissance de** to
meet **8**
le conseil piece of advice **11**
les conserves (*f*) preserves;
la boîte de conserve
canned good **5**
consister (en) to consist
(of) **12**
consulter to consult **7**
content happy **3**
continuer to continue, to
go on **8**
contre against **6**; **par
contre** on the other
hand **6**
le copain, la copine pal,
friend **4**
le corps body **11**
le coté side; **à côté de**
next to **8**
la côtelette de porc pork
chop **5**
la couleur color **11**
courageux (*m*), **courageuse**
(*f*) courageous **9**
le coureur racer **6**
le cours course **1**; **sécher* un**

cours to skip a class **12**
la course race **6**; errand;
faire* des courses to
run errands, to go
shopping **6**
la Cour Suprême the
Supreme Court **(9)**
court short **11**
le cousin, la cousine
cousin **3**
coûter to cost **2**
la craie chalk, piece of
chalk **2**
le crayon pencil **2**; **Prenez
une feuille de papier et
un crayon!** Take out a
sheet of paper and a
pencil! **0**
le crédit credit; **la carte de
crédit** credit card **8**
la crème cream; **à la
crème** creamed, with
cream **(5)**
le crime crime **(10)**
le criminel, la criminelle
criminal **(10)**
le croissant crescent roll **5**
cruel (*m*), **cruelle** (*f*)
cruel **9**
la cuisine kitchen **10**;
cuisine **(8)**; **la cuisine
créole** Creole cuisine
(8); **faire* la cuisine** to
cook, to do the cooking **6**
la cuisinière stove **10**
la culture culture **(4)**
curieux curious **(8)**
le cyclisme cycling **6**
le cycliste cyclist **6**

𝒟

d'abord first **8**
D'accord. OK. **1**
la dactylographie typing **12**
le dahu a kind of imaginary
animal **(11)**

le danger danger **9**
dangereux (*m*), **dangereuse**
(*f*) dangerous **6**
dans in **2**; **dans ce cas**
in this case **12**
la danse dance, dancing **(4)**
danser to dance **1**
la date date **4**; **Quelle est la
date...?** What is the
date...? **4**
de of, by, from **2**; **De
rien.** You're welcome.
0; **de temps en temps**
from time to time **3**
le début beginning **8**
décembre (*m*)
December **4**
décider to decide, to
make up one's mind **9**
la découverte discovery **(9)**
déjà already **9**
le déjeuner lunch **5**; **petit
déjeuner** breakfast **5**
déjeuner to have lunch **5**
délicieux delicious **(5)**
demain tomorrow **4**; **À
demain.** See you
tomorrow. **0**
demander (à) to ask **4**
le déménageur mover **(10)**
**demie: cinq heures et
demie** half past five **4**
une demi-heure a half
hour **10**
la démission resignation **(9)**
les dents (*f*) teeth **11**
depuis for, since **10**;
**Depuis combien de
temps...?** How
long...? **10**; **Depuis
quand...?** Since
when...? **10**
dernier (*m*), **dernière** (*f*)
last **6**
derrière behind **8**
des some, any **2**; (*de* +
les) of (the), from (the),
about (the) **3**; **des années
soixante (vingt, trente,
etc.)** from the sixties
(twenties, thirties, etc.) **2**

désagréable disagreeable, unpleasant 2

descendre (de) to go down, to get off 12

désirer to want, to wish 2

désobéir (à) to disobey 9

désolé very sorry 8

le dessert dessert 5

le dessin drawing 12; **le dessin animé** cartoon 7; **le dessin industriel** drafting 12

dessiner to draw; **la bande dessinée** comic strip (book) 12

la destination destination 9

le détail detail 7

déterminer to determine (12)

détester to hate, to dislike 1

deux two 0

devant in front of 8

développer to develop 6

deviner to guess 8

les devoirs (m) homework 0; **Prenez vos devoirs!** Take out your homework! 0

d'habitude usually 12

différent different 4

difficile difficult 1; hard to please 2

dimanche (m) Sunday 4

le dîner dinner 5

dire* to say; **ça veut dire** that means 8; **Comment dit-on...?** How do you say...? 0; **Que veut dire...?** What does... mean? 0

le disque record 1; **disque compact** compact disc 2

distribuer to distribute; **distribuer les rôles** to assign the parts, to do the casting 7

dix ten 0

dix-huit eighteen 0

dix-neuf nineteen 0

dix-sept seventeen 0

le docteur doctor (11)

le documentaire documentary 7

dommage: C'est dommage. That's too bad. 6

donner (à) to give 4

dormir* to sleep 12

le dos back 11; **le sac à dos** backpack 9

la douche shower 10

la douzaine dozen; **une douzaine (de)** a dozen 10

douze twelve 0

le drapeau flag (11)

droit straight; **tout droit** straight ahead 8

la droite right; **à droite** (to the) right 8; **à votre droite** on your right (8)

dur hard 8

durer to last 6

dynamique active 2

ℰ

l' eau (minérale) (f) (mineral) water 5

échouer (à) to fail 12

l' école (f) school 1; **école technique** technical school (12)

les économies (f) savings (9)

économiser to save (9)

écouter to listen 1; **Écoutez!** Listen! 0

écrire* to write 7

l' écrivain (m), **la femme écrivain** writer 12

l' éducation (f) education; **éducation civique** government, civics 12; **éducation physique** physical education 1

l' effaceur (m) chalkboard eraser 2

l' église (f) church 4

égoïste selfish 2

électrique electric; **la guitare électrique** electric guitar 3

élégant elegant 3

l' élève (m/f) student (elementary school, high school) 1

elle she 1; her 12; **Elle s'appelle...** Her name is... 3; **être* à elle** to be hers 12

elles they 1; them 12; **être* à elles** to be theirs 12

embêtant annoying 3

embêter to annoy 10

l' émission (f) (TV) program 7; **l'émission de variétés** variety show 7

l' employé (m), **l'employée** (f) employee 8

emporter to take along 8

emprunter to borrow 7

en in 4; **en avance** early 4; **en avion** by plane 8; **en face de** across from, facing 8; **en général** in general 1; **en grande partie** to a great extent 12; **en retard** late 4; **en train** by train 8; **en voiture** by car 8; **être* en train de** to be in the process of 12

Enchanté(e). Pleased to meet you. 0

encore still 3; again 4; **d'autres encore** still others (12); **encore une fois** again 6; **(ne...) pas encore** not yet 7, 9

encourager* to encourage 6

l' endroit (m) place, spot 9

l' enfant (m/f) child 3

enfin finally, at last 4

l' ennemi (m) enemy 9

ensemble together 7
ensuite next 8
entendre to hear 10
enthousiaste
enthusiastic 2
entre between 6
l' entrée (f) first course 5
entrer (dans) to enter 12
l' enveloppe (f)
envelope (12)
l' envie (f): avoir* envie
de to want, to feel
like 5
envoyer* to send 8
l' épicerie (f) grocery
store 4
l' épouvante (f): le film
d'épouvante horror
film 7
l' épreuve (f) test 12
l' équipe (f) team 6
l' équipement (m)
equipment 6
l' escargot (m) snail 5
l' espagnol (m) Spanish
(language) 1
espérer* to hope 2
l' esprit (m) spirit 6; l'état
(m) d'esprit state of
mind 11
essayer* to try 5
l' est (m) east 8
Est-ce que vous
comprenez? Do you
understand? 0
l' estomac (m) stomach 11
et and 1; Et toi (vous)?
And you? 0
l' étage (m) (building) floor,
story 10
l' étagère (f) shelf, 10
l' état (m) state; état
d'esprit state of
mind 11
l' été (m) summer 6
l' étoile (f) star 9
étranger (m), étrangère (f)
foreign 8
être* to be 2; ce sont
they are, these are 2;
c'est it is, that is 2;

C'est ton tour. It's your
turn. 10; être d'accord
to agree 4; être en train
de to be in the process
of 12; être obligé de to
have to 4
l' étude (f) study hall 12
les études (f) studies 12;
études supérieures
advanced studies (12)
l' étudiant (m), l'étudiante
(f) student (9)
étudier to study 1;
Étudiez la leçon!
Study the lesson! 0
eux they, them 12; être à
eux to be theirs 12
évoquer to evoke 11
exagérer* to exaggerate
10; Tu exagères! This
is ridiculous! 10
l' examen (m) test,
examination 1
excellent excellent 3
l' exemple (m) example 11;
par exemple for
example 4
l' exercice (physique) (m)
(physical) exercise 6
l' expédition (f)
expedition 9
l' expérience (f)
experience 9
expliquer to explain (7)
l' explorateur (m)
explorer 9
explorer to explore (9)
l' exposition (f) (d'art) (art)
exhibit (1)
l' extrait (m) extract,
excerpt (9)
extraordinaire great,
extraordinary 3

𝒻

la face: en face de across
from, facing 8
fâché angry 10

facile easy 1
la faim hunger 9; avoir*
faim to be hungry 5
faire* to do, to make 4;
faire attention (à) to
pay attention (to) 11;
faire des courses to
run errands, to go
shopping 6; faire des
randonnées to go for
walks, to go for hikes 9;
faire du sport to
participate in sports 6;
faire la connaissance
de to meet 8; faire la
cuisine to cook, to do
the cooking 6; faire la
vaisselle to do the
dishes 6; faire le lit to
make the bed 6; faire
le ménage to do
housework 6; faire les
provisions to go
grocery shopping 6;
faire le tour de to go
around, to go throughout
6; faire partie de to
be part of 9; faire une
promenade to go for a
walk 6; font equals 2; Il
fait beau/chaud/frais/
froid/mauvais. The
weather is nice/hot,
warm/cool/cold/bad.
6; Il fait du soleil/du
vent. The weather is
sunny/windy. 6; Quel
temps fait-il? How's
the weather? 6
la famille family, relatives 3
fantastique great,
fantastic 3
le fantôme ghost (7)
fatigant tiring 6
fatigué tired 3
le fauteuil armchair 10
faux (m), fausse (f)
false 1
la femme woman 3;
femme d'affaires
businesswoman 12;

femme écrivain writer 12; femme ingénieur engineer 12

la fenêtre window 2

fermer to close; Fermez vos livres! Close your books! 0

la fête holiday, saint's day 4

le feu (de camp) (camp) fire 9

la feuille de papier sheet of paper; Prenez une feuille de papier et un crayon! Take out a sheet of paper and a pencil! 0

le feuilleton series, miniseries 7

février (m) February 4

fier (m), fière (f) proud 9

la fièvre fever 11

la fille girl, daughter 3

le film movie, film 1; film d'épouvante horror film 7; film policier detective film 7; tourner un film to make a movie 7

le fils son 3

la fin end 8

finir to finish 9

la fleur flower 9

la fois time, instance 6; encore une fois again 6

folklorique folk (3)

font equals 2

le football soccer 0; football américain football 0

formidable great, fantastic 2

fort strong 12

le four à micro-ondes microwave oven 10

frais cool; Il fait frais. The weather is cool. 6

la fraise strawberry 5; la tarte aux fraises strawberry pie 5

le franc franc 2

le français French (language) 1

français French 3

frapper to knock 10

le frère brother 3

le frigo refrigerator 4

les frites (f) french fries 5; les pommes (f) frites french fries (5)

le froid cold 9; avoir* froid to be cold 5

froid cold 5; Il fait froid. The weather is cold. 6

le fromage cheese 5; le plateau de fromages choice of cheeses (on menu) (5)

le fruit piece of fruit 4; les fruits fruit 4; le jus de fruit fruit juice 5

fumé smoked (5); le jambon fumé smoked ham (5)

le fumeur smoker; la section fumeurs (non-fumeurs) smoking (nonsmoking) section 8

furieux (m), furieuse (f) furious 12

G

gagner to win 6

le garage garage 10

le garçon boy 3; waiter 5

la gare train station 4

gâté spoiled 3

le gâteau (pl. les gâteaux) cake 5

la gauche left; à gauche (to the) left 8; à votre gauche on your left (8)

général general; en général in general 1

génial brilliant 7

le genre kind 7

les gens (m) people 4

gentil (m), gentille (f) nice, kind 9

la géographie geography 1

la géométrie geometry 12

glacé iced (5)

la glace (a la vanille, au chocolat) (vanilla, chocolate) ice cream 5; ice; le patin à glace iceskating 6

le golf golf 6

la gorge throat 11

le goût taste 11

grand big, tall, large 3

grand-chose: pas grand-chose not much 7

la grand-mère grandmother 3

le grand-père grandfather 3

les grands-parents (m) grandparents 3

grave serious 11

la grillade grilled meat 4

grillé grilled, toasted 5; le pain grillé toasted bread 5

la grippe flu 11

gris gray 11

le groupe band 2

le guide guide(book) 11

la guitare (électrique) (electric) guitar 3

la gymnastique gymnastics 1; faire* de la gymnastique to do gymnastics, to exercise 6

H

habiter to live 1

l' habitude (f) habit (9); d'habitude usually 12

le hamburger hamburger 4

le haricot bean; les haricots verts green beans 5

l' heure (*f*) hour, time of day 4; **à l'heure** on time 4; **À quelle heure...?** At what time...? (5); **À tout à l'heure.** See you later. 6; **Il est cinq heures.** It's five o'clock. 4; **Quelle heure est-il?** What time is it? 4; **un quart d'heure** a quarter of an hour (7)

heureusement fortunately 11

heureux (*m*), **heureuse** (*f*) happy 9

hier yesterday 9

l' histoire (*f*) history 1; story 7; **raconter des histoires** to tell stories 8

l' hiver (*m*) winter 6

le hockey hockey 6

l' homme (*m*) man 3; **homme d'affaires** businessman 12

honnête honest 11

l' hôpital (*m*) (*pl.* **les hôpitaux**) hospital 4

l' hôtel (*m*) hotel 4

huit eight 0

I

ici here 1

l' idée (*f*) idea 4

il he, it 1; **il faut** it is necessary 11; **Il neige.** It's snowing. 6; **il n'y a pas** there isn't (aren't) 3; **Il pleut.** It's raining. 6; **Il s'appelle...** His name is... 3; **Il va neiger.** It's going to snow. 6; **Il va pleuvoir.** It's going to rain. 6; **il y a** there is (are) 3

ils they 1

imaginer to imagine 9

immédiatement immediately (5)

impatient impatient 3

impoli impolite 3

important important 4

impulsif (*m*), **impulsive** (*f*) impulsive 9

indiquer to indicate (6)

individuel (*m*), **individuelle** (*f*) individual 9

industriel industrial; **le dessin industriel** drafting 12

l' infirmier (*m*), **l'infirmière** (*f*) nurse 12

l' influence (*f*) influence 11

les informations (*f*) news 7

l' informatique (*f*) computer science 12

l' ingénieur (*m*), **la femme ingénieur** engineer 12

l' insecte (*m*) insect, bug 9

l' instant (*m*) instant 9

l' instituteur (*m*), **l'institutrice** (*f*) schoolteacher 12

intelligent intelligent 3

intéressant interesting 3

l' intérêt (*m*) interest (6)

international (*m. pl.* **internationaux**) international 6

inventer to invent, to devise 7

l' invité (*m*), **l'invitée** (*f*) guest 11

inviter to invite 4

irrésistible irresistible 2

l' itinéraire (*m*) route (6)

J

jamais: see **ne...jamais**

la jambe leg 11

le jambon ham 5; **jambon fumé** smoked ham (5)

janvier (*m*) January 4

le japonais Japanese (*language*) 12

le jardin garden, yard 3

jaune yellow 11

le jazz jazz 2

je I 1; **J'aime...** I like... 0; **Je m'appelle...** My name is... 0; **Je n'aime pas...** I don't like... 0; **Je ne comprends pas.** I don't understand. 0; **Je ne sais pas.** I don't know. 0; **Je voudrais...** I would like... 5; **Je voudrais bien...** I would really like... 7

le jean jeans 11

le jeu game 7

jeudi (*m*) Thursday 4

jeune young 2

les jeunes (*m/f*) young people 1

la jeunesse youth 12; **l'auberge** (*f*) **de jeunesse** youth hostel 8

le jogging jogging 6; **faire* du jogging** to jog 6

joli pretty 3

jouer à (**un sport**) to play (a sport) 6

le joueur player (9)

le jour day 2; **Quel jour est-ce aujourd'hui?**, **Quel jour sommes-nous?** What day is today? 4; **tous les jours** every day 4

le journal (*pl.* **les journaux**) diary 9; newspaper 12

le journalisme journalism 12

juillet (*m*) July 4

juin (*m*) June 4

la jupe dress 11

le jus (**d'orange, de fruit**) (orange, fruit) juice 5

jusqu'à as far as, up to, until 8

K

le karaté   karate (9)
le kilo   kilo; **un kilo (de)**   a kilo (of) 10
le kilomètre   kilometer 6

L

la   the 1; it, her 7
là   there, here 3
le lac   lake 9
laisser   to leave (*behind*) 10
le lait   milk 5; **le café au lait**   coffee with milk 5
la lampe   lamp 10; **lampe de poche**   flashlight 9
la langue   language 1
le lavabo   sink 10
le lave-vaisselle   dishwasher 10
le   the 1; it, him 7
la leçon   lesson; **Étudiez la leçon!**   Study the lesson! 0
le légume   vegetable 5; **la soupe de légumes**   vegetable soup 5
le long de   along 8
le lendemain   the next day 8
lentement   slowly 9
les   the 1; them 7
la lettre   letter 3
leur(s)   their 3
Levez-vous!   Stand up! 0
libre   free 4
limité   limited (4)
lire*   to read 12
le lit   bed 7; **faire* le lit**   to make the bed 6
le litre   liter; **un litre (de)**   a liter (of) 10
la littérature   literature 12
le livre   book 2; **Fermez vos livres!**   Close your books! 0

logique   logical (4)
loin (de)   far (from) 8
les loisirs (*m*)   leisure, leisure-time activities (6)
long (*m*), **longue** (*f*)   long 9
longtemps   a long time; **pendant longtemps**   for a long time 6
lui   him 12; **être* à lui**   to be his 12
lundi (*m*)   Monday 4
la lune   moon 9
les lunettes (*f*) **(de soleil)**   (sun) glasses 11
la lutte   wrestling 6; **faire* de la lutte**   to wrestle 6
lutter   to fight 9
le lycée   French secondary school 3
le lycéen, la lycéenne   high-school student 12

M

M.   Mr. 0
ma   my 3
Madame (Mme)   Ma'am, Mrs. 0
Mademoiselle (Mlle)   Miss 0
le magasin   store, shop 2
le magazine: magazine télévisé   news show, interview show 7
le magnétophone   tape player 2
le magnétoscope   videocassette recorder 7
magnifique   great, magnificent (5)
mai (*m*)   May 4
la main   hand 11
maintenant   now 2
mais   but 1; **Mais quoi?**   But what? 7; **Mais si.**   Yes. (*to contradict a negative statement*) 10

la maison   house 3; **à la maison**   at home 3
la majorité   majority 6
mal   badly 8; **avoir* mal (à...)**   to hurt, to have a sore... 11; **Pas mal.**   Not bad. 0
malade   sick 9
la maladie   sickness 9
malgré   in spite of 9
malheureusement   unfortunately 11
Maman   Mom 1
manger*   to eat 1; **la salle à manger**   dining room 10
le marché   open-air market 5
marcher   to operate, to function 3; to walk 9
mardi (*m*)   Tuesday 4
marié   married 3
marron (*invariable*)   brown 11
mars (*m*)   March 4
le match   game, match 4
les mathématiques (les maths) (*f*)   mathematics (math) 1
la matière   (school) subject 12
le matin   morning 4
mauvais   bad 8; **Il fait mauvais.**   The weather is bad. 6
méchant   mean 3
le médecin   medical doctor 9
le médicament   medicine 9
Meilleures amitiés.   Best regards. (2)
le membre   member 9
même   same, even 5; **quand même**   even so 10
le ménage   housework; **faire* le ménage**   to do housework 6
le menu   menu 5
la mer   sea 8; **au bord de la mer**   at the seaside 8

Merci. Thank you. **0;**
Bien, merci. Well,
thanks. **0**
mercredi (*m*)
Wednesday **4**
la mère mother **3**
mes my **3**
la météo weather report **7**
météorologique
meteorological; **les**
prévisions
météorologiques (*f*)
weather forecast (**7**)
les meubles (*m*) furniture **10**
la micro-onde microwave;
le four à micro-ondes
microwave oven **10**
midi (*m*) noon **4**
le milieu middle; **au milieu**
de in the middle of **9**
mille thousand **9**
un millier (about) a
thousand **12**
le million million **9**
minéral mineral; **l'eau**
minérale (*f*) mineral
water **5**
minuit (*m*) midnight **4**
la minute minute **7**
le miroir mirror **10**
Mlle Miss **0**
Mme Mrs. **0**
la mode fashion; **à la**
mode fashionable, in
fashion (**7**)
moderne modern **2**
modeste modest **2**
moi me **12; être* à moi**
to be mine **12; moi**
aussi me too **1; pas**
moi not me **1**
moins minus **2**
moins (de) less **10; au**
moins at least **11**
le mois month **4**
mon my **3**
le monde world **9; tout le**
monde everybody **2**
Monsieur (M.) Mr., sir **0**
la montagne mountain **4**
monter (dans) to climb,

to go up **12**
montrer to show **6**
le monument monument **8**
la mort death **9**
le mot word **12**
la moto motorcycle **1**
le moustique mosquito **9**
la municipalité city
government **8**
le mur wall **10**
le musée museum **4**
le musicien, la musicienne
musician **12**
la musique (classique)
(classical) music **0;**
musique pop pop
music (**1**)

_____ *N* _____

nager* to swim **1**
national (*m. pl.*
nationaux) national **8**
la nature nature **9**
naturel (*m*), **naturelle** (*f*)
natural **9**
le naufragé, la naufragée
shipwrecked person (**9**)
nautique: le ski nautique
waterskiing **0; faire***
du ski nautique to
water-ski
ne: ne...jamais never **1;**
ne...pas not **1;**
ne...pas assez (de) not
enough **2, 10; ne...pas**
encore not yet **9;**
ne...plus no more,
anymore **5; n'est-ce**
pas? isn't that so? **2**
nécessaire necessary **6**
la neige snow **6**
neiger to snow; **Il**
neige. It's snowing. **6;**
Il va neiger. It's going
to snow. **6**
neuf nine **0**

neuf new; **Quoi de**
neuf? What's new? **7**
le nez nose **11**
noir black **11**
le nom name (**5**)
nombreux (*m*), **nombreuse**
(*f*) numerous **6**
nommer to appoint (**9**)
non no **0; Non alors!**
No! **4**
le nord north **8**
nos our **3**
la note grade **12**
notre our **3**
nous we **1;** us **12; être* à**
nous to be ours **12**
nouveau (nouvel) (*m*),
nouvelle (*f*) (*m. pl.*
nouveaux) new **1**
les nouvelles (*f*) news **12**
novembre (*m*)
November **4**
le nuage cloud **6**
la nuit night **8**
le numéro number (**0**)

_____ *O* _____

obéir (à) to obey **9**
obligé compelled,
obliged; **être* obligé**
de to have to **4**
occuper to occupy **10**
l'océan (*m*) ocean **9**
octobre (*m*) October **4**
l'œil (*m*) (*pl.* **les yeux**)
eye **11**
l'œuf (*m*) egg **5**
l'oignon (*m*) onion; **la**
soupe à l'oignon onion
soup **5**
l'oiseau (*m*) bird **9**
l'oncle (*m*) uncle **3**
onze eleven **0**
optimiste optimistic **2**
l'orange (*f*) orange **5; le**
jus d'orange orange
juice **5**

orange (*invariable*) orange 11
l' ordinateur (*m*) computer 2
l' oreille (*f*) ear 11
organiser to organize 4
ou or 2; ou bien or else 4
où where 2
oublier to forget 4
l' ouest (*m*) west 8
oui yes 0
Ouvrez vos livres! Open your books! 0

ρ

la page page; à la page... on page... 0
le pain (grillé) (toasted) bread 5
la paix peace 11
la panique panic 9
le pantalon pants 11
Papa Dad 1
le papier paper; Prenez une feuille de papier et un crayon! Take out a sheet of paper and a pencil! 0
par per, through 6; by 8; par contre on the other hand 6; par exemple for example 4
le parc park 4
parce que because 2
Pardon. Excuse me. 8
les parents (*m*) parents 3; relatives 8
paresseux (*m*), paresseuse (*f*) lazy 9
parfait perfect 3
parler to speak, to talk 1
parmi among 6
le participant participant 6
participer (à) to participate (in) 7

la partie part 11; en grande partie to a great extent 12; faire* partie de to be part of 9
partir* to leave 8
partout everywhere 8
pas not; pas encore not yet 7; pas grand-chose not much 7; Pas mal. Not bad. 0; pas moi not me 1; Pourquoi pas? Why not? 7; *see also* ne... pas
le passager, la passagère passenger (9)
le passeport passport 8
passer to spend (*time*), to pass 4; to take (*a test*) 12
passionnant exciting 6
passionner to thrill (6)
le pâté pâté 5
la patience patience 10
patient patient 3
le patin (à glace, à roulettes) (ice, roller)skating 6; faire* du patin (à glace, à roulettes) to (ice-, roller-)skate 6
la pâtisserie pastry, pastry shop 5
pauvre poor 2
payer* to pay for 5
le pays country 8
le paysage landscape 8
la pêche fishing 9
la peine: Ce n'est pas la peine. It's not worth the trouble. 10
pendant during 1; pendant longtemps for a long time 6
penser (à) to think (about) 9
perdre to lose 10
le père father 3
la personnalité personality (9)
pessimiste pessimistic 2
petit small, little, short 3; le petit déjeuner

breakfast 5; les petits pois (*m*) peas 5
peu (de) some, little, few 10; un peu (de) a little, a few 10
la peur fear 9; avoir* peur to be afraid 5
peut-être maybe, perhaps 6
la philosophie philosophy 12
la photo photograph 3
la photographie photography (10)
la physique physics 12
physique physical; l'éducation physique (*f*) physical education 1
le piano piano (12)
la pièce room 10
le pied foot 11; à pied on foot 8
le pique-nique picnic 4
la piscine swimming pool 4
pittoresque picturesque (8)
le placard cupboard, closet 10
la place seat 8; place 9
la plage beach 4
le plaisir pleasure; avec plaisir with pleasure 11
le plan outline, draft 7; (city) map (6)
la planche board; planche à roulettes skateboard 6; planche à voile wind surfboard 6; faire* de la planche à roulettes to skateboard 6; faire* de la planche à voile to wind surf 6
la planète planet (9)
planter la tente to pitch the tent 9
le plat course; plat principal main course 5
le plateau tray; le plateau de fromages choice of cheeses (*on menu*) (5)

pleuvoir* to rain; **Il pleut.** It's raining. 6; **Il va pleuvoir.** It's going to rain. 6

la pluie rain 6

plus plus 2

plus (de) more 10; **plus tard** later 4; *see also* **ne...plus**

plusieurs several 12

plutôt rather, instead 12

pneumatique inflatable; **le canot pneumatique** rubber lifeboat (9)

la poche pocket; **la lampe de poche** flashlight 9

le poème poem 12

la poire pear 5

les pois: les petits pois (*m*) peas 5

le poisson fish 5; **la soupe de poisson** fish soup (5)

le poivre pepper 5

poli polite 3

policier: le film policier detective film 7

politique political (9)

la pomme apple 5; **les pommes frites** french fries (5); **la tarte aux pommes** apple pie 5

la pomme de terre potato 5

le popcorn popcorn (5)

populaire popular 7

le porc pork 5; **la côtelette de porc** pork chop 5

la porte door 2; (*airport*) gate (0)

le portefeuille wallet 10

porter to wear 11

la possibilité possibility 7

possible possible 8

postal post, mail; **la carte postale** postcard 8

la poste post office 4

le poste: poste de radio radio 3; **poste de télévision** television set 3

la poterie pottery (4)

le poulet (rôti) (roast) chicken 5

pour for 2; in order to 4; **pour cent** percent (5)

pourquoi why 2; **Pourquoi pas?** Why not? 7

pourtant however 3

pousser to push 9

pouvoir* can, may, to be able 7

pratique practical (8)

pratiquer to practice 8; **pratiquer un sport** to do a sport 6

précédent preceding 12

préféré favorite 3

préférer* to prefer 2

premier (*m*), **première** (*f*) first, main 4

prendre* to take, to eat, to drink 5; **prendre au sérieux** to take seriously (6); **Prenez une feuille de papier et un crayon!** Take out a sheet of paper and a pencil! 0; **Prenez vos devoirs!** Take out your homework! 0

préparer to prepare 4; to get ready (for) 12

près (de) near 8

présent present; **à présent** at present, currently (10)

le président president (7)

presque almost 4

pressé in a hurry 5

pressé: le citron pressé lemonade 5

prêt (à) ready (to) 5

les prévisions (*f*) forecast; **prévisions météorologiques** weather forecast (7)

principal (*m. pl.* **principaux**) main, principal, major 5; **le plat principal** main course 5

le printemps spring 6

probable probable (7)

le problème problem 3

prochain next 4

le professeur (le prof) male or female teacher 1

la profession profession 12

profiter (de) to take advantage (of) 12

le programme (TV) schedule 7

le programmeur, la programmeuse programmer 12

le projet plan 6

la promenade walk; **faire* une promenade** to go for a walk 6

protéger to protect 8

prouver to prove 9

les provisions (*f*) groceries 5; **faire* les provisions** to go grocery shopping 6

prudent careful, cautious (9)

la publicité commercial, advertisement 7

publier to publish (12)

le pull sweater 11

2

quand when 2; **Depuis quand...?** Since when...? 10

quand même even so 10

quarante forty 2

le quart quarter (*hour*) 4; **un quart d'heure** a quarter of an hour (7)

le quartier neighborhood 5

quatorze fourteen 0

quatre-vingt-dix ninety 2

quatre-vingts eighty 2

que that 8

Que...? What...? 7; **Qu'est-ce que...?** What...? 2; **Qu'est-ce que c'est?** What's that? 2;

Qu'est-ce qu'il y a?
What's the matter? 10;
Que veut...dire?
What does...mean? 0
quel (m), **quelle** (f)
which, what 4; **À quelle
heure...?** At what
time...? (5); **Quel âge
avez-vous (as-tu)?** How
old are you? 3; **Quel jour
est-ce aujourd'hui?,
Quel jour sommes-
nous?** What day is
today? 4; **Quelle est la
date...?** What is the
date...? 4; **Quelle est la
réponse?** What is the
answer? 0; **Quelle heure
est-il?** What time is it?
4; **Quel temps fait-il?**
How's the weather? 6
quelque some; **quelque
chose** something 2;
quelque chose de +
adjectif something +
adjective 7
quelquefois sometimes 1
quelques a few 7
la **question** question;
Répétez la question!
Repeat the question! 0
qui that, who 3; **Qui est-
ce?** Who is it? 2
quinze fifteen 0
quitter to leave 4
Quoi? What?; **Mais
quoi?** But what? 7;
Quoi de neuf? What's
new? 7

————— *R* —————

la **racine** root (7)
la **radio** radio 1; **le poste de
radio** radio 3
la **raison** reason 10
raisonnable reasonable
11
la **randonnée** walk, hike;

faire* des randonnées
to go for walks, to go for
hikes 9
rapide fast 11
rapidement quickly 11
la **raquette** racket 6
rarement rarely 1
réfléchir (à) to think
(about) 9
le **réfrigérateur**
refrigerator 4
refuser to refuse (9)
regarder to look (at), to
watch 1
le **régime** diet 11
la **région** region 8
regretter to regret, to be
sorry 5
régulier (m), **régulière**
(f) regular 11
rencontrer to meet 8
le **rendez-vous** date (10);
**avoir* rendez-vous
(avec)** to have an
appointment (with), to
have a date (with) 4
rendre to give back, to
return (*an object*) 10;
rendre visite à to visit
(*a person*) 10
rentrer to return, to go
home 4
le **repas** meal 5
repasser to take (*a test*)
again (12)
répéter* to repeat 5; to
rehearse 7; **Répétez!**
Repeat! 0; **Répétez la
question!** Repeat the
question! 0
répondre to answer 10;
Répondez! Answer! 0
la **réponse** answer; **Quelle
est la réponse?** What is
the answer? 0
le **reportage** news report
(coverage) 7; **reportage
sportif** sports report 7
le **reporter** reporter 2
la **réservation** reservation 8
réserver to make a

reservation 8
responsable responsible 9
ressembler (à) to
resemble 4
le **restaurant** restaurant 4
la **restauration** restoration 8
rester to stay 3
le **résultat** result 12
le **retard** delay; **en retard**
late 4
réussir (à) to manage, to
pass (*a test*) 9
la **revue** magazine 12
le **rez-de-chaussée** ground
floor 10
le **rhume** cold (*sickness*) 11
riche rich 2
rien nothing 4; **De rien.**
You're welcome. 0
risquer to risk 11
le **riz** rice 5
la **robe** dress 11
le **rock** rock music 0
le **rôle** part, role 7;
distribuer les rôles to
assign the parts, to do
the casting 7
le **roman** novel 12
le **rôti** roast 5
rôti roast; **le poulet rôti**
roast chicken 5
rouge red 11
la **roulette: le patin à
roulettes** rollerskating
6; **la planche à
roulettes** skateboard 6
la **route** route, road 6
la **routine** routine 7
roux red (*hair*) 11
la **rue** street 3
le **russe** Russian
(*language*) 12

————— *S* —————

sa his, her, its 3
le **sac** bag; **sac à dos**
backpack 9; **sac de
couchage** sleeping bag 9

le safari-photo   photo safari
     (9)
la saison   season 6
la salle: salle à manger
     dining room 10; salle de
     bains   bathroom 10;
     salle de classe
     classroom 2; salle de
     séjour   living room 10
     Salut.   Hi. 0
     samedi (*m*)   Saturday 4
le sandwich   sandwich 4
     sans   without 9
la santé   health 6
la sauce   sauce (5); sauce
     hollandaise   hollandaise
     sauce (5)
     sauf   except 10
le saumon   salmon (5)
     sauvage   wild 9
     savoir*   to know, to know
     how... 10; Je ne sais
     pas.   I don't know. 0
le scénario   film script 7
la science-fiction   science
     fiction 12
les sciences (*f*)   science 1
     sécher* un cours   to skip
     a class 12
le secret   secret 11
la section   section; section
     fumeurs (non-fumeurs)
     smoking (nonsmoking)
     section 8
     seize   sixteen 0
le séjour: la salle de séjour
     living room 10
le sel   salt 5
la semaine   week 4
     sept   seven 0
     septembre (*m*)
     September 4
la série   series 12
     sérieux (*m*), sérieuse (*f*)
     serious 9; prendre* au
     sérieux   to take
     seriously (6)
le serpent   snake (0)
le serveur, la serveuse
     waiter, waitress (5)
le service   tip (5);

service compris
     tip included (5)
     ses   his, her, its 3
     seul   alone 9
     seulement   only 3
     sévère   strict 2
le short   shorts 11
     si   if 4; yes (*to contradict
     a negative statement*) 10;
     s'il te plaît   please (9);
     s'il vous plaît   please 0
     simple   simple 11
     sincère   sincere 2
     situé   located 8
     six   six 0
le ski (nautique)
     (water)skiing 0; faire*
     du ski (nautique)   to
     (water-)ski 6
la sœur   sister 3
la soif   thirst 9; avoir* soif
     to be thirsty 5
le soir   evening 4; ce soir
     tonight 7
     soixante   sixty 2
     soixante-dix   seventy 2
la sole   (*fish*) sole (5)
le soleil   sun 6; Il fait du
     soleil.   The weather is
     sunny. 6; les lunettes (*f*)
     de soleil   sun glasses 11
la solitude   loneliness 9
le sommeil   sleep; avoir*
     sommeil   to be sleepy 5
     son   his, her, its 3
la sorte   sort, kind 5; toutes
     sortes de   all kinds
     of (5)
     sortir* (de)   to go out 12
la soupe (à l'oignon, de
     légumes, de poisson)
     (onion, vegetable, fish)
     soup 5
     sous   under 8
le souvenir   souvenir 8
     souvent   often 1
     spécial   special (4)
le spectateur, la spectatrice
     onlooker (1); spectator 6
le sport   sports 1; faire* du
     sport   to participate in

sports 6; pratiquer un
     sport   to do a sport 6
     sportif (*m*), sportive (*f*)
     athletic, sports 7; le
     reportage sportif
     sports report 7
le stade   stadium 4
la station: station de ski   ski
     resort 8
le studio   studio 11
     stupide   stupid 2
le stylo   pen 2
le succès   success (7); avoir*
     du succès   to be
     successful (7)
le sucre   sugar 5
     sucré   sweet,
     sweetened (5)
le sud   south 8
     suggérer*   to suggest 7
la suggestion   suggestion 7
     suivant   following 8
     suivre   to take
     (*a course*) 12
     superbe   great,
     magnificent 3
le supermarché
     supermarket 4
     supporter   to endure, to
     stand 9
     sur   on, in 3
     sûr   sure 7; bien sûr   of
     course 2
     sûrement   certainly 7
la surprise   surprise (8)
     surtout   especially 1
     survivre   to survive (9)
     sympa (*invariable*)   nice,
     friendly 3
     sympathique   nice,
     friendly 2

_____ 𝒯 _____

     ta   your 3
la table   table 2
le tableau (*pl.* les tableaux)

chalkboard 2; painting
10; **Allez au tableau!**
Go to the chalkboard! 0
le tango tango (10)
la tante aunt 3
tard late; **plus tard**
later 4
la tarte (aux fraises, aux
pommes) (strawberry,
apple) pie
la tasse cup; **une tasse**
(de) a cup (of) 10
la taxe tax (4)
technique technical 12;
l'école technique
technical school (12)
le tee-shirt T-shirt 11
la télé television, TV 0
le téléphone telephone 3
téléphoner (à) to
telephone 4
le téléspectateur TV
viewer 11
télévisé televised 7; **le**
magazine télévisé
news show, interview
show 7
la télévision television,
TV 0
le temps time 4; **Depuis**
combien de temps...?
How long...? 10; **de**
temps en temps from
time to time 3; **temps**
libre free time (4); **tout**
le temps all the time 1
le temps weather 6; **Quel**
temps fait-il? How's
the weather? 6
le tennis tennis 0; **la balle**
de tennis tennis ball 6;
les chaussures (f) **de**
tennis tennis shoes 11
la tente tent 9; **planter la**
tente to pitch the
tent 9
la terminale (la classe
terminale) last year of
French high school (12)
la terre earth; **la pomme de**
terre potato 5

terrible terrible 9
terroriser to
terrorize (12)
tes your 3
la tête head 11
le thé tea 5
timide timid, shy 2
toi you 12; **être* à toi**
to be yours 12; **Et toi?**
And you? 0
la tomate tomato 5
tomber to fall 12
ton your 3
toujours always 1
le tour tour, turn; **C'est**
ton tour. It's your
turn. 10; **faire* le tour**
de to go around, to go
throughout 6
touristique popular with
the tourists; **le village**
touristique quaint
village 8
tourner to turn 8;
tourner un film to
make a movie 7
tout everything 6
tout (m. pl. **tous**) all,
whole 8; **tous les jours**
every day 4; **toutes**
sortes de all kinds
of 5; **tout le monde**
everybody 2; **tout le**
temps all the time 1
tout: À tout à l'heure.
See you later. 6; **tout de**
suite right away 6; **tout**
droit straight ahead 8
le trac: avoir* le trac to get
nervous 12
le train train 8; **en train**
by train 8
train: être* en train de
to be in the process of 12
tranquille quiet 9
le travail work 4
travailler to work 1
traverser to cross 6
treize thirteen 0
trente thirty 2
très very 1; **Très bien.**

Very well. 0
la trigonométrie
trigonometry 12
triste sad 2
trois three 0
trop too 2
trouver to find 1
tu you 1; **Tu exagères!**
This is ridiculous! 10
le tube hit (2)
le type type (12)
typique typical 3

——— *U* ———

un (*number*) one 0
un (m), **une** (f) a, an,
one 2
l'université (f) university

——— *V* ———

les vacances (f) vacation 1;
la colonie de vacances
holiday camp 8
la vaisselle: faire* la
vaisselle to do the
dishes 6
la valise suitcase 8
la vanille vanilla; **la glace à**
la vanille vanilla ice
cream 5
les variétés (f) variety show
(7); **l'émission** (f) **de**
variétés variety show 7
végétarien vegetarian (5)
le vélo bicycle, bike 3;
faire* du vélo to bike,
to ride a bicycle 6
le vélomoteur moped 3
le vendeur, la vendeuse
salesclerk 2
vendre to sell 10
vendredi (m) Friday 4

le vent   wind 6; Il fait du vent.   The weather is windy. 6

le verre   glass; un verre (de)   a glass (of) 10

vert   green 11; les haricots verts (m) green beans 5; la salade verte   green salad, lettuce 5

la veste   (sport) coat, jacket 11

les vêtements (m)   clothes 11

le vétérinaire, la vétérinaire   veterinarian (12)

la viande   meat 5

la victoire   victory 9

le vidéoclip   music video 7

la vie   life 3

vieux (vieil) (m), vieille (f) (m. pl. vieux)   old 8

le village (touristique) (quaint) village 8

la ville   city 3

le vin   wine 5

la vinaigrette   vinegar (5)

vingt   twenty 0

la visite   visit; rendre visite à   to visit (a person) 10

visiter   to visit (a place, etc.) 8

Vive (les vacances)!   Long live (vacations)! 12

Voici...   Here is (are)... 5

Voilà...   There (Here) is (are)... 2

la voile   sail; le bateau à voiles   sailboat 6; la planche à voile   wind surfboard 6

voir*   to see 7; Voyons! Come on! 10

la voiture (de sport)   (sports) car 1; en voiture by car 8

le vol   flight 8

le volley-ball   volleyball 0

vos   your 3

votre   your 3

voudrais: see vouloir

vouloir*   to want, to wish 7; Je voudrais...   I would like... 5; Je voudrais bien...   I would really like... 7; Que veut dire...? What does... mean? 0; Voulez-vous bien...?

Would you please...? 11

vous   you 1; être* à vous   to be yours 12; Et vous?   And you? 0

le voyage   trip 8; l'agence (m) de voyages   travel agency (9); le chèque de voyage   traveler's check 8

voyager*   to travel 3

Voyons!: see voir

vrai   true 1; real (10)

vraiment   really 3

_____ W _____

les W.-C. (m)   toilet 10
le week-end   weekend 1
le western   western 7

_____ 3 _____

zéro   zero 0
Zut alors!   Darn! 8

Vocabulaire anglais-français

The **Vocabulaire anglais-français** includes all required vocabulary from the **Chapitre préliminaire** through **Chapitre 12**. The number following each entry indicates the chapter in which the word or expression was first introduced. A **0** refers to the **Chapitre préliminaire**. For names of cities, countries, and other geographical names see the **Vocabulaire supplémentaire**.

Adjectives are given in the masculine, with irregular feminine and plural forms given in full. Irregular plural forms of nouns are also given in full. Idiomatic expressions are listed under the first word as well as the main words. Verbs marked * are irregular and may be found in the verb charts.

The following abbreviations are used: (*f*) feminine, (*m*) masculine, (*pl.*) plural, (*sing.*) singular.

A

a   un (*m*), une (*f*) **2**
to abandon   abandonner **9**
able: to be able   pouvoir* **7**
absolutely   absolument **11**
to accept   accepter **9**
accountant   le/la comptable **12**
accounting   la comptabilité **12**
across from   en face de **8**
active   dynamique **2**; actif (*m*), active (*f*) **9**
activity   l'activité (*f*) **8**
actor   l'acteur (*m*) **7**
actress   l'actrice (*f*) **7**
adorable   adorable **3**
to advance   avancer* **9**
advantage: to take advantage (of)   profiter (de) **12**
adventure   l'aventure (*f*) **9**
advertisement   la publicité **7**
advice: piece of advice   le conseil **11**
afraid: to be afraid   avoir* peur **5**
after   après **4**

afternoon   après-midi (*m*) **4**; **Good afternoon.**   Bonjour. **0**
again   encore **4**; encore une fois **6**
against   contre **6**
to agree   être* d'accord **4**
agreeable   agréable **2**
ahead: straight ahead   tout droit **8**
air: open-air market   le marché **5**
airplane   l'avion (*m*) **8**
airport   l'aéroport (*m*) **4**
algebra   l'algèbre (*f*) **12**
all   tout (*m. pl.* tous) **8**; **all kinds of**   toutes sortes de **5**; **all the time**   tout le temps **1**
almost   presque **4**
alone   seul **9**
along   le long de **8**; **to take along**   emporter **8**
already   déjà **9**
also   aussi **1**
always   toujours **1**
ambitious   ambitieux (*m*),

ambitieuse (*f*) **9**
american   américain **3**
among   parmi **6**
amusing   amusant **3**
an   un (*m*), une (*f*) **2**
and   et **1**; **And you?**   Et vous (toi)? **0**
angry   fâché **10**
animal   l'animal (*m*) (*pl.* les animaux) **1**
to annoy   embêter **10**
annoying   embêtant **3**
answer   la réponse; **What is the answer?**   Quelle est la réponse? **0**
to answer   répondre **10**; **Answer!**   Répondez! **0**
any   des **2**; **anymore**   ne...plus **5**
apartment   l'appartement (*m*) **3**
apple   la pomme **5**; **apple pie**   la tarte aux pommes **5**
appointment   le rendez-vous; **to have an appointment (with)**

avoir* rendez-vous (avec) 4
April   avril (*m*) 4
arm   le bras 11
armchair   le fauteuil 10
around   autour de 8
to **arrive**   arriver (à) 4
art   l'art (*m*) 12
artichoke   l'artichaut (*m*) 5
article   l'article (*m*) 12
artist   l'artiste (*m*/*f*) 12
as   comme 2
as: as far as   jusqu'à 8; **as much, as many**   autant (de) 10
to **ask**   demander (à) 4
aspirin tablet   le comprimé d'aspirine 11
to **assist**   aider 9
assistance   l'aide (*f*) 7
at   à 1; **at home**   à la maison 3; **at last**   enfin 4; **at least**   au moins 11; **at the home of**   chez 4; **at the seaside**   au bord de la mer 8
athletic   sportif (*m*), sportive (*f*) 7
attention: to pay attention (to)   faire* attention (à) 11
attentive   attentif (*m*), attentive (*f*) 11
August   août (*m*) 4
aunt   la tante 3
author   l'auteur (*m*) 11
autumn   l'automne (*m*) 6

ß

back   le dos 11
backpack   le sac à dos 9
bad   mauvais 8; **not bad**   pas mal 0; **That's too bad.**   C'est dommage. 6; **The weather is bad.**   Il fait mauvais. 6
badly   mal 8
bag   le sac; **sleeping bag**   sac de couchage 9
bakery   la boulangerie 5

ball   la balle; **balle de tennis**   tennis ball 6
banana   la banane 5
band   le groupe 2
bank   la banque 4
barbecue   le barbecue 4
baseball   le base-ball 6
basketball   le basket 1
bathroom   la salle de bains 10
bathtub   la baignoire 10
to **be**   être* 2; **to be able**   pouvoir* 7; **to be afraid**   avoir* peur 5; **to be cold/hot**   avoir* froid/chaud 5; **to be hungry/thirsty**   avoir* faim/soif 5; **to be in the process of**   être en train de 12; **to be lucky**   avoir* de la chance 12; **to be part of**   faire* partie de 9; **to be sleepy**   avoir* sommeil 5; **to be sorry**   regretter 5; **to be...years old**   avoir*...ans 3; **Here is (are)...**   Voici... 5; **How are things?**   Comment ça va? 0; **How are you?**   Comment allez-vous (vas-tu)? 0; **isn't that so?**   n'est-ce pas? 2; **it is, that is**   c'est 2; **There is (are)...**   Voilà... 2; il y a 3; **there isn't (aren't)**   il n'y a pas 3; **these (they) are**   ce sont 2
beach   la plage 4
bean   le haricot; **green beans**   les haricots verts 5
beautiful   beau (bel) (*m*), belle (*f*) (*m. pl.* beaux) 8
beauty   la beauté 8
because   parce que 2; **because of**   à cause de 9
bed   le lit 7; **to make the bed**   faire* le lit 6
bedroom   la chambre 3
beef   le bœuf 5
before   avant 4
to **begin**   commencer* 4

beginning   le début 8
behind   derrière 8
belongings   les affaires (*f*) 10
Best regards.   Amitiés. (*f*) 3
between   entre 6
beverage   la boisson 5
bicycle, bike   le vélo 3; la bicyclette 8; **to ride a bicycle**   faire* du vélo 6
big   grand 3
to **bike**   faire* du vélo 6
biology   la biologie 1
bird   l'oiseau (*m*) 9
birthday   l'anniversaire (*m*) 4
black   noir 11
blond   blond 11
blouse   le chemisier 11
blue   bleu 11
boat   le bateau 8
body   le corps 11
book   le livre 2; **Close your books!**   Fermez vos livres! 0; **comic book**   la bande dessinée 12
to **borrow**   emprunter 7
bottle   la bouteille 5; **a bottle (of)**   une bouteille (de) 10
boy   le garçon 3
bread   le pain 5; **toasted bread**   pain grillé 5
breakfast   le petit déjeuner 5
brilliant   génial 7; brillant 12
to **bring**   apporter (à) 4
brother   le frère 3
brown   brun 11; marron (*invariable*) 11; (*hair*) châtain 11
bug   l'insecte (*m*) 9
building   le bâtiment 8
businessman, businesswoman   l'homme (*m*) d'affaires, la femme d'affaires 12
but   mais 1; **But what?**   Mais quoi? 7

butcher's shop la boucherie 5; pork butcher's shop la charcuterie 5
butter le beurre 5
to buy acheter* 2
by de 2; par 8

C

cable le câble 7
cafe le café 4
cake le gâteau (pl. gâteaux) 5
camera l'appareil-photo (m) (pl. les appareils-photos)8; video camera la caméra vidéo 7
camp le camp; camp fire le feu de camp 9; holiday camp la colonie de vacances 8
to camp camper 9
camper le campeur 9
campground le camping 8
camping le camping 6
can (verb) pouvoir* 7
canned good la boîte de conserve 5
canoe le canoë 9
car la voiture 1; sports car voiture de sport 1
card la carte; credit card carte de crédit 8
carrot la carotte 5
cartoon le dessin animé 7
case le cas; in this case dans ce cas 12
cash register la caisse 2
cassette la cassette 2
casting: to do the casting distribuer les rôles 7
cat le chat 3
to catch attraper 11
cathedral la cathédrale 8
centime le centime 2
certainly sûrement 7

chair la chaise 2
chalk la craie 2; piece of chalk la craie 2
chalkboard le tableau (pl. tableaux) 2; chalkboard eraser l'effaceur (m) 2; Go to the chalkboard! Allez au tableau! 0
change le changement 7
to change changer* 6
channel (TV) la chaîne 7
check (for a meal) l'addition (f) 5; (travelers) check le chèque (de voyage) 8
cheese le fromage 5
chemistry la chimie 1
chicken le poulet 5; roast chicken poulet rôti 5
child l'enfant (m/f) 3
Chinese (language) le chinois 12
chocolate le chocolat 5; chocolate ice cream la glace au chocolat 5
choice le choix 7
to choose choisir 9
chop: pork chop la côtelette de porc 5
church l'église (f) 4
city la ville 3; city government la municipalité 8
civics l'éducation civique (f) 12
class la classe 1; to skip a class sécher* un cours 12
classical classique 0; classical music la musique classique 0
classroom la salle de classe 2
to climb monter (dans) 12
clock: it's five o'clock il est cinq heures 4
to close fermer; Close your books! Fermez vos livres! 0
closet le placard 10
clothes les vêtements (m) 11

cloud le nuage 6
club le club 2
coat, sport coat la veste 11
coffee le café 5; coffee with milk café au lait 5
cola le coca 5
cold le froid 9; (sickness)le rhume 11
cold froid 5; to be cold avoir* froid 5; The weather is cold. Il fait froid. 6
color la couleur 11
comedy la comédie 7
Come on! Voyons! 10
comic strip (book) la bande dessinée 12
commercial la publicité 7
compact disc le disque compact 2
competition la compétition 6
complex compliqué 3
complicated compliqué 3
to compose composer 2
computer l'ordinateur (m) 2; computer science l'informatique (f) 12
concert le concert 2
condominium l'appartement (m) 3
to consist (of) consister (en) 12
to consult consulter 7
to continue continuer 8
to cook faire* la cuisine 6
cooking: to do the cooking faire* la cuisine 6
cool frais; The weather is cool. Il fait frais. 6
corner le coin; on the corner of au coin de 8
to cost coûter 2
country la campagne 4; le pays 8
courageous courageux (m), courageuse (f) 9
course (class) le cours 1; (meal) le plat; first course l'entrée (f) 5; main course plat

principal **5**; **of course**
bien sûr **2**
cousin le cousin, la
cousine **3**
coverage: news coverage
le reportage **7**
credit card la carte de
crédit **8**
crescent roll le croissant **5**
to cross traverser **6**
cruel cruel (*m*), cruelle
(*f*) **9**
cup la tasse; **a cup (of)**
une tasse (de) **10**
cupboard le placard **10**
cycling le vélo **6**;
(*competition*) le cyclisme **6**
cyclist le cycliste **6**

──────── *D* ────────

Dad Papa **1**
to dance danser **1**
danger le danger **9**
dangerous dangereux (*m*);
dangereuse (*f*) **6**
dark (*hair*) brun **11**
Darn! Zut alors! **8**
date la date **4**; le rendez-
vous (**10**); **to have a date
(with)** avoir* rendez-
vous (avec) **4**; **What is
the date?** Quelle est la
date? **4**
daughter la fille **3**
day le jour **2**; **saint's day**
la fête **4**; **the day after
tomorrow** après-demain
4; **the next day** le
lendemain **8**; **What day is
today?** Quel jour est-ce
aujourd'hui?, Quel jour
sommes-nous? **4**
dear cher (*m*), chère (*f*) **1**
death la mort **9**
December décembre (*m*) **4**
to decide décider **9**

delicatessen la
charcuterie **5**
desk le bureau (*pl.* les
bureaux) **2**
dessert le dessert **5**
destination la destination **9**
detail le détail **7**
detective film le film
policier **7**
to develop développer **6**
to devise inventer **7**
diary le journal (*pl.* les
journaux) **9**
diet le régime **11**
different différent **4**
difficult difficile **1**
dining room la salle à
manger **10**
dinner le dîner **5**
disagreeable désagréable **2**
dishes: to do the dishes
faire* la vaisselle **6**
dishwasher le lave-
vaisselle **10**
to dislike détester **1**
to disobey désobéir (à) **9**
district of Paris
arrondissement **6**
to do faire* **4**; **to do a sport**
pratiquer un sport **6**; **to do
gymnastics** faire de la
gymnastique **6**; **to do
housework** faire le
ménage **6**; **to do the
casting** distribuer les
rôles **7**; **to do the cooking**
faire la cuisine **6**; **to do the
dishes** faire la vaisselle **6**;
to do track and field
faire de l'athlétisme (*m*) **6**
doctor: medical doctor le
médecin **9**
documentary le
documentaire **7**
dog le chien **3**
door la porte **2**
Do you understand? Est-
ce que vous comprenez? **0**
dozen la douzaine; **a
dozen** une douzaine (de) **10**
draft le plan **7**

drafting le dessin
industriel **12**
drama l'art dramatique
(*m*) **12**
drawing le dessin **12**
dress la robe **11**
dresser la commode **10**
drink la boisson **5**
to drink boire* **5**; prendre* **5**
dumb bête **2**
during pendant **1**

──────── *E* ────────

each chaque **4**; **each one**
chacun (*m*), chacune (*f*) **7**
ear l'oreille (*f*) **11**
early en avance **4**
east l'est (*m*) **8**
easy facile **1**
to eat manger* **1**; prendre* **5**
education l'éducation (*f*);
physical education
éducation physique **1**
egg l'œuf (*m*) **5**
eight huit **0**
eighteen dix-huit **0**
eighty quatre-vingts **2**
electric électrique; **electric
guitar** la guitare
électrique **3**
elegant élégant **3**
eleven onze **0**
else: or else ou bien **4**;
something else autre
chose **7**
employee l'employé (*m*),
l'employée (*f*) **8**
to encourage encourager* **6**
end la fin **8**
to endure supporter **9**
enemy l'ennemi (*m*) **9**
engineer l'ingénieur (*m*), la
femme ingénieur **12**
English (*language*) l'anglais
(*m*) **1**
English anglais **0**

enough assez (de) 10; **not enough** ne...pas assez (de) 2, 10
to enter entrer (dans) 12
enthusiastic enthousiaste 2
to equal: equals font 2
equipment l'équipement (*m*) 6
eraser: chalkboard eraser l'effaceur (*m*) 2
errand la course; **to run errands** faire* des courses 6
especially surtout 1
even même 5; **even so** quand même 10
evening le soir 4; **Good evening.** Bonsoir. 0
everybody tout le monde 2
everyday tous les jours 4
everything tout 6
everywhere partout 8
to evoke évoquer 11
to exaggerate exagérer* 10
exam l'examen (*m*) 1; (*taken at end of high school*) le baccalauréat (le bac) 12
example l'exemple (*m*) 11; **for example** par exemple 4
excellent excellent 3
except sauf 10
exciting passionnant 6
Excuse me. Pardon. 8
exercise l'exercice (*m*); **physical exercise** exercice physique 6
to exercise faire* de la gymnastique 6
to expect attendre 10
expedition l'expédition (*f*) 9
expensive cher (*m*), chère (*f*) 2
experience l'expérience (*f*) 9
explorer l'explorateur (*m*) 9
extent: to a great extent en grande partie 12
extraordinary extraordinaire 3

eye l'œil (*m*) (*pl.* les yeux) 11

facing en face de 8
to fail échouer (à) 12
fall l'automne (*m*) 6
to fall tomber 12
false faux (*m*), fausse (*f*) 1
family la famille 3
famous célèbre 2
fantastic fantastique 3
far (from) loin (de) 8; **as far as** jusqu'à 8
fast rapide 11
father le père 3
favorite préféré 3
fear la peur 9
February février (*m*) 4
to feel like avoir* envie de 5
fever la fièvre 11
few peu (de) 10; **a few** quelques 7; **un peu (de)** 10
field: to do track and field faire* de l'athlétisme (*m*) 6
fifteen quinze 0
fifty cinquante 2; **the fifties** les années cinquante 2
to fight lutter 9
film le film 1; **detective film** film policier 7; **film script** le scénario 7; **horror film** film d'épouvante 7
finally enfin 4
to find trouver 1
Fine. Ça va (bien). 0
to finish finir 9
fire le feu; **camp fire** feu de camp 9
fireplace la cheminée 10
first premier (*m*), première (*f*) 4, 6; d'abord 8; **first course** l'entrée (*f*) 5
fish le poisson 5
fishing la pêche 9
five cinq 0

flashlight la lampe de poche 9
flight le vol 8
floor l'étage (*m*) 10
flower la fleur 9
flu la grippe 11
following suivant 8
foot le pied 11; **on foot** à pied 8
football le football américain 0
for pour 2; depuis 10; **for a long time** pendant longtemps 6; **for example** par exemple 4
foreign étranger (*m*), étrangère (*f*) 8
to forget oublier 4
fortunately heureusement 11
forty quarante 2
four quatre 0
fourteen quatorze 0
fourth quatrième 6
franc le franc 2
free libre 4
French (*language*) le français 1
French français 3; **french fries** les frites (*f*) 5
Friday vendredi (*m*) 4
friend l'ami (*m*), l'amie (*f*) 3; (*pal*) le copain, la copine 4
friendly sympathique 2; sympa (*invariable*) 3
fries: french fries les frites (*f*) 5
from de 2; **from time to time** de temps en temps 3
front: in front of devant 8
fruit les fruits (*m*) 4; **a piece of fruit** le fruit 4
fun amusant 3
to function marcher 3
furious furieux (*m*), furieuse (*f*) 12
furniture les meubles (*m*) 10
future l'avenir (*m*) 12

G

game le match 4; le jeu 7
garage le garage 10
garden le jardin 3
general général; in general en général 1
geography la géographie 1
geometry la géométrie 12
German (language) l'allemand (m) 12
to get: to get nervous avoir* le trac 12; to get off descendre (de) 12; to get ready (for) préparer 12
girl la fille 3
to give donner (à) 4; to give back rendre 10; to give up abandonner 9
glass le verre; a glass (of) un verre (de) 10; glasses les lunettes (f) 11; sun glasses lunettes de soleil 11
to go aller* 4; to go around faire* le tour de 6; to go down descendre (de) 12; to go for a walk faire* une promenade 6; to go for walks (hikes) faire* des randonnées 9; to go grocery shopping faire* les provisions 6; to go home rentrer 4; to go on continuer 8; to go out sortir* (de) 12; to go shopping faire* des courses 6; Go to the chalkboard! Allez au tableau! 0; to go up monter (dans) 12; How's it going? Ça va? 0
golf le golf 6
good bon (m), bonne (f) 8; Good afternoon. Bonjour. 0; Good evening. Bonsoir. 0; Good morning. Bonjour. 0
Good-bye. Au revoir. 0

government (school subject) l'éducation civique (f) 12; city government la municipalité 8
grade la note 12
grandfather le grand-père 3
grandmother la grand-mère 3
grandparents les grands-parents (m) 3
gray gris 11
great formidable 2; extraordinaire 3; fantastique 3; superbe 3; magnifique (5); brillant 12; to a great extent en grande partie 12
green vert 11; green beans les haricots verts (m) 5; green salad la salade verte 5
grilled grillé 5; grilled meat la grillade 4
grocery: to go grocery shopping faire* les provisions 6; groceries les provisions (f) 5; grocery store l'épicerie (f) 4
ground floor le rez-de-chaussée 10
group le groupe 2
to guess deviner 8
guest l'invité (m), l'invitée (f) 11
guide(book) le guide 11
guitar la guitare; electric guitar guitare électrique 3
gymnastics la gymnastique 1; to do gymnastics faire* de la gymnastique 6

H

hair les cheveux (m) 11
half: a half hour une demi-

heure 10; half past five cinq heures et demie 5
hall: study hall l'étude (f) 12
ham le jambon 5
hamburger le hamburger 4
hand la main 11; on the other hand par contre 6
handsome beau (bel) (m), belle (f), (m. pl. beaux) 8
happy content 3; heureux (m), heureuse (f) 9
hard dur 8; hard to please difficile 2
to hate détester 1
to have avoir* 3; to have an appointment (a date) (with) avoir rendez-vous (avec) 4; to have a sore… avoir mal (à…) 11; to have lunch déjeuner 5; to have to être* obligé de 4
he il 1
head la tête 11
health la santé 6
to hear entendre 10
heart le cœur 11
Hello. Bonjour. 0
help l'aide (f) 7
to help aider 9
her (possessive adjective) son (m), sa (f), ses (pl.) 3; (direct object) la 7; elle 12
here ici 1; là 3; Here is (are)… Voici… 5; Voilà… 2
hers: to be hers être* à elle 12
Hi. Salut. 0
high school le lycée 3; high-school student le lycéen, la lycéenne 12
hike la randonnée; to go for hikes faire* des randonnées 9
him (direct object) le 7; lui 12
his son (m), sa (f), ses (pl.) 3; to be his être* à lui 12
history l'histoire (f) 1

hockey   le hockey 6
Ho hum.   Bof. 7
holiday   la fête 4; holiday
   camp   la colonie de
   vacances 8
home: at home   à la maison
   3; at the home of   chez 4;
   to go home   rentrer 4
homework   les devoirs (m)
   0; Take out your
   homework!   Prenez vos
   devoirs! 0
honest   honnête 11
to hope   espérer* 2
horror film   le film
   d'épouvante 7
hospital   l'hôpital (m)
   (pl. les hôpitaux) 4
hot   chaud 5; to be hot
   avoir* chaud 5; The
   weather is hot.   Il fait
   chaud. 6
hotel   l'hôtel (m) 4
hour   l'heure (f) 4; a half
   hour   une demi-heure 10
house   la maison 3
housework: to do
   housework   faire* le
   ménage 6
how   comment; How about
   that!   Ça alors! 10; How
   are things?   Comment
   ça va? 0; How are you?
   Comment allez-vous
   (vas-tu)? 0; How do you
   say…?   Comment
   dit-on…? 0; How
   long…?   Depuis
   combien de temps…? 10;
   how much   combien 2;
   how much (many)
   combien de 3; How old
   are you?   Quel âge
   avez-vous (as-tu)? 3; How's
   it going?   Ça va? 0; How's
   the weather?   Quel
   temps fait-il? 6
however   pourtant 3
hundred   cent 9
hunger   la faim 9
hungry: to be hungry

avoir* faim 5
hurry: in a hurry   pressé 5
to hurt   avoir* mal (à…) 11

I

I   je 1; I don't know.   Je
   ne sais pas. 0; I don't
   like…   Je n'aime pas…
   0; I don't understand.   Je
   ne comprends pas. 0;
   I like…   J'aime… 0; I
   would like…   Je
   voudrais… 5; I would
   really like…   Je voudrais
   bien… 7
ice cream   la glace;
   chocolate (vanilla) ice
   cream   la glace au
   chocolat (à la vanille) 5
to ice-skate   faire* du patin à
   glace 6
iceskating   le patin à glace 6
idea   l'idée (f) 4
if   si 4
to imagine   imaginer 9
impatient   impatient 3
impolite   impoli 3
important   important 4
impulsive   impulsif (m),
   impulsive (f) 9
in   à 1; dans 2; sur 3; en 4;
   in a hurry   pressé 5; in
   front of   devant 8; in
   general   en général 1; in
   order to   pour 4; in spite
   of   malgré 9; in the
   middle of   au milieu de 9;
   in this case   dans ce cas
   12; in your opinion   à
   votre (ton) avis 6
individual   individuel (m),
   individuelle (f) 9
influence   l'influence (f) 11
insect   l'insecte (m) 9
instance   la fois 6
instant   l'instant (m) 9
instead   plutôt 12
intelligent   intelligent 3

interesting   intéressant 3
international   international
   (m. pl. internationaux) 6
interview show   le
   magazine télévisé 7
to invent   inventer 7
to invite   inviter 4
irresistible   irrésistible 2
it   ça 1; il, elle 1; ce; (direct
   object) le, la 7; it is   c'est
   2; it is necessary
   il faut 11; It's going to
   rain.   Il va pleuvoir. 6;
   It's going to snow.   Il va
   neiger. 6; It's not worth
   the trouble.   Ce n'est pas
   la peine. 10; It's raining.
   Il pleut. 6; It's snowing.
   Il neige. 6; It's your
   turn.   C'est ton tour. 10
its   son (m), sa (f), ses (pl.) 3

J

jacket   la veste 11;
   (windbreaker) le blouson 11
jam   la confiture 5
January   janvier (m) 4
Japanese   (language) le
   japonais 12
jazz   le jazz 2
jeans   le jean 11
to jog   faire* du jogging 6
jogging   le jogging 6
journalism   le
   journalisme 12
juice   le jus; orange juice
   jus d'orange 5
July   juillet (m) 4
June   juin (m) 4

K

key   la clé 10
kilo   le kilo; a kilo (of)   un
   kilo (de) 10
kilometer   le kilomètre 6

kind   la sorte **5**; le genre **7**;
   all kinds of   toutes sortes
   de **5**
kind   gentil (*m*), gentille (*f*) **9**
kitchen   la cuisine **10**
to knock   frapper **10**
to know, to know how...
   savoir* **10; I don't know.**
   Je ne sais pas. **0**

L

lake   le lac **9**
lamp   la lampe **10**
landscape   le paysage **8**
language   la langue **1**
large   grand **3**
to last   durer **6**
last   dernier (*m*), dernière
   (*f*) **6; at last**   enfin **4**
late   en retard **4**
later   plus tard **4; See you**
   later.   À tout à l'heure. **6**
lawyer   l'avocat (*m*),
   l'avocate (*f*) **12**
lazy   paresseux (*m*),
   paresseuse (*f*) **9**
to learn (to)   apprendre* (à) **11**
least: at least   au moins **11**
to leave   quitter **4**; partir* **8**;
   (*to leave behind*) laisser **10**
left, to the left   à gauche **8**
leg   la jambe **11**
lemonade   le citron
   pressé **5**
less   moins (de) **10**
lesson   la leçon; **Study the**
   lesson!   Étudiez la
   leçon! **0**
letter   la lettre **3**
lettuce   la salade verte **5**
library   la bibliothèque **4**
life   la vie **3**
to like   aimer (bien) **1; I don't**
   like...   Je n'aime pas...
   0; I like...   J'aime...**0; I**
   would like...   Je
   voudrais... **5; I would**
   really like...   Je voudrais

bien... **7; to like a lot**
   aimer bien **1; to really**
like   adorer **1**
like   comme **2**
to listen   écouter **1; Listen!**
   Écoutez! **0**
liter   le litre; **a liter (of)**
   un litre (de) **10**
literature   la littérature **12**
little   petit **3**; peu (de) **10; a**
   little   un peu (de) **10**
to live   habiter **1; Long live**
   (vacations)!   Vive (les
   vacances)! **12**
living room   la salle de
   séjour **10**
located   situé **8**
loneliness   la solitude **9**
long   long (*m*), longue (*f*) **9**;
   for a long time   pendant
   longtemps **6; How long...?**
   Depuis combien de
   temps...? **10; Long live**
   (vacations)!   Vive (les
   vacances)! **12; So long.**   À
   bientôt. **1**
to look (at)   regarder **1; to look**
   (*seem*)   avoir* l'air **10; to**
   look for   chercher **2**
to lose   perdre **10**
lot: a lot (of)   beaucoup (de)
   1, 10
love   l'amour (*m*) **11**
to love   aimer **1**; adorer **1**
   lucky: to be lucky   avoir*
   de la chance **12**
lunch   le déjeuner **5; to**
   have lunch   déjeuner **5**

M

magazine   la revue **12**
magnificent   superbe **3**
main   premier (*m*),
   première (*f*) **6**; principal
   (*m. pl.* principaux) **5; main**
   course   le plat principal **5**
major   principal (*m. pl.*
   principaux) **5**

majority   la majorité **6**
to make   faire* **4; to make a**
   movie   tourner un film **7**;
   to make a reservation
   réserver **8; to make the**
   bed   faire le lit **6; to make**
   up one's mind   décider **9**
man   l'homme (*m*) **3**
to manage   réussir (à) **9**
many   beaucoup (de) **10; as**
   many   autant (de) **10**;
   how many   combien de **3**
map   la carte **9**
March   mars (*m*) **4**
market: open-air market   le
   marché **5**
married   marié **3**
match   (*sports*) le match **4**
matches   les allumettes
   (*f*) **9**
mathematics (math)   les
   mathématiques (les maths)
   (*f*) **1**
matter: What's the
   matter?   Qu'est-ce qu'il y
   a? **10**
May   mai (*m*) **4**
may   pouvoir* **7**
maybe   peut-être **6**
me   moi **12; me too**   moi
   aussi **1; not me**   pas moi **1**
meal   le repas **5**
to mean: that means   ça veut
   dire **8; What does...**
   mean?   Que veut
   dire...? **0**
mean   méchant **3**
meat   la viande **5**
medical doctor   le médecin
   9
medicine   le médicament **9**
to meet   rencontrer **8**; faire*
   la connaissance de **8**;
   Pleased to meet you.
   Enchanté(e). **0**
member   le membre **9**
menu   le menu **5**
microwave oven   le four à
   micro-ondes **10**
middle   le milieu; **in the**
   middle of   au milieu de **9**

midnight   minuit (*m*) 4
milk   le lait 5; **coffee with milk**   le café au lait 5
million   le million 9
mind: **to make up one's mind**   décider 9; **state of mind**   l'état (*m*) d'esprit 11
mine: **to be mine**   être* à moi 12
mineral   minéral; **mineral water**   l'eau minérale (*f*) 5
miniseries   le feuilleton 7
minus   moins 2
minute   la minute 7
mirror   le miroir 10
Miss   Mademoiselle 0
modern   moderne 2
modest   modeste 2
Mom   Maman 1
Monday   lundi (*m*) 4
money   l'argent (*m*) 1
month   le mois 4
monument   le monument 8
moon   la lune 9
moped   le vélomoteur 3
more   plus (de) 10; **no more**   ne...plus 5
morning   le matin 4; **Good morning.**   Bonjour. 0
mosquito   le moustique 9
mother   la mère 3
motorcycle   la moto 1
mountain   la montagne 4
mouth   la bouche 11
movie   le film 1; **to make a movie**   tourner un film 7; **movies, movie theater**   cinéma 1
Mr.   Monsieur, M. 0
Mrs.   Madame, Mme 0
much   beaucoup (de) 10; **as much**   autant (de) 10; **how much**   combien 2; combien de 3; **not much**   pas grand-chose 7
museum   le musée 4
music   la musique 0; **music video**   le vidéoclip 7; **rock music**   le rock 0

musician   le musicien, la musicienne 12
my   mon (*m*), ma (*f*), mes (*pl.*) 3

N

name   le nom (5); **His/Her name is...**   Il/Elle s'appelle... 3; **My name is...**   Je m'appelle... 0; **What's your name?**   Comment vous appelez-vous (t'appelles-tu)? 0
national   national (*m. pl.* nationaux) 8
natural   naturel (*m*), naturelle (*f*) 9
nature   la nature 9
near   près (de) 8
necessary   nécessaire 6; **it is necessary**   il faut 11
to need   avoir* besoin de 5
neighborhood   le quartier 5
never   ne...jamais 1
new   nouveau (nouvel) (*m*), nouvelle (*f*) (*m. pl.* nouveaux) 1, 8; **What's new?**   Quoi de neuf? 7
news   les informations (*f*) 7; les nouvelles (*f*) 12; **news report (coverage)**   le reportage 7; **news show**   le magazine télévisé 7
newspaper   le journal (*pl.* les journaux) 12
next   prochain 4; ensuite 8; **next to**   à côté de 8; **the next day**   le lendemain 8
nice   agréable, sympathique 2; sympa (*invariable*) 3; gentil (*m*), gentille (*f*) 9; **The weather is nice.**   Il fait beau. 6
night   la nuit 8
nine   neuf 0
nineteen   dix-neuf 0
ninety   quatre-vingt-dix 2
no   non 0; **No!**   Non alors!

4; **no more**   ne...plus 5
nonsmoking: **nonsmoking section**   la section non-fumeurs 8
noon   midi (*m*) 4
north   le nord 8
nose   le nez 11
not   ne...pas 1; **not bad**   pas mal 0; **not enough**   ne...pas assez (de) 2, 10; **not me**   pas moi 1; **not much**   pas grand-chose 7; **not yet**   (ne...) pas encore 7, 9; **Why not?**   Pourquoi pas? 7
notebook   le cahier 2
nothing   rien 4
novel   le roman 12
November   novembre (*m*) 4
now   maintenant 2
numerous   nombreux (*m*), nombreuse (*f*) 6
nurse   l'infirmier (*m*), l'infirmière (*f*) 12

O

to obey   obéir (à) 9
to occupy   occuper 10
ocean   l'océan (*m*) 9
October   octobre (*m*) 4
of   de 2; **of course**   bien sûr 2
office   le bureau (*pl.* les bureaux) 3; **post office**   la poste 4
often   souvent 1
OK.   D'accord. 4
old   vieux (vieil) (*m*), vieille (*f*) (*m. pl.* vieux) 8; **to be...years old**   avoir*...ans 3; **How old are you?**   Quel âge avez-vous (as-tu)? 3
on   sur 3; **on foot**   à pied 8; **on page...**   à la page... 0; **on the corner of**   au coin de 8; **on the other hand**   par contre 6;

on time à l'heure 4

one (*number*) un 0; **each one** chacun (*m*), chacune (*f*) 7; **one** (*with noun*) un (*m*), une (*f*) 2

onion l'oignon (*m*); **onion soup** soupe à l'oignon 5

only seulement 3

to open: **Open your books!** Ouvrez vos livres! 0

open-air market le marché 5

to operate marcher 3

opinion l'avis (*m*); **in your opinion** à votre (ton) avis 6

optimistic optimiste 2

or ou 2; **or else** ou bien 4

orange l'orange (*f*) 5; **orange juice** le jus d'orange 5

orange orange (*invariable*) 11

order: **in order to** pour 4

to order commander 5

to organize organiser 4

other l'autre (*m/f*) 12

other autre 7; **on the other hand** par contre 6

otherwise autrement 11

our notre (*sing.*), nos (*pl.*) 3

ours: **to be ours** être* à nous 12

outline le plan 7

oven le four; **microwave oven** four à micro-ondes 10

P

page la page; **on page...** à la page... 0

painting le tableau (*pl.* les tableaux) 10

pal le copain, la copine 4

panic la panique 9

pants le pantalon 11

paper le papier; **Take out a sheet of paper and a**

pencil! Prenez une feuille de papier et un crayon! 0

parents les parents (*m*) 3

park le parc 4

part le rôle 7; la partie 11; **to be part of** faire* partie de 9

participant participant 6

to participate (in) participer (à) 7; **to participate in sports** faire* du sport 6

to pass passer 4; (*a test*) réussir (à) 9

passport le passeport 8

pastry, pastry shop la pâtisserie 5

pâté le pâté 5

patience la patience 10

patient patient 3

to pay (for) payer* 5; **to pay attention (to)** faire* attention (à) 11

peace la paix 11

pear la poire 5

peas les petits pois (*m*) 5

pen le stylo 2

pencil le crayon 2; **Take out a sheet of paper and a pencil!** Prenez une feuille de papier et un crayon! 0

people les gens (*m*) 4

pepper le poivre 5

per par 6

perfect parfait 3

perhaps peut-être 6

pessimistic pessimiste 2

philosophy la philosophie 12

photograph la photo 3

physical physique; **physical education** l'éducation physique (*f*) 1; **physical exercise** l'exercice physique (*m*) 6

physics la physique 12

picnic le pique-nique 4

pie la tarte 5; **strawberry (apple) pie** tarte aux fraises (aux pommes) 5

piece: **piece of advice** le conseil 11; **piece of chalk** la craie 2

to pitch the tent planter la tente 9

place l'endroit (*m*) 9; la place 9

plan le projet 6

to play (a sport) jouer (à un sport) 6

pleasant agréable 2

to please: **hard to please** difficile 2; **please** s'il vous plaît 0; **Pleased to meet you.** Enchanté(e). (*m/f*) 0

pleasure le plaisir; **with pleasure** avec plaisir 11

plus plus 2

poem le poème 12

polite poli 3

pool: **swimming pool** la piscine 4

poor pauvre 2

popular populaire 7

pork le porc 5; **pork butcher's shop** la charcuterie 5; **pork chop** la côtelette de porc 5

possessions les affaires (*f*) 10

possibility la possibilité 7

possible possible 8

postcard la carte postale 8

poster l'affiche (*f*) 2

post office la poste 4

potato la pomme de terre 5

to practice pratiquer 8

preceding précédent 12

to prefer préférer* 2

to prepare préparer 4

pretty joli 3

principal principal (*m. pl.* principaux) 5

problem le problème 3

process le process; **to be in the process of** être* en train de 12

profession la profession 12

program (*TV*) l'émission (*f*) 7

programmer le programmeur, la programmeuse 12
to protect protéger 8
proud fier (*m*), fière (*f*) 9
to prove prouver 9
to push pousser 9

𝒬

quaint touristique 8; **quaint village** le village touristique 8
quarter (hour) le quart 4
question la question; **Repeat the question.** Répétez la question. 0
quickly rapidement 11
quiet tranquille 9

ℛ

race la course 6
racer le coureur 6
racket (*tennis*) la raquette 6
radio la radio 1; le poste de radio 3
rain la pluie 6
to rain pleuvoir*; **It's going to rain.** Il va pleuvoir. 6; **It's raining.** Il pleut. 6
rarely rarement 1
rather assez 2; plutôt 12
to read lire* 12
ready (to) prêt (à) 5; **to get ready (for)** préparer 12
really vraiment 3
reason la raison 10
reasonable raisonnable 11
record le disque 1
red rouge 11; (*hair*) roux 11
refrigerator le frigo, le réfrigérateur 4
region la région 8
register: cash register la caisse 2

to regret regretter 5
regular régulier (*m*), régulière (*f*) 11
to rehearse répéter* 7
relatives les parents (*m*) 8
to repeat répéter* 5; **Repeat!** Répétez! 0; **Repeat the question!** Répétez la question! 0
report: news report le reportage 7; **sports report** reportage sportif 7; **weather report** la météo 7
reporter le reporter 2
to resemble ressembler (à) 4
reservation la réservation 8; **to make a reservation** réserver 8
resort: ski resort la station de ski 8
responsible responsable 9
restaurant le restaurant 4
restoration la restauration 8
result le résultat 12
to return rentrer 4; **to return (an object)** rendre 10
rice le riz 5
rich riche 2
to ride: to ride a bicycle faire* du vélo 6
ridiculous: This is ridiculous! Tu exagères! 10
right, to the right à droite 8; **right away** tout de suite 6
to risk risquer 11
road la route 6
roast le rôti 5
roast rôti; **roast chicken** le poulet rôti 5
rock music le rock 0
role le rôle 7
roll: crescent roll le croissant 5
to roller-skate faire* du patin à roulettes 6
rollerskating le patin à roulettes 6
room la pièce 10
route la route 6

routine la routine 7
to run: to run errands faire* des courses 6
Russian (*language*) le russe 12

𝒮

sad triste 2
to sail faire* du bateau à voiles 6
sailboat le bateau à voiles 6
saint's day la fête 4
salad la salade; **green salad** la salade verte 5
salesclerk le vendeur, la vendeuse 2
salt le sel 5
same même 5
sandwich le sandwich 4
Saturday samedi (*m*) 4
to say dire*; **How do you say…?** Comment dit-on…? 0
schedule (*TV*) le programme 7
school l'école (*f*) 1; **school subject** la matière 12; **secondary (high) school** le lycée 2
schoolteacher l'instituteur (*m*), l'institutrice (*f*) 12
science les sciences (*f*) 1; **computer science** l'informatique (*f*) 12; **science fiction** la science-fiction 12
script: film script le scénario 7
sea la mer 8
seaside: at the seaside au bord de la mer 8
season la saison 6
seat la place 8
second deuxième 6
secret le secret 11
section la section; **smoking (nonsmoking) section** la section fumeurs (non-fumeurs) 8

to see   voir* 7; **See you later.**   À tout à l'heure. 6; **See you tomorrow.**   À demain. 0

to seem   avoir* l'air 10

selfish   égoïste 2

to sell   vendre 10

to send   envoyer* 8

September   septembre (*m*) 4

series   le feuilleton 7; la série 12

serious   sérieux (*m*), sérieuse (*f*) 9; grave 11

seven   sept 0

seventeen   dix-sept 0

seventy   soixante-dix 2

several   plusieurs 12

she   elle 1

sheet: sheet of paper   la feuille de papier; **Take out a sheet of paper and a pencil!**   Prenez une feuille de papier et un crayon! 0

shelf, shelves   l'étagère (*f*) 10

ship   le bateau 8

shirt   la chemise 11

shoes   les chaussures (*f*) 11; **tennis shoes**   chaussures de tennis 11

shop   le magasin 2; **butcher's shop**   la boucherie 5; **pastry shop** la pâtisserie 5; **pork butcher's shop**   la charcuterie 5

shopping: to go grocery shopping   faire* les provisions (*f*) 6; **to go shopping**   faire* des courses (*f*) 6

short   petit 3; court 11

shorts   le short 11

show: interview show   le magazine télévisé 7; **news show**   le magazine télévisé 7; **variety show** l'émission (*f*) de variétés 7

to show   montrer 6

shower   la douche 10

shy   timide 2

sick   malade 9

sickness   maladie 9

silly   bête 2

simple   simple 11

since   depuis 10; **Since when...?**   Depuis quand...? 10

sincere   sincère 2

to sing   chanter 2

singer   le chanteur, la chanteuse 2

sink   le lavabo 10

sir   Monsieur, M. 0

sister   la sœur 3

to sit: **Sit down!**   Asseyez-vous! 0

six   six 0

sixteen   seize 0

sixty   soixante 2

skateboard   la planche à roulettes 6

to skateboard   faire* de la planche à roulettes 6

ski, skiing   le ski 0; **ski resort**   la station de ski 8

to ski   faire* du ski 6

to skip a class   sécher* un cours 12

skirt   la jupe 11

sky   le ciel 11

to sleep   dormir* 12; **sleeping bag**   le sac de couchage 9

sleepy: to be sleepy   avoir* sommeil 5

slowly   lentement 9

small   petit 3

smoking: smoking section la section fumeurs 8

snail   l'escargot (*m*) 5

snow   la neige 6

to snow   neiger; **It's going to snow.**   Il va neiger. 6; **It's snowing.**   Il neige. 6

so   alors 4; **So long.**   À bientôt. 1

soccer   le football 0

socks   les chaussettes (*f*) 11

sofa   le canapé 10

some   des 2; un peu (de) 10

something   quelque chose 2; **something** + *adjective* quelque chose de + *adjectif* 7; **something else**   autre chose 7

sometimes   quelquefois 1

son   le fils 3

song   la chanson 2

soon   bientôt 9

sore: to have a sore... avoir mal à... 11

sorry: to be sorry   regretter 5; **very sorry**   désolé 8

sort   la sorte 5

So-so.   Comme ci comme ça. 0

soup   la soupe 5; **onion (vegetable) soup**   soupe à l'oignon (de légumes) 5

south   le sud 8

souvenir   le souvenir 8

Spanish   (*language*) l'espagnol (*m*) 1

to speak   parler 1

spectator   le spectateur, la spectatrice 6

to spend: **to spend time** passer 4

spirit   l'esprit (*m*) 6

spite: in spite of   malgré 9

spoiled   gâté 3

sport coat   la veste 11

sports   le sport 1; **to do a sport**   pratiquer un sport 6; **to participate in sports**   faire* du sport 6

sports   sportif (*m*), sportive (*f*) 7; **sports car**   la voiture de sport 1; **sports report**   reportage sportif 7

spot   (*place*) l'endroit (*m*) 9

spring   le printemps 6

stadium   le stade 4

to stand   (*to endure*) supporter 9; **Stand up!**   Levez-vous! 0

star   l'étoile (*f*) 9

state   l'état (*m*); **state of mind**   état d'esprit 11

station   (*train*) la gare 4

to stay   rester 3
  steak   le bifteck 5
  stereo   la chaîne stéréo (*pl.* les chaînes stéréo) 2
  still   encore 3
  stomach   l'estomac (*m*) 11
  store   le magasin 2; grocery store   l'épicerie (*f*) 4
  story   l'histoire (*f*) 7; (*building*) l'étage (*m*) 10
  stove   la cuisinière 10
  straight   droit; straight ahead   tout droit 8
  strawberry   la fraise 5; strawberry pie   la tarte aux fraises 5
  street   la rue 3
  strict   sévère 2
  strip: comic strip   la bande dessinée 12
  strong   fort 12
  student   (*elementary school, high school*) l'élève (*m/f*) 1; (*high school*) le lyceen, la lycéenne 12
  studies   les études (*f*) 12
  studio   le studio 11
to study   étudier 1; Study the lesson!   Étudiez la leçon! 0
  study hall   l'étude (*f*) 12
  stupid   stupide 2
  subject   (*school*) la matière 12
  such as   comme 2
  sugar   le sucre 5
to suggest   suggérer* 7
  suggestion   la suggestion 7
  suitcase   la valise 8
  summer   l'été (*m*) 6
  sun   le soleil 6; sun glasses   les lunettes (*f*) de soleil 11
  Sunday   dimanche (*m*) 4
  sunny: The weather is sunny.   Il fait du soleil. 6
  supermarket   le supermarché 4
  sure   sûr 7
to surf: to wind surf   faire* de la planche à voile 6

  surfboard: wind surfboard   la planche à voile 6
  sweater   le pull 11
to swim   nager* 1
  swimming pool   la piscine 4

_____ 7 _____

  table   la table 2
  tablet   le comprimé 11; aspirin tablet   le comprimé d'aspirine 11
to take   prendre* 5; (*a course*) suivre 12; (*a test*) passer 12; to take advantage (of)   profiter (de) 12; to take along   emporter 8; Take out a sheet of paper and a pencil!   Prenez une feuille de papier et un crayon! 0; Take out your homework!   Prenez vos devoirs! 0
to talk   parler 1
  tall   grand 3
  tape player   le magnétophone 2
  taste   le goût 11
  tea   le thé 5
  teacher   (*male or female*) le professeur (le prof) 1; (*elementary school*) l'instituteur (*m*), l'institutrice (*f*) 12
  team   l'équipe (*f*) 6
  technical   technique 12
  telephone   le téléphone 3
to telephone   téléphoner (à) 4
  televised   télévisé 7
  television   la télévision, la télé 0; television set   le poste de télévision 3
to tell stories   raconter des histoires 8
  ten   dix 0
  tennis   le tennis 0; tennis ball   la balle de tennis 6; tennis shoes   les chaussures (*f*) de tennis 11

  tent   la tente 9; to pitch the tent   planter la tente 9
  terrible   terrible 9
  test   l'examen (*m*) 1; l'épreuve (*f*) 12
to thank: Thank you.   Merci. 0 Thanks.   Merci. 0; Well, thanks.   Bien, merci. 0
  that   ça 1; qui 3; que 8; (*demonstrative adjective*) ce, cet, cette 7; that is   c'est 2; that means   ça veut dire 8; That's too bad.   C'est dommage. 6; What's that?   Qu'est-ce que c'est? 2
  the   le (*m*), la (*f*), les (*pl.*) 1
  their   leur(s) 3
  theirs: to be theirs   être* à eux (*m*), être à elles (*f*) 12
  them   (*direct object*) les 7; eux (*m*), elles (*f*)12
  then   alors 4
  there   là 3; There is (are)...   Voilà... 2; il y a 3; there isn't (aren't)   il n'y a pas 3
  these   (*demonstrative adjective*) ces 7; these are   ce sont 2
  they   ils (*m*), elles (*f*) 1
  thing   la chose 5; How are things?   Comment ça va? 0
to think (about)   penser (à), réfléchir (à) 9
  thirst   la soif 9
  thirsty: to be thirsty   avoir* soif 5
  thirteen   treize 0
  thirty   trente 2
  this   ce; (*demonstrative adjective*) ce, cet, cette 7
  those   (*demonstrative adjective*) ces 7
  thousand   mille 9; about a thousand   un millier 12
  three   trois 0
  throat   la gorge 11
  through   par 6
  Thursday   jeudi (*m*) 4

ticket   le billet 8
time   le temps 4; (*time of day*) l'heure (*f*) 4; la fois 6; all the time   tout le temps 1; for a long time   pendant longtemps 6; from time to time   de temps en temps 3; on time   à l'heure 4; to spend time   passer 4; What time is it?   Quelle heure est-il? 4
timid   timide 2
tired   fatigué 3
tiring   fatigant 6
to   à 1; to the left (right)   à gauche (droite) 8
toasted   grillé 5; toasted bread   le pain grillé 5
today   aujourd'hui 4; What day is today?   Quel jour est-ce aujourd'hui? 4, Quel jour sommes-nous? 4
together   ensemble 7
toilet   les W.-C. (*m*) 10
tomato   la tomate 5
tomorrow   demain 4; See you tomorrow.   À demain. 0; the day after tomorrow   après-demain 4
tonight   ce soir 7
too   aussi 1; trop 2; me too   moi aussi 1; That's too bad.   C'est dommage. 6
tooth   la dent 11
track: to do track and field   faire* de l'athlétisme (*m*) 6
train   le train 8; train station   la gare 4
to travel   voyager* 3
travelers check   le chèque de voyage 8
tree   l'arbre (*m*) 9
trigonometry   la trigonométrie 12
trip   le voyage 8
trouble: It's not worth the trouble.   Ce n'est pas la peine. 10
true   vrai 1

to try   essayer* 5
T-shirt   le tee-shirt 11
Tuesday   mardi (*m*) 4
turn: It's your turn.   C'est ton tour. 10
to turn   tourner 8
TV   la télé 0; TV program   l'émission (*f*) 7; TV schedule   le programme 7; TV viewer   téléspectateur 11
twelve   douze 0
twenty   vingt 0
two   deux 0
typical   typique 3
typing   la dactylographie 12

𝒰

uncle   l'oncle (*m*) 3
under   sous 8
to understand   comprendre* 11; Do you understand?   Est-ce que vous comprenez? 0
unfortunately   malheureusement 11
university   l'université (*f*) 12
unpleasant   désagréable 2
until   jusqu'à 8
up to   jusqu'à 8
us   nous 12
usually   d'habitude 12

𝒱

vacation   les vacances (*f*) 1
vanilla   la vanille; vanilla ice cream   la glace à la vanille 5
variety show   l'émission (*f*) de variétés 7
vegetable   le légume 5; vegetable soup   la soupe de légumes 5
very   très 1; very sorry

désolé 8; Very well.   Très bien. 0
victory   la victoire 9
video camera   la caméra vidéo 7
videocassette recorder   le magnétoscope 7
viewer   (*TV*) le téléspectateur 11
village   le village 8; quaint village   village touristique 8
to visit   (*a place, etc.*) visiter 8; (*a person*) rendre visite à 10
volleyball   le volley-ball 0

𝒲

to wait (for)   attendre 10
waiter   le garçon 5
walk   la promenade, la randonnée; to go for a walk   faire* une promenade 6; to go for walks   faire* des randonnées 9
to walk   marcher 9
wall   le mur 10
wallet   le portefeuille 10
to want   désirer 2; avoir* envie de 5; vouloir* 7
warm   chaud; The weather is warm.   Il fait chaud. 6
to watch   regarder 1
water   l'eau (*f*); mineral water   eau minérale 5
to water-ski   faire* du ski nautique 6
waterskiing   le ski nautique 0
we   nous 1
to wear   porter 11
weather   le temps 6; How's the weather?   Quel temps fait-il? 6; The weather is bad/nice/hot, warm/cold/cool.   Il fait mauvais/beau/chaud/froid/frais. 6;

The weather is sunny/ windy. Il fait du soleil/ du vent. **6; weather report** la météo **7**

Wednesday mercredi (*m*) **4**

week la semaine **4**

weekend le week-end **1**

welcome: You're welcome. De rien. **0**

well bien **1; Very well.** Très bien. **0; Well, thanks.** Bien, merci. **0**

west l'ouest (*m*) **8**

western le western **7**

what quel (*m*), quelle (*f*) **4; But what?** Mais quoi? **7; What?** Comment? **0; What...?** Que...? **7;** Qu'est-ce que...? **2; What day is today?** Quel jour est-ce aujourd'hui?, Quel jour sommes-nous? **4; What does...mean?** Que veut dire...? **0; What is the answer?** Quelle est la réponse? **0; What is the date?** Quelle est la date? **4; What's new?** Quoi de neuf? **7; What's that?** Qu'est-ce que c'est? **2; What's the matter?** Qu'est-ce qu'il y a? **10; What's your name?** Comment vous appelez-vous (t'appelles-tu)? **0; What time is it?** Quelle heure est-il? **4**

when quand **2**

where où **2**

which quel (*m*), quelle (*f*) **4**

white blanc (*m*), blanche (*f*) **11**

who qui **3; Who is it?** Qui est-ce? **2**

whole tout (*m. pl.* tous) **8**

why pourquoi **2; Why not?** Pourquoi pas? **7**

wild sauvage **9**

to win gagner **6**

wind le vent **6; to wind surf** faire* de la planche

windbreaker le blouson **11**

window la fenêtre **2**

windy: The weather is windy. Il fait du vent. **6**

wine le vin **5**

winter l'hiver (*m*) **6**

to wish désirer **2;** vouloir* **7**

with avec **2; coffee with milk** le café au lait **5; with pleasure** avec plaisir **11**

without sans **9**

woman la femme **3**

word le mot **12**

work le travail **4**

to work travailler **1**

world le monde **9**

worth: It's not worth the trouble. Ce n'est pas la peine. **10**

would: I would like... Je voudrais... **5; I would really like...** Je voudrais bien... **7**

to wrestle faire* la lutte **6**

wrestling la lutte **6**

to write écrire* **7**

writer l'écrivain (*m*), la femme écrivain **12**

----- *𝒴* -----

yard le jardin **3**

year an **3;** année **4; to be...years old** avoir*...ans **3**

yellow jaune **11**

yes oui **0;** (*to contradict a negative statement*) (mais) si **10**

yesterday hier **9**

yet: not yet (ne...) pas encore **7, 9**

you vous, tu **1;** toi **12; And you?** Et vous (toi)? **0; You're welcome.** De rien. **0**

young jeune **2; young people** les jeunes (*m/f*) **1**

your votre (*sing.*), vos (*pl.*), ton (*m*), ta (*f*), tes (*pl.*) **3**

yours: to be yours être* à vous (toi) **12**

youth la jeunesse **12; youth hostel** l'auberge (*f*) de jeunesse **8**

----- *3* -----

zero zéro **0**

Les Nombres cardinaux

0 zéro	20 vingt	80 quatre-vingts
1 un	21 vingt et un(e)	81 quatre-vingt-un(e)
2 deux	22 vingt-deux	82 quatre-vingt-deux
3 trois	23 vingt-trois	90 quatre-vingt-dix
4 quatre	24 vingt-quatre	91 quatre-vingt-onze
5 cinq	25 vingt-cinq	92 quatre-vingt-douze
6 six	26 vingt-six	100 cent
7 sept	27 vingt-sept	101 cent un
8 huit	28 vingt-huit	200 deux cents
9 neuf	29 vingt-neuf	300 trois cents
10 dix	30 trente	800 huit cents
11 onze	31 trente et un(e)	900 neuf cents
12 douze	32 trente-deux	1.000 mille
13 treize	40 quarante	2.000 deux mille
14 quatorze	50 cinquante	3.000 trois mille
15 quinze	60 soixante	10.000 dix mille
16 seize	70 soixante-dix	19.000 dix-neuf mille
17 dix-sept	71 soixante et onze	40.000 quarante mille
18 dix-huit	72 soixante-douze	500.000 cinq cent mille
19 dix-neuf	73 soixante-treize	1.000.000 un million

- The word **et** is used only in 21, 31, 41, 51, 61, and 71.
- **Vingt (trente, quarante, etc.) et une** is used when the number refers to a feminine noun: **trente et une cassettes**.
- The **s** is dropped from **quatre-vingts** and is not added to multiples of **cent** when these numbers are followed by another number: **quatre-vingt-cinq; deux cents**, but **deux cent six**. The number **mille** never takes an **s: deux mille insectes**.
- **Un million** is followed by **de** + a noun: **un million de francs**.
- In writing numbers, a period is used in French where a comma is used in English.

Les Nombres ordinaux

1er, 1ère	premier, première	7e	septième	13e	treizième	19e	dix-neuvième
2e	deuxième	8e	huitième	14e	quatorzième	20e	vingtième
3e	troisième	9e	neuvième	15e	quinzième	21e	vingt et unième
4e	quatrième	10e	dixième	16e	seizième	22e	vingt-deuxième
5e	cinquième	11e	onzième	17e	dix-septième	30e	trentième
6e	sixième	12e	douzième	18e	dix-huitième	40e	quarantième

Les Noms géographiques mentionnés dans Et vous?

l' **Afrique**   Africa
l' **Allemagne**   Germany
l' **Amérique**   America
l' **Amérique du Nord**   North America
l' **Amérique du Sud**   South America
l' **Angleterre**   England
l' **Antarctique**   Antarctica
l' **Argentine**   Argentina
l' **Asie**   Asia
l' **Australie**   Australia
la **Belgique**   Belgium
le **Brésil**   Brazil
le **Canada**   Canada
la **Chine**   China
la **Côte d'Ivoire**   Ivory Coast
  Cuba   Cuba
l' **Égypte**   Egypt
l' **Espagne**   Spain
les **États-Unis**   United States
l' **Europe**   Europe
la **France**   France
la **Grèce**   Greece

la **Guadeloupe**   Guadeloupe
  Haïti   Haiti
la **Hollande**   Holland
l' **Irlande**   Ireland
  Israël   Israel
l' **Italie**   Italy
le **Japon**   Japan
le **Luxembourg**   Luxembourg
le **Maroc**   Morocco
la **Martinique**   Martinique
le **Mexique**   Mexico
  Monaco   Monaco
le **Pérou**   Peru
les **Philippines**   Philippines
le **Portugal**   Portugal
la **Réunion**   Reunion
la **Russie**   Russia
le **Sénégal**   Senegal
  Singapour   Singapore
la **Suisse**   Switzerland
la **Tunisie**   Tunisia
le **Viêt-nam**   Vietnam

Équivalences métriques

1 gramme	= *0.035 ounces*	1 *ounce*	= **28,349 grammes**
1 kilogramme	= *2.205 pounds*	1 *pound*	= **0,453 kilogrammes**
1 litre	= *1.057 quarts*	1 *quart*	= **0,946 litres**
1 mètre	= *39.37 inches*	1 *foot*	= **30,480 centimètres**
1 kilomètre	= *0.62 miles*	1 *mile*	= **1,609 kilomètres**

La Marseillaise

The lyrics and the music of **La Marseillaise,** the French national anthem, were composed by Rouget de Lisle in 1792. The song was first designated as the national anthem on July 14, 1795.

La Marseillaise

Allons enfants de la patrie,
Le jour de gloire est arrivé!
Contre nous de la tyrannie
L'étendard sanglant est levé! (bis)
Entendez-vous dans les campagnes,
Mugir ces féroces soldats?
Ils viennent jusque dans nos bras
Égorger nos fils, nos compagnes!

Refrain

Aux armes, citoyens!
Formez vos bataillons!
Marchons! Marchons!
Qu'un sang impur
Abreuve nos sillons!

Amour sacré de la patrie,
Conduis, soutiens nos bras vengeurs!
Liberté, Liberté chérie
Combats avec tes défenseurs! (bis)
Sous nos drapeaux, que la victoire
Accoure à tes mâles accents!
Que tes ennemis expirants
Voient ton triomphe et notre gloire!

Nous entrerons dans la carrière
Quand nos aînés n'y seront plus;
Nous y trouverons leur poussière
Et la trace de leurs vertus. (bis)
Bien moins jaloux de leur survivre
Que de partager leur cercueil,
Nous aurons le sublime orgueil
De les venger ou de les suivre!

Index

T

V

W

Y